中级财务会计（第五版）

Intermediate Financial Accounting

杨有红 欧阳爱平 编著

图书在版编目(CIP)数据

中级财务会计/杨有红,欧阳爱平编著.—5版.—北京:北京大学出版社,2019.4
(21世纪经济与管理规划教材·会计学系列)
ISBN 978-7-301-30399-3

Ⅰ.①中… Ⅱ.①杨… ②欧… Ⅲ.①财务会计—高等学校—教材 Ⅳ.①F234.4

中国版本图书馆 CIP 数据核字(2019)第 041642 号

书　　　名	中级财务会计(第五版)
	ZHONGJI CAIWU KUAIJI(DI-WU BAN)
著作责任者	杨有红　欧阳爱平　编著
责 任 编 辑	任京雪　刘 京
标 准 书 号	ISBN 978-7-301-30399-3
出 版 发 行	北京大学出版社
地　　　址	北京市海淀区成府路 205 号　100871
网　　　址	http://www.pup.cn
微信公众号	北京大学经管书苑(pupembook)
电 子 信 箱	em@pup.cn　　QQ:552063295
电　　　话	邮购部 010-62752015　发行部 010-62750672　编辑部 010-62752926
印 刷 者	大厂回族自治县彩虹印刷有限公司
经 销 者	新华书店
	787 毫米×1092 毫米　16 开本　24.75 印张　587 千字
	2006 年 1 月第 1 版　2009 年 1 月第 2 版
	2013 年 11 月第 3 版　2015 年 8 月第 4 版
	2019 年 4 月第 5 版　2019 年 4 月第 1 次印刷
定　　　价	59.00 元

未经许可,不得以任何方式复制或抄袭本书之部分或全部内容。
版权所有,侵权必究
举报电话:010-62752024　电子信箱:fd@pup.pku.edu.cn
图书如有印装质量问题,请与出版部联系,电话:010-62756370

丛书出版前言

作为一家综合性的大学出版社,北京大学出版社始终坚持为教学科研服务,为人才培养服务。呈现在您面前的这套"21世纪经济与管理规划教材"是由我国经济与管理领域颇具影响力和潜力的专家学者编写而成,力求结合中国实际,反映当前学科发展的前沿水平。

"21世纪经济与管理规划教材"面向各高等院校经济与管理专业的本科生,不仅涵盖了经济与管理类传统课程的教材,还包括根据学科发展不断开发的新兴课程教材;在注重系统性和综合性的同时,注重与研究生教育接轨、与国际接轨,培养学生的综合素质,帮助学生打下扎实的专业基础和掌握最新的学科前沿知识,以满足高等院校培养精英人才的需要。

针对目前国内本科层次教材质量参差不齐、国外教材适用性不强的问题,本系列教材在保持相对一致的风格和体例的基础上,力求吸收国内外同类教材的优点,增加支持先进教学手段和多元化教学方法的内容,如增加课堂讨论素材以适应启发式教学,增加本土化案例及相关知识链接,在增强教材可读性的同时给学生进一步学习提供指引。

为帮助教师取得更好的教学效果,本系列教材以精品课程建设标准严格要求各教材的编写,努力配备丰富、多元的教辅材料,如电子课件、习题答案、案例分析要点等。

为了使本系列教材具有持续的生命力,我们将积极与作者沟通,争取每三年左右对教材进行一次修订。无论您是教师还是学生,您在使用本系列教材的过程中,如果发现任何问题或者有任何意见或者建议,欢迎及时与我们联系(发送邮件至em@pup.cn)。我们会将您的宝贵意见或者建议及时反馈给作者,以便修订再版时进一步完善教材内容,更好地满足教师教学和学生学习的需要。

最后,感谢所有参与编写和为我们出谋划策提供帮助的专家学者,以及广大使用本系列教材的师生,希望本系列教材能够为我国高等院校经管专业教育贡献绵薄之力。

北京大学出版社
经济与管理图书事业部

第五版前言

继 2014 年财政部发布修订或新增的八项企业会计准则后,2017 年财政部又发布了修订或新增的七项企业会计准则。为配合准则修订,2018 年 6 月财政部又对企业财务报表格式进行了重大修订。除此之外,国际会计准则理事会(IASB)2018 年 3 月发布了修订完成的《财务报告概念框架》。为便于读者掌握前沿理论和准则对会计实务的统驭,提升操作技能、综合分析与判断能力,我们对《中级财务会计》(第四版)进行了修订。第五版不仅做到了以最新的理论和准则为指导阐述交易、事项的会计处理及财务报表的编制,并对穿插在各章中的"国际视野""案例分析与沟通能力培养""案例分析与会计职业道德""针对性案例""小组讨论"等模块进行了适时更新。第五版延续了前四版的风格,秉承系统性、务实性和前沿性。

一、本书的内容安排

本书共十四章,第一章着重阐述财务会计概念框架并介绍本书的内容安排,以便为以后各章的学习奠定基础;第二章至第十二章阐述六个会计要素的确认、计量与记录;第十三章阐述会计政策、会计估计及其变更以及会计差错及其更正[从逻辑上来讲,资产负债表日后事项应放在财务报表之后,但考虑到其内容与会计政策调整(调整事项)和报表附注(非调整事项)具有相似之处,故将其放在第十三章];第十四章详细阐述资产负债表、利润表、现金流量表、所有者权益变动表以及报表附注的编制。

二、本书的特点

(一) 立足于本国和放眼国际相结合

尽管跨国经营、国际贸易以及资本在国际范围内的流动要求会计成为国际通用的商业语言,但会计的国家差异是不争的事实。中国的会计改革也说明会计国际趋同与国家特色是并存的。本书在编写的过程中,立足于中国《企业会计准则》对会计实务的要求,同时针对中国准则与国际会计准则理事会(IASB)和美国财务会计准则委员会(FASB)准则的差异之处通过"国际视野"模块做出了阐述和列示。例如,第一章第二节通过一个简表列示了FASB于2010年9月发布的《财务会计概念公告第8号》和IASB于2010年11月发布的《财务报告概念框架》(IASB于2018年3月发布的《财务报告概念框架》未对财务会计信息质量特征进行修改)对财务会计信息质量特征的描述;第一章第三节列示了中国准则与IASB、FASB准则会计要素的异同点。在以后的各章节,对于中国准则与国际准则在确认、计量、列报和披露方面的不同之处,都通过"国际视野"模块做出了简单的阐述。我们这样做的意图是拓宽读者的会计视野。

(二) 将专业技能培养与职业道德的灌输和沟通能力的锻炼融为一体

长期以来,会计教材只注重理论与方法的介绍,试图提高会计人员的理论水平和操作技能,这是十分必要的。但是,以往有的教材虽然在第一章中提到了会计职业道德,但在具体的处理中并没有任何对职业道德的要求,使职业道德与业务处理相脱离。会计人员沟通能力的培养在会计教育中一直被忽视,结果是坚持原则有时可能被员工甚至领导误解,增加了工作中的阻力和矛盾,严重的使会计人员遭受打击甚至被解聘。为克服上述缺点,本书尽量安排"案例分析与沟通能力培养"或"案例分析与会计职业道德"等模块,通过真实的案例分析与讨论来提高读者的职业道德水平和与人沟通的能力。

(三) 注重培养读者的职业判断能力

会计的确认、计量和对外报告不仅是一项规则性很强的工作,也是一项需要很高职业判断能力的工作;不仅需要从业人员通晓准则和相应的法规,还需要从业人员将这些准则和法规融会贯通。以往的教材注重会计工作的规则性,但对职业判断能力的培养重视不够,本书通过"针对性案例""小组讨论""相关链接""练习与思考"等模块提高读者的职业判断能力。

希望本书以上三点创新有助于读者系统地理解和掌握中级财务会计的知识体系。对本书的不妥之处,恳请专家、学者和读者提出宝贵的意见。

本书由杨有红教授、欧阳爱平教授共同编写。第一、三、四、五、六、十一、十三、十四章由杨有红教授编写;第二、七、八、九、十、十二章由欧阳爱平教授编写。杨有红教授负责全书的审核。

作 者

2018年9月18日

目 录

第一章　总　论 …………………………………………… 1
　第一节　财务会计目标 …………………………………… 2
　第二节　会计信息的质量特征 …………………………… 5
　第三节　会计要素及其确认与计量 ……………………… 10
　第四节　本书的结构 ……………………………………… 13

第二章　货币资金 ………………………………………… 17
　第一节　货币资金的管理 ………………………………… 18
　第二节　货币资金的会计处理 …………………………… 29

第三章　应收款项 ………………………………………… 38
　第一节　应收账款 ………………………………………… 39
　第二节　应收票据 ………………………………………… 44
　第三节　预付账款与其他应收款 ………………………… 47
　第四节　长期应收款 ……………………………………… 48
　第五节　坏账准备 ………………………………………… 49

第四章　存　货 …………………………………………… 56
　第一节　存货的概念与分类 ……………………………… 57
　第二节　存货的计量 ……………………………………… 58
　第三节　原材料 …………………………………………… 67
　第四节　库存商品 ………………………………………… 72
　第五节　其他存货 ………………………………………… 77
　第六节　存货盘点 ………………………………………… 79

第五章　证券投资 ………………………………………… 82
　第一节　证券投资的分类 ………………………………… 83
　第二节　以摊余成本计量的金融资产 …………………… 85

第三节　以公允价值计量且其变动计入其他综合收益的金融资产 …………… 89
　　第四节　以公允价值计量且其变动计入当期损益的金融资产 …………………… 93
　　第五节　金融资产的重分类 ………………………………………………………… 97

第六章　长期股权投资 ………………………………………………………………… 102
　　第一节　投资企业与被投资企业关系以及核算方法 ……………………………… 103
　　第二节　长期股权投资核算的成本法 ……………………………………………… 105
　　第三节　长期股权投资核算的权益法 ……………………………………………… 107
　　第四节　长期股权投资核算方法的转换及处置 …………………………………… 113
　　第五节　长期股权投资减值 ………………………………………………………… 118

第七章　固定资产 ………………………………………………………………………… 121
　　第一节　固定资产概述 ……………………………………………………………… 122
　　第二节　固定资产的增加 …………………………………………………………… 126
　　第三节　固定资产折旧 ……………………………………………………………… 132
　　第四节　固定资产的后续支出与减值 ……………………………………………… 140
　　第五节　固定资产的处置 …………………………………………………………… 144

第八章　无形资产与投资性房地产 …………………………………………………… 153
　　第一节　无形资产 …………………………………………………………………… 154
　　第二节　投资性房地产 ……………………………………………………………… 165
　　第三节　其他资产 …………………………………………………………………… 173

第九章　流动负债 ………………………………………………………………………… 182
　　第一节　流动负债概述 ……………………………………………………………… 183
　　第二节　应付职工薪酬 ……………………………………………………………… 185
　　第三节　应交税费 …………………………………………………………………… 198
　　第四节　其他流动负债 ……………………………………………………………… 208
　　第五节　债务重组 …………………………………………………………………… 213

第十章　长期负债 ………………………………………………………………………… 221
　　第一节　长期负债概述 ……………………………………………………………… 222
　　第二节　长期借款 …………………………………………………………………… 227
　　第三节　应付债券 …………………………………………………………………… 229
　　第四节　长期应付款 ………………………………………………………………… 238
　　第五节　预计负债 …………………………………………………………………… 240

第十一章　所有者权益 ………………………………………………………………… 248
　　第一节　所有者权益概述 …………………………………………………………… 249

第二节　公司制企业所有者权益 ……………………………………………… 250
第三节　独资企业所有者权益 ………………………………………………… 263
第四节　合伙企业所有者权益 ………………………………………………… 264

第十二章　收入、费用与利润 …………………………………………………… 272
第一节　收　入 ………………………………………………………………… 273
第二节　费　用 ………………………………………………………………… 298
第三节　所得税 ………………………………………………………………… 300
第四节　利润及其分配 ………………………………………………………… 315

第十三章　会计调整 ……………………………………………………………… 325
第一节　会计政策及其变更 …………………………………………………… 326
第二节　会计估计及其变更 …………………………………………………… 332
第三节　会计差错及其更正 …………………………………………………… 335
第四节　资产负债表日后事项 ………………………………………………… 338

第十四章　财务报表 ……………………………………………………………… 343
第一节　财务报表概述 ………………………………………………………… 344
第二节　资产负债表 …………………………………………………………… 345
第三节　利润表 ………………………………………………………………… 354
第四节　现金流量表 …………………………………………………………… 360
第五节　所有者权益变动表 …………………………………………………… 379
第六节　财务报表附注 ………………………………………………………… 379

主要参考文献 ………………………………………………………………………… 385

21世纪经济与管理规划教材
会 计 学 系 列

第一章

总　论

【知识要求】

　　会计概念框架是会计准则的理论基础,通过本章的学习,了解会计概念框架中财务会计目标、会计要素、会计要素确认与计量、会计信息质量特征等重要概念,为以后各章节的学习奠定基本的理论指导。

【技能要求】

　　通过本章的学习,应能够熟悉:
- 会计信息使用者、对会计信息的要求以及财务会计目标三者的关系;
- 会计信息的质量特征以及各质量特征的内在关系;
- 会计要素的确认条件、确认原则和计量原则。

【关键术语】

　　财务会计目标　　会计信息质量特征　　会计要素　　　会计确认
　　会计计量

会计概念框架无论是对会计准则制定机构还是对会计从业人员都具有十分重要的意义。各国均通过制定会计准则来为财务会计工作提供技术性规范。对会计准则制定机构而言,需要有一套目标明确、逻辑一致的概念框架指导其进行准则制定。会计工作是一项十分严谨的工作,但并不是一项照葫芦画瓢的工作;它看起来很古板,可实际上对从业人员的道德素养、专业素养、综合分析以及职业判断能力都有很高的要求。尽管会计准则越来越全面、细致,但它无法穷尽企业所发生的所有交易和事项,也就是说,企业总会遇到一些超出现有会计准则规范范围的交易和事项,对这类交易和事项的确认、计量和报告要求会计从业人员拥有很高的道德素养、专业素养、综合分析以及职业判断能力。对于会计实务工作者而言,概念框架的作用在于:指导会计从业人员准确地把握会计准则的实质性要求,为会计从业人员进行综合分析和职业判断提供职业道德和专业方面的引导,并为准则尚未规范的交易或事项的确认、计量和报告提供理论指导。概念框架由财务会计目标、会计信息质量特征、会计要素及其确认与计量、会计假设构成。本章在对会计概念框架进行阐述的基础上,介绍本书的内容及逻辑结构。

第一节 财务会计目标

财务会计目标所要解决的问题是财务会计应该做什么。同学们在理解财务会计目标的过程中,应该弄清楚以下几个问题:谁是财务会计信息的使用者?这些信息的使用者需要哪些会计信息?财务会计能够提供哪些信息?

一、会计信息的使用者以及对信息的需求

现代企业管理依赖于信息的获取、分析和利用,这些信息包括政策法规方面的信息、技术方面的信息、竞争对手方面的信息、宏观经济形势方面的信息、会计信息等。会计信息的使用者包括两大类:内部使用者和外部使用者。内部使用者包括管理当局及员工。管理当局需要运用会计信息制订企业经营计划、控制和评价生产经营过程。例如,当企业做出通过贷款来筹集资金的决策前,必然要利用会计报表所提供的信息对企业目前的资产负债率、资产构成及流动情况、投资项目产生现金流量的金额和时间分布、还款能力等进行分析。企业研究决定生产经营中的重大问题、制定重要的规章制度时,应当征求工会及员工的建议;企业研究决定有关员工工资、福利、劳动保险等涉及员工切身利益的问题时,应当事先听取工会和员工的意见。员工在履行上述参与企业管理的权利和义务时,必然也要以相关的会计信息为依据。

会计信息的外部使用者基于投资或信贷决策、税收、调控与监管等不同的目的,也要求企业提供相应的会计信息。外部使用者由以下三类构成:

(一) 股权投资者

股权投资既包括以购买股票方式对企业进行投资,也包括直接以现金或非现金资产对企业进行权益性投资。股权投资者的投资收益来自两部分,一是持有股权期间的股利分红,二是出售股权所获取的价差收益。无论是被投资企业的分红能力,还是投资者出售股权所获取的顺差大小,都在很大程度上取决于企业的经营业绩。因此,投资者需要利用会计信息评价企业的财务状况和管理当局的经营业绩,判断管理当局是否按既定的公司

战略和经营目标使用资金,并通过行使投资者权利来保障资金得到合法、合理的使用;分析企业所处行业的市场前景、企业的发展潜力和面临的风险;判断投资的回报水平,做出维持现有投资、追加投资或转让投资的决策。

(二) 债权人

债权人包括债券持有者、贷款机构和供应商。债券持有者、贷款机构提供信贷资金的目的是按约定的条件收回本金并获取利息收入。他们关心的主要是企业能否按期还本付息。基于此,债券持有者、贷款机构需要了解企业资产与负债的总体结构,分析资产的流动性,评价企业的获利能力、产生现金流量的能力和偿还到期债务的能力,从而做出向企业提供贷款、维持原贷款数额、追加贷款、收回贷款或改变信用条件等方面的决策。供应商可以采用预收账款、现款、赊销的方式向企业提供商品和服务。供应商制定销售收款政策时,必须充分考虑采购企业的财务状况和支付能力,基于企业财务数据评估销售款的安全回收程度。

(三) 其他外部使用者

其他外部使用者包括经纪人、律师、证券分析师、政府税务及监管部门。经纪人、律师和证券分析师在提供服务的过程中需要分析和了解企业的财务状况和盈利能力。为了实现社会资源的优化配置,国家必然通过税收、货币和财政等政策进行宏观经济管理。在宏观调控中,国民经济核算体系(SNA)所提供的数据是调控的重要依据。国民经济核算与企业会计核算之间存在十分密切的联系,企业会计核算资料是国家统计部门进行国民经济核算的重要资料来源;国家税务部门进行税收征管也是以财务会计数据为基础的,无论是流转税征收中原始凭证的稽核和流转额的确定,还是所得税征收中应纳税所得额的确定,都离不开财务会计所提供的信息;证券监管机构对证券发行与交易进行监督管理时,财务会计信息的质量以及信息披露的及时性是监管的重要内容。由于真实可靠的会计信息对资本市场的健康发展、资本市场资源配置效率的提高具有至关重要的作用,证券监管机构必然要在对企业会计信息进行微观层面和宏观层面分析的基础上实施监督。

在《会计学原理》教材中我们已经学到,财务会计和管理会计分别服务于会计信息的外部使用者和内部使用者。财务会计主要为外部的利益相关者提供其所需的会计信息,管理会计则为会计信息的内部使用者提供其所需的信息。值得注意的是,这并不意味着财务会计只为外部使用者服务而不为内部使用者服务。内部使用者除了利用对外报送的财务会计信息,还能够通过管理会计系统获取决策所需的信息。

二、财务会计目标

财务会计目标是向投资者、债权人和其他外部使用者提供投资决策、信贷决策等类似决策、信息监管所需的有用信息。在会计信息的外部使用者中,投资者和债权人向企业投入资金、承担风险并要求获得相应的回报,他们对会计信息的要求是最高的。能够满足投资者和债权人要求的会计信息,对于其他关心企业未来支付能力和获利能力、信息质量和信息披露及时性及透明度的机构和人士来说应该都是有用的。因此,人们通常认为,能够满足投资者和债权人要求的会计信息,同时也能够满足其他外部使用者的信息要求。财务会计目标是为投资者和债权人提供以下三类信息以满足信息使用者的需求。

（一）用于评价企业现金流量的信息

投资者和债权人向企业提供资金的目的在于谋求财富的增值，财富增值与否的标准在于投入现金额与收回现金额的比较。例如，对于现有的或潜在的股票持有者而言，其必然要求从被投资企业取得的股利、出售投资的价款高于当初购买股票所投入的资金；对于贷款者而言，其必然要求按期收回的本息金额大于最初贷款的本金数额。成功的投资者和债权人，其投资产生的现金流入不仅包括投资或本金的收回，还包括与其承担的风险相当的收益。

投资决策和信贷决策的效果是由什么决定的？其影响因素包括：

（1）企业未来产生现金流量顺差的能力。投资者的投资以及债权人提供资金的效果取决于企业未来产生现金流量顺差（投资期内因收回投资产生的现金流入大于对外投资产生的现金流出而获得的现金净流入量）的能力。企业未来现金流量顺差的大小取决于现金流出额和现金流入额的比较。

（2）现金流量的时间分布。由于资金具有时间价值，金额相同但不同时间点的现金其价值是不同的，如年初的100元不等于年末的100元。一年后的100元折现到今天的价值取决于通货膨胀率、利率等因素。金额相同但不同时间点的现金流入，其收益是不同的。投资决策和信贷决策中存在现时现金和将来现金之间选择的问题，如股票是现在出售还是继续持有。另外，未来存在不确定性，对现金流估计的时间跨度越大，风险就越大。因此，投资者不仅要关注未来能够收回多少现金，还要关注现金流入的时间分布。例如，两种投资方案投资金额相同，预计三年内均能产生300万元的收益，方案A是每年产生100万元的收益，而方案B是第一年产生200万元的收益，第二、三年分别产生50万元的收益。表面上来看，方案A和B的投资收益额相同，但考虑资金的时间价值，其真实收益和面临的风险都是不同的。

（3）现金流量的不确定性。企业未来产生的现金流量顺差既可能来源于商品生产和销售或提供劳务的经营活动，也可能来源于投资活动。由于企业经营所处的政策环境、市场环境存在复杂性和多变性，无论是来源于经营活动，还是来源于投资活动，未来产生的现金流入都存在不确定的风险因素。例如，高档白酒生产企业和高档餐饮企业的效益总体而言一直很好，2012年12月中央"八项规定"和"六项禁令"出台后，高档白酒生产企业和高档餐饮企业的收入受到了很大的影响，其产生经营现金流入的能力大大下降。

基于上述三点，投资者和债权人进行决策时除需要从政策层面、市场层面、技术层面等角度进行判断外，还需要借助资产构成、负债结构、盈利及利润构成等会计信息对企业未来的现金流入金额进行估算，对现金流入的时间以及可能出现的风险进行评估。因此，财务会计应该向投资者和债权人提供有助于评价企业未来现金流量的信息，具体来说，就是提供有助于评价企业未来现金流量的金额、时间和不确定性的信息。

（二）关于企业经济资源、资源的权利及其变动情况的信息

企业的资金来源于债权人的债权投资和所有者的股权投资。企业经营的过程就是利用经济资源谋取经济效益的过程，与资源对应的权利包括两部分：债权人权益（表现为企业的债务）和股权投资者权益（表现为所有者权益）。在两权分离的现代企业制度框架下，出资者有权依法行使对企业资源使用等方面的监督权，经营者有义务合法、有效地使用经

济资源并接受资源提供者的监督。财务会计应提供有关企业资源总额、分布及变动情况的信息,与资源相对应的债务和所有者权益及其变动情况的信息,有助于会计信息的外部使用者:①判断企业的财务状况、评价企业的变现能力和偿债能力;②评价企业一定期间的经营业绩和经营者受托责任的履行情况;③分析企业在经营中综合利用经济资源产生现金流量的潜力以及承担义务所付出现金的规模。

(三) 关于企业收益及其构成的信息

财务会计提供的企业收益及其构成的信息有助于外部信息使用者预测企业未来的业绩。前面已经阐述过,投资者和债权人出于决策的需要势必关心企业未来的现金流量,并判断企业未来获取现金流量顺差的能力。但是,从长远角度来看,企业未来现金流量的顺差是由其盈利能力决定的。例如,股权投资者能否获取股利以及能获取多少股利取决于企业的盈利;债权人能否收回本金并取得利息同样取决于企业的盈利。因此,投资者和债权人对现金流量的关注必然转化为对收益的关心,他们通过对企业以前业绩的评价来估算盈利前景,从而预测未来的现金流量。

企业收益及其构成的核算是建立在权责发生制基础之上的。① 权责发生制会计通过记录企业各项交易和事项,反映这些交易和事项对企业财务状况和财务成果的影响(其中包括对现金收支的影响,但又不局限于对各期现金收支的影响),从而更好地预测未来的现金流量。例如,基于对采购量、生产量的预测以及支出规模和应付项目、预付项目规模的判断,能够估算企业未来的经营活动现金流出规模;通过对销售量及销售方式的预测以及应收项目规模和质量的判断,能够估算企业未来的经营活动现金流入规模;通过对建立在采购、生产、销售和其他经营活动基础之上的收益的预测以及应收项目规模和质量的判断,能够估算企业未来的经营活动现金流入规模、流出规模和现金净流量。

企业的收益产生于主营业务和其他业务,也有可能来源于资产和负债公允价值变动、对外投资、资产处置或营业外项目。投资者和债权人通过行业前景的分析和收益构成的评价,能够获取有助于预测企业未来盈利质量、持续性和评估企业盈利风险的信息,从而达到估计企业未来产生现金流量的金额、时间和不确定性的目的。

投资者、债权人和其他外部使用者所需的上述三类信息是由资产负债表、利润表、现金流量表、所有者权益变动表和报表附注等提供的。

第二节 会计信息的质量特征

会计信息的质量特征是指为了使财务报告能够满足使用者的需要,会计信息在质量上应该达到的要求。会计信息的质量和财务会计的目标是密切相关的,目标决定会计信息的质量特征,而具备应有质量特征的信息才能促使目标的实现。只有了解会计信息应具备怎样的质量特征才能满足使用者的要求,会计人员才能在会计的确认、计量、记录和

---

① 权责发生制是会计假设还是会计原则,国际上目前对其有不同的意见。例如,国际会计准则理事会(International Accounting Standards Board,IASB)的前身是国际会计准则委员会(International Accounting Standards Committee,IASC),其颁布的《编制和提供财务报表的框架》(*Framework for Preparation and Presentation of Financial Statements*)就将权责发生制作为会计假设。在中国的会计理论和实务中,通常将权责发生制作为会计原则,《企业会计准则——基本准则》(2006)以及后来修订的《企业会计准则——基本准则》(2014)将会计假设归为会计基础。

报告的过程中,提高会计信息的质量,从而有效地实现财务会计目标。

会计信息的质量特征是在权衡报表使用者的要求和信息提供者的代价的基础上确定的。对于会计信息的提供者而言,信息所产生的效益应该超过提供信息的成本;对于信息使用者而言,信息首先应具备可理解性,如果所提供的信息是使用者不能理解的信息,那么即使信息具有高度的可靠性和相关性,也不会有用。可理解性是信息有用性的前提。为便于报表使用者对会计信息的对比分析,会计信息还应具备可比性和一致性。会计信息质量特征的层次关系如图1-1所示。

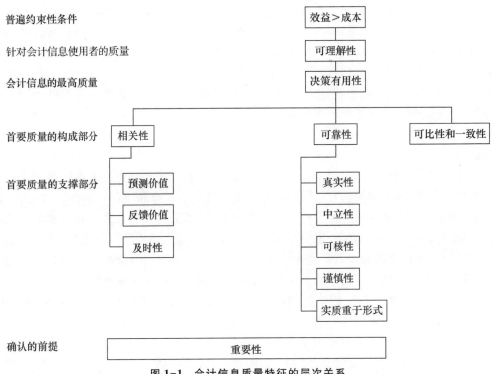

图1-1 会计信息质量特征的层次关系

一、可理解性

可理解性是针对会计信息使用者的特征,是指会计信息对于那些具有一定的会计知识且愿意花费一定的精力去了解企业财务状况、经营业绩和现金流量的人来说,应该是可理解的。信息的可理解性受制于以下两个因素:一是信息使用者解读会计信息的能力;二是会计信息提供者所提供的信息的质量。因此,可理解性是信息使用者与信息有用性的结合点。会计人员应该尽可能地使会计信息易于被使用者理解,而使用者也应该设法提高理解会计信息的能力,只有这样,会计信息才有可能最大限度地发挥效用。

二、决策有用性

决策有用性属于最高层次的会计信息质量。它是指在财务报告中提供的会计信息必须对大多数报表使用者进行投资、信贷和类似决策具有使用价值,而对决策无用或用处不大的信息则不予提供。决策有用性是由会计信息的相关性、可靠性、可比性和一致性构成的。

三、相关性

相关性是指提供的信息与报表使用者所要达到的目的相关联。如果一项信息与报表使用者的目的毫不相干,则它当然毫无用处。例如,企业所提供的财务状况和经营情况的信息要有助于投资者做出正确的投资决策和信贷决策;企业所提供的存货的信息要有助于管理当局做出正确的存货订购决策,既能避免存货不足影响销售,又能避免存货过多引起积压和储藏成本上升。衡量一项信息是否具有相关性,主要由以下三个因素决定:

(1) 预测价值。预测价值是指所提供的信息能够帮助决策者预测未来事项的可能结果,提高决策的准确性,从而使决策者选择有利的方案。需要明确的是,会计信息的预测价值体现为信息使用者能够利用信息对未来做出合理的预测,而并不是指会计信息本身就是预测。例如,气象台(站)利用卫星、雷达等设施收集到的气象信息——温度、湿度、大气压、各级高度的高空风速等数据本身并不构成对未来天气的预测,只有气象工作者利用这些数据与所见到的气象模型进行对比分析才能最终形成天气预报。

(2) 反馈价值。反馈价值是指所提供的信息能够把过去决策所产生的实际结果反馈给决策者,使之与当初的预测结果相比较,判断过去预测的正确与否,从而有助于信息使用者证实或修正过去的预测。预测价值和反馈价值往往是同时存在的,例如,中期报告既提供了过去的业绩,证实或修改了以往的预测,又充当了年度报告公布之前预测年度收益的基础。

(3) 及时性。及时性是指必须在报表使用者需要信息的这一时间段内将信息提供给使用者。及时性是信息相关性的重要条件。如果信息使用者在需要信息时得不到信息,而得到它时已在所报事项发生了很久以后,导致对将来的行动失去作用,则它就缺乏相关性。在具体的会计工作中,及时性体现在及时记录和及时报告两个方面。及时记录是指对企业的经济业务及时地进行会计处理,本期的经济业务应当在本期内处理,不能延至下一个会计期间;及时报告是指把会计信息及时地传送出去,也就是说,会计报表应该在会计期间结束后规定的日期内呈报给有关单位和个人。

四、可靠性

可靠性是指信息能够确切地表达经济活动的本来面目。信息如果不可靠,则不仅对使用者无任何帮助,还可能导致使用者做出错误的决策。衡量一项信息是否可靠,可依据以下五个标准:

(1) 真实性。真实性是指企业所提供的会计信息应与会计核算对象的客观事实相一致。每项会计记录都要以合法的凭证为依据,不允许弄虚作假。会计报表必须如实反映,保证账证、账账、账实、账表相符。

(2) 中立性。中立性是指企业在会计政策选择的过程中以及会计人员在会计确认、计量、记录和财务报告编制的过程中保持中立的立场,不偏不倚,不偏袒信息使用者的任何一方。也就是说,会计人员在会计核算过程中,应当主要关心所产生信息的相关性和可靠性,而不是会计处理程序和方法对特定利益相关者产生的影响。按照中立性的要求,会计人员不得为达到想要取得的结果或诱导特定行为的发生而随意变更会计处理程序或方法。

（3）可核性。可核性是保证会计信息可靠性的一条基本要求。它是指不同的合格会计人员对同一主体的经济事项，根据相同的原始数据、遵循相同的会计政策，可以得出相同或基本相似的结论。实际成本之所以成为会计计量的主要属性，原因之一在于保证信息的可核性。

（4）谨慎性。谨慎性是指在有不确定性因素的情况下做出会计估计时，应持审慎的态度，不得高估资产或收益，也不得低估负债和费用。当然，审慎态度应运用于不确定性因素，不允许企业以谨慎性为借口设立秘密准备，故意低估资产、收益或者高估负债、费用，因为那样编制的报表不可能是中立的，从而也就不具有可靠性。

（5）实质重于形式。会计信息要想真实地反映其所拟反映的交易或事项，就必须根据它们的实质和经济现实，而不是仅仅根据它们的法律形式进行确认、计量和披露。例如，售后回租从法律上看资产的所有权已经转移给购买方，但由于出售方继续长期享有该资产的使用权及其包含的未来经济利益，因此出售方不应将该资产所有权的转移确认为销售。

五、可比性和一致性

如果某一企业提供的会计报表能够与同行业其他企业相比较，或者与本企业其他期间或其他时点的类似信息相比较，那么会计信息的使用价值就会提高。这就要求会计信息具有可比性和一致性。可比性强调的是同行业企业间会计政策、会计处理程序和方法的相互可比，从而有利于信息使用者对会计信息进行比较、分析和汇总。一致性要求某一企业不同期间应尽可能地做到会计政策、会计处理程序和方法的一贯性，不得随意变更。企业对相同的经济业务在前后各期采用相同的会计处理方法，有利于通过会计信息更好地反映企业财务状况和经营成果的变化趋势。当然，一致性并不意味着已使用的会计处理方法一成不变，只是这种变动必须慎重，而且在变动后应该对变动原因、变动对财务状况和经营成果等的影响特别加以说明。

从图1-1中可以看出，可比性和一致性没有被作为会计信息的首要质量特征，而是被作为次要和交互作用的质量特征，原因在于可比性和一致性与相关性和可靠性不同，它们体现的是两个或更多会计主体、某一会计主体两个或更多期间会计信息之间关系的质量，而相关性和可靠性是对某一会计主体在某一会计期间的信息而言。如果为了信息的可比性和一致性而忽略了不同企业之间的差别以及同一企业不同期间的差别，那么会计信息的相关性和可靠性就会被削弱，会计信息的使用价值就会降低。

六、重要性

重要性是指对所有重要的经济事项及其影响在会计上必须给予可靠详尽的揭示，而对某些次要的信息则可以适当简化或省略，以避免其掩盖或冲淡对重要信息的有效利用。重要性是一个渗透到其他各方面特征中的概念，与其他特征存在密切联系。例如，如果某项信息因投资者不需要而不必披露，则表示该类信息不相关；如果某一项目的金额因微不足道而未披露，则表明该信息不重要。重要与非重要的划分主要视会计信息的项目划分、误差和疏漏对报表使用者的影响而定。目前，对重要与非重要的划分还没有具体可操作的标准,主要由会计人员在工作中进行判断。有些项目的性质决定了无论其金额多少都是应单独列示的项目,有些项目是否作为重要项目单独列示则取决于其金额或所占比例的大小。例如,在资产负债表项目的列示方面,美国《证券交易委员会会计公告文件》第41号规定,占资产总额5%以上或占本类合计10%以上者视为重要项目应单独列示。应该注意的是,重要与非重要的划分并不是一成不变的,企业面临的环境发生变化后,原来一些被视为重要的事项可能会转变为非重要的事项,而原来被视为非重要的事项有可能转变为重要的事项。

国际视野

在会计准则国际趋同的过程中,作为美国财务会计准则委员会(Financial Accounting Standards Board,FASB)和IASB联合开发项目的结果,FASB于2010年9月颁布了《财务会计概念公告第8号》,与此同时IASB颁布了《财务报告概念框架》(2010)。《财务会计概念公告第8号》和《财务报告概念框架》(2010)将会计信息质量特征划分为三个层次(IASB于2018年3月发布的《财务报告概念框架》基本上未对财务会计信息质量特征进行修改),其基本内容如下:

基本的质量特征	相关性 重要性 如实反映
增强的质量特征	可比性 可验证性 及时性 可理解性
信息的约束条件	成本效益法则

在会计实务中,各国会计准则、会计法规和相关法律对会计信息的质量要求以及对违反质量要求行为的处罚都做出了明确的规定。例如,中国《企业会计准则——基本准则》对会计信息的上述质量要求做出了明确的阐述,中国的《会计法》《证券法》《公司法》和《刑法》对违反会计信息质量要求的行为也做出了明确的处罚规定。

相关链接

根据《中华人民共和国刑法》第一百六十一条和《关于执行〈中华人民共和国刑法〉确定罪名的补充规定》,向股东和社会公众提供虚假的或者隐瞒重要事实的财务会计报告,严重损害股东或者他人利益的,按"违规披露、不披露重要信息罪"论处。

2017年11月4日第十二届全国人民代表大会常务委员会第三十次会议修订的《中华人民共和国会计法》第四十条规定:因有提供虚假财务会计报告,做假账,隐匿或者故意销毁会计凭证、会计账簿、财务会计报告,贪污,挪用公款,职务侵占等与会计职务的有关违法行为被依法追究刑事责任的人员,不得再从事会计工作;第四十五条规定:授意、指使、强令会计机构、会计人员及其他人员伪造、变造会计凭证、会计账簿,编制虚假财务会计报告或者隐匿、故意销毁依法应当保存的会计凭证、会计账簿、财务会计报告,构成犯罪的,依法追究刑事责任。

第三节 会计要素及其确认与计量

一、会计要素

会计要素是对会计核算内容的基本分类。将会计核算内容分解为会计要素,主要起到如下作用:一是使会计确认和计量有具体的对象,并为分类核算提供基础;二是为会计报表设计提供基本框架,因为按会计要素设计会计报表能够反映各会计要素的相互联系以及数据的勾稽关系。在中国的会计要素体系中,资产、负债、所有者权益构成资产负债表要素,反映某一时点企业的资源、对资源的要求权及其变动;收入、费用和利润构成利润表要素,反映某一时期企业的收入、费用以及配比而形成的利润。需要注意的是,在不同的会计准则环境下,会计要素不会完全相同,它取决于该会计系统所处的环境以及财务会计的目标。目前财政部下设的中国会计准则委员会(China Accounting Standards Committee,CASC)与 FASB、IASB 在会计要素设置以及会计要素定义方面都存在显著的差异。

国际视野

CASC、FASB 和 IASB 在会计要素上存在显著的差异。它们分别是:

CASC	FASB	IASB
资　产	资　产	资　产
负　债	负　债	负　债
所有者权益	所有者权益	权　益
收　入	业主投资	收　益
费　用	业主派得	费　用
利　润	综合收益	
	营业收入	
	费　用	
	利　得	
	损　失	

尽管不同环境下会计要素存在差异,但资产、负债、所有者权益这三个要素都是共有的。原因是资产、负债、所有者权益构成借贷记账法平衡等式的基础,随借贷记账法的传播而被各国接受。

人们对会计要素的认识是一个不断深化的过程。例如,IASB《财务报告概念框架》(2018)对资产、负债定义做出了重大修改:①"资产是主体由过去事项引起的现有经济资源,经济资源是一种潜在的产生经济利益的权利。"这一定义将资产的实质界定为有潜力的产生经济利益的权利,即将资产聚焦于权利而不是经济利益的最终流入。这一变化实现了资产的实质由传统的实物资产到权利的嬗变,适应了经济金融创新和业务模式创新对会计理论和会计基本概念创新的需要。②"负债是由过去事项引起的交换经济利益的现时义务,该义务是主体没有实际能力去避免的。"新的负债定义明确负债的实质是转移经济资源的义务,并引入了"没有实际能力去避免"这一负债标准。按照该标准,无论该义务是法定义务还是推定义务,无论该义务有确定的对手方还是没有确定的对手方,只要主体没有实际能力去避免,就属于主体的负债。

二、会计确认

会计确认是将符合会计要素定义及满足确认标准的事项纳入会计报表的过程,它回答了哪些信息会在何时列入哪一张会计报表。会计确认与计量是以编制财务报告为目的,并以按此目的所要求编制的会计报表的种类为基础的。尽管财务报告除包括会计报表外,还包括会计报表注释、辅助信息(如有关物价变动影响的信息)以及提供财务信息的其他方法,但会计报表是财务报告的核心。尽管会计报表注释、辅助信息以及提供财务信息的其他方法在财务报告中是十分必要的,但通常不涉及确认和计量问题,确认和计量是针对表内项目而言的。

为了保证会计报表所提供的信息能够作为可靠的决策依据,交易或事项作为会计要素确认必须同时满足以下四条基本标准:

(1)符合某个会计要素的定义,比如,所发生的某一事项作为资产确认,它首先必须符合资产的定义;

(2)可计量性,即应予确认的项目能够以货币为计量单位进行计量;

(3)相关性,即项目必须与会计报表使用者的决策有关;

(4)可靠性,即确认后纳入会计系统的信息是真实可靠、可核实的。

三、会计计量

会计计量是指为了在资产负债表和利润表内确认和列示会计要素而确定其金额的过程。这一过程涉及计量属性的选择。可供选择的计量属性包括:

(1)历史成本。历史成本也称实际成本,是指取得或制造某项财产物资时所实际支付的现金或其他等价物。例如,王先生是一位个体房屋投资商,他的购房谈判技巧和售房谈判技巧都高于其他人。2010年年末,他花费2 000 000元购买了一套100平方米的住房,则该住房的历史成本为2 000 000元。在历史成本计量下,资产按照购置时支付的现金或者现金等价物的金额,或者按照购置时所付出的对价的公允价值计量;负债按照因承担现时义务而实际收到的款项或资产的金额或者承担现时义务的合同金额,或者按照日常活动中为偿还负债预期需要支付的现金或者现金等价物的金额计量。

(2)重置成本。重置成本也称现行成本,是指按照当前的市场条件重新取得同样资产所需支付的现金或现金等价物的金额。例如,王先生目前购买一套同地段、同品质的100平方米的住房,需要支付2 300 000元,则其原有住房的重置成本为2 300 000元。在重置成本计量下,资产按照现在购买相同或者相似资产所需支付的现金或者现金等价物的金额计量,负债按照现在偿付某项债务所需支付的现金或者现金等价物的金额计量。

(3) 可变现净值。可变现净值是指在正常生产经营过程中,以预计售价减去进一步加工成本和预计销售费用以及相关税费后的净值。在可变现净值计量下,资产按照其正常对外销售所能收到的现金或者现金等价物的金额扣减该资产至完工时估计将要发生的成本、估计的销售费用以及相关税费后的金额计量。

(4) 现值。现值是指对未来现金流量以恰当的折现率进行折现后的价值,是考虑货币时间价值的一种计量属性。在现值计量下,资产按照预计从其持续使用和最终处置中产生的未来净现金流入量的折现金额计量,负债按照预计期限内需要偿还的未来净现金流出量的折现金额计量。

(5) 公允价值。公允价值是指市场参与者在计量日发生的有序交易中,出售一项资产所能收到或者转移一项负债所需支付的价格。公允价值计量具有以下特征:①站在市场角度而非特定交易主体角度计量主体的资产或负债(即与特定主体持有资产、偿还或以其他方式履行负债责任的意图不相关)。②公允价值所计量的对象可能并未进行实际交易,而是假想交易(Hypothetical Transaction)。也就是说,交易主体出售某项资产能够收到这一价格或者转移某项负债需要支付这一价格。例如,王先生收集了近三年可比住房的销售数据,平均销售价格为每平方米 24 000 元,最低为每平方米 23 000 元,最高为每平方米 25 000 元。以一般市场交易来说(不包括王先生这类有高超谈判技巧的交易者),每平方米 24 000 元的价格很容易销售出去,则其原有住房的公允价值为 2 400 000 元。③公允价值可能不是实际的交易价格,而是市场价格主要参数(可观察输入值或不可观察输入值)的估计价格。④公允价值是脱手价格(退出价格),即出售一项资产所能收到的价格(而不是购买一项资产所支付的价格),或者转移一项负债所需支付的价格(而不是购买一项负债所收到的价格)。⑤有序交易是指在计量日前一段时期内相关资产或负债具有正常市场活动的交易,且市场参与者应当熟悉情况、相互独立,有能力并自愿进行相关资产或负债的交易。

企业在对会计要素进行计量时,一般应当采用历史成本,采用重置成本、可变现净值、现值、公允价值计量的,应当保证所确定的会计要素金额能够取得并可靠计量。

会计计量属性的选择需要考虑相关性、可靠性和成本效益法则约束。对于市场敏感性强且独立产生现金流的资产,如交易性金融资产等,用公允价值计量具有相关性;但对于与其他资产组合使用以生产产品和提供服务的固定资产,历史成本计量对于损益计算更具有相关性和可靠性。企业在选用某一计量属性时,不仅要考虑该计量属性是否具有相关性,还需考虑是否具有可靠性。例如,对于投资性房地产而言,公允价值计量具有相关性,但该地区没有活跃的房地产市场,无法获取公允价值的可靠信息,则应该采用历史成本计量。计量属性的选择还应考虑成本效益法则约束,而不能因理论上的科学性而不考虑会计信息收集、加工和披露成本。

国际视野

FASB 于 1984 年 12 月发布的《财务会计概念公告第 5 号——企业财务报表项目的确认和计量》(以下简称"第 5 号概念公告")指出:"在财务报表中陈报的各项目,

是用不同的属性来计量的,视项目的性质以及计量属性的相关性和可靠性而定。"第5号概念公告提出了五类可以在财务报表中使用的计量属性,分别是历史成本(历史收入)、现行成本、现行市价、可实现(结清)净值、未来现金流量现值(或折现值)。其中,现行成本、现行市价和可实现净值三种属性主要用于初次确认计量和以后各期的新起点计量;历史成本属性主要用于初次确认计量和以后各期的摊销或分配计量;而现值属性主要作为一种摊销方法,在某项资产或负债得到确认并按照历史成本、现行成本或现行市价进行计量之后使用。但是,第5号概念公告并没有回答使用现值进行会计计量的条件和方法等方面的问题。

FASB于2000年推出了《财务会计概念公告第7号——在会计计量中使用现金流量信息和现值》(以下简称"第7号概念公告"),该公告对以未来现金流量为基础的会计计量提供了一个理论框架,包括:①确定在会计计量中使用现值的目的;②为现值的使用,尤其是在未来现金流量的金额或者时点以及两者同时具有不确定性的情况下使用现值技术提供一般性的原则。虽然FASB强调,财务会计概念公告的目的并不是直接解决财务会计和报告中的实务问题,但是作为会计准则建设的理论基础,第7号概念公告已经向人们发出了清晰的信号,即公允价值和现值这两个概念将在日益复杂的会计计量环境中扮演更加重要的角色。SFAS157和IFRS13对公允价值计量做出了详细的规定,FASB的第8号《财务会计概念公告》和IASB的《财务报告概念框架》(2018)要求会计主体在财务报表编制中对各计量属性的运用进行详细的披露。

相关链接

了解会计计量属性对报表阅读者很重要

某上市公司年初以4 000万元投资的房产,年末涨至6 000万元,如果该公司采用历史成本计量属性,则其财务报表反映的房产价值仍为4 000万元,不会增加利润;如果该公司采用公允价值计量属性,则资产负债表中的"投资性房地产"项目价值增至6 000万元,同时利润表中的净利润会增加2 000万元。这说明:企业选用的会计计量属性不同,将会对其财务报表中反映的财务状况和经营业绩产生重大影响。如果该公司年末没有在6 000万元的价位上卖出该房产,那么尽管在当年的年度财务报告中该房产投资净赚2 000万元,但并未产生与该利润相对应的现金流入。该投资性房地产采用公允价值计量对估值而言有着很大的作用,但该项盈利现在没有实现,将来能否如数实现也存在较大的不确定性。

第四节 本书的结构

财务会计主要运用财务会计理论与方法体系对某一会计主体发生的会计事项进行确认、计量、记录和报告。财务会计分为中级财务会计和高级财务会计。中级财务会计所处理的会计事项是以会计主体、持续经营、会计分期、货币计量四项基本会计假设为基础的一般事项,即企业经营过程中通常存在的会计事项,而非特殊时期或特殊环境下出现的特殊事项。例如,对于持续经营的企业来说,其会计事项的确认、计量、记录和报告属于中级财务会计的内容;当有证据表明某一企业无法持续经营而面临破产清算时,企业必须依法进入清算程序,对清算期间会计事项的处理则不属于中级财务会计的内容。再如,典型的会计主体是一个独立核算的企业,企业集团的出现使会计主体突破了某一企业的概念。因为母公司本身是一个会计主体,这一会计主体下的每一子公司及其他分支机构也是一个会计主体,站在集团的角度来看,会计服务对象的空间范围显然是由母公司及下属单位构成的整体。母公司本身以及母公司下属的子公司的会计报表编制属于中级财务会计的内容,而企业集团合并报表的编制则不属于中级财务会计的内容。

资产、负债、所有者权益和收入、费用、利润分别是构成资产负债表和利润表的要素。中级财务会计依托于基本会计假设对六个会计要素以及每一要素下的具体项目的确认、计量、记录和报告进行阐述。为便于同学们学习,本书按照各会计要素和每一要素下的具体项目在报表中的顺序来安排章节。本书先介绍资产负债表中资产、负债和所有者权益的确认与计量,然后介绍利润表中收入、费用和利润的确认与计量,在此基础上,介绍资产负债表、利润表和现金流量表的编制。本书的结构安排需要说明两点:①由于各会计要素涵盖的内容不同,其内容安排各异。有些要素分若干章进行论述(如资产),有些要素单独成一章(所有者权益),而有些要素则并入一章(如收入、费用和利润)。②基于各要素的核算与编制财务会计报告之间除需做好结账、试算平衡等工作外,还有可能进行一系列会计调整工作,因此在介绍财务会计报告编制之前,专门列出一章来阐述会计调整。本书在第一章对财务会计概念框架进行总体介绍的基础上,以此为指导安排其他各章内容。其他各章内容的逻辑安排如图 1-2 所示。

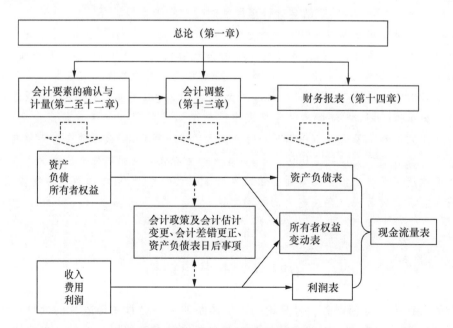

图 1-2　本书各章内容的逻辑安排

本章提要

财务会计概念框架由财务会计的目标、会计信息的质量特征、会计要素及其确认与计量、会计假设构成。

(1) 财务会计的目标。会计信息的使用者包括两大类:内部使用者和外部使用者。内部使用者包括管理当局及员工,外部使用者包括投资者、债权人及经纪人、律师、证券分析师、政府监管部门等。财务会计的目标是向投资者、债权人和其他外部使用者提供投资决策、信贷决策或类似决策所需的有用信息,具体来说,就是向他们提供用于评价企业现金流量的信息、关于企业经济资源和资源的权利及其变动情况的信息、关于收益及其构成的信息。财务会计主要为外部的利益相关者提供他们所需的会计信息,管理会计则主要为会计信息的内部使用者提供他们所需的会计信息。

(2) 会计信息的质量特征。为了使财务会计报告提供的信息能够满足使用者的需要,会计信息必须具备可理解性、决策有用性、相关性、可靠性、可比性、一致性和重要性等质量特征。

(3) 会计要素及其确认和计量。科学的确认和计量是高质量会计信息的技术保证。作为会计要素确认的交易或事项必须同时满足四个条件:符合会计要素的定义、可计量性、相关性、可靠性。会计计量属性包括历史成本、重置成本、可变现净值、现值、公允价值。

练习与思考

1. 为了满足投资者和债权人的决策需要,财务会计报告应提供哪些方面的信息?
2. 会计信息的质量特征有哪些?这些特征间的逻辑关系是什么?
3. 交易或事项作为会计要素确认应满足哪些条件?
4. 会计计量的属性有哪些?

小组讨论

1. CASC、IASB 和 FASB 的会计要素有何不同?讨论它们产生差异的原因以及会计要素设立与会计报表设计间的关系。

2. 比较 IASB《财务报告概念框架》(2018)中资产、负债的定义与中国会计准则中资产、负债定义的区别。

辅助阅读资料

1. 〔美〕厄尔·K. 斯蒂斯等著,杨有红、陈凌云译,《中级会计学》(基础篇),北京:北京大学出版社,2014 年。

2. 〔美〕厄尔·K. 斯蒂斯等著,杨有红、陈凌云改编,《中级会计学》,北京:北京大学出版社,2018年。

3. 玛丽·E.巴斯,《将未来的估计包含在今天的财务报表中》,《会计研究》,2007年第9期。

4. 陆建桥,《新国际财务报告概念框架的主要内容及其对会计准则制定和会计审计实务发展的影响》,《中国注册会计师》,2018年第8期。

5. 葛家澍、刘峰,《论企业财务报告的性质及其信息的基本特征》,《会计研究》,2011年第12期。

21世纪经济与管理规划教材
会 计 学 系 列

第二章

货币资金

【知识要求】

通过本章的学习,掌握货币资金的内容及特点、货币资金内部控制制度的主要内容、银行存款账户的开立和使用以及银行转账结算方式。

【技能要求】

通过本章的学习,应能够熟悉:
- 现金清查的会计处理;
- 备用金制度及其核算;
- 未达账项的调节方法;
- 其他货币资金的核算方法。

【关键术语】

| 货币资金 | 备用金 | 库存现金限额 | 坐支 |
| 银行汇票 | 银行本票 | 基本存款账户 | 信用证结算 |

货币资金是企业生产经营过程中停留在货币形态的那部分资产。按其存放地点和用途的不同,分为现金①、银行存款和其他货币资金。货币资金与货币性资产不属于同一概念,货币性资产是指企业持有的货币资金以及将以固定或可确定金额的货币收取的资产,包括现金、银行存款、其他货币资金、应收账款、应收票据以及准备持有至到期的债券投资等。货币资金属于流动资产,其流动性强,但营利性很差。它易于转化为其他各种资产,既可作为交换和流通手段,又可当作财富来储藏。应该说,货币资金的会计处理比较简单,重点与难点是其管理与内部控制。

第一节 货币资金的管理

一、货币资金管理的意义

货币资金是资产中最活跃的部分,也是经济活动中不可或缺的流动资产。与其他资产相比,货币资金具有三个特点:①流动性强。②与企业生产经营业务的联系广泛。企业的一切生产经营活动都与货币资金相联系,都可以通过货币资金表现出来。抓住了货币资金的管理,就等于抓住了生产经营业务管理的"牛鼻子"。③国家宏观管理要求严格。为了加强货币资金的宏观管理,国务院修订了《现金管理暂行条例》(2011)。中国人民银行也发布了《支付结算办法》(1997)、《人民币银行结算账户管理办法》(2003)、《关于加强支付结算管理防范电信网络新型违法犯罪有关事项的通知》(2016)等相关法规。财政部等五部委联合颁布了《企业内部控制基本规范》及相关配套指引《企业内部控制应用指南第6号——资金活动》等一系列关于货币资金管理与核算的规定。

货币资金的性质与特点,决定了对这种特殊资产的管理非常重要:

(1)确保货币资金的有效使用。货币资金的存储和流动是否合理、有效,直接影响企业的资金周转乃至经营成果的好坏。为此需要解决两个问题:第一,为保证生产经营的正常运转,企业必须保持足够的货币资金余额;第二,货币资金是非生产性资产,除存款利息外不能为企业创造任何价值。因此,在企业的日常经营中,除保持合理存量外,更重要的是将其转化为其他可以产生收益的投资,保证其使用的有效性。

(2)确保货币资金的安全与完整。货币资金的用途广泛且流动性极强,很容易引发挪用、侵吞等犯罪行为。因此,任何企业都应当重视货币资金的管理,建立一套完善且严密的内部控制制度,以确保其安全、完整。

二、现金的管理与内部控制

(一)现金控制的基本原则

企业进行现金控制的目的在于防止差错和舞弊行为。为了保证现金控制的有效性,应遵循以下原则:

---

① 这里的现金是狭义的现金,具体是指企业库存的纸币、硬币以及折算为本位币的外币。在多数国家,广义的现金泛指一切具有购买力的、可以自由流通和转让的交易媒介,包括库存硬币、纸币、银行存款以及其他可以普遍接受的流通手段,如个人支票、旅行支票、银行汇票或本票、邮政汇票、保付支票等。在中国,现金属于狭义的概念,即库存现金;即使是广义的现金,也仅指货币资金;但现金流量表中的"现金",不仅包括货币资金,还包括现金等价物。

（1）现金收付应尽量通过银行转账结算。企业因销售商品、提供劳务或让渡资产使用权等而获取的现金，应及时存入银行。除零星的小额开支外，所有现金支出都应使用现金支票或采用其他结算方式（如目前广泛使用的公务卡）。对于零星的小额开支，可以通过建立备用金制度来进行控制。这不仅可以减少持有大量现金而产生的成本与风险，而且通过签发银行支票等方式加强了对现金支出的控制。

（2）建立内部监督制度和稽核制度。中国《会计法》规定，各单位应当建立健全本单位内部监督制度和稽核制度。其中，记账人员与经济业务事项和会计事项的审批人员、经办人员、财务保管人员的职责权限应当明确，并相互分离、相互制约。比如，经管现金出纳的人员除日记账外，不允许兼管其他现金账册，以防止偷窃、舞弊行为的发生；经管现金收入业务的人员不能同时兼管现金支出业务，以防止将现金收入直接用于现金支出的"坐支"①行为的发生。

（3）贯彻"九不准"的规定。出纳人员在现金收付工作中，不准以白条顶替现金，不准挪用现金，不准私人借用公款，不准单位之间套换现金，不准假造用途套取现金，不准将单位收入的现金以个人名义存储，不准用本单位银行账户代其他单位存入或支取现金，不准保留账外现金，不准以任何票证代替人民币。

（二）现金收入的控制

企业的现金收入主要与销售产品、提供劳务或出让资产使用权等活动有关。企业首先应当建立健全销售收入和应收账款的内部控制制度，作为现金收入控制的基础。现金收入控制应遵循的原则是职能分开、明确责任、加强监督。

（1）职能分开。如经手现金的与记录现金的职能分开，防止由单独一人经办全程业务可能出现的差错或舞弊。就产品销售而言，可由销售部门经办销货业务手续的人员开具销货发票或收据，由会计部门的出纳人员收款盖章，会计人员登记入账。

（2）明确责任。无论是经手现金还是记录现金，都应对现金流入进行连续不断的记录与清点，做到随时清点、随时入账，收到的现金及时送存银行。不得私设"小金库"，严禁收款不入账的违法行为。

（3）加强监督。包括经常性或突击性检查现金职能的分开情况、岗位职责的履行情况，以及其他现金内部控制制度的执行情况，如收据和销货发票的管理、现金收支余额的每日报告制度等。

企业现金收入的内部控制程序如图2-1所示。

（三）现金支出的控制

现金支出的控制重点在于确保每笔支出均符合国家规定的结算制度和现金管理制度，且须经有关主管人员认可批准。现金支出的控制应按以下要求进行：

（1）严格控制现金的使用范围。企业使用现金仅限于以下情况：①职工工资、津贴；②个人劳务报酬；③根据国家规定颁发给个人的科学技术、文化艺术、体育等各种奖金；④各种劳保、福利费用以及国家规定的对个人的其他支出；⑤向个人收购农副产品和其他物资的价款；⑥出差人员必须随身携带的差旅费；⑦转账结算起点（1 000元）以下的零星

---

① 坐支是指企业将日常活动中收到的现金不通过银行直接用于本单位的现金支出行为。因特殊情况需要坐支现金的，由开户银行核定坐支范围及限额；坐支单位应当定期向银行报送坐支金额和使用情况。

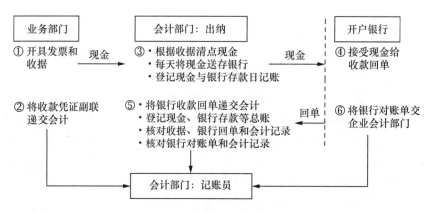

图 2-1 现金收入的内部控制

开支;⑧中国人民银行确定需要支付现金的其他支出。除上述开支可以使用现金结算外,其他一切付款均通过银行转账支付。

(2)职能分工。采购、出纳、记账工作应分别由不同的经办人员负责,不得由一人兼管。签发支票、审核支票和付款要由三人负责,以便相互监督。

(3)健全付款手续。财会人员在未经批准之前不能擅自报销现金;负责批准和记录报销业务的人员无权签发支票;负责签发支票的人员在未收到会计部门审核批准的凭证之前,也不应开出支票。已付讫的凭证上,要加盖"现金付讫"图章,并定期由专人装订成册后封存,以防止付款凭证遭窃、窜改和重复报销等情况的发生。

(4)加强监督。对现金支出与相关的会计记录要进行严格、不定期的检查。对存出保证金、押金、备用金等,应定期清理和核对。

企业现金支出的内部控制程序如图 2-2 所示。

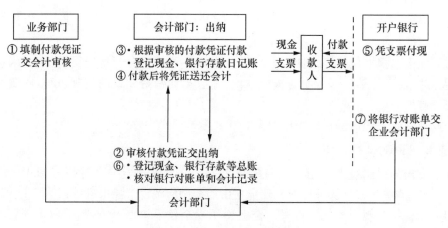

图 2-2 现金支出的内部控制

(四)库存现金的控制

库存现金的控制主要体现在保持库存现金限额的适当性和库存现金的安全完整性上。基本要求如下:

(1)正确核定库存现金限额。库存现金限额是根据企业的规模、每日现金付出量和企业距离银行的远近等条件,由企业与开户银行共同商定的金额。该限额一般不超过企业3天的日常零星开支;距离银行较远且交通不便的企业,可以适当放宽标准,但最多不得超过其15天的日常零星开支。库存现金按规定从银行提取。凡超过库存现金限额的现金,企业必须在当天或次日上午解交银行。未能及时解交银行的现金,要封包库存,严加保管。库存现金低于限额时,企业可以向银行提取,补足限额。由于业务的发展变化,企业需要调整库存现金限额的,可以随时向开户银行提出申请,经批准后进行调整。一个单位在几家银行开户的,由一家开户银行负责现金管理工作,核定开户单位的库存现金限额。

(2)实行日清日结制度。出纳人员应当每天对库存现金进行清点结算,做到库存现金账面余额与现款相符。一旦出现不符,应及时查明原因并进行处理。

(3)加强内部审计。企业内部审计人员应当对库存现金实施定期检查和随机抽查,以确保库存现金的安全完整。

三、银行存款的管理

(一)银行存款账户的开立和使用

银行存款是企业存放在银行或其他金融机构的货币资金。企业的收款、付款业务,除按规定可以使用现金结算外,其余均需通过银行转账办理。按照《支付结算办法》的规定,企业应在银行或其他金融机构开立账户,办理存款、取款和转账等结算。为规范银行账户的开立和使用,规范金融秩序,企业开立账户必须遵守中国人民银行制定的《银行账户管理办法》的相关规定。按照规定:银行存款账户分为基本存款账户、一般存款账户、临时存款账户和专用存款账户。

基本存款账户是企业办理日常转账结算和现金收付业务的账户。企业的工资、奖金等现金的支取,只能通过基本存款账户办理。一家企业只能选择一家银行的一个营业机构开立一个基本存款账户,不允许在多家银行机构开立基本存款账户。

一般存款账户是企业在基本存款账户以外办理银行借款转存、与基本存款账户的企业不在同一地点的附属非独立核算单位开立的账户。本账户可办理转账结算和现金缴存,但不能支取现金。企业可以在基本存款账户以外的其他银行的一个营业机构开立一个一般存款账户,不得在同一家银行的几个分支机构开立一般存款账户。

临时存款账户是企业因临时经营活动需要开立的账户,如企业异地参加产品展销、临时性采购资金等。本账户可办理转账结算和根据国家现金管理办法的规定办理现金收付。

专用存款账户是企业因特殊用途需要开立的账户,如基本建设项目专项资金、农副产品采购资金等。企业的销货款不得转入专用存款账户。

(二)银行结算纪律

企业通过银行办理结算时,应当严格遵守银行结算制度和结算纪律。

(1)合法使用银行账户,不得转借给其他单位或个人使用,不得利用银行账户进行非法活动。

(2)不得签发没有资金保证的票据和远期支票,套取银行信用。

(3)不得签发、取得和转让没有真实交易和债权债务的票据,套取银行和他人资金。

(4) 不准无理拒绝付款,任意占用他人资金。

(5) 不准违反规定开立和使用银行存款账户。

另外,企业的支票必须由专人妥善保管,非指定人员一律不准签发,作废支票必须与存根粘合保存在一起,以便日后检查。

(三) 银行转账结算方式

如前所述,企业的收款、付款业务,除按规定可直接使用现金外,其余均需通过银行转账。转账结算是指通过银行划拨进行往来结算,主要方式包括支票结算、银行汇票结算、银行本票结算、商业汇票结算、汇兑结算、委托收款结算、托收承付结算、信用卡结算和信用证结算九种。

1. 支票结算方式

支票是由出票人签发、委托办理支票存款业务的银行或其他金融机构在见票时无条件支付确定金额给收款人或持票人的票据。单位和个人在同一票据交换区域的各种款项的结算,均可使用支票结算完成。

支票由银行统一印制,分为现金支票、转账支票和普通支票①三种,相关字样印记在支票上。现金支票只能用于支取现金,转账支票只能用于转账,普通支票既可支取现金,也可转账。支票的提示付款期限为出票日起10天。

采用支票结算方式,企业在收到支票时,应在当日填制进账单,连同支票一起送交银行。然后,根据银行的进账单回单和有关原始凭证编制收款凭证,登记收款业务。企业作为付款人签发支票时,应根据支票存根和有关原始凭证及时编制付款凭证,核算付款业务。

转账支票结算流程如图2-3所示。

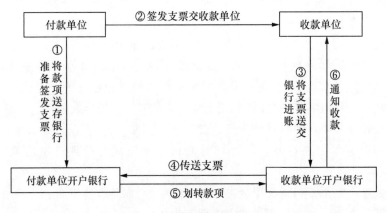

图2-3 转账支票结算流程

2. 银行汇票结算方式

银行汇票是出票银行签发的、由其在见票时按照实际结算金额无条件支付给收款人或持票人的票据。它适用于先收款后发货或一手交钱一手交货的商品交易,单位和个人

---

① 普通支票是指票面上未印有"现金"或"转账"字样的支票。在普通支票左上角划两条平行线,为划线支票,它只能用于转账,不得支取现金。

之间支付的各种款项,均可使用银行汇票结算方式。银行汇票的提示付款期限为出票日起1个月;逾期的汇票,兑付银行不予受理。

采用银行汇票结算方式,付款企业应先向出票银行填写"银行汇票申请书",出票银行同意受理后,收妥款项并签发银行汇票。收款人在收到银行汇票后,应将汇票交存开户银行,并在票面金额内按照经济业务的实际结算金额办理结算。票面金额大于实际结算金额的,余额由出票银行退交申请人。银行汇票具有使用灵活、票随人到、兑现性强的特点。收款人可将汇票存入银行,亦可背书转让,背书金额以不超过票面金额的实际结算金额为限。银行汇票可以转账,填明"现金"字样的汇票也可以支取现金。银行汇票丢失,持票人可凭人民法院出具的其享有票据权利的证明,向出票银行请求付款或退款。

银行汇票结算流程如图2-4所示。

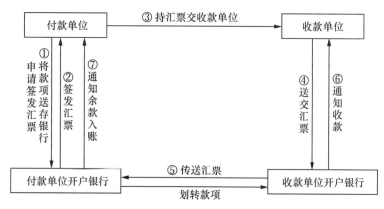

图2-4 银行汇票结算流程

3. 银行本票结算方式

银行本票是出票银行签发、承诺自己在见票时无条件支付确定金额给收款人或持票人的票据。单位和个人在同一票据交换区域需要支付的各种款项,均可使用银行本票结算。

银行本票分为不定额本票和定额本票两种。定额本票为1 000元、5 000元、10 000元和50 000元。银行本票可以用于转账,注明"现金"字样的银行本票可以支取现金。本票的提示付款期限自出票日起最长不超过2个月。逾期的本票,兑付银行同样不予受理。

采用银行本票结算方式,付款方企业也应先向出票银行填写"银行本票申请书",出票银行同意受理后,收妥款项再签发本票。银行本票的收款人可将本票背书转让。本票丧失,持票人可凭人民法院出具的其享有票据权利的证明,向出票银行请求付款或退款。这些均与前述银行汇票结算方式相同,不同之处主要是:①银行本票的付款期限最长可达2个月,比银行汇票的付款期限长,使用更灵活。②银行本票只能按票面金额办理全额结算,交易的实际金额与本票票面金额若有差额,由交易双方另行结清。③银行本票只能用于同城结算。

银行本票结算流程如图2-5所示。

4. 商业汇票结算方式

商业汇票是出票人签发的、委托付款人在指定日期无条件支付确定金额给收款人或

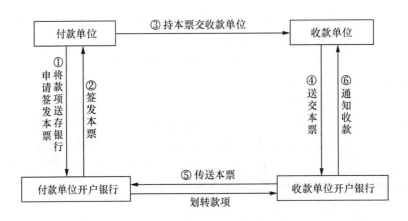

图 2-5 银行本票结算流程

持票人的票据。在银行开立存款账户的法人以及其他经济组织之间,具有真实的交易关系或债权债务关系,才可使用商业汇票结算。

按承兑人的不同,商业汇票分为商业承兑汇票和银行承兑汇票。其中,商业承兑汇票由银行以外的付款人承兑,它可以由付款人签发并承兑,也可以由收款人签发交由付款人承兑。银行承兑汇票应由在承兑银行开立存款账户的存款人签发、由银行承兑,当然,这需由付款企业提出申请,并经银行审核同意。商业汇票的承兑人不同,对收款人到期收回票款的风险也不一样。采用商业承兑汇票,汇票到期购货企业的存款不足以支付时,银行不负责付款,将汇票退还收款人,由购销双方自行解决。采用银行承兑汇票,汇票到期购货企业的存款不足以支付时,承兑银行应先向收款人无条件付款,对付款企业不足以支付的汇票金额作为临时借款处理,且每天按照5‰计收罚息并执行扣款。

商业汇票是一种延期付款凭证,其付款期限最长可达6个月。汇票规定期限未到时,收款人只有收款的权利,付款人则承担付款的义务,会计上称为"应收票据""应付票据"。持有期内,收款企业可将商业汇票办理贴现、转贴现或再贴现。

商业承兑汇票与银行承兑汇票结算流程分别如图2-6、图2-7所示。

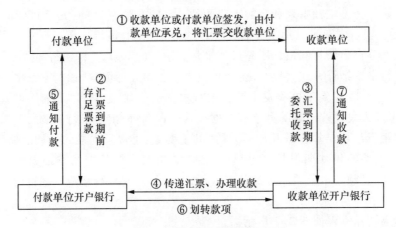

图 2-6 商业承兑汇票结算流程

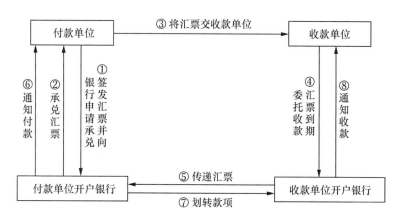

图 2-7 银行承兑汇票结算流程

5. 汇兑结算方式

这是付款人委托银行将其款项汇付给收款人的结算方式。单位和个人的各种款项均可使用汇兑方式结算。按汇款方式不同,汇兑结算分为信汇和电汇两种,由汇款人选择使用。

采用汇兑结算方式,汇款人应先填写银行印制的汇款凭证,委托银行将款项汇给收款人的开户银行,并根据银行的回单联和其他有关原始凭证填制付款凭证,登记付款业务。收款单位应在收到银行的收账通知时填制收款凭证,核算收款业务。

汇兑结算流程如图 2-8 所示。

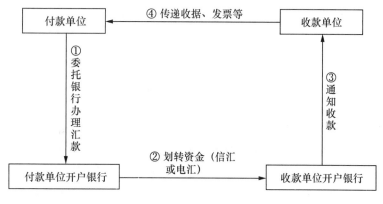

图 2-8 汇兑结算流程

6. 委托收款结算方式

这是收款人委托银行向付款人收款的结算方式。单位和个人凭已承兑商业汇票、债券、存单等付款人债务证明办理款项的结算,不论同城或异地,均可使用委托收款方式。在同城范围内,收款人收取公用事业费或根据国务院的规定,可以使用同城特约委托收款。

委托收款按划款方式不同,分为委邮、委电两种,由收款人选择使用。采用委托收款结算方式,收款人应填写银行印制的委托收款凭证,并提供有关的债务证明,根据回单,将托收的款项作为"应收账款"核算。款项收回时,再根据银行的收账通知编制收款凭证,借记"银行存款"账户,贷记"应收账款"账户。付款单位在收到开户银行转来的委托收款凭证后,应进行审核并按规定付款,根据委托收款凭证的付款通知和有关原始凭证编制付款凭证;如需在付款期满前提前付款,则应于通知银行付款之日编制付款凭证。对收款人托收的款项需要拒付的,应在承付期内办理拒付手续;对拒付金额会计上不做账务处理。

委托收款结算流程如图 2-9 所示。

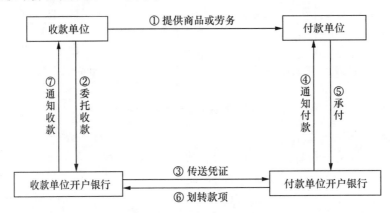

图 2-9 委托收款结算流程

7. 托收承付结算方式

这是根据购销合同由收款人发货后,委托银行向异地付款人收取款项,由付款人向银行承诺付款的结算方式。使用这种结算方式的收、付款单位,必须是国有企业、供销合作社以及经营管理好并经开户银行审查同意的城乡集体所有制工业企业;而且收付双方必须签订符合中国《合同法》规定的购销合同,在合同上订明使用托收承付结算方式;办理结算的款项,必须是商品交易以及因商品交易产生的劳务供应的款项。代销、寄销、赊销商品的款项,不得办理托收承付结算。本结算方式每笔的结算金额起点为 10 000 元,新华书店系统每笔的结算金额起点为 1 000 元。

采用托收承付结算方式,收款单位按合同发货后,应填写专门格式的托收承付结算凭证,与发票、运单等有关凭证一起交银行办理收款手续。购货单位收到银行转来的付款通知后,应在审查的基础上做出是否付款的决定。验单付款的承付期为 3 天,验货付款的承付期为 10 天。购货单位如果拒付,应在承付期内向银行递交"拒付理由书",办理拒付手续。否则,银行视作承付,于付款期满的次日上午将款项划给收款人。具体结算流程与委托收款基本相同,如图 2-10 所示。

8. 信用卡结算方式

信用卡是商业银行向个人和单位发行的,凭以向特约单位购物、消费和向银行存取现金,且具有消费信用的特制载体卡片。信用卡按使用对象分为单位卡和个人卡,按信誉等级分为金卡和普通卡。

单位申请使用信用卡,应按规定向银行办理申请手续。符合条件并按银行要求交存一定金额的备用金后,银行为申领人开立信用卡存款账户,并发放信用卡。信用卡是一种信用支付工具,按照信用卡结算规定和信用支付的特点,单位卡账户的资金一律从其基本

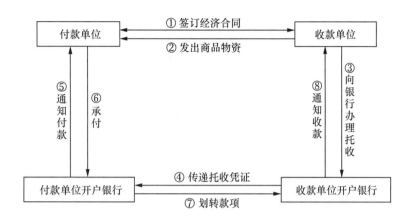

图 2-10 托收承付结算流程

存款账户转账存入,不得交存现金,不得将销货收入的款项存入单位卡账户,同时严禁将单位的款项存入个人卡账户。

发放信用卡的目的,主要是减少现金的使用。为防止利用信用卡套取现金,单位卡一律不得支取现金,也不得用于超过10万元的商品交易、劳务供应款项的结算。信用卡结算虽允许透支、透支期限最长为60天,但不同类别信用卡的透支额度存在差异。中国现行《支付结算办法》规定:金卡的透支额最高不得超过10 000元,普通卡最高不得超过5 000元。超过规定限额的透支,须经发卡银行授权。信用卡透支额应支付利息,且按透支期限长短实行差别利率。持卡人使用信用卡,不得发生恶意透支。

单位卡按规定销户时,其账户余额转入单位的基本存款账户,不得提取现金。

9. 信用证结算方式

信用证是指开证银行依照申请人的申请开出的,凭符合信用证条款的单据支付的付款承诺,并明确规定该信用证为不可撤销、不可转让的跟单信用证。

信用证结算原是国际贸易结算的一种主要方式。为适应国内贸易发展的需要,1997年6月,中国人民银行发布了《国内信用证结算办法》。该办法旨在通过信用证结算,维护贸易双方有关当事人的合法权益,同时丰富国内结算种类。信用证属于银行信用,采用信用证支付,对销货方安全收回货款有保证;对购货方来说,由于货款的支付以取得符合信用证规定的货运单据为条件,因此避免了预付货款的风险。其特点是:

(1) 开证银行负第一付款责任。信用证是一种以开证银行自己的信用做出付款保证的结算方式,销货方无须先找购货方,而是通过有关银行向信用证上的开证银行交单取款。

(2) 信用证是一种独立文件,不受购销合同的约束。采用信用证结算方式,开证银行付款时,只审核单据与信用证规定的单证是否相符,而不管销货方是否履行合同。

(3) 信用证业务只处理单据,一切都以单据为准。信用证业务实际上是一种单据的买卖,银行是凭相符单据付款,而对货物的真假好坏、货物是否已经装运、途中是否发生损失、是否到达目的地等概不负责。

相关案例　　"80后"女会计和出纳串通,贪污挪用公款4 850万元

　　2015年7月23日下午,扬州市江都区公安分局门口出现了一名中年男子与两名年轻女子,声称是"来自首的"。两名女子一个叫季月,1982年出生;一个叫陈文,1988年出生。正直韶华的她们,何以走上犯罪迷途?

　　季月成长于单亲家庭,大学毕业后当过会计,也做过小生意。2011年6月从社区调到扬州市江都区滨江新城农经站担任总账会计,负责农经站收支填报审核,并保管农经站负责人印章。调去不久,就引起了其丈夫生意合伙人祝林的注意。季月去哪里他都安排车接车送,请她去高档会所吃饭,送她价值不菲的礼物。一个生意人怎么会做亏本的事?几个月后,祝林认为时机成熟了,便向季月表示:村里很多钱都在你们这里保管,这些钱放在账户里闲着也是闲着,不如借给我做生意。季月当然知道这不仅违反财经纪律,还可能涉及犯罪,所以很犹豫。但祝林再三承诺"月初借出月底还",还承诺回馈很高的利息,季月动摇了。但她手上只有会计印章,一个人挪用不了账上的钱,需要出纳配合。出纳员陈文平时与季月关系还可以,但要成为同谋,季月没有把握。在祝林的授意与安排下,季月隔三岔五地约陈文出来吃饭,送陈文小礼物。当祝林、季月向陈文提出挪用公款的要求时,毕竟吃人嘴软、拿人手短,陈文最终未拒绝合谋邀请。季月和陈文知道自己是在"走钢丝",心里很怕,一开始不敢挪用很大额度。第一次,她们只答应借给祝林40万元,并且要求祝林一个月内必须还回。祝林表示什么都好说,还打了借条。随着时间的流逝与祝林借款次数的增加,季月、陈文内心的不安和恐惧也渐渐退去,还萌发了"挪用单位小钱不是什么大事"的想法。祝林为表示感谢,拿出10万元请她俩去韩国旅游购物。之后,他们的"合作"更加紧密。祝林每次借款的数额已上升到百万元,有一次竟达400多万元,且不再打借条,之前借的也无法足额还款。到2012年11月,三人共计挪用农经站账上资金3 000余万元,其中2 000万元无法归还。为逃避站里的年终盘账,想到农经站在招商银行开户,他们又找招商银行的梁会计为他们伪造对账单,应付检查,并顺利过关。然而资金缺口仍存在,实质问题并未解决。2013年2月,季月从滨江新城管委会下属的农经站调到管委会下任总账会计,管委会资金更加雄厚,相互活动更加频繁,而且管委会的账目与农经站一样松散、混乱。这样,季月团伙像掉进了金山,轻松走出了困境。截至2014年年底,三人合谋挪用滨江新城管委会账上资金4 000余万元。这些钱一部分用于填补农经站之前的亏空,一部分借给祝林或打到祝林指定的账户,一部分被季月、陈文拿来为自己买别墅、买情侣跑车,一部分用于她们日常生活的挥霍……2015年2月,管委会资金被群众举报挪用,经过半个月的专项检查,几千万元的亏空终于暴露出来。

　　2016年12月,江苏省扬州市中级人民法院做出一审判决:认定季月、陈文共同贪污4 850万元;受祝林指使,挪用公款4 280万元给祝林经营使用,尚有2000余万元未退回。被告人季月犯贪污罪,判处有期徒刑15年,并处罚金600万元;犯挪用公款罪,判处有期徒刑10年;两罪并罚,决定执行有期徒刑19年,并处罚金600万元。被告人陈文犯贪污罪,判处有期徒刑12年,并处罚金200万元;犯挪用公款罪,判处有期徒刑6年;两罪并罚,决定执行有期徒刑14年,并处罚金600万元。涉案的别墅、汽车、珠宝、手表等,全部没收上缴国库。

　　资料来源:摘自搜狐网,2017年4月14日。

四、其他货币资金的管理

企业对其他货币资金的管理主要表现在：根据业务需要合理选择结算工具；对逾期尚未办理结算的银行汇票、银行本票以及已办理的汇票、本票结余款等，按规定及时转回等。

第二节 货币资金的会计处理

一、库存现金的会计处理

（一）库存现金收付的业务手续

1. 库存现金收入的业务手续

企业收入的库存现金除了从银行提取，主要来源有两个：一是因销售商品、提供劳务和让渡资产使用权等而取得的收入；二是应收款项的收回。

对于因销售商品、提供劳务和让渡资产使用权等而收到的现金，应单独设立收款人员。每日营业终了，由收款人员将收到的现金直接送交开户银行，并将银行进账单交出纳报账。如果直接送交开户银行有困难或收款数额较小，也可以将款项送交出纳，由出纳集中送存开户银行。出纳在收到款项时，应与实际发生的业务相核对，并给交款人员开具内部收据。

对于应收款项收回发生的现金收入，无论是应收账款的收回，还是企业内部人员预借差旅费等报账时的退款，出纳都要当面清点现金，并与账面应收数核对，相符后给交款人员开具收据。出纳完成收款后，应及时编制记账凭证或送交会计人员编制记账凭证，并随时登记现金日记账。

2. 库存现金付出的业务手续

企业付出的库存现金除了送存银行，主要是支付日常的内部借款和小额费用报销。无论哪种现金付出都应填制原始凭证，除经办人员填写签字外，还须按企业审批权限经有关负责人签字并经主管会计审查同意后，才能支付现金。出纳付款后，应在有关凭证上加盖"现金付讫"戳记，以防重付或漏付。同时，应及时编制记账凭证或送交会计人员编制记账凭证，并随时登记现金日记账。

（二）库存现金的会计处理

库存现金的核算包括序时核算和总分类核算。序时核算即设置并登记现金日记账，通常由出纳根据审核无误的现金收款或付款凭证、部分银行存款付款凭证或通用凭证逐日、逐笔顺序登记，逐笔或每日结出账面余额，并与库存现金实存数核对。库存现金的总分类核算，则通过"库存现金"账户进行：收入现金计入借方，支付现金计入贷方。

下面重点说明库存现金的清查与备用金的核算。

1. 库存现金的清查

为了保证现金的账实相符和安全完整，除出纳本人应按日结算现金收支外，企业还需定期或不定期地进行现金清查。库存现金清查的方法是进行实地盘点，将实存数与现金日记账余额相核对。清查时，除应查明现金是否有短缺或溢余外，还应检查企业遵守现金管理制度的情况，注意有无挪用、以借条或白条收据抵充现金的情况。清查结束，无论是否发现问题,都应将清查结果填列"库存现金清查报告表"(格式如表2-1所示)。

表2-1 库存现金清查报告表

单位名称:　　　　　　　　　　　年　月　日　　　　　　　　　　单位:元

实存金额	账存金额	对比结果		备注
		盘盈	盘亏	

盘点人:　　　　　　　　　监盘人:　　　　　　　　　制表人:

对盘盈或盘亏的现金,原因尚未查明或原因虽已查明但尚未审批确认前,应通过"待处理财产损溢"账户核算:属于现金短缺的,按实际盘亏金额,借记"待处理财产损溢"账户,贷记"库存现金"账户;属于现金溢余的,按实际盘盈金额,借记"库存现金"账户,贷记"待处理财产损溢"账户。上述处理保证了库存现金的账实相符。之后,再按查明的原因和有关领导的批示意见,对现金的溢缺进行处理,转销"待处理财产损溢"账户的记录。

对于盘亏的现金,应由责任人赔偿的部分,借记"其他应收款——应收现金短缺款(某责任人)"账户;应由保险公司赔偿的部分,借记"其他应收款——应收保险赔款"账户;属于无法查明原因的金额,根据管理权限报经批准后,借记"管理费用——现金短缺"账户。

对于盘盈的现金,如查明是多收或少付其他单位或个人的,应先转入"其他应付款——应付现金溢余(某单位或个人)"账户;无法查明原因的,经批准后记入"营业外收入——现金溢余"账户。

2. 备用金的核算

备用金是指财会部门按企业有关制度规定,拨付给所属报账单位和企业内部有关业务和职能管理部门,用于日常业务零星开支的备用现金。

为什么会产生备用金制度?企业为了有效地进行现金的内部控制,每天收到的现金应及时、全额地送存银行,对每笔现金支出进行严格的审查后方可支付。企业在日常经营活动中,会发生许多小额零星支出。逐笔审核与支付非常麻烦,有时还会影响业务的需要。按照重要性原则,对这些零星开支、零星采购或小额差旅费等需要的现金,通过建立备用金制度加以控制。

备用金的管理实行定额管理与非定额管理两种模式。在定额管理模式下,对使用备用金的部门事先核定备用金定额,使用部门填制借款单,一次性从财会部门领出现金。开支后,凭审核后的原始凭证向财会部门报账,实际报销金额由财会部门用现金补足。非定额管理是指根据业务需要逐笔领用、逐笔结清备用金。

备用金实质上也是库存现金,其使用必须严格遵守现金管理的各项规定。使用部门应指定专人管理备用金,按规定范围和开支权限使用备用金,同时接受企业财会部门的监督,定期报账。财会部门应定期对备用金进行清查盘点,防止挪用或滥用,保证其安全与完整。

备用金一般通过"其他应收款"账户核算。领取备用金的单位或职工较多、备用金总额较大的企业,可以专设"备用金"账户进行总分类核算。在定额管理、非定额管理两种模式下,领用备用金的会计处理相同;不同之处是开支后报销的核算。

例 2-1 A 商业企业对储运部实行定额备用金制度,核定金额为 6 000 元。2018 年 7 月 16 日,财会部门开出等额现金支票一张予以支付。7 月 28 日,储运部持运费的增值税发票向财会部门报账,实际报销 4 180 元,其中,运费 3 800 元,增值税 380 元,财会部门以现金补足。

(1) 7 月 16 日,财会部门开出现金支票支付备用金时:

借:其他应收款——储运部备用金　　　　　　　　　　　　　　6 000
　　贷:银行存款　　　　　　　　　　　　　　　　　　　　　　　　6 000

(2) 7 月 28 日,储运部报销时:

借:销售费用——运杂费　　　　　　　　　　　　　　　　　　　3 800
　　应交税费——应交增值税(进项税额)　　　　　　　　　　　　380
　　贷:库存现金　　　　　　　　　　　　　　　　　　　　　　　　4 180

上例中,如果对备用金进行非定额管理,则储运部报账时,应将该笔备用金结清,多退少补。以后业务需要时,再重新办理相应手续。在这种情况下,报销的会计分录应改为:

借:销售费用——运杂费　　　　　　　　　　　　　　　　　　　3 800
　　应交税费——应交增值税(进项税额)　　　　　　　　　　　　380
　　库存现金　　　　　　　　　　　　　　　　　　　　　　　　　1 820
　　贷:其他应收款——储运部备用金　　　　　　　　　　　　　　6 000

(三) 库存现金日报表

库存现金日报表是根据企业的需要编制、用以逐日报告库存现金分布地点及收支余情况的报表。该表常用在商业企业中,一般格式如表 2-2 所示。

表 2-2　××公司库存现金日报表

年　月　日　　　　　　　　　　　　　　　　　　　　　　　　单位:元

部门	现金收入				现金支出				本日净增 (减)额
	销售	收回账款	其他	合计	工资	支付账款	其他	合计	
A									
B									
C									
合计									

二、银行存款的会计处理

(一) 银行存款收付的业务手续

企业的银行存款收付业务,有相当大的部分是通过支票结算方式进行的。下面主要说明支票结算方式下银行存款收付的业务手续。

1. 银行存款收入的业务手续

企业收进转账支票时,为防止支票有假或空头等造成的经济损失,除要求持票人出示有效证件、与出票单位核实外,一般还采取先收取支票、待款项实际入账后再发货的办法。

出纳对收进的支票应及时送存银行，并根据银行进账单编制记账凭证或送交会计人员编制记账凭证，及时登记银行存款日记账。

2. 银行存款付出的业务手续

企业的货币资金绝大部分通过银行转账付出，而转账支票又是银行转账付出的主要方式。因此，签发转账支票时应特别注意以下几点：

①转账支票的签发和印鉴的加盖，应分别由两名或两名以上人员办理；②必须按顺序号签发支票，并正确填写收款单位、签发日期、款项用途和大小写金额；③不得签发空白支票，如确属需要，也要填写签发日期和款项用途，并规定最高限额；④不得签发空头支票和远期支票。

（二）银行存款的会计处理

银行存款的核算包括序时核算和总分类核算。序时核算即设置并登记银行存款日记账，通常由出纳根据审核无误的银行存款收款或付款凭证、部分现金付款凭证或通用凭证逐日、逐笔顺序登记，逐笔或每日结出账面余额。银行存款的总分类核算，通过"银行存款"账户进行：增加金额计入借方，减少金额计入贷方。由于本书其后各章的内容基本上都涉及银行存款业务，其核算这里不做阐述。下面重点说明银行存款的核对以及银行存款损失的处理。

1. 银行存款的核对

企业需要经常与开户银行核对存款。这是因为：第一，银行存款是企业最重要的流动资产之一，它由银行负责保管；第二，企业与银行之间的账项往来非常频繁，双方都容易发生差错；第三，由于收付款结算凭证在银行与企业之间的传递会产生时间差，造成银行对账单所列企业存款余额与企业自身登记的存款余额不一致，为了控制并检查企业与银行所做存款记录是否正确，查明企业银行存款的实际余额，保证存款的安全，企业与银行对账非常重要。表面上这属于账账核对，实际上这是账实核对。企业的银行存款收付业务较少，银行提供对账单较迟的，企业至少应按月与银行核对一次。具体方法是将企业银行存款日记账与银行对账单逐笔勾对。出现不一致的记录，确系企业自身核算错误的，应马上采用适当的方法更正；属于银行核算错误的，应及时通知银行并协调解决。除此以外，双方账上尚未勾对的金额作为未达账项处理。

（1）未达账项的类型。未达账项是指收付款结算凭证在银行与企业之间传递时，由于时间上的不一致导致一方已经入账而另一方尚未入账的款项。包括以下四种情况：

第一，企业已收款记账，而银行尚未收款记账的款项；

第二，企业已付款记账，而银行尚未付款记账的款项；

第三，银行已收款记账，而企业尚未收款记账的款项；

第四，银行已付款记账，而企业尚未付款记账的款项。

上述第一、四种未达账项，会使企业银行存款日记账余额大于银行对账单上的余额；第二、三种未达账项，会使企业银行存款日记账余额小于银行对账单上的余额。

（2）未达账项的调节方法。为了检查企业的存款余额与银行的记录是否相符，同时确定差额的性质，对发生的未达账项应采取一定方法进行调节，调节后双方的余额应相等。

未达账项的调节方法 { 余额调节法 { 补记式余额调节法(公式1) / 还原式余额调节法(公式2) } / 差额调节法(公式3) }

公式1：

企业银行存款日记账余额 + 银行已收而企业未收款项 − 银行已付而企业未付款项 = 银行对账单余额 + 企业已收而行未收款项 − 企业已付而行未付款项

公式2：

企业银行存款日记账余额 + 企业已付而银行未付款项 − 企业已收而银行未收款项 = 银行对账单余额 + 银行已付而业未付款项 − 银行已收而业未收款项

公式3：

企业银行存款日记账余额 − 银行对账单余额 = 企业已收而行未收款项 − 企业已付而行未付款项 + 银行已付而业未付款项 − 银行已收而业未收款项

实际工作中，不论采用何种方法，均应编制"银行存款余额调节表"。

例2-2 2018年4月30日，佳庭公司收到银行对账单后，将企业银行存款日记账与之核对。银行对账单余额为46 352元，企业银行存款日记账余额为45 720元。经过逐笔核对，发现下列未达账项和错账：

（1）企业存入银行的转账支票2 600元已入账，而银行尚未入账。

（2）企业签发转账支票#0493支付商品运费，银行登记减少1 218元，而企业登记减少1 128元。经查，发现该笔错账是企业记账凭证错误所致。

（3）企业签发转账支票#0523，金额为1 432.50元；转账支票#0537，金额为2 040元。企业已入账，而银行尚未入账。

（4）企业委托银行收取的1 100元货款，银行已收妥入账，而企业尚未入账。

（5）银行结付给企业的存款利息52元，银行已入账，而企业尚未入账。

（6）银行从企业存款账户中划付结算手续费91.50元，银行已入账，而企业尚未入账。

（7）电话局按合同规定直接从银行划走企业上月电话费1 211元，银行已入账，而企业尚未入账。

该例中，企业应先更正错账。有关会计分录如下：

借：销售费用——运杂费　　　　　　　　　　　　　　　90
　　贷：银行存款　　　　　　　　　　　　　　　　　　　　1 128
　　　　银行存款　　　　　　　　　　　　　　　　　　　　1 218

更正后，企业银行存款日记账余额为45 630元。对上述未达账项采用补记式余额调节法进行调节，具体如表2-3所示。

表2-3　银行存款余额调节表

户名：　　　　账号：　　　　2018年4月30日　　　　单位：元

项目	金额	项目	金额
企业银行存款日记账余额	45 630.00	银行对账单余额	46 352.00
加：银行已收、企业未收款项		加：企业已收、银行未收款项	

(续表)

项　　目	金　　额	项　　目	金　　额
委托银行收款	1 100.00	存入转账支票	2 600.00
存款利息	52.00		
减:银行已付、企业未付款项		减:企业已付、银行未付款项	
结算手续费	91.50	转#0523	1 432.50
上月电话费	1 211.00	转#0537	2 040.00
调整后余额	45 479.50	调整后余额	45 479.50

从表2-3中可以看出,调整后双方余额一致,说明企业与银行的账目没有错误;调整后的余额是企业在编表日可动用的银行存款实有额。例2-2中,若采用还原式余额调节法或差额调节法调节未达账项,银行存款余额调节表又应如何编制?读者不妨一试。

需要说明两点:①企业在银行存款余额调节表上调整的未达账项不是记账行为,待结算凭证到达、双方记账后,上述未达账项自动消失;当然新的未达账项又会产生。②下次进行银行存款核对时,要连同上次未达账项的对账单一起连续核对。

2. 银行存款损失的处理

企业应加强银行存款的管理,定期对银行存款进行检查,如果有确凿证据表明银行或其他金融机构的款项已经部分或者全部不能收回,如吸收存款的单位已经宣告破产,则其破产财产不足以清偿的部分或者全部不能清偿的部分,应作为当期损失计入营业外支出,冲减银行存款,即借记"营业外支出"账户,贷记"银行存款"账户。

三、其他货币资金的会计处理

其他货币资金是指企业的货币资金中除库存现金、银行存款以外的各种货币资金,包括外埠存款、银行汇票存款、银行本票存款、信用卡存款、信用证保证金存款和存出投资款等。为了单独反映,会计上应设置"其他货币资金"账户进行核算。

(一) 外埠存款

外埠存款是指企业到外地进行临时或零星采购时,汇往采购地银行开立采购专户的款项。企业汇出款项时,须填写"汇款委托书",加盖"采购资金"字样。汇入银行对汇入的采购款项以汇款单位名义开立采购专户。采购资金存款不计利息,除采购员差旅费可以支取少量现金外,其他支出一律转账。采购专户只付不收,业务结束时结平本账户。

(1) 企业汇出采购资金时,根据汇款委托书回单联等凭证,做如下分录:

借:其他货币资金——外埠存款
　　贷:银行存款

(2) 收到采购员交来的供货单位发票等报销凭证时,作为进货处理:

借:在途物资
　　应交税费——应交增值税(进项税额)
　　贷:其他货币资金——外埠存款

(3) 余款转回时,根据银行的收账通知,做如下分录:

借：银行存款
  贷：其他货币资金——外埠存款

（二）银行汇票存款、银行本票存款

银行汇票存款或银行本票存款都是企业为了取得银行汇票或本票，按规定存入银行的款项。有关核算内容及方法如下：

（1）委托银行开具汇票或本票。企业向银行提交"银行汇票（本票）委托书"，并将款项交存开户银行。取得银行汇票或本票后，根据委托书存根联编制付款凭证：

借：其他货币资金——银行汇票（或银行本票）
  贷：银行存款

（2）如果企业进货使用银行汇票，则根据发票账单等所列实际金额，做如下分录：

借：在途物资
  应交税费——应交增值税（进项税额）
  贷：其他货币资金——银行汇票

按照规定，银行本票只能按票面金额办理全额结算。如果实际进货金额小于银行本票面值，则差额作为"应收账款"核算，之后与供货单位另行结算。使用银行本票进货时，根据面值，做如下分录：

借：在途物资
  应交税费——应交增值税（进项税额）
  （应收账款）
  贷：其他货币资金——银行本票

（3）业务结束后，收回银行汇票或本票余款，根据银行的收账通知，做如下分录：

借：银行存款
  贷：其他货币资金——银行汇票
  （应收账款）

（4）企业如果因银行汇票或本票超过付款期等而要求退款，则会计处理与开具银行汇票或本票相反。

（三）信用卡存款

信用卡存款是指采用信用卡结算的企业为签发信用卡而存入银行信用卡账户的款项。采用这种结算方式，企业应按规定填制申请表，连同支票和有关资料一并送交发卡银行审核。取得信用卡时，根据申请表回单，借记"其他货币资金——信用卡存款"账户，贷记"银行存款"账户。使用信用卡结算，应按收到银行转来的信用卡存款的付款凭证及所附发票账单进行会计处理：借记"管理费用"等账户，贷记"其他货币资金——信用卡存款"账户。信用卡使用过程中，需要向账户续存资金时，再借记"其他货币资金——信用卡存款"账户，贷记"银行存款"账户。企业持卡人不需要继续使用信用卡的，应到发卡银行办理销户，并将信用卡账户余额转入企业的基本存款账户，不得提取现金，借记"银行存款"账户，贷记"其他货币资金——信用卡存款"账户。

（四）信用证保证金存款

信用证保证金存款是指企业为取得信用证按规定存入银行的保证金。核算内容包括：①按规定向银行申请开立并取得信用证；②用信用证结算货款，根据开证银行转来的信用证来单通知书和发票等账单列明的金额记账；③业务结束，结清余款。有关会计处理可比照银行汇票进行。

（五）存出投资款

存出投资款是指企业已存入证券公司但尚未购入有价证券的资金。企业向证券公司划出资金时，按实际划出金额，借记"其他货币资金——存出投资款"账户，贷记"银行存款"账户；购买股票或债券时，按实际支付金额，借记"交易性金融资产""可供出售金融资产""应收股利"等账户，贷记"其他货币资金——存出投资款"账户。

本章提要

货币资金是企业生产经营过程中停留在货币形态的那部分资产。其流动性很强，容易转化为其他各种资产，既可充当流通手段和支付手段，又可当作财富来储藏，是经济活动中不可或缺的流动资产。正因为如此，加强货币资金的管理与内部控制，是各国会计实务面临的共同问题。

（1）正确组织企业货币资金的核算，首先要建立货币资金的各项管理制度。其次，要研究货币资金的流转特点和规律，有效地使用货币资金，使其最大限度地发挥作用。为此，企业要建立货币资金收支业务的日常规程，建立分工合理、操作有序的内部控制制度。最后，要遵守国家和银行的各项结算规定，适应外部环境的要求，保证货币结算的顺利进行。库存现金的管理和内部控制包括库存现金收入、库存现金支出和库存现金余额的管控三个方面；银行存款的管理，重点是企业银行账户的开立和使用以及对银行转账结算方式的合理选择和使用。企业对其他货币资金的管理主要表现在：根据业务需要合理选择结算工具，对逾期尚未办理结算的银行汇票、本票或信用证以及已办理的银行汇票、本票或信用证余款及时转回等。

（2）货币资金的会计处理比较简单，加之本书后面各章对库存现金、银行存款的核算基本上都有涉及，故本章未予详细阐释，只说明了库存现金的清查与备用金制度、银行存款的核对等。对各项其他货币资金的核算，则做了详细说明。

练习与思考

1. 与其他资产相比，货币资金有何不同？
2. 货币资金内部控制的主要内容有哪些？
3. 企业的银行存款账户应如何开立和使用？
4. 银行转账结算方式有哪些？企业应如何选择使用？

小组讨论

出纳沉迷赌球挪用公款150多万元

胡某,福州市公路局福清分局出纳。2012年10月,胡某在同学的怂恿下,开始接触网上赌球,并一发不可收拾。在很短的时间内,胡某不仅将自己近20万元的积蓄输个精光,还欠了朋友不少钱。为了"回本",胡某从2012年12月开始将黑手伸向了公款。挪用公款后,胡某一次次赌球,一次次输钱。

2013年1月初,胡某原本应当提供单位账户2012年12月银行对账单给会计陈某核对,因担心挪用公款的事情败露,就找路边非法办证人员制作了虚假银行对账单和银行业务章。在伪造的"银行对账单"中,被胡某挪用的款项被删除,账户余额也调整到与会计账簿相一致的金额,胡某得以瞒天过海。侥幸躲过一劫的胡某非但没有醒悟,反而再想大赢一笔。至案发时,胡某挪用的公款数额已达152万余元。

2013年3月,会计陈某一直催促胡某提供单位本年度1、2月的银行对账单,胡某因担心事情败露,以各种理由搪塞。陈某感觉事有蹊跷,便亲自到开户银行打印单位账户的银行对账单,最终发现巨额公款被挪用。

请讨论:

1. 什么是挪用?什么是贪污?
2. 银行对账单与银行存款日记账应如何核对才能有效防范舞弊事件的发生?
3. 从本案例中,你得到了什么启示?

辅助阅读资料

1.《内部会计控制规范——货币资金(试行)》,财政部财会〔2001〕41号文件。

2. 中国部分金融法律制度如下:①《中华人民共和国票据法》,1995年5月10日第八届全国人民代表大会常务委员会第十三次会议通过,2004年8月28日修正;②《现金管理暂行条例》,1988年9月8日国务院令第12号发布,2011年修订;③《支付结算办法》,1997年9月19日中国人民银行发布;④《人民币银行结算账户管理办法》,2002年8月21日第34次行长办公会议通过(中国人民银行令〔2003〕5号);⑤《关于加强支付结算管理防范电信网络新型违法犯罪有关事项的通知》,2016年9月30日中国人民银行发布(银发〔2016〕261号)。

3. 朱同明,《虚列期间费用建立"小金库"的十种情形及控制手段》,《财务与会计》,2011年第1期。

4. 樊珊珊,《企业货币资金内部控制存在的问题及对策》,《会计之友》,2013年第15期。

21世纪经济与管理规划教材
会 计 学 系 列

第三章

应收款项

【知识要求】

通过本章的学习,了解应收账款的类别及相应的内容,掌握应收账款及应收账款减值确认和计量的一般原理。

【技能要求】

通过本章的学习,应能够熟悉:
- 应收账款确认、计量以及应收账款发生、回收、抵借及出售的会计处理;
- 应收账款取得、贴现或到期回收票据的核算;
- 应收账款、预付账款和其他应收款发生及收回的核算;
- 长期应收款核算的原理;
- 应收账款坏账准备的确认、会计处理及估计坏账的方法(预期损失法)。

【关键术语】

| 应收款项 | 应收账款 | 应收票据 | 预付账款 |
| 其他应收款 | 长期应收款 | 坏账准备 | |

应收款项是企业在生产经营过程中因销售商品、劳务或让渡资产使用权等而产生的债权,包括应收账款、应收票据、预付账款和其他应收款。应收款项是企业重要的资产,它能否及时、如数收回,直接关系到企业资产的完整性,影响企业资金的周转速度。科学地核算应收款项不仅能够客观披露应收款项的信息,还能够为企业信用风险的管理、信用政策和收款政策的制定提供依据。

第一节 应收账款

一、应收账款的确认和计量

应收账款是企业因销售商品、提供劳务或让渡资产使用权等而形成的债权。判别一项债权是属于应收账款还是其他应收款的标准在于其是否与企业的基本经营业务有关,以及是否采用了票据化形式。凡是企业在正常经营过程中由于主要经营业务而发生的应向客户收取的货款、劳务款及从属费用,若不具有融资性质且未采用票据化形式,则均属于应收账款的范围;凡是由于非主要经营业务而发生的各种应收款项,如应收赔款、押金等,以及由于主要经营业务而发生的但带有融资性质的应收款项或者采用了票据化表现形式的应收款项,均不属于应收账款的范围。

应收账款产生于以赊销方式销售商品或提供劳务,应该在以赊销方式实现销售并确认销售收入时确认。

应收账款的计量是指确定应收账款的入账价值和期末价值。应收账款入账价值的确定一般有两种方法。从理论上来讲,由于应收账款从发生到收回一般要经过一定的期间,因此,它应以未来可收回金额的现值作为入账价值;但由于现值的确定在计算上比较复杂,同时,考虑到应收账款从发生到收回的期限较短,一般不会超过一年或一个营业周期,其现值与交易发生日的成交价格之间不会有较大的差别,因此,应收账款也能以交易发生日的实际发生额为入账价值。应收账款期末价值的确定也有两种方法:一种是以其账面价值为期末价值在会计报表中列示;另一种是在考虑应收账款风险的基础上,以其可变现净值为期末价值在会计报表中列示。

一般情况下,应根据企业实际发生的交易价格确认应收账款的入账金额,它包括发票金额和替购货单位垫付的运杂费两个部分。如果发生商业折扣、现金折扣或销售折让,则应收账款入账金额的确认会比较复杂。

1. 商业折扣

商业折扣是指企业为适应市场供需情况或针对不同的购货单位,按标明的售价给予的折扣优惠。在此种情况下,应收账款的入账金额应扣掉折扣的部分。商业折扣一般用报价的一定百分比来表示。在向购货单位提供商业折扣的情况下,企业应按发票价格中扣除商业折扣后的余额确认应收账款。例如,按照 A 企业的销售政策,凡购买 10 件甲产品的顾客,便可以享受 8% 的商业折扣。假定一位顾客购买了 10 件甲产品,每件甲产品的单位售价为 60 元,则该顾客只需要支付 552 元就可获得 10 件甲产品。对于销售企业而言,只能确认 552 元的商品销售收入。

2. 现金折扣

现金折扣是指企业为鼓励购货单位在一定期限内尽早偿还货款而允诺给予的折扣优惠。现金折扣通常按一定的形式表示,如"2/10,n/30"表示购货单位应在 30 天内付清货款,如果在 10 天内付款,则可享受商品售价 2%的现金折扣。企业提供或接受现金折扣,实质上都是企业的一项理财活动。对销货方而言,提供现金折扣的目的在于提前收回货款,加速资金周转;对购货方而言,接受现金折扣的结果是得到一笔理财收益。当存在现金折扣时,对应收账款入账金额有两种不同的确认方法:

(1) 总额法。按扣除现金折扣前的总金额确认销售收入和应收账款。如果购货方在折扣期内付款而获得现金折扣,则企业应将现金折扣计入财务费用。由于总额法把现金折扣理解为鼓励购货单位尽早付款而给予的经济利益,因此在购货单位尚未实际付款前不确认折扣,只有在购货单位按规定的折扣期限付款并得到现金折扣时,才确认折扣并登记入账。

(2) 净额法。按扣除最大现金折扣后的净额确认销售收入和应收账款。这种方法假设购货方一般都会得到现金折扣,放弃现金折扣的顾客极少。因此,对于购货方偶尔放弃的现金折扣,企业应作为营业外收入或财务费用的贷项处理。净额法下,对于购货单位超过折扣期限付款而丧失的现金折扣,在核算时作为营业外收入或财务费用的贷项予以反映。

会计实务中,在存在现金折扣的情况下通常采用总额法核算应收账款,即直接以发票价格为依据对应收账款计价入账,现金折扣在实际发生时计入财务费用。

3. 销售折让

销售折让是指企业销售商品后,由于商品的品种、质量与合同不符或其他原因,对购货单位在价格上给予的减让。对于发生的销售折让,应按折让金额调整应收账款的入账价值。

二、应收账款发生与收回的核算

(一) 应收账款发生的核算

企业的应收账款收付业务通过"应收账款"账户进行核算。发生应收账款时,按应收的货款和税款金额借记该账户(如果销售过程中有为购货方代垫的运杂费,也一并在"应收账款"账户中核算),按实现的营业收入贷记"主营业务收入"等账户,按专用发票中注明的增值税金额贷记"应交税费——应交增值税(销项税额)"账户。"应收账款"账户按债务人分户进行明细分类核算。

例 3-1 A 公司于 2018 年 5 月 3 日销售一批产品给 B 公司,售价为 300 000 元,增值税税率为 16%。A 公司给对方的付款条件为"3/10,1/20,n/30"。该业务的会计处理如下:

借:应收账款——B 公司   348 000
　　贷:主营业务收入   300 000
　　　　应交税费——应交增值税(销项税额)   48 000

(二) 应收账款收回的核算

企业销售商品无论是采用一般方式还是买方信贷方式,在收回款项时,都应借记"银行存款"账户,贷记"应收账款"账户。如果企业在折扣优惠期内收回款项,则应该把对方因享受折扣而少支付的款项作为财务费用列支。

例 3-2　仍以例 3-1 为例,假设 B 公司于 5 月 15 日付款,则能享受货款部分 1%的折扣。该业务的会计处理如下:

借:银行存款　　　　　　　　　　　　　　　　　　　　　345 000
　　财务费用　　　　　　　　　　　　　　　　　　　　　　3 000
　　贷:应收账款——B 公司　　　　　　　　　　　　　　　　　　348 000

如果企业的应收账款在收回之前,改用商业汇票结算,则应在收到商业汇票时,将应收账款的金额从"应收账款"账户转入"应收票据"账户。

(三) 债务重组方式收回债权的会计处理

在债务人发生偿债困难的情况下,企业可以与债务人就应收账款达成债务重组协议,改变原来的偿债金额或偿债方式,从而做出一定的让步。债务重组的方式包括以低于债务账面价值的现金偿债、以非现金资产偿债、债权转股权、以修改其他负债条件清偿债务及几种方式的组合方式等。

当债务人以低于债务账面价值的现金偿债时,企业应将实际收到的金额小于应收债权账面价值(应收账款扣除已计提坏账准备后的净值)的部分记入当期"营业外支出——债务重组损失"账户;当债务人以非现金资产偿债或债权转股权时,企业应按所取得的非现金资产或股权的公允价值入账,所取得的非现金资产或股权的公允价值低于应收债权账面价值的部分记入"营业外支出"账户;当债务人以修改其他负债条件清偿债务时,企业应将未来应收金额小于应收债权账面价值的部分记入当期"营业外支出"账户。

重组债权已计提坏账准备的,应当先将上述差额冲减已计提的坏账准备,冲减后仍有损失的,记入"营业外支出——债务重组损失"账户;冲减后坏账准备仍有余额的,应予转回并抵减当期资产减值损失。

例 3-3　C 企业有一项账面余额为 80 000 元的应收账款,因 D 企业无力偿还,双方签署了债务重组协议,协商在减免债务 10%后 C 企业立即支付欠款。C 企业已为该笔应收账款提取坏账准备 1 000 元。

由于该项应收账款的账面价值为 79 000 元(80 000-1 000),实际收回的金额为 72 000 元(80 000×90%),债务重组净损益为-7 000 元(72 000-79 000),则 C 企业的会计处理如下:

借:银行存款　　　　　　　　　　　　　　　　　　　　　72 000
　　坏账准备　　　　　　　　　　　　　　　　　　　　　　1 000
　　营业外支出——债务重组损失　　　　　　　　　　　　　7 000
　　贷:应收账款——D 公司　　　　　　　　　　　　　　　　　80 000

例 3-4　M 公司持有 N 公司的不计息票据 50 000 元。票据到期日,N 公司无力支付,M 公司已将其转入"应收账款"账户。鉴于 N 公司陷入财务困境,M 公司同意将票据期限延长 5 个月,并免除本金 10 000 元。M 公司已为该项债权计提坏账准备 2 500 元。M 公司的会计处理如下:

借:坏账准备　　　　　　　　　　　　　　　　　　　　　2 500
　　营业外支出——债务重组损失　　　　　　　　　　　　　7 500
　　贷:应收账款　　　　　　　　　　　　　　　　　　　　　10 000

三、应收账款融资协议

如果在应收账款到期日之前需要资金,则企业可以采用以下三种基本形式的融资协议将应收账款转化为现金,它们是应收账款抵借、转让和出售。三者的区别在于与应收账款有关的风险和收益是否转移,具体如表 3-1 所示。

表 3-1 各种应收账款融资协议的特征

融资协议种类	抵借	转让	出售
定义	应收账款持有者以全部应收账款为抵押从银行或其他金融机构取得借款	企业将特定应收账款转让给银行或其他金融机构,并签订借款协议,将特定应收账款转化为现金	企业将特定应收账款出售给代理商、银行或其他金融机构,以取得相应的现金
特征	企业保留与应收账款有关的风险和报酬,企业用收回的应收账款归还借款	企业保留部分与应收账款有关的风险和报酬,受让方保留特定应收账款的追索权	与应收账款有关的风险和报酬全部转移给受让方

(一)应收账款抵借

应收账款抵借是指企业以全部应收账款为抵押从银行或其他金融机构取得借款。抵借双方签订协议,规定借款金额占抵押的应收账款的最高抵借比率。这一比率应视承借人的信誉而定,一般在 80% 左右。当旧的应收账款收回后,新的应收账款继续充当抵押品。在这种抵押方式下,由于未指定抵押的应收账款,因而对充当抵押品的全部应收账款无须做专门的会计处理,只需在报表附注中披露即可,同时做增加银行存款和借入款项(如应付票据)的会计处理。

例 3-5 A 企业以全部的应收账款 320 000 元做抵押,向银行借款,抵借比率为 80%。银行受理后,开出票据向企业借出 256 000 元。有关会计处理如下:

  借:银行存款   256 000
    贷:应付票据   256 000

(二)应收账款转让

在应收账款转让协议中,由于对方保留了追索权,企业只转让了与应收账款有关的部分风险与报酬,因此会计上要单独设置"抵让应收账款"账户反映转让应收账款的增减变动情况。

例 3-6 2018 年 12 月 1 日,S 公司与财务公司签订了一笔 500 000 元应收账款的转让协议,财务公司按应收账款的 80% 向 S 公司支付现金,同时向 S 公司收取 1 000 元的手续费。有关会计处理如下:

  借:银行存款   399 000
    财务费用   1 000
    贷:应付票据   400 000

同时:

借:抵让应收账款　　　　　　　　　　　　　　　　　　　　　　500 000
　　贷:应收账款　　　　　　　　　　　　　　　　　　　　　　　　　500 000

如果S公司2018年12月31日收回其中的300 000元应收账款,则财务公司对该应收账款的追索权也相应减少,S公司的会计处理如下:

借:银行存款　　　　　　　　　　　　　　　　　　　　　　　　300 000
　　贷:抵让应收账款　　　　　　　　　　　　　　　　　　　　　　　300 000
借:应付票据　　　　　　　　　　　　　　　　　　　　　　　　300 000
　　贷:银行存款　　　　　　　　　　　　　　　　　　　　　　　　　300 000

(三) 应收账款出售

应收账款出售是指企业将应收账款出让给代理商或信贷机构以筹措所需资金的一种方法。在这种方法下,企业应于商品发出前,向代理商或信贷机构提出出售应收账款的申请,经代理商或信贷机构同意后,企业向购货方发出商品并将应收账款出售给代理商或信贷机构。代理商或信贷机构根据发票金额扣除企业给予购货方的现金折扣、可能发生的销售退回、折让及应收取的佣金后,将款项提前支付给企业;购货方应于到期日前将款项直接支付给代理商或信贷机构。

应收账款出售后,其所有权上的一切报酬和风险相应地转移给代理商或信贷机构。如果在到期日代理商或信贷机构无法收回款项,则不得向企业追偿。但当销售企业给予购货方的现金折扣大于实际发生的现金折扣时,应由代理商或信贷机构退还给销售企业;反之,由销售企业补足。销售企业出售应收账款中发生的损益在出售当期确认入账。

例3-7 A企业于2018年7月5日将500 000元应收账款出售给某代理商,代理商按应收账款总额的3%收取手续费(15 000元),并从应收账款总额中保留2%的货款(10 000元)以抵减现金折扣、销售退回和折让;8月8日,代理商收到客户交来的货款291 000元,实际发生现金折扣7 500元,应退回A企业现金折扣预留款2 500元。

A企业根据上述业务编制会计分录如下:

(1) 2018年8月5日出售应收账款时:

借:银行存款　　　　　　　　　　　　　　　　　　　　　　　　475 000
　　其他应收款——某代理商　　　　　　　　　　　　　　　　　　　10 000
　　资产减值损失——应收账款出售损失　　　　　　　　　　　　　　15 000
　　贷:应收账款　　　　　　　　　　　　　　　　　　　　　　　　　500 000

(2) 2018年8月8日与代理商结清余款时:

借:银行存款　　　　　　　　　　　　　　　　　　　　　　　　　2 500
　　财务费用(折扣退回或折让)　　　　　　　　　　　　　　　　　　7 500
　　贷:其他应收款——某代理商　　　　　　　　　　　　　　　　　　　10 000

国际视野

美国《财务会计准则第125号——金融资产转让和服务以及债务解除的会计处理》规定,转让应收账款等金融资产收到对价时,如果转让者失去对该金融资产的控制权,则该转让应确认为销售。当且仅当满足以下条件时转让者才被判定失去对被转让资产的控制权:①被转让资产已经与转让者分离,置于转让者及其债权的控制范围之外;②受让者取得利用抵押或交易转让该资产而获利的权利;③转让者没有通过协议的方式在到期日前回购或赎回被转让的资产。

相关链接

最近几年,应收账款抵借和出售业务在中国发展较快。例如,2017年中联重科与上海桩工以人民币 1 653 885 386.88 元的价格向中银国际证券有限责任公司转让了应收账款 4 141 520 995.37 元。应收账款抵借和出售业务对盘活企业资金、解决企业经营对现金的需求起着重大作用,当然,企业也需要为之付出相应的资金成本。

资料来源:中联重科 2017-043 号公告。

第二节 应收票据

应收票据是指企业因销售商品、提供劳务或让渡资产使用权而收到的商业汇票,包括银行承兑汇票和商业承兑汇票。应收票据是企业未来收取货款的权利,这种权利和将来应收取的货款金额以书面文件的形式约定下来,因此受到法律的保护,具有法律上的约束效力。应收票据作为商业信用和工具,既可以转让,也可以流通。

一、应收票据的计价

应收票据的计价有现值法和面值法两种方法。现值法是指以应收票据到期值的现值为应收票据的入账价值,其面值与现值之间的差额在票据持有期内按一定的方法进行摊销并计入当期损益。面值法是指以应收票据的面值为应收票据的入账价值。从理论上来讲,考虑到资金的时间价值和通货膨胀等因素对票据面值的影响,应收票据采用现值法是比较科学和合理的。但是在各国的会计实务中,由于经营活动中产生的应收票据的期限一般不长,其现值与面值的差异一般不大,因此,从重要性原则及成本-效益关系考虑,一般短期应收票据(一年以内)采用面值法计价,而借贷交易产生的应收票据及营业活动产生的长期应收票据采用现值法计价。鉴于中国目前在经济交易中一般不使用长期应收票据,借贷交易中也不采用票据的形式,所以中国会计实务中应收票据的计价采用面值法。

二、账户设置

为了反映应收票据的取得、转让及款项收回情况,应设置"应收票据"账户进行核算,该账户的借方反映应收票据的面值或面值和应计利息,贷方反映应收票据的到期收回和背书转让,借方余额反映尚未到期的应收票据的面值或面值和应计利息。"应收票据"账户按照开出、承兑商业汇票的单位分户进行明细核算。

企业除设置"应收票据"账户外,还应当设置"应收票据备查簿",逐笔登记每一商业汇票的种类、号数,出票日、票面金额、交易合同号、付款人、承兑人、背书人的姓名或单位名称,到期日、背书转让日、贴现日、贴现率和贴现净额以及收款日、收回金额、退票情况等资料,商业汇票到期结清票款或退票后,应当在备查簿内逐笔注销。

三、应收票据取得和到期的核算

应收票据按是否计息分为带息商业汇票和不带息商业汇票两种。带息商业汇票是指商业汇票到期时,承兑人必须按票面金额加上应计利息向收款人或背书人支付票款的汇票。不带息商业汇票是指商业汇票到期时,承兑人只需按票面金额向收款人或被背书人支付票款的汇票。

(一)带息商业汇票

带息商业汇票是指票据上注明利率,须按票面金额加上应计利息结算票款的商业汇票。

1. 利息的计算

带息商业汇票的利息计算公式如下:

$$利息 = 应收票据面值 \times 利率 \times 时间$$

公式中的利率一般是票据所规定的利率,时间是指从票据生效之日起到票据到期日止的期间。为了计算方便,一般月度按30天计算,季度按90天计算,年度按360天计算。

2. 收到带息商业汇票的会计处理

企业因销售商品、提供劳务或让渡资产使用权等而收到商业汇票时,应按应收票据的面值借记"应收票据"账户,按实现的营业收入贷记"主营业务收入"账户,按专用发票中注明的增值税税额,贷记"应交税费——应交增值税(销项税额)"账户。企业收到票据以抵偿应收账款时,按票据的面值借记"应收票据"账户,贷记"应收账款"账户。

3. 带息商业汇票期末计息的处理

对于带息商业汇票,应在期末根据其票面价值和确定的利率计算并提取利息,计提的利息增加应收票据的票面余额,借记"应收票据"账户,贷记"财务费用"账户。

4. 带息商业汇票到期的会计处理

(1)票据到期日如数收回票款,应按实际收到的金额借记"银行存款"账户,按应收票据的账面余额贷记"应收票据"账户,按其差额(未计提利息部分)贷记"财务费用"账户。

(2)如果带息商业汇票到期因付款人无力支付票款而收到银行退回的商业承兑汇票、委托收款凭证、未付票款通知书或拒绝付款证明等,应将应收票据的账面余额转入"应收账款"账户,借记"应收账款"账户,贷记"应收票据"账户,其所包含的利息,待实际收到时再贷记"财务费用"账户。

例3-8 M公司2018年5月1日销售一批商品给N公司,货款为100万元,增值税税率为16%。当天收到N公司开出的商业汇票一张,票面金额为116万元,票面利率为6%,期限为4个月。

(1)M公司收到N公司开具的票据时:

借:应收票据	1 160 000
贷:主营业务收入	1 000 000
应交税费——应交增值税(销项税额)	160 000

(2) 2018年5月31日,按权责发生制计算出属于本月的利息:

本月利息=1 160 000×1/12×6%=5 800(元)

借:应收票据　　　　　　　　　　　　　　　　5 800
　　贷:财务费用　　　　　　　　　　　　　　　　　5 800

(3) M公司到期收回票款时:

票据本息=1 160 000×(1+6%×4/12)=1 183 200(元)

借:银行存款　　　　　　　　　　　　　　　　1 183 200
　　贷:应收票据　　　　　　　　　　　　　　　　1 177 400
　　　　财务费用　　　　　　　　　　　　　　　　　5 800

(二) 不带息商业汇票

不带息商业汇票是指票据上未注明利率、只按票面金额结算票款的商业汇票。未注明利率的票据往往有隐含利率,即实质上在面值中同时包括了票据到期日的本金和利息。但为了简化核算手续,票据中隐含的利息不再单独处理。企业在收到商业汇票时按面值借记"应收票据"账户,到期收回票款按面值贷记"应收票据"账户。如果到期无法收回票款,则应将应收票据的面值从"应收票据"账户转入"应收账款"账户。

四、应收票据贴现和背书转让的核算

(一) 贴现息与贴现所得额的计算

企业在应收票据到期前出现资金短缺等情况时,可以持票据到银行申请贴现。贴现是指企业将未到期的票据转让给银行,由银行按票据的到期值扣除贴现日至票据到期日的利息后,将余额付给企业的融资行为,是企业与贴现银行之间就票据权利所做的一种转让。应收票据贴现中,贴现日至票据到期日的期间称为贴现期,贴现时所使用的利率称为贴现率,贴现银行扣除的利息称为贴现息,贴现银行将票据到期值扣除贴现息后支付给企业的资金额称为贴现所得额。有关计算公式如下:

贴现息=票据到期值×贴现率×贴现期

贴现所得额=票据到期值-贴现息

带息票据的到期值即票据到期日的面值与利息之和,不带息票据的到期值为票据的面值,贴现期的计算与票据到期日的计算一致。

例3-9 A企业于2018年5月23日持一张2018年3月23日签发的面值为200 000元、年利率为6%,且在2018年9月23日到期的商业汇票向银行贴现。银行年贴现率为7%。该票据的到期值、贴现息、贴现所得额的计算如下:

票据到期值=200 000×(1+6%×6/12)=206 000(元)

贴现息=206 000×7%×4/12=4 807(元)

贴现所得额=206 000-4 807=201 193(元)

(二) 应收票据贴现的会计处理

企业持未到期的应收票据向银行贴现时,应根据银行盖章退回的贴现凭证第四联收账通知,按实际收到的贴现所得额,借记"银行存款"账户;按贴现息,借记"财务费用"账户;按应收票据的账面余额,贷记"应收票据"账户。如果应收票据是带息票据,则应按实际收到的贴现所得额,借记"银行存款"账户;按应收票据的账面余额,贷记"应收票据"账户;按其差额,借记或贷记"财务费用"账户。

企业对贴现的应收票据在法律上负有连带清偿的经济责任,若付款人到期无力支付票款,则贴现企业须向贴现银行偿还这一债务。因此,企业对贴现的应收票据,应在应收票据备查簿内进行登记,待付款人付清票款后再从备查簿中注销。若票据到期日付款人无力支付票款,则贴现企业应根据银行退回的应收票据、未付票款通知书和拒绝付款证明等向贴现银行偿付票款,应按所付本息,借记"应收账款"账户,贷记"银行存款"账户;如果申请贴现企业的银行存款账户余额不足,则银行可做逾期贷款处理,按转作贷款的本息,借记"应收账款"账户,贷记"短期借款"账户。

例 3-10 仍以例 3-9 为例,A 企业收到贴现款时做如下账务处理:

借:银行存款　　　　　　　　　　　　　　　　　　　　201 193
　贷:应收票据　　　　　　　　　　　　　　　　　　　　200 000
　　　财务费用　　　　　　　　　　　　　　　　　　　　　1 193

(三) 应收票据背书转让的会计处理

企业将持有的应收票据背书转让以取得所需物资时,按应计入取得物资的成本的价值,借记"物资采购""原材料""库存商品"等账户;按专用发票中注明的增值税税额,借记"应交税费——应交增值税(进项税额)"账户;按应收票据的账面余额,贷记"应收票据"账户;按尚未计提的利息,贷记"财务费用"账户;按应收或应付的金额,借记或贷记"银行存款"账户。

第三节　预付账款与其他应收款

一、预付账款

预付账款是指企业为取得生产经营所需要的原材料、物品或接受劳务等而按照购货合同规定预付给供货单位的货款。预付账款是商业信用的一种形式,它所代表的是企业在将来从供货单位取得材料、物品等的债权,从这个意义上讲,它与应收账款具有类似的性质。但预付账款与应收账款毕竟产生于两种完全不同的交易行为,前者产生于企业的购货业务,后者产生于企业的销货业务,而且两者在将来收回债权的形式也不相同,因此,企业应分别核算这两种债权,在资产负债表上作为两个流动资产项目分别反映。

为了反映预付账款的支付和结算情况,企业应设置"预付账款"账户进行核算。该账户是资产类账户,借方登记企业向供货单位预付的货款,贷方登记企业收到所购货物时结转的预付款项,期末余额一般在借方,反映企业已经预付但尚未结算的款项;如果出现贷方余额,则反映企业所购货物价款大于预付款项的差额,属于负债性质。该账户应按供货单位或个人的名称设置明细账。

预付账款不多的企业,也可不单独设置"预付账款"账户,而将预付的款项直接记入"应付账款"账户的借方。"应付账款"账户期末如有借方余额,则为预付账款。

例 3-11 A 企业 2018 年 5 月 6 日根据合同规定向 B 企业预付了甲商品的货款 30 000元;2018 年 8 月 6 日收到甲商品,其专用发票中注明价款为 40 000 元,增值税税率为 16%,

增值税税额为 6 400 元;2018 年 8 月 10 日向 B 企业补付货款。A 企业应编制会计分录如下:

(1) 5 月 6 日预付货款时:

借:预付账款——B 企业　　　　　　　　　　　　　　　　30 000
　　贷:银行存款　　　　　　　　　　　　　　　　　　　　　　30 000

(2) 8 月 6 日收到商品时:

借:物资采购　　　　　　　　　　　　　　　　　　　　　40 000
　　应交税费——应交增值税(进项税额)　　　　　　　　　 6 400
　　贷:预付账款——B 企业　　　　　　　　　　　　　　　　　46 400

(3) 8 月 10 日补付货款时:

借:预付账款——B 企业　　　　　　　　　　　　　　　　16 400
　　贷:银行存款　　　　　　　　　　　　　　　　　　　　　　16 400

二、其他应收款

其他应收款是指企业除应收账款、应收票据、预付账款以外的各种短期应收、暂付款项,具体包括应收的各种赔款、罚款,应收出租包装物的租金、备用金、存出保证金,应向职工收取的各种垫付款项、附属企业暂借款,出售固定资产应收款,应收股利和应收利息等。其他应收款的发生通常与企业的正常生产经营活动无直接联系,属于非营业性应收项目。

企业应设置"其他应收款"账户核算上述其他应收款业务,该账户是资产类账户,借方登记各种其他应收款的发生,贷方登记各种其他应收款的收回,期末借方余额反映已经发生但尚未收回的其他应收款。该账户应按不同的债务人设置明细账。

第四节　长期应收款

长期应收款是指收款期限较长(通常超过一年)的应收款项,包括投资方除长期股权投资以外向被投资方提供的由被投资方长期使用的资金、融资租赁产生的应收款项,以及采用递延方式具有融资性质的、销售商品和提供劳务等经营产生的应收款项。与上述应收账款、应收票据、预付账款、其他应收款不同的是,长期应收款因收款期限超过一年,故不属于流动资产,而属于非流动资产。

对长期应收款设置"长期应收款"账户进行核算,该账户借方反映长期应收款的发生,贷方反映长期应收款的收回、减值以及其他原因引起的长期应收款减少数,期末余额在借方,反映企业尚未收回的长期应收款。

例 3-12 H 公司作为 G 公司的控股股东,为解决 G 公司长期资金周转的需要,于 2018 年向 G 公司提供长期资金 2 000 万元。H 公司提供该笔资金时做如下会计分录:

借:长期应收款——G 公司　　　　　　　　　　　　　20 000 000
　　贷:银行存款　　　　　　　　　　　　　　　　　　　　　20 000 000

融资租赁产生的长期应收款以及具有融资性质的、销售商品和提供劳务等经营活动产生的长期应收款所涉及的收入、未实现融资收益确认等具体问题将在后续的有关章节中介绍。

第五节 坏账准备

商业信用的产生与发展,为企业间的商品交易提供了更为广阔的空间,但企业外部环境的变化,不可避免地为应收款项的收回带来了风险,可能使应收款项无法收回。企业无法收回或收回可能性极小的应收款项在会计上被称为坏账,因坏账而产生的损失则被称为坏账损失。

一、坏账的确认

坏账的确认是指会计人员依据客观存在的证据和有关规定,对确实无法收回的应收款项所做的判断或鉴别。按照中国现行制度的规定,确认坏账的标准有两个:

(1) 因债务人破产或死亡,以其破产财产或者遗产清偿后,仍然不能收回的应收款项;

(2) 因债务人逾期未履行偿债义务,且有明显迹象表明无法收回(如超过3年仍然不能收回)的应收款项。

债务人破产或死亡,从法律角度来讲,债务关系已不复存在;债务人逾期履行其偿债义务,虽然从法律角度来讲,债务关系仍然存在,但从经济实质来讲,借款收回的可能性极小,会计上出于谨慎考虑,应当确认为坏账。

二、坏账的会计处理

会计上有两种处理坏账的方法,即直接转销法和备抵法。

1. 直接转销法

直接转销法是在某项应收款项被确认为无法收回时,将实际损失直接计入当期损益,并相应转销该笔应收款项的会计处理方法。按照这种方法,在坏账实际发生时,借记"资产减值损失"账户,贷记"应收账款""应收票据""预付账款""其他应收款"或"长期应收款"账户。如果已经确认的坏账由于债务人经济好转又如数收回,为了通过"应收账款""其他应收款"等账户反映客户的信用状况,则应先冲销发生坏账时的会计分录,再按正常程序反映应收款项的收回。

例 3-13 A企业 2013 年 7 月发生一笔应收账款 9 600 元,长期无法收回,2018 年 5 月经查证这笔款项已无法收回,确认为坏账。有关会计分录如下:

借:资产减值损失　　　　　　　　　　　　　　　　　　　　　　9 600
　　贷:应收账款　　　　　　　　　　　　　　　　　　　　　　　9 600

若该笔应收账款于 2018 年 11 月收回其中的 5 000 元,则企业应于款项收回时做如下会计分录:

借:应收账款　　　　　　　　　　　　　　　　　　　　　　　　5 000
　　贷:资产减值损失　　　　　　　　　　　　　　　　　　　　　5 000

同时:

借:银行存款　　　　　　　　　　　　　　　　　　　　　　　　5 000
　　贷:应收账款　　　　　　　　　　　　　　　　　　　　　　　5 000

直接转销法的优点是会计处理简单,但是,在直接转销法下,必须等到坏账实际发生时才确认为当期费用,这样收入与相关的坏账费用不是在同一期间确认,会导致各期收益不实,从而无法如实反映各期的经营责任。另外,期末在资产负债表上列示的应收账款数额是其最初的发生额,而不是企业估计的有望收回的价值,这在一定程度上夸大了资产,所以现行会计准则不允许采取此种方法。

2. 备抵法

备抵法是期末估计坏账损失并计入当期损益,形成坏账准备,当某一应收款项全部或部分被确认为坏账时,将其金额冲减坏账准备并相应转销应收款项的方法。企业如有确凿证据证明应收账款、应收票据、其他应收款、预付账款、长期应收款不能收回或收回的可能性很小,则应计提坏账准备。在备抵法下,会计上应设置"坏账准备"账户进行核算,该账户是"应收账款""应收票据""预付账款""其他应收款""长期应收款"账户的备抵账户,其贷方反映坏账准备的提取,借方反映坏账准备的转销,贷方余额反映已经提取且尚未转销的坏账准备数额。若当期按应收款项计算的应提坏账准备金额大于"坏账准备"账户贷方余额,则应按其差额提取坏账准备,借记"资产减值损失"账户,贷记"坏账准备"账户;若当期按应收款项计算的应提坏账准备金额小于"坏账准备"账户贷方余额,则应按其差额冲减已计提的坏账准备,借记"坏账准备"账户,贷记"资产减值损失"账户;实际发生无法收回的坏账时,借记"坏账准备"账户,贷记"应收账款""应收票据""预付账款""其他应收款""长期应收款"账户。

按照这种方法,销售收入与相关的坏账损失计入同期损益。在资产负债表上,应收款项按有望收回的净额反映,因而能够较真实地反映企业的资产。因此,现行会计准则规定企业的坏账统一采用备抵法核算。

三、估计坏账的方法

在新金融工具会计准则下,应收款项坏账准备的计提方法已由"已发生损失法"改为"预期损失法"。

尽管新金融工具准则要求企业对其他应收款、委托贷款等金融资产运用"三阶段"减值模型,但对应收账款要求或允许采用简易方法,即不需要区分"三阶段"而是直接计算整个存续期内的信用损失。简易方法如下,企业不需要跟踪判断"信用风险自初始确认后是否显著增加",不需要考虑应当按照 12 个月还是整个存续期计提坏账准备。

企业应该根据自身应收账款的特征,设计合适的模型计量预期信用损失。以账龄表为基础的减值矩阵模型是一个比较简单的易于操作的方法,示例如下:

甲公司将某一地区的、具有类似风险特征的零售客户划分为一个单独的组合,并单独计量该组合的预期信用损失。2018 年年末,甲公司账面销售形成的应收账款余额为 2 450 万元。为简化处理,假设甲公司按照相当于整个存续期内预期信用损失的金额计量其坏账准备。甲公司根据历史经验,账龄超过 1 年的应收账款依然有相当比例的部分可以正常回收,账龄超过 3 年的应收账款通过诉讼追讨等方式最终能收回其中的 20% 而未直接核销。

首先,甲公司选取同一地区、具有类似信用风险特征的零售客户 2017 年年末的应收账款,追踪这些应收账款在 2018 年的回收情况,具体如表 3-2 所示。

表 3-2 甲公司应收账款账龄分析　　　　　　　　　　　　　单位：万元

账龄	2017 年年末余额 A	2018 年收回金额 B	2018 年实际收回率 C=B/A
1 个月以内*	500	450	90.0%
1 个月至 3 个月	500	420	84.0%
3 个月至 1 年	500	390	78.0%
1 年至 2 年	200	120	60.0%
2 年至 3 年	70	30	42.9%
3 年以上	50	10	20.0%
合计	1 820	1 420	

注：*以此为例，2017 年年末账龄在 1 个月以内的应收账款为 500 万元，该部分应收账款在 2018 年度共回收 450 万元，回收率为 90.0%，其他以此类推。

其次，考虑前瞻性信息，分析与回收率相关的关键驱动因素的主要变化。于 2018 年年末，甲公司基于当前情况识别出以下有关信息：①宏观经济状况，如 GDP 增速、行业发展等与当前状况一致；②公司 2019 年为扩大销售，放宽信用政策，预期 2019 年产生的应收账款回收率较 2018 年下降 10%。因此，2018 年形成的前三个账龄期应收账款因该年度信用政策放宽，预计其 2019 年回收率较历史回收率下降 10%，而以前年度形成的应收账款回收率与历史回收率一致。

甲公司基于上述在无须付出不当成本或努力的情况下可获得的有关过去事项、当前状况及未来经济状况预测的合理及可支持的有关信息判断，得出损失率表（见表 3-3）。

表 3-3 甲公司损失率表

账龄	2018 年实际回收率	2019 年预期回收率 D	2019 年年末滚动至	滚动率 1-D		损失率	
1 个月以内*	90.0%	81.0%	1 年至 2 年	19.0%	K	3.5%	$Q=K\times N$
1 个月至 3 个月	84.0%	75.6%	1 年至 2 年	24.4%	J	4.5%	$P=J\times N$
3 个月至 1 年	78.0%	70.2%	1 年至 2 年	29.8%	I	5.4%	$O=I\times N$
1 年至 2 年	60.0%	60.0%	2 年至 3 年	40.0%	H	18.3%	$N=H\times M$
2 年至 3 年	42.9%	42.9%	3 年以上	57.1%	G	45.7%	$M=G\times L$
3 年以上	20.0%	20.0%	3 年以上	80.0%	F	80.0%	$L=F$

注：*以此为例，2018 年年末账龄在 1 个月以内的应收账款在 2019 年度的预期回收率为 81.0%，未收回的 19.0% 预期滚动至 2019 年年末账龄为 1 年至 2 年的应收账款，故损失率公式为 $Q=K\times N$，其他以此类推。

具体过程为：第一步，先确定 3 年以上应收账款的损失率，3 年以上应收账款的损失率等于对应年的滚动率;第二步,确定2—3年应收账款的损失率,用2—3年应收账款的滚动率乘以3年以上应收账款的损失率即可得出。以此类推,计算其余的损失率。

最后,根据2018年年末账龄分布情况,计算2018年年末坏账准备计提金额。

表 3-4 甲公司 2018 年年末坏账准备提取　　　　　　　　　　单位:万元

账龄	2018 年年末余额 R	损失率 S	坏账准备 T = R×S
1 个月以内	600	3.5%	21
1 个月至 3 个月	700	4.5%	31
3 个月至 1 年	600	5.4%	33
1 年至 2 年	350	18.3%	64
2 年至 3 年	120	45.7%	55
3 年以上	80	80.0%	64
合计	2 450		268

假设甲公司"坏账准备"账户的贷方余额为200万元,则2018年年末应提取坏账准备68万元(268-200)。会计分录如下:

借:资产减值损失——坏账损失　　　　　　　　　　　　　　680 000
　　贷:坏账准备　　　　　　　　　　　　　　　　　　　　　　680 000

以上仅为应收账款减值的一个示例,企业应当根据自身应收账款的特征,设计合适的模型计量预期信用损失,如划分合适的账龄期间(如应收账款回收速度较快,账龄期间应更精细),选择适当的基准数据并延长或缩短追踪期(示例中为2017年年末应收账款余额在2018年的回收率情况,企业也可以选择2017年新产生的应收账款发生额在未来数年/月的回收情况),合理预测及应用前瞻性信息。

相关案例　　　　通过调整坏账计提比例,实现账面盈利

陕西建设机械股份有限公司(股票代码:600984)成立于2001年12月8日,主营业务为道路工程机械、建筑机械、桥梁施工设备、金属钢结构产品研发制造与租赁服务。其在2015年变更了应收账款坏账准备计提的比例,具体变更内容如下:

(二)董事会对会计政策、会计估计或核算方法变更的原因和影响的分析说明

√适用　　□不适用

1. 报告期内,为防范财务风险,更加客观公正地反映公司财务状况和经营成果,考虑公司应收款项的构成、回款期和安全期,使应收债权更接近于公司的实际情况,公司第五届董事会第十次会议审议通过了《关于公司应收款项坏账准备计提比例变更的议案》,自2015年7月1日起对应收款项(应收账款和其他应收款)中"采用账龄分析法计提坏账准备"的会计估计进行变更。

(1) 变更内容

变更前应收账款及其他应收款按账龄划分组合的坏账准备计提比例如下：

账龄	计提比例(%)
1年以内	5
1—2年	10
2—3年	20
3—4年	30
4—5年	100
5年以上	100

变更后应收账款及其他应收款按账龄划分组合的坏账准备计提比例如下：

账龄	计提比例(%)
1年以内	1
1—2年	6
2—3年	20
3—4年	40
4—5年	70
5年以上	100

可以看到，公司把1年以内、1—2年、3—4年、4—5年的应收账款计提比例调低了。

(2) 变更影响

本次会计估计变更自2015年7月1日起开始执行。根据《企业会计准则第28号——会计政策、会计估计变更和差错更正》的相关规定，本次会计估计变更采用未来适用法处理，无须对已披露的财务报告进行追溯调整，对以往年度财务状况和经营成果不会产生影响。此项调整符合公司的利益，并未损害公司和公司股东的利益。

本次会计估计变更累计增加2015年度净利润24 983 154.30元。其中，应收账款会计估计变更累计增加2015年度净利润23 237 349.26元；其他应收款会计估计变更累计增加2015年度净利润1 745 805.04元。

可以看到，公司通过应收账款坏账计提比例的变更，增加了当期利润0.23亿元。而通过查看其2015年年报，我们获知其2015年的净利润为0.06亿元。那么，如果没有这0.23亿元的会计估计变更获得的利润，公司当年将是亏损的。建设机械利用坏账准备计提方法调节利润，使公司利润扭亏为盈。

资料来源：建设机械2015年年报。

本章提要

应收款项是企业在生产经营过程中因销售商品、提供劳务或让渡资产使用权等而产生的债权,包括应收账款、应收票据、预付账款、其他应收款和长期应收款。应收账款的入账金额根据实际发生的交易价格确认,包括发票金额和代购货单位垫付的运杂费两个部分。债务人以低于债权的账面价值的现金偿债时,企业应将实际收到的金额小于应收债权账面价值(应收账款扣除已提坏账准备后的净额)的差额记入当期"营业外支出——债务重组损失"账户;债务人以非现金资产偿债或债权转股权时,企业应按所取得的非现金资产或股权的公允价值入账,所取得的非现金资产或股权的公允价值低于应收债权账面价值的差额记入"营业外支出"账户;以修改其他债务条件清偿债务的,企业应将未来应收金额小于应收债权账面价值的差额记入当期"营业外支出"账户。重组债权已经计提坏账准备的,应当先将上述差额冲减已计提的坏账准备,冲减后仍有损失的,记入"营业外支出——债务重组损失"账户;冲减后坏账准备仍有余额的,应予转回并抵减当期资产减值损失。如果在应收账款到期之前需要资金,企业可以采用应收账款的抵借、转让和出售这三种形式的融资协议将应收账款转化为现金。三者的区别表现为与应收账款有关的风险和收益是否转移。

应收票据是指企业因销售商品、提供劳务或让渡资产使用权而收到的商业汇票,包括银行承兑汇票和商业承兑汇票。应收票据的计价有面值法和现值法两种方法,在中国会计实务中采用面值法。

坏账的会计处理方法有直接转销法和备抵法,中国会计准则规定采用备抵法核算。企业如有确凿证据证明应收账款、应收票据、预付账款、其他应收款和长期应收款不能收回或收回的可能性很小,则应计提坏账准备。若当期按应收款项计算的应提坏账准备金额大于"坏账准备"账户贷方余额,则应按其差额提取坏账准备;若当期按应收款项计算的应提坏账准备金额小于"坏账准备"账户贷方余额,则应按其差额冲减已计提的坏账准备。

练习与思考

1. 应收账款的计量在理论与会计实务方面有何不同?为什么?
2. 中国的企业会计准则为何规定坏账必须采用备抵法核算?
3. 应收账款的抵借、转让和出售有何不同?会计核算上是如何体现这些不同的?

小组讨论

有些企业盲目扩大信用,通过赊销增加营业收入、提高账面利润,有些企业甚至将应收账款作为调节营业收入及利润的主要途径之一。中英科技股份有限公司主要产品为高频通信材料制品。2016—2018 年,公司分别实现营业收入 8 795.01 万元、9 285.82 万元和 11 423.83 万元,分别实现净利润 1 385.63 万元、2 155.92 万元和 3 403.51 万元,应收账款分别为 3 818.78 万元、4 046.76 万元和 5 436.61 万元。

要求：

通过东方财富网等网站，查询中英科技股份有限公司相关信息，分析应收账款增长的原因，并提出相应的管理建议。

 辅助阅读资料

1.《企业会计准则第23号——金融资产转移》（财政部2017年修订颁布）。
2 杨有红、陈婧，《提升管控能力、警惕"隐形杀手"》，《新理财》，2013年第3期。
3.周文娟，《应收账款保理融资在企业中的运用》，《全国流通经济》，2018年11期。

21世纪经济与管理规划教材
会 计 学 系 列

第四章

存 货

【知识要求】

通过本章的学习,掌握存货的概念和分类、存货确认的条件以及存货初始计量、发出存货计价和期末存货计量的原理。

【技能要求】

通过本章的学习,应能够熟悉:
- 实际成本法和计划成本法下各种存货收、发、存的核算;
- 发出存货的各种计价方法,包括实际成本法下发出存货的计价、计划成本法下发出存货的计价、已售商品成本的计算;
- 成本与可变现净值孰低法在存货期末价值确定中的运用;
- 包装物和低值易耗品的摊销方法。

【关键术语】

个别计价法	先进先出法	加权平均法	移动加权平均法
成本与可变现净值孰低法		数量进价金额核算法	
数量售价金额核算法		商品进销差价	计划成本差异

本章在介绍存货的概念及其分类的基础上,阐述存货的计价以及存货采购、生产、销售的核算。存货采购、生产、销售是企业重要的经营活动。工商企业为保证生产经营活动的持续进行,通常要将相当多的资金投资于存货。近二十年来,投入在存货上的资金占企业资金投入总额的比例有稳步下降的趋势,这一趋势是信息技术发展以及存货管理效率提高的必然结果,其中以信息技术为基础的、快捷准确的会计信息在高效的存货管理中起着无可替代的作用。各类存货的确认以及各环节存货、期末存货的计价对于各期资产计量的准确性和收益计量的可靠性有着直接的重大影响。

第一节 存货的概念与分类

一、存货的概念

存货是指企业在正常生产经营过程中持有以备出售的产成品或商品,或者为了出售仍然处在生产过程中的在产品,或者将在生产或提供劳务过程中耗用的材料、物资。存货包括各种原材料、辅助材料、包装物、低值易耗品、委托加工材料、在产品、产成品和商品等。从会计确认的角度,一项具有可靠计量属性的资产是否属于本企业的存货要从以下两方面判断:

(1)取得该项资产的目的是否是生产经营中的再售、加工后出售或在生产经营过程中耗用。如果企业取得某项资产的目的是再售或加工后出售,则属于存货。例如,房地产开发公司购入的用于开发房产的土地以及建设的房产属于存货,但某一制造企业购入用于建造厂房的土地以及在该土地上建造的厂房则不能确认为存货。若一项用于耗用的资产在生产经营过程中使用,则属于存货;若不在生产经营过程中耗用,则不属于存货。例如,生产经营中作为低值易耗品、包装物使用的物资属于存货,而用于固定资产建造工程的材料物资则不作为存货确认。

(2)企业对存货是否具有法定所有权。经济利益流入是资产确认的基本条件,对存货拥有所有权是存货包含的经济利益很可能流入本企业的重要标志。凡是法定所有权属于企业的存货,不管其存放在何处或处于何种状态,都应作为企业的存货。存放在本企业仓库、门市部,已经发运但尚未办理托收手续,委托其他单位加工或代销的物品,已经购入但尚未入库的在途物资等项目,都应列为企业的存货。凡是法定所有权不属于企业的存货,即使货物存放在本企业,也不属于本企业的存货,如企业销售的商品、产品等,其所有权已经转移给购货方,不管货物是否已经发出,都不属于本企业的存货。此外,不是为企业正常生产经营而储存的资产,如特种储备的资产以及按有关部门的指令专项储备的资产,应列为其他资产;为购置和建造固定资产而储备的资产,应列为有关的长期资产,而不应包括在存货范围之内。

二、存货的分类

为了正确地进行存货的核算和管理,在会计上必须对存货进行科学的分类,以便按照不同的类别采用不同的会计核算方法。

(一) 存货按企业的性质、经营范围及其用途分类

1. 制造业存货

(1) 原材料,是指企业用于生产产品并构成产品实体的外购物品,以及外购的供生产使用但不构成产品实体的辅助材料、修理用备件、燃料以及外购半成品等。

(2) 在产品及自制半成品,是指已经过一定的生产过程,但尚未全部完工,在销售以前还要进一步加工的中间产品或正在加工中的产品。

(3) 产成品,是指企业已经完成全部生产过程,并已验收入库,可以对外销售的产品。

(4) 周转材料,是指企业能够多次使用、逐渐转移其价值但仍保持原有形态,不确认为固定资产的材料,包括包装物、低值易耗品等。其中,包装物是指为了包装本企业商品或产品而储备的各种包装容器,如桶、箱、瓶、坛、袋等,其主要作用是盛装、装潢产品或商品。低值易耗品是指不符合固定资产确认条件的各种用具物品,如工具、管理用具、玻璃器皿、劳动保护用品及在经营过程中周转使用的容器,以及建造承包企业的钢模板、木模板、脚手架等。

2. 商品流通企业存货

主要包括商品、材料物资、低值易耗品、包装物等。其中,商品存货是商品流通企业存货的主要部分,它是指企业为销售而购入的物品。商品在销售之前,其原有的实物形态不变。

3. 其他行业存货

服务企业,如旅行社、饭店、宾馆、游乐场所、美容美发、照相、修理、中介机构等,既不生产产品也不经销商品,一般仅存有少量的物料物品、办公用品、家具用品等,供业务活动时使用,这些物品也作为存货处理。建筑企业为施工而购进的原材料,以及工程累计实际发生的成本且在一年或一个正常营业周期内结转的部分也属于存货。

(二) 存货按其存放地点分类

(1) 库存存货,是指存放在企业仓库或处于企业生产、办公场所正在耗用、加工的存货。

(2) 在途存货,是指货款已经支付、尚未验收入库,正在运输途中的各种存货。

(3) 委托加工物资,是指企业已经委托外单位加工,但尚未加工完成的各种存货。

(4) 委托代销存货,是指企业已经委托外单位代销,但按合同规定尚未办理代销货款结算的存货。

(5) 寄存的存货,是指企业暂时存放在外单位的存货。

第二节 存货的计量

解决了确认问题以后,存货核算的另一关键部分是计量。存货计量包括取得存货的计量、发出存货的计价和期末存货的计量。

一、取得存货的计量

取得存货的计量,是指确定企业取得的各项存货的价值。取得的存货应该按照实际

成本计量。由于企业取得存货的方式不同,其计量的具体方法也有所不同。

（一）外购存货

影响外购存货入账价值的因素主要是买价和附带成本。

1. 买价

一般情况下,存货的买价就是发票金额。但在某些情况下,可能会出现发票价格与实际付款不一致的情况,如发生购货折扣的,实际取得的现金折扣不抵减存货的采购成本,而作为理财收益,冲减当期财务费用。

2. 附带成本

企业购入的各种存货,不仅要支付买价,在购入过程中还需支付其他一些费用。附带成本按其用途可分为采购费用和储存费用两部分。采购费用是指从货物采购到入库以前发生的除买价以外的必要支出,包括外购存货到达仓库以前发生的包装费、运输费、装卸费、保险费、运输途中的合理损耗、入库前的挑选整理费以及按规定计入成本的税金（采购货物应支付的海关关税、消费税、资源税等税金,但不包括企业垫付的应向购买者收取的增值税）等;储存费用是指从货物入库到出库以前所发生的必要支出,如储存货物发生的仓库租金、保管费用等。从理论上来讲,由于各项附带成本都是为采购或储存货物而发生的,是生产领域在流通领域继续发生的费用,因此,应计入有关存货的价值。但在会计实务中,储存费用作为期间费用确认,不计入存货成本,原因在于储存费用很难根据储存时间长短按受益对象准确地分配计入每一存货项目。

（二）自制存货

企业自制存货主要是产成品、在产品和自制半成品,有的企业还包括自制原材料、包装物和低值易耗品。企业自制存货按照其制造过程中发生的各项实际支出计量,包括在制造过程中发生的直接材料、直接人工和制造费用。

（三）委托外单位加工的存货

委托外单位加工的存货成本按实际成本计算,实际成本包括加工过程中耗用的原材料或半成品的实际成本、委托加工费用和往返过程中发生的包装费、运输费、装卸费、保险费及应缴的税金等,但不包括企业垫付的应向购买者收取的增值税。

（四）投资者投入的存货

投资者投入存货的成本,应当按照投资合同或协议约定的价值确定,但投资合同或协议约定的价值不公允的除外。在投资合同或协议约定的价值不公允的情况下,将该项存货的公允价值作为其入账价值。

（五）接受捐赠的存货

接受捐赠的存货按以下情况分别确定其实际成本:

（1）捐赠方提供了有关凭据（如发票、报关单、有关协议）的,将凭据上标明的金额加上应支付的相关税费,作为实际成本。

（2）捐赠方没有提供有关凭据的,按如下顺序确定其实际成本:①同类或类似存货存在活跃市场的,将同类或类似存货的市场价格估计的金额,加上应支付的相关税费,作为实际成本;②同类或类似存货不存在活跃市场的,将接受捐赠的存货的预计未来现金流量现值作为实际成本。

（六）通过债务重组或非货币性资产交换取得的存货

债务重组过程中，债务人以存货抵偿所欠债务的，债权人取得存货时以存货的公允价值计量。

以非货币性资产交换换入的存货，如果该项交换具有商业实质且换入存货或换出资产的公允价值能够可靠计量，则应当以换出资产的公允价值和应支付的相关税费作为换入存货的成本；如果该项交换不具有商业实质或公允价值不能可靠计量，则应当以换出资产的账面价值和应支付的相关税费作为换入存货的成本。

无论是通过债务重组方式还是通过非货币性资产交换方式取得存货，凡涉及补价的，还应区分收到补价和支付补价以核定实际成本。

相关链接

《企业会计准则第7号——非货币性资产交换》第五条规定，满足下列条件之一的，非货币性资产交换具有商业实质：①换入资产的未来现金流量在风险、时间和金额方面与换出资产显著不同。具体包括三种情况：第一，未来现金流量的风险、金额相同，时间不同；第二，未来现金流量的时间、金额相同，风险不同；第三，未来现金流量的风险、时间相同，金额不同。②换入资产与换出资产的预计未来现金流量现值不同，且其差额与换入资产和换出资产的公允价值相比是重大的。在这里，资产的预计未来现金流量现值应当按照资产在持续使用过程和最终处置时所产生的预计税后未来现金流量，根据企业自身而不是市场参与者对资产特定风险的评价，选择恰当的折现率对其进行折现后的金额加以确定。根据上述标准判断下列交易是否具有商业实质：①由于两城市的消费者对汽车颜色有不同的偏好，为满足两地消费者对汽车颜色的需求，处于不同城市的A、B两家汽车销售公司将品牌、型号相同但颜色不同的20辆汽车进行了置换，请问这种交换是否具有商业实质？②C公司用一辆卡车换入公允价值相等的一批存货，请问这种交换是否具有商业实质？

（七）盘盈的存货

企业对于盘盈的存货，应按照同类或类似存货的市场价格计算实际成本。

二、发出存货的计价

发出存货计价实质上是将存货的取得成本在本期发出存货和期末结存存货之间进行分配。如果存货的单位成本是固定不变的，发出存货的计价就十分简单，用发出存货的数量乘以该项存货的单位成本就是该项发出存货的价值。但事实上，同一存货项目通常是分次分批从不同渠道购入的，即使是自制存货，各批完工存货的生产成本往往也不相同，因此，每次入库存货的单位成本也不同。存货的耗用或销售也是分批进行的，企业在发出存货时，就必须采用一定的方法计算确定发出存货的单位成本，以便计算发出存货的实际成本。存货发出成本的计价方法主要有：个别计价法、先进先出法、加权平均法、移动平均法、计划成本法、毛利率法。另外，存货按计划成本进行日常核算的企业可以通过材料成本差异的分配将发出存货和结存存货由计划成本调整为实际成本;商品流通企业可以用毛利率法计算销售成本和期末库存成本。

(一)个别计价法

个别计价法是以每次(批)收入存货的实际成本为计算各该次(批)发出存货成本的依据。其计算公式如下:

每次(批)发出存货成本=该次(批)存货发出数量×该次(批)存货实际收入的单位成本

采用这种方法计算的发出存货成本和期末存货成本比较准确,但需要对各次(批)发出存货和结存存货逐一加以辨认,以确定其所属的收入批次,然后按各自购入的成本分别计价。这种方法工作量较大,存货的保管和记录相当麻烦。因此,个别计价法适用于可识别、存货品种数量不多、单位价格昂贵的存货。另外,对于不能替代使用的存货,以及为特定项目专门购入或制造的存货,一般应当采用个别计价法确定发出存货的成本。

(二)先进先出法

先进先出法是假定先收到的存货先发出,并根据这种假定的存货流转次序对发出存货进行计价的一种方法。它的具体做法是:收到有关存货时,逐笔登记每批存货的数量、单价和金额;发出存货时,按照先入库的存货先出库的顺序,逐笔登记发出存货和结存存货的数量、单价和金额。先进先出法在永续盘存制和实地盘存制下均可使用。

例 4-1 企业采用永续盘存制,并用先进先出法对发出存货计价,2018 年 11 月某种存货收、付、存的数量及金额如表 4-1 所示。

表 4-1 存货成本核算(先进先出法)　　　　　　　　单位:元

2018年		凭证编号	摘要	收入			发出			结存		
月	日			数量	单价	金额	数量	单价	金额	数量	单价	金额
11	1	略	结存							400	5.0	2 000
	8		购入	900	5.2	4 680				400 900	5.0 5.2	2 000 4 680
	10		发出				400 400	5.0 5.2	2 000 2 080	500	5.2	2 600
	16		购入	600	5.1	3 060				500 600	5.2 5.1	2 600 3 060
	20		发出				500 300	5.2 5.1	2 600 1 530	300	5.1	1 530
	23		购入	200	5.3	1 060				300 200	5.1 5.3	1 530 1 060
11	30		合计	1 700		8 800	1 600		8 210	500		2 590

从表 4-1 中可以看出,本月发出存货的成本为 8 210 元,月末结存存货的成本为 2 590 元。

先进先出法的优点是能够随时结转发出存货成本,期末存货成本比较接近现行市场价值。但是,在存货收发业务频繁和单价经常变动的情况下,企业计价的工作量较大。另外,当物价上涨时,该计价方法会高估企业当期利润和库存存货价值;在物价下降的情况下,该计价方法会低估企业当期利润和库存存货价值。一般而言,经营活动受存货形态影响较大或存货容易腐败变质的企业,可采用先进先出法。

(三) 加权平均法

加权平均法也称月末一次加权平均法,它是在月末以月初结存存货的数量和本月收入存货的数量为权数,一次计算月初结存存货和本月收入存货的加权平均单位成本,从而确定本月发出存货成本和月末结存存货成本的一种方法。加权平均法在永续盘存制和实地盘存制下均可使用。其计算公式为:

$$\text{存货加权平均单价} = \frac{\text{月初结存存货的实际成本} + \text{本月收入存货的实际成本}}{\text{月初结存存货的数量} + \text{本月收入存货的数量}}$$

$$\text{本月发出存货成本} = \text{本月发出存货数量} \times \text{加权平均单价}$$

$$\text{月末结存存货成本} = \text{月末结存存货数量} \times \text{加权平均单价}$$

考虑到计算出的加权平均单价不一定是整数,往往要在小数点后四舍五入,为了保持账面数字之间的平衡关系,一般采用倒挤成本法计算发出存货的成本,即:

$$\text{月末结存存货成本} = \text{月末结存存货数量} \times \text{加权平均单价}$$

$$\text{本月发出存货成本} = \text{月初结存存货成本} + \text{本月收入存货成本} - \text{月末结存存货成本}$$

例 4-2 仍以例 4-1 为例,采用加权平均法计算存货成本如下:

$$\text{加权平均单价} = \frac{2\,000 + 8\,800}{400 + 1\,700} = 5.14(\text{元})$$

月末结存存货成本 = 500 × 5.14 = 2 570(元)

本月发出存货成本 = 2 000 + 8 800 − 2 570 = 8 230(元)

采用加权平均法只在月末计算一次加权平均单价,工作量不大,计算方法较简单;在市场价格上涨或下跌时,对存货成本的分摊较为折中。但这种方法只有到期末才能计算出加权平均单价,确定发出和结存存货的成本,而平时无法从账上提供发出、结存存货的单价和金额,不利于对存货加强日常管理;而且期末核算工作量较大。因此,这种方法只适合存货品种较少、各次收入存货单位成本相差较大的企业采用。一般而言,储存在同一地点、性能形态相同的大量存货,可采用加权平均法。

(四) 移动平均法

移动平均法是每次收入存货入库后,要以新入库存货的数量和原结存存货的数量之和为权数,除本次收入存货和原结存存货成本,据以计算加权平均单位成本,并以此对下一次发出存货进行计价的一种方法。移动平均法只适用于永续盘存制。其计算公式如下:

$$\text{存货加权平均单位成本} = \frac{\text{本次存货入库前结存的存货实际成本} + \text{本次入库存货的实际成本}}{\text{本次存货入库前结存存货的数量} + \text{本次入库存货的数量}}$$

例 4-3 仍以例 4-1 为例,采用移动平均法计算其成本,如表 4-2 所示。

表 4-2 存货成本核算(移动平均法)　　　　　　　　单位:元

2018年		凭证编号	摘要	收入			发出			结存		
月	日			数量	单价	金额	数量	单价	金额	数量	单价	金额
11	1	略	结存							400	5.0000	2 000
	8		购入	900	5.2	4 680				1 300	5.1385	6 680
	10		发出				800	5.1385	4 111	500	5.1385	2 569
	16		购入	600	5.1	3 060				1 100	5.1173	5 629
	20		发出				800	5.1173	4 094	300	5.1173	1 535
	23		购入	200	5.3	1 060				500	5.1900	2 595
11	30		合计	1 700		8 800	1 600		8 205	500	5.1900	2 595

11月8日收货后的加权平均单位成本 $=\dfrac{2\,000+4\,680}{400+900}=5.1385(元)$

11月16日收货后的加权平均单位成本 $=\dfrac{2\,569+3\,060}{500+600}=5.1173(元)$

11月23日收货后的加权平均单位成本 $=\dfrac{1\,535+1\,060}{300+200}=5.1900(元)$

移动平均法的优点在于存货发出时可以随时结转成本,便于加强对存货的日常管理;大量核算工作分散在平时进行,减轻了月末工作量;计算的加权平均单位成本以及发出和结存存货的成本较客观,企业不能任意挑选存货成本以调整当期利润。但是,由于每次收入存货都要重新计算一次加权平均单位成本,计算工作量较大,因此这种方法适用于购货次数不多的企业。储存在同一地点、性能形态相同的大量存货也可采用移动平均法。

国际视野

在改进前的《国际会计准则第2号——存货》(IAS2)中,存货成本计算的基准处理方法是先进先出法和加权平均法,后进先出法为允许采用的存货成本计算方法。IASB认为,后进先出法的成本流转假定与存货实际流转的一般情况并不相符,它不能真实地反映存货流转情况。支持保留后进先出法的观点则认为,该方法可以部分解决传统会计模式中销售收入按现行价格计量、销售成本按历史成本计量的缺陷,并能部分调整价格变化对损益的影响。但是IASB认为,按照后进先出法计算出来的、在资产负债表上确认的存货金额与存货的最近成本关系甚微,即不能在资产负债表上比较准确地反映期末存货的价值。如果以计量当期损益为出发点的方法与出于资产负债表目的对存货的计量不一致,那么这种方法就是不恰当的。IASB认为,一些会计主体采用后进先出法主要是考虑税收因素。因为按照后进先出法计算的销售成本反映了最近期的存货购买成本,在某种程度上减少了利润,以反映不断上涨的价格对重置已售存货的成本可能产生的影响。但是,税收因素并不能成为选择恰当的会计处理方法的合理概念基础,不能纯粹为了税收规定和优势而允许某种会计处理方法的存在。因此,改进后的 IAS2 不允许会计主体采用后进先出法计算存货成本。中国《企业会计准则第 1 号——存货》也不允许采用后进先出法。

(五) 计划成本法

计划成本法是存货的收入、发出和结存均采用计划成本进行日常核算,同时另设有关成本差异账户(如"材料成本差异"账户)反映实际成本与计划成本的差额,期末计算发出存货和结存存货应负担的成本差异,将发出存货和结存存货由计划成本调整为实际成本的方法。

存货成本差异随着存货入库而形成,随着存货出库而减少。月初和本月形成的存货成本差异,应在本月已发出存货和月末结存存货之间进行分配,应由已消耗存货负担的成本差异,从有关成本差异账户转入有关账户。企业通常在月末计算存货成本差异率,据以分配当月形成的存货成本差异。有关计算公式如下:

$$存货成本差异率 = \frac{月初结存存货的成本差异 + 本月收入存货的成本差异}{月初结存存货的计划成本 + 本月收入存货的计划成本} \times 100\%$$

企业也可以按上月成本差异计算存货成本差异率,其计算公式如下:

$$上月存货成本差异率 = \frac{月初结存存货的成本差异}{月初结存存货的计划成本} \times 100\%$$

计算出各种存货成本差异率后,即可以求出本月发出存货和结存存货应负担的成本差异,从而将计划成本调整为实际成本,其计算公式为:

发出存货应负担的成本差异 = 发出存货的计划成本 × 存货成本差异率
发出存货的实际成本 = 发出存货的计划成本 + 发出存货应负担的成本差异
结存存货的实际成本 = 结存存货的计划成本 + 结存存货应负担的成本差异

例 4-4 某公司 2018 年 5 月初结存材料的计划成本为 185 000 元,本月购入材料的计划成本为 450 000 元,本月发出材料的计划成本为 375 000 元,月初结存材料成本差异额为 3 560 元,本月收入材料成本差异额为 8 220 元,材料成本差异率及发出材料应负担的成本差异计算如下:

$$材料成本差异率 = \frac{3\ 560 + 8\ 220}{185\ 000 + 450\ 000} \times 100\% = 1.855\%$$

发出材料应负担的成本差异 = 375 000 × 1.855% = 6 956(元)

发出材料的实际成本 = 375 000 + 6 956 = 381 956(元)

企业在采用计划成本法的情况下,应该按照存货的类别或品种(如原材料、包装物、低值易耗品等),对材料成本差异进行明细核算,不能使用一个综合成本差异率来分摊发出存货和库存存货应负担的材料成本差异。采用计划成本法有利于对材料进行计划管理和成本控制,将核算与管理有机地结合在一起。

(六) 毛利率法

毛利率法是根据本期实际销售额乘以上期(或本期计划)毛利率匡算本期销售毛利,据以计算发出存货成本和期末结存存货成本的一种方法。其计算公式为:

销售净额 = 商品销售收入 - 折扣与折让
销售毛利 = 销售净额 × 毛利率
销售成本 = 销售净额 - 销售毛利
期末存货成本 = 期初存货成本 + 本期购货成本 - 本期销售成本

例 4-5 某商场 2018 年 7 月 1 日甲类商品库存为 230 000 元,本月购进 270 000 元,本月销售收入为 260 000 元,发生的销售折让为 8 000 元,上月该类商品的毛利率为 18%。计算本月销售成本和期末库存商品成本。

本月销售净额 = 260 000 - 8 000 = 252 000(元)

销售毛利 = 252 000×18% = 45 360(元)

本月销售成本 = 252 000 - 45 360 = 206 640(元)

期末库存商品成本 = 230 000 + 270 000 - 206 640 = 293 360(元)

用毛利率法计算本期销售成本和期末库存商品成本在商品流通企业是常用的一种方法。商品流通企业由于经营商品的品种繁多,如果分品种计算商品成本,工作量较大,而且,一般来说,商品流通企业同类商品的毛利率大致相同,采用这种存货计价方法既能减轻工作量,又能满足对存货管理的需要。但是,由于企业各期商品销售受到多种因素的影响,因此采用上期毛利率计算本期商品销售成本和期末库存商品成本并不准确。为了弥补这种不足,企业可以在每季的最后一个月,根据月末库存商品的数量,采用最后进价法等计价方法,先计算月末库存商品成本,然后再计算本季度的商品销售成本,用该季度的商品销售成本减去前两个月已结转的销售成本,计算确定第三个月应结转的销售成本,从而对前两个月用毛利率法计算的销售成本进行调整。

三、期末存货的计量

企业期末存货应该按照成本与可变现净值孰低法计量。

(一) 成本与可变现净值孰低法的含义

成本与可变现净值孰低法是期末存货按照成本与可变现净值两者之中较低者计价的方法。当期末存货的成本比可变现净值低时,按成本计价;当期末存货的可变现净值比成本低时,按可变现净值计价,同时按照成本高于可变现净值的差额计提存货跌价准备,计入当期损益。成本与可变现净值孰低法是对历史成本计价的修正,充分体现了谨慎性原则。

在成本与可变现净值孰低法中,成本是指期末存货的实际成本,即按前面所介绍的发出存货计价方法计算得出的期末存货价值。可变现净值是指在正常生产经营过程中,以估计售价减去估计完工成本及销售所必需的税金、费用后的余额。可变现净值的确定应考虑如下因素:以取得的可靠证据为基础,如与本企业存货相同或相似的商品、材料的市场价格以及供货方提供的有关资料等;企业持有存货的目的,如用于出售的存货和用于继续加工的存货,其可变现净值的计算是不同的;资产负债表日后事项的影响,如存货资产负债表日后的价格变化趋势。存货可变现净值须分为以下四种情况分别确定:

(1) 为执行销售合同或劳务合同而持有的存货,通常应当以产品或商品的合同价格为其可变现净值的计算基础;

(2) 如果企业持有的存货数量多于销售合同订购数量,则超出部分存货的可变现净值应当以产品或商品的一般销售价格为计算基础;

(3) 如果企业持有的存货数量少于销售合同订购数量,则实际持有的与该销售合同相关的存货应当以销售合同所规定的价格为可变现净值的计算基础;

(4) 没有销售合同约定的存货,其可变现净值以市场销售价格为计算基础。

(二) 成本与可变现净值孰低法的具体做法

采用成本与可变现净值孰低法对期末存货计价时,其成本与可变现净值的比较在理论上有以下三种方法:①单项比较,按每一种存货的成本与可变现净值逐项进行比较,每一种存货都取较低数作为存货的期末价值;②分类比较,按每类存货的成本与相同类别存货的可变现净值进行比较,每类存货取较低数作为存货的期末价值;③总额比较,按全部存货的总成本与全部存货的可变现净值总额进行比较,取较低数作为全部存货的期末价值。

例 4-6 A 公司有 A、B、C、D 四种存货,按其性质的不同分为甲、乙两大类。各种存货的成本与可变现净值已经确定,现分别按三种比较法确定期末存货的成本,如表 4-3 所示。

表 4-3 期末存货成本与可变现净值比较   单位:元

项目	数量	成本		可变现净值		单项比较	分类比较	总额比较
		单价	总额	单价	总额			
A 存货	100	100	10 000	95	9 500	9 500		
B 存货	130	82	10 660	85	11 050	10 660		
甲类存货			20 660		20 550		20 550	
C 存货	170	90	15 300	96	16 320	15 300		
D 存货	150	130	19 500	125	18 750	18 750		
乙类存货			34 800		35 070		34 800	
总计			55 460		55 620	54 210	55 350	55 460

在三种方法中,单项比较最能充分地体现谨慎性原则,但在存货种类很多的情况下,这种方法工作量很大。在中国,允许采用成本与可变现净值孰低法的企业,通常采用单项比较的方法;对于数量繁多、单价较低的存货,也可以按照存货类别进行比较。

(三) 存货采用成本与可变现净值孰低法计价时的账务处理

期末存货采用成本与可变现净值孰低法计价时,如果期末存货的可变现净值高于成本,则不需做账务处理,资产负债表中的存货仍按期末账面价值列示;如果期末存货的可变现净值低于成本,则必须在当期确认存货跌价损失,并进行有关的账务处理。具体账务处理方法主要有直接转销法和备抵法两种。

直接转销法是指按可变现净值低于成本的损失直接转销相关的存货账户,同时将存货成本调整为可变现净值。在这种方法下,应设置"资产减值损失——计提的存货跌价准备"账户,确认损失时,借记"资产减值损失——计提的存货跌价准备"账户,贷记有关存货账户。采用直接转销法,不仅要直接冲销有关存货的账簿记录,还要冲减有关的明细账记录,工作量较大,而且如果已做调整的存货以后可变现净值又得以恢复,则再恢复有关存货的成本记录也十分麻烦,因此这一方法并不常用。

备抵法是指对于存货可变现净值低于成本的损失不直接冲减相关的存货账户,而是单设"存货跌价准备"账户反映。具体做法是:每一会计期末,比较期末的存货成本与可变现净值,计算出应计提的准备,然后与"存货跌价准备"账户的余额进行比较,如果应提数大于已提数,则应予补提;如果已提数大于应提数,则应冲销部分已提数。提取或补提存货跌价准备时,借记"资产减值损失——计提的存货跌价准备"账户,贷记"存货跌价准备"账户;冲回或转销存货跌价准备时,则做相反的会计分录。在资产负债表中,"存货跌价准备"作为存货的备抵项目,用于调整存货的账面价值。备抵法的优点是不需要对有关存货的明细账进行调整,保持账簿记录的原貌,工作量也较小,这一方法运用得比较普遍。

例 4-7 仍以例 4-6 为例,根据表 4-3 中采用单项比较法的计算结果,编制会计分录如下:

借:资产减值损失——计提的存货跌价准备　　　　　　　　1 250
　　贷:存货跌价准备　　　　　　　　　　　　　　　　　　　　1 250

第三节　原　材　料

按照原材料在生产过程中的作用可以分为原料及主要材料、辅助材料、燃料、修理用备件等项目。在中国的会计实务中,根据"原材料"账户记录的价格不同,原材料可以采用实际成本计价,也可以采用计划成本计价。

一、原材料按实际成本计价的核算

原材料按实际成本计价时,原材料的收入、发出及结存都按其实际成本计价。会计核算上,一般需要设置"原材料""在途物资"账户,并按材料种类进行明细核算。

（一）外购原材料的核算

企业从外地进货时,由于结算凭证是通过银行传递的,而材料是由运输部门运输的,因此材料入库时间和货款支付时间会发生不一致的情况。具体来说主要有三种情况:第一种,结算凭证到达的同时,材料也到达并验收入库;第二种,结算凭证先到并已办理货款结算手续,材料尚未到达;第三种,材料已验收入库,结算凭证未到且尚未办理货款结算手续。结算凭证是企业凭以办理现金结算或转账结算的原始单据,除非在合同中有特殊约定（如收到材料后暂不付款、以预付款方式购进材料、以易物方式换入材料等）,否则,都应立即办理货款的结算手续。

1. 结算凭证到达并同时将材料验收入库

结算凭证到达并同时将材料验收入库是指在办理有关结算的同时,收到材料并验收入库。发生此类业务时,应根据结算凭证、发票账单和收料单等确定入库材料的实际成本,借记"原材料"账户,根据取得的增值税专用发票上注明的（不计入材料成本）税额,借记"应交税费——应交增值税（进项税额）"账户,按照实际付款金额,贷记"银行存款""其他货币资金"等账户,或根据已承兑的商业汇票,贷记"应付票据"账户。

对于价款中涉及的运费,一般纳税人如果取得货物运输业增值税专用发票,则按支付不含税的运费计入生产经营成本,不含税运费×10%计入进项税额;如果取得的是货物运输业普通发票,则不得抵扣进项税额,全额计入生产经营成本,且随运费支付的装卸费、保险费等其他杂费不得扣除进项税额。纳税人支付的高速公路通行费按不含税金额的3%计算可抵扣的进项税额,一级、二级公路通行费按不含税金额的5%计算可抵扣的进项税额。

2. 结算凭证先到、材料后到

结算凭证先到、材料后到是指在办理有关货款结算手续时即获得材料的所有权,但材料尚未到达企业,待办妥有关收货手续后材料才验收入库。发生此类业务时,应根据有关结算凭证、增值税专用发票中记载的已付款材料的价款及增值税税额,借记"在途材料""应交税费——应交增值税(进项税额)"账户,根据实际付款金额,贷记"银行存款"或"其他货币资金"账户,或根据已承兑的商业汇票,贷记"应付票据"账户等。待材料到达并验收入库后,再根据收料单,借记"原材料"账户,贷记"在途材料"账户。

3. 材料先到、结算凭证后到

材料先到、结算凭证后到是指企业收到材料验收入库时即获得材料的所有权,但因未收到发票账单等结算凭证而尚未付款或尚未签发承兑商业汇票。发生此类业务时,因企业未收到有关结算凭证,无法准确计算入库材料实际成本及销售方代垫的采购费用,所以,为了简化会计核算手续,在会计期间内收到材料并验收入库时,可以暂不做账务处理,只将有关的入库单证单独保管,待结算凭证到达后,按结算凭证到达并同时将材料验收入库的情况处理。但如果会计期末仍有已经入库而未付款的材料,则为了反映企业存货及负债的情况,应将其估价入账,借记"原材料"账户,贷记"应付账款"账户,下月初再以红字分录冲回。

例4—8 C公司采用托收承付结算方式从外地购进的材料已于2018年6月26日收到并验收入库。7月4日结算凭证到达,货款共计64 960元(其中,材料价款为56 000元,增值税为8 960元),购进材料时支付运费1 800元(按规定准予扣除进项税164元)、装卸费600元、运输保险费900元。

(1) 6月30日结算凭证未到,按材料价款58 000元估价入账:

借:原材料　　　　　　　　　　　　　　　　　　　　　　58 000
　　贷:应付账款　　　　　　　　　　　　　　　　　　　　　58 000

(2) 7月1日将估价入账的材料以红字冲回:

借:原材料　　　　　　　　　　　　　　　　　　　　　　58 000
　　贷:应付账款　　　　　　　　　　　　　　　　　　　　　58 000

(3) 7月4日结算凭证到达,办理付款手续:

入库材料的实际成本=56 000+(1 800-164)+600+900=59 136(元)

进项税额=8 960+164=9 124(元)

借:原材料　　　　　　　　　　　　　　　　　　　　　　59 136
　　应交税费——应交增值税(进项税额)　　　　　　　　　　 9 124
　　贷:银行存款　　　　　　　　　　　　　　　　　　　　　68 260

企业购进原材料发生短缺和损耗时,尚未查明原因或尚未做出处理之前,一般先按短缺原材料的实际成本记作"待处理财产损溢"入账,等查明原因并做出处理后,再根据具体情况转账。对于定额内的合理损耗,按其实际成本计入入库原材料成本;对于超定额损耗,将其实际成本及应负担的进项税额中由保险公司、运输部门或有关责任人赔偿后尚不能弥补的部分作为期间费用记入"管理费用"账户;对于购进原材料发生的非常损失(包括自然灾害损失、被盗损失及其他非常损失等),将其实际成本及应负担的进项税额中由保险公司及有关责任人赔偿后尚不能弥补的部分作为非常损失记入"营业外支出"账户。

(二)自制或委托加工取得原材料的核算

自制或委托加工并验收入库的原材料,按实际成本借记"原材料"账户,贷记"生产成本"账户或"委托加工物资"账户。

(三)投资者投入原材料的核算

投资者投入的原材料,按确定的实际成本,借记"原材料"账户,按专用发票上注明的增值税税额,借记"应交税费——应交增值税(进项税额)"账户,按其在注册资本中所占有的份额,贷记"实收资本"(或"股本")账户,按其差额,贷记"资本公积"账户。

(四)以债务重组方式取得原材料的核算

企业接受债务人以非现金资产抵偿债务方式取得的原材料,或以应收债权换入的原材料,按照应收债权的公允价值减去可抵扣的增值税进项税额后的差额,加上应支付的相关税费,作为原材料的实际成本。在涉及补价的情况下,对于支付的补价,应作为原材料的实际成本的构成部分;若收到补价,则按应收债权的公允价值减去可抵扣的增值税进项税额和补价,加上应支付的相关税费,作为实际成本。进行账务处理时,按实际成本,借记"原材料"账户,按专用发票上注明的增值税进项税额,借记"应交税费——应交增值税(进项税额)"账户,按应收债权已计提的坏账准备,借记"坏账准备"账户,按应收债权的账面金额,贷记"应收账款"等账户,按应支付的相关税费,贷记"银行存款""应交税费"等账户;涉及补价的,按收到的补价,借记"银行存款"等账户,或按支付的补价,贷记"银行存款"等账户。

(五)以非货币性资产交换方式取得原材料的核算

以非货币性资产交换方式取得的原材料,应该以换出资产的公允价值为原材料入账价值的基础,在涉及补价的情况下,收到补价的,按换出资产的公允价值减去可抵扣的增值税进项税额后的差额,加上应该确认的收益和应支付的相关税费,减去补价后的余额,作为实际成本;支付补价的,按换出资产的公允价值减去可抵扣的增值税进项税额后的差额,加上应该支付的相关税费和补价,作为实际成本。

(六)材料发出的核算

在企业中,由于领用材料业务发生得比较频繁,为了简化日常核算工作,平时材料明细账应随时登记,以反映各种材料的收发及结存情况。月末按实际成本计价的发料凭证、按材料领用部门和用途归类汇总编制"发料凭证汇总表",据此编制记账凭证,并登记材料总分类账。在贷记"原材料"账户的同时,根据材料的用途借记有关账户:直接用于产品生产的材料,借记"生产成本"账户;用于车间一般耗用的材料,借记"制造费用"账户;用于企业管理方面的材料,借记"管理费用"账户;为销售产品而消耗的材料,借记"销售费用"账户。

二、原材料按计划成本计价的核算

原材料按计划成本计价时,原材料的收入、发出都按其计划成本计价。原材料的总账和明细账都要按计划成本进行登记,而原材料的实际成本与计划成本的差异,则作为材料成本差异核算。

(一) 账户的设置

原材料按计划成本计价时,为了反映和监督材料的采购、原材料的收发,确定原材料的采购成本,计算材料成本差异,在会计核算上,一般应设置"材料采购""原材料""材料成本差异"等账户对原材料进行日常收发的核算。

"材料采购"账户用来核算企业购入原材料的采购成本。借方反映外购材料的实际采购成本和实际成本低于计划成本的节约差异,贷方反映已付款并验收入库材料的计划成本和实际成本高于计划成本的超支差异,期末借方余额表示已付款但尚未到达或尚未验收入库的在途材料的实际成本。本账户按原材料的品种或类别设置明细账。

"原材料"账户用来核算企业库存的各种材料的计划成本。借方登记外购、自制、委托加工完成、盘盈等增加的原材料的计划成本,贷方登记发出各种原材料的计划成本,期末借方余额反映企业期末库存原材料的计划成本。本账户按原材料的保管地点(仓库)以及材料的类别、品种和规格设置明细账或卡片。

"材料成本差异"账户用来核算企业各种材料的实际成本与计划成本之间的差异。借方反映验收入库材料的实际成本大于计划成本的超支差异,贷方反映验收入库材料的实际成本低于计划成本的节约差异,以及发出材料应负担的材料成本差异(超支差异用蓝字,节约差异用红字)。该账户期末若为借方余额,则表示库存材料的实际成本大于计划成本的超支差异;若为贷方余额,则表示库存材料的实际成本小于计划成本的节约差异。本账户应分别根据材料的类别或品种设置明细账。

(二) 材料收入的核算

1. 购入原材料的核算

企业材料的收入业务,由于采用的结算方式不同以及其他方面的原因,通常出现各种不同的情况。因此,外购材料收入的核算,应根据不同的情况进行相应的会计处理。

(1) 根据发票账单支付材料价款和运杂费或商业汇票结算时,按发生的属于材料成本的价款和运杂费,借记"材料采购"账户,按应予抵扣的进项税额,借记"应交税费"账户,按实际付款额,贷记"银行存款""现金""其他货币资金"或"应付票据"账户。

(2) 如果材料已经收到并验收入库,但结算凭证未到,尚未办理货款结算手续,可暂不入账,待结算凭证到达并办理货款结算手续后,再根据材料的实际成本,借记"材料采购"账户,按应予抵扣的进项税额,借记"应交税费"账户,根据所付金额或承兑商业汇票的金额,贷记"银行存款""现金""其他货币资金"或"应付票据"等账户。

(3) 企业已经预付货款的材料入库后,根据材料的实际成本,借记"材料采购"账户,按应予抵扣的进项税额,借记"应交税费"账户,按应结算金额,贷记"预付账款"账户。

(4) 对于外购材料发生的短缺或损耗,企业应根据不同的情况进行会计处理。定额内损耗可以计入外购材料的采购成本,这时不必做出会计处理。如果属于供货单位、外部运输机构或其他个人负担的赔偿款项,则应根据有关索赔凭证,借记"应收账款""其他应收款"等账户,贷记"材料采购"账户。尚未查明原因的短缺、损耗或损失,先按短缺、损耗或损失材料已经发生的成本借记"待处理财产损溢"账户,贷记"材料采购"账户,查明原因后再做出会计处理。

（5）对于已经付款或开出商业汇票并已办理入库的原材料,应按其计划成本登记"原材料"账户,并将计划成本与实际采购成本的差额记入"材料成本差异"账户。会计分录如下：借记"原材料"账户,贷记"材料采购"账户。同时,按入库材料的实际成本小于计划成本的差额（节约差异）,借记"材料采购"账户,贷记"材料成本差异"账户。若入库材料的实际成本大于计划成本,则应将其超支差异进行结转,借记"材料成本差异"账户,贷记"材料采购"账户。

例 4-9 S公司4月发生两笔购入原材料A的业务,有关资料如表4-4所示。

表 4-4 S公司采购业务相关资料   单位:元

采购业务	付款日期	入库日期	实际成本	计划成本	成本差异
业务①	4月6日	4月16日	20 000	19 780	+220
业务②	4月13日	4月13日	30 000	30 100	-100
合计			50 000	49 880	

会计处理流程如图 4-1 所示。

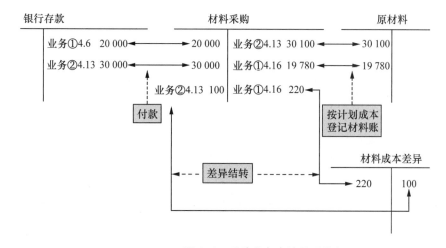

图 4-1 采购业务会计处理流程

2. 以债务重组方式或非货币性资产交换方式取得原材料的核算

在原材料按计划成本计价的情况下,以债务重组方式或非货币性资产交换方式取得原材料的核算与原材料按实际成本计价的情况基本相同。只是以债权的账面价值或换出资产的公允价值为基础确定原材料的价值后,将原材料的计划成本与按上述方法确定的实际成本的差额通过"材料成本差异"账户反映。

（三）材料发出的核算

发出材料的核算,在按计划成本计价的情况下,由财会部门根据签收的领料单、限额领料单或领料登记表等发料凭证,按用途进行分类汇总,月末编制发料凭证汇总表,并根据领用的部门和具体用途,按发出材料的计划成本,借记"生产成本""制造费用""管理费用""销售费用""委托加工物资"等账户,贷记"原材料"账户。同时,将材料成本差异总额在发出材料和期末库存材料之间进行分摊,按照发出材料的计划成本计算分摊的成本差异额,借记"生产成本""制造费用""管理费用""销售费用""委托加工物资"等账户,贷记"材料成本差异"账户(其中,实际成本大于计划成本的超支差异用蓝字登记,实际成本小于计划成本的节约差异用红字登记)。

例 4-10 M 公司采用计划成本进行材料的核算,月末某材料的发料凭证汇总表列明:生产车间产品耗用 98 000 元,生产车间一般耗用 4 500 元,厂部管理部门一般耗用 7 300元,销售部门领用 2 400 元。本月该材料的成本差异率为+2%。有关会计处理如下:

(1)发出材料:

借:生产成本	98 000
制造费用	4 500
管理费用	7 300
销售费用	2 400
贷:原材料	112 200

(2)月末,结转材料成本差异:

借:生产成本	1 960
制造费用	90
管理费用	146
销售费用	48
贷:材料成本差异	2 244

原材料的日常核算,可以采用计划成本,也可以采用实际成本。具体采用哪一种方法,企业可根据具体情况自行决定。一般来说,对于规模较小、材料品种简单、采购业务不多的企业,一般采用实际成本进行原材料的日常收发核算;对于材料品种繁多的企业,可以采用计划成本进行日常核算,但对于某些品种不多但占产品成本比重较大的原料或主要材料,也可以单独采用实际成本进行核算。采用计划成本核算有利于分析材料采购环节的超支或节约,考核采购业务的成果,并有利于分析材料价格变动对产品成本的影响。

第四节 库 存 商 品

库存商品是指企业库存的各种商品。对工业企业而言,库存商品是企业完工入库的产成品;对商业企业而言,库存商品是企业以销售为目的而购入的商品。工业企业的产成品和商业企业的商品均通过"库存商品"账户核算。工业企业产成品的核算方法与原材料的核算方法相同,这里不再赘述。

根据"库存商品"明细账核算内容的不同,商业企业的商品核算方法分为数量金额核算法和金额核算法两大类;对金额的核算,又可分为进价金额核算和售价金额核算。因此,库存商品核算方法有数量进价金额核算法、数量售价金额核算法、售价金额核算法和进价金额核算法四种。

一、数量进价金额核算法

（一）数量进价金额核算法的内容

数量进价金额核算法是同时以数量和进价金额反映商品增减变动及结存情况的方法。这种方法一般适用于批发企业批发商品的核算。其基本内容包括：

（1）"库存商品"总账以进价反映商品的增减变动及结存情况。

（2）"库存商品"账户一般按商品种类、品名、规格及存放地点等设置明细账户，并以数量和进价金额反映商品的增减变动及结存情况。

（3）商品品种较多时，在"库存商品"总账与"库存商品"明细账之间按商品的大类设置"库存商品"类目账，又称二级账，它只按进价金额反映商品的增减变动及结存情况。

（4）仓库按商品品名、规格等设置商品保管账，反映商品的增减变动及结存数量，并定期与"库存商品"明细账进行核对。

（二）商品购进的核算

商品购进业务的核算包括两个方面：一是反映购进中的货款支付情况；二是反映商品验收入库情况。其核算原理与原材料购进大体相同，将商品的采购成本通过"在途物资"账户核算，商品入库时将采购成本从"在途物资"账户转入"库存商品"账户。

例 4-11 P 批发公司向 Z 公司购入甲商品一批，专用发票上注明的进货款为 78 000 元，增值税税率为 16%，计 12 480 元，价税共计 90 480 元，供货单位代垫运杂费 1 500 元，货款采用异地托收承付结算方式。接到银行转来 Z 公司的托收凭证、专用发票和运费清单，审核无误后承付货款。会计分录如下：

借：在途物资——Z 公司　　　　　　　　　　　　　　　79 500
　　应交税费——应交增值税（进项税额）　　　　　　　12 480
　　贷：银行存款　　　　　　　　　　　　　　　　　　91 980

收到运输部门运送的商品，验收入库时，做如下会计分录：

借：库存商品——甲商品　　　　　　　　　　　　　　　79 500
　　贷：在途物资——Z 公司　　　　　　　　　　　　　79 500

（三）商品销售的核算

按照配比原则的要求，销售收入实现以后，会计上应将已售商品从商品存货转为已售商品的成本。销售收入和已售商品的成本分别通过"主营业务收入"和"主营业务成本"账户核算。批发企业商品的销售成本可以逐日计算和结转，也可以定期计算和结转。企业若采用逐日计算和结转，则在反映商品销售收入的同时，反映商品销售成本。逐日计算和结转的工作量较大，但能够随时计算商品销售毛利，及时反映商品销售的经营成果。

例 4-12 A 批发公司销售一批商品，售价为 76 000 元，增值税税率为 16%，计 12 160 元，价税共计 88 160 元，销货款送存银行。假设 A 批发公司逐日计算和结转成本，采用先进先出法计算出商品销售成本为 64 000 元。该笔销售业务的会计处理如下：

借：银行存款　　　　　　　　　　　　　　　　　　　　88 160
　　贷：主营业务收入　　　　　　　　　　　　　　　　76 000
　　　　应交税费——应交增值税（销项税额）　　　　　12 160

借：主营业务成本　　　　　　　　　　　　　　　　　　　　64 000
　　贷：库存商品　　　　　　　　　　　　　　　　　　　　　　64 000

二、数量售价金额核算法

数量售价金额核算法，是同时以数量和售价金额反映商品增减变动及结存情况的核算方法。与数量进价金额核算法相比，有两点不同：

（1）"库存商品"总账、二级账及明细账中所记录的商品增减变动及结存金额均以售价反映。总账和二级账只记售价金额，不记数量。明细账同时记载售价金额和数量。

（2）为了将商品售价调整为商品进价，并反映商品售价与进价的差额，需要设置"商品进销差价"调整账户。"商品进销差价"的明细账户一般按商品类别设置。

数量售价金额核算法一般适用于会计部门、业务部门及仓库具有同一办公地点，商品进销价格相对稳定的小型批发企业的批发商品及零售企业的贵重商品的核算。

三、售价金额核算法

（一）售价金额核算法的内容

售价金额核算法是以售价金额反映商品增减变动及结存情况的核算方法。这种方法又称"售价记账，实物负责制"，它是将商品核算方法与商品管理制度相结合的核算制度。售价金额核算法一般适用于经营日用工业品的零售企业，其基本内容包括：

（1）建立实物负责制。按照企业规模大小和经营商品范围，确定若干实物负责人，将商品拨交给各实物负责人。各实物负责人对所经管的商品负完全的经济责任。

（2）售价记账，金额控制。"库存商品"总账和明细账一律按售价记账，明细账按实物负责人分户，用售价总金额控制各实物负责人所经管的商品。这里的售价是指零售商品的出售价，包括销售价格和销售增值税两部分。

（3）设置"商品进销差价"账户。该账户反映商品含税售价与商品进价成本的差额。

（4）平时按售价结转销售成本，定期计算和结转已售商品实现的进销差价。对于销售业务，在做主营业务收入入账的同时，按售价结转销售成本，以注销实物负责人对该批已售商品的经管责任；定期（通常是按月）计算已售商品实现的进销差价，并将"主营业务成本"账户从售价调整为进价。

（二）商品购进的核算

在售价金额核算法下，商品购进时按不含税成本记入"在途物资"账户，按支付的进项税额记入"应交税费——应交增值税（进项税额）"账户，按全部价税总额记入"银行存款""应付账款""应付票据"等账户。商品验收入库时，按含税的售价记入"库存商品"账户，按含税的进销差价记入"商品进销差价"账户，按不含税的进价转销"在途物资"账户金额。

例 4—13　某商场从某百货批发公司购入小商品一批，计进价 19 000 元，增值税进项税额为 3 040 元，售价为 25 000 元（不含税），增值税销项税额为 4 000 元。货款以支票付讫，商品由百货组验收。根据专用发票，做如下会计分录：

支付价款时，按商品进价、增值税进项税额分别记账：

借：在途物资——某百货批发公司　　　　　　　　　　　　19 000

应交税费——应交增值税(进项税额)		3 040
贷:银行存款		22 040

商品入库时:

借:库存商品——百货组(售价+销项税额)		29 000
贷:在途物资——某百货批发公司		19 000
商品进销差价——百货组(毛利+销项税额)		10 000

(三) 商品销售的核算

在售价金额核算法下,平时按含税收入做主营业务收入入账,并按含税售价将已售商品从"库存商品"账户转入"主营业务成本"账户。月末再将含税收入调整为不含税收入。

例4-14 某商场各营业柜组本日销货款(含税)为:百货组 28 600 元,针织组 37 500 元,收入的现金全部送存银行。会计分录为:

借:银行存款		66 100
贷:主营业务收入——百货组		28 600
——针织组		37 500

同时,按含税的零售价结转商品销售成本,注销库存商品:

借:主营业务成本		66 100
贷:库存商品——百货组		28 600
——针织组		37 500

例4-15 某零售商场本月含税销售收入总额为 9 087 000 元,增值税税率为 16%,已售商品的增值税销项税额调整如下:

$$应交增值税 = \frac{9\ 087\ 000}{1+16\%} \times 16\% = 1\ 253\ 379(元)$$

借:主营业务收入		1 253 379
贷:应交税费——应交增值税(销项税额)		1 253 379

(四) 已销商品进销差价的计算和结转

为了正确反映库存商品实际占用的资金和已售商品实现的毛利,月末,应采用一定的方法计算已售商品应分摊的进销差价,把按售价结转的商品销售成本调整为进价成本。已售商品应分摊的进销差价按以下公式计算:

$$差价率 = \frac{月末结账前"商品进销差价"账户的余额}{月末"库存商品"账户余额 + 月末"受托代销商品"账户余额 + 本月"主营业务成本"账户余额} \times 100\%$$

$$本月已销商品应分摊的进销差价 = 本月"主营业务成本"账户余额 \times 差价率$$

差价率有分类差价率和综合差价率两种。综合差价率计算简单,但计算结果不够准确;分类差价率的计算工作量较大,但计算结果相对准确。企业一般计算分类差价率(或称分柜组差价率)。

例4-16 某零售企业根据有关账簿资料,按分类差价率计算已售商品进销差价,如表4-5所示。

表 4-5　已售商品进销差价计算

××××年××月　　　　　　　　　　　　　　　　　　　　　　　　　　单位：元

商品类别（柜组）	月末结账前"商品进销差价"余额 (1)	月末结账前"主营业务收入"额 (2)	月末结账前"主营业务成本"额 (3)	月末结存商品售价 (4)	差价率 $(5)=\dfrac{(1)}{(3)+(4)}\times100\%$	月末结存商品进销差价 $(6)=(4)\times(5)$	已销商品进销差价 $(7)=(1)-(6)$
针织组	60 000	450 000	450 000	150 000	10.0%	15 000	45 000
服装组	100 000	378 500	380 000	120 000	20.0%	24 000	76 000
百货组	50 000	299 100	300 000	100 000	12.5%	12 500	37 500
合计	210 000	1 127 600	1 130 000	370 000		51 500	158 500

根据计算出的已售商品进销差价，做如下会计分录：

借：商品进销差价——针织组　　　　　　　　　　　　　　45 000
　　　　　　　　——服装组　　　　　　　　　　　　　　76 000
　　　　　　　　——百货组　　　　　　　　　　　　　　37 500
　　贷：主营业务成本——针织组　　　　　　　　　　　　45 000
　　　　　　　　——服装组　　　　　　　　　　　　　　76 000
　　　　　　　　——百货组　　　　　　　　　　　　　　37 500

四、进价金额核算法

进价金额核算法是以进价金额反映商品增减变动及结存情况的核算方法。这种方法又称"进价记账，盘存计销"核算法。其基本内容包括：

（1）"库存商品"明细账按实物负责人（或柜组）设置，"库存商品"总账与明细账均按商品进价记账，只记金额，不记数量。

（2）商品销售时，不记录库存商品的减少。

（3）除发生重大损失需要按规定进行相应的账务处理外，平时经营中发生损溢、商品等级变化及售价变动等情况，一般不进行账务处理。

（4）月末通过实地盘点，按本月最后进货的商品单价，计算月末结存商品的进价金额，再采用倒挤的方法计算销售商品的进价成本，并进行结转。已售商品进价成本的计算公式为：

$$\text{本月已售商品进价成本} = \text{月初结存商品进价金额} + \text{本月购进商品进价金额} - \text{月末结存商品进价金额}$$

进价金额核算法一般适用于零售企业经营的易腐烂变质、价格需要随时调整的鲜活商品。

例 4-17　某商场水产柜组月初库存商品余额为 15 000 元，本月购进商品总额为 87 000 元，本月商品销售总额为 140 000 元，月末库存商品余额为 4 900 元。

（1）进货时，根据水产柜组填制的商品验收单以及供货方的发票、支票存根，做如下会计分录：

| 借:库存商品——水产柜组 | 87 000 |
| | |

  贷:银行存款   87 000

（2）销货时,根据有关单证做如下会计分录：

借:银行存款   140 000

  贷:主营业务收入   140 000

（3）月末根据库存商品盘点金额计算出已售商品进价成本为97 100元（15 000+87 000－4 900）,根据有关单证做如下会计分录：

借:主营业务成本   97 100

  贷:库存商品——水产柜组   97 100

第五节 其 他 存 货

  企业的存货除了原材料和库存商品,还包括周转材料、委托加工物资、自制半成品、处于生产过程中的存货等。自制半成品和处于生产过程中的存货将在成本会计中介绍。

一、周转材料的核算

  周转材料是企业能够多次使用、逐渐转移其价值但仍保持原有形态、不确认为固定资产的材料。

  （一）周转材料的摊销

  周转材料可以长期周转使用,但其价值会因使用过程中的磨损而逐渐丧失。因此,需要采用一定的方法摊销周转材料的磨损价值,并将摊销额记入有关成本或费用账户。周转材料的摊销方法通常有一次转销法和五五摊销法两种。

  一次转销法是在领用周转材料时,将其成本一次全部摊入成本或费用。它适用于一次领用数量不多、价值较低或易损坏的周转材料。采用这种方法比较简单,但费用负担不够均衡,且会出现账外资产。

  五五摊销法是在周转材料领用和报废时,各摊销其成本的50%。它适用于各期领用与报废数额比较均衡的周转材料。采用这种方法计算较简单,同时在账面上保留了在用周转材料的记录,有利于实物管理。

  （二）账户设置与账务处理

  周转材料通过"周转材料"账户核算,该账户按周转材料的类别分别设置"在库""在用"和"摊销"明细账进行明细核算。取得周转材料时,记入"周转材料"账户及相应明细账的借方。领用采用一次转销法摊销的周转材料时,将周转材料的价值按领用用途一次性转入"生产成本""其他业务支出""管理费用""销售费用""工程实施"等账户；领用采用五五摊销法摊销的周转材料时,将周转材料按类别从"周转材料"账户的"在库"三级明细账转入"在用"三级明细账的同时,将其50%的价值按周转材料的领用用途借记"生产成本""其他业务支出""管理费用""销售费用""工程实施"等账户,按类别贷记"周转材料"账户的"摊销"三级明细账。周转材料报废时,将残料价值作为原材料入账,借记"原材料"账户,贷记"生产成本""其他业务支出""管理费用""销售费用""工程实施"等账户。

企业的包装物、低值易耗品也可以单独设置"包装物""低值易耗品"账户核算。

采用计划成本对周转材料进行核算时,还应设置"材料成本差异"账户,核算原理与原材料按计划成本核算相同。

二、委托加工物资的核算

(一)委托加工物资的计价

委托外单位加工的存货,要离开本企业的仓库,经过"出库—委托加工—再入库"这样一个过程。企业进行委托加工物资的核算,要正确反映和监督委托加工物资的发出、加工费用的发生以及加工完成以后的验收入库。在进行核算时,首先要正确地对加工存货进行计价。

企业委托外单位加工的存货,其实际成本应包括:①加工中实际耗用的有关存货的实际成本;②加工费用;③加工中的税金,包括委托加工物资负担的增值税和消费税(指属于消费税应税范围的加工存货);④加工存货的往返运杂费。其中,对于委托加工物资应负担的增值税和消费税应区分不同情况分别处理:加工存货应负担的增值税,凡所加工存货属于应交增值税项目并取得增值税专用发票的一般纳税人,可将这部分增值税作为进项税额,不计入加工存货的成本;凡所加工存货用于非应纳增值税项目或免征增值税项目的,以及未取得增值税专用发票的一般纳税人和小规模纳税人,应将这部分增值税计入加工存货的成本。加工存货应负担的消费税,凡属加工存货收回后直接用于销售的,应将代扣代交的消费税计入委托加工物资的成本;凡属加工存货收回后用于连续生产应交消费税产品的,企业应将负担的消费税记入"应交税费——应交消费税"账户的借方,待应交消费税的加工存货连续生产完工并销售后,抵减其应缴纳的销售环节消费税。

(二)委托加工物资的账务处理

委托外单位加工的存货通过"委托加工物资"账户核算。该账户按加工合同和受托加工单位设置明细账户,核算发出加工存货的名称、数量,发生的加工费用和运杂费,退回剩余存货的数量、实际成本,以及加工完成存货的实际成本等资料。

(1)拨付委托加工物资。企业发给外单位加工存货时,应按实际成本借记"委托加工物资"账户,贷记"原材料"或"库存商品"账户。按计划成本(或售价)核算的企业还应同时结转成本差异。

(2)支付加工费用、增值税等。企业支付加工费用、应负担的运杂费等,应计入委托加工物资的成本,借记"委托加工物资"账户;支付的增值税,应借记"应交税费——应交增值税(进项税额)"账户,贷记"银行存款"或"应付账款"账户。

(3)交纳消费税。按照消费税的有关规定,如果委托加工物资属于应纳消费税的应税消费品,应由受托方在向委托方交货时代收代交税款。需要交纳消费税的委托加工物资,收回后直接用于销售的,委托方应将受托方代收代交的消费税计入委托加工物资成本,即借记"委托加工物资"账户,贷记"应付账款"或"银行存款"账户。需要交纳消费税的委托加工物资,收回后用于连续生产应税消费品的,按规定准予抵扣,委托方按受托方代收代交的消费税,借记"应交税费——应交消费税"账户,贷记"应付账款"或"银行存款"账户。

(4)加工完成收回加工存货。加工完成验收入库的存货和剩余的存货,应按加工收回存货的实际成本和剩余存货的实际成本,借记"原材料"或"库存商品"等账户,贷记"委托加工物资"账户。采用计划成本或售价核算的企业,按计划成本或售价记入"原材料"或"库存商品"账户,按实际成本与计划成本或售价之间的差异,记入"材料成本差异"或"商品进销差价"账户。

第六节 存货盘点

企业在进行存货的日常收发及保管过程中,因种种因素可能造成存货实际结存数量与账面结存数量不符,有时可能会因非常事项而造成存货毁损。为了保护企业存货的安全完整,做到账实相符,企业应定期或不定期地对存货进行盘点。发生存货盘盈(实际结存数量大于账面结存数量)、盘亏(实际结存数量小于账面结存数量)及毁损(非常事项造成的存货损失)时,应及时查明原因,并进行账务处理,以保证账实一致。

一、存货盘盈

发生存货盘盈时,应按规定的程序报经有关部门批准后才能做出处理。在批准处理以前,一般先根据盘盈的存货,按同类存货的实际成本(通常按同类存货的期初平均单价计算)计价入账;没有同类存货的,一般按市价计价入账。会计处理为:借记"原材料""库存商品"等账户,贷记"待处理财产损溢——待处理流动资产损溢"账户。

盘盈的存货查明原因后,应按不同的原因及处理决定分别入账,借记有关账户,贷记"待处理财产损溢——待处理流动资产损溢"账户。其中,对于无法确定具体原因的,一般应冲减企业的管理费用。

二、存货盘亏和毁损

发生存货盘亏和毁损,在批准处理以前,应先通过"待处理财产损溢——待处理流动资产损溢"账户核算。盘亏和毁损时,一般按盘亏和毁损存货的实际成本冲减存货的账面记录,借记"待处理财产损溢——待处理流动资产损溢"账户,贷记有关存货账户。对于采用计划成本或售价核算的存货,还应同时结转成本差异或差价。

需要指出的是,企业发生非正常损失的购进货物以及非正常损失的在产品、产成品所耗用的购进货物或应税劳务的进项税额不得从销项税额中抵扣。因此,非正常损失的存货价值应包括其实际成本和应负担的进项税额两部分,发生非正常毁损时,应按非正常损失的价值,借记"待处理财产损溢——待处理流动资产损溢"账户,按非正常损失存货的实际成本,贷记有关存货账户,按非正常损失存货应负担的进项税额,贷记"应交税费"账户。

查明盘亏和毁损的原因后,应按不同的原因及处理决定分别入账,借记有关账户,贷记"待处理财产损溢——待处理流动资产损溢"账户。其中,属于定额内合理损耗的,应转作管理费用;属于一般经营性损失的,扣除残料价值以及可以收回的保险赔偿和过失人赔偿后的剩余净损失,经批准也可以作为管理费用列支;属于自然灾害、管理不善造成货物被盗、发生霉烂变质等损失以及其他非正常损失的,扣除可以收回的保险赔偿及残料价值后的净损失,作为企业的营业外支出进行处理。

企业的存货及其他资产的损溢,如果期末结账前未经批准,则在对外提供的财务会计报告中先按上述规定进行处理,并在会计报表附注中做出说明;如果其后批准处理的金额与已处理的金额不一致,则调整会计报表相关项目的年初数。

本章提要

存货是指企业在正常生产经营过程中持有以备出售的产成品或商品,或者为了出售仍然处在生产过程中的在产品,或者将在生产过程或提供劳务过程中耗用的材料、物资。从会计确认的角度来看,一项具有可靠计量性的资产是否属于本企业的存货要从以下两方面判断:一是取得该项资产的目的是否是用于生产经营中的再售、加工后出售或在生产经营过程中耗用;二是企业对存货是否具有法定所有权。企业收入的存货按实际成本计价,不同类型的企业以及不同渠道取得的存货,其实际成本的构成有所不同。发出存货的计价可以采用个别计价法、先进先出法、加权平均法、移动平均法、计划成本法、毛利率法。期末存货的计量采用成本与可变现净值孰低法。

按现行会计准则规定,原材料日常核算可以按实际成本核算,也可以按计划成本核算。原材料在按计划成本进行核算时,要设置"材料成本差异"账户核算原材料的实际成本与计划成本的差异,且在期末要调整材料成本差异,将计划成本调整为实际成本。商品流通企业商品的核算方法包括数量进价金额核算法、数量售价金额核算法、售价金额核算法和进价金额核算法。其中,数量进价金额核算法和售价金额核算法的应用最广,前者适用于商业批发企业,按进价金额核算库存商品,同时核算商品数量;后者适用于日用工业品的零售企业。在售价金额核算法下,企业须设置"商品进销差价"账户,反映商品售价与进价间的差额,平时按售价注销已售商品,期末调整商品进销差价,将平时按售价结转的销售成本调整为商品的进价成本。

周转材料既可以采用实际成本核算,也可以采用计划成本核算,原理与原材料核算基本相同,只不过需要根据其特点确定相应的摊销方法。委托加工存货单独设"委托加工物资"账户核算。存货盘盈、盘亏和毁损先记入"待处理财产损溢"账户,待查明原因并经批准处理后及时转入相应账户。

练习与思考

1. 存货确认的条件有哪些?
2. 原材料实际成本计价的核算与计划成本计价的核算有哪些共同点和不同点?
3. 发出存货的各种不同计价方法对存货期末价值以及当期损益的确定有何影响?
4. 成本与可变现净值孰低法下的可变现净值应如何确定?

小组讨论

万科和绿地控股都是从事房地产经营的企业,但存货周转天数和存货周转率(销货成本与平均存货余额的比率)有很大的不同。2015—2017 年的年报显示,万科的存货周转天数分别为 886 天、880 天和 1 192 天,绿地控股的存货周转天数分别为 410 天、756 天和 724 天;万科的存货周转率分别为 0.41、0.41 和 0.30,绿地控股的存货周转率分别为 0.88、0.48 和 0.50。从上面的数据不难看出,同为房地产经营企业,绿地控股的存货周转速度远远快于万科。

要求:

阅读万科和绿地控股两家房地产经营企业 2015—2017 年的年度报告,从企业战略、运营模式等角度分析两家企业存货周转速度相差较大的原因。

 辅助阅读资料

1.《企业会计准则第 1 号——存货》(财政部 2006 年颁布)。

2. 张爱红,《制造业企业存货管理现状及对策建议》,《对外经贸》,2018 年第 1 期。

3. 钟娟,《企业应收账款和存货管理的压控策略探讨》,《中国总会计师》,2018 年第 5 期。

4. 毕晓琳,《财务会计中存货收发计量准确确定方法研究》,《财会学习》,2018 年第 1 期。

5. 刘忠玉,《对存货——原材料可变现净值的思考》,《财会学习》,2018 年第 8 期。

第五章 证券投资

【知识要求】

通过本章的学习,熟悉证券投资的范围和分类,了解以摊余成本计量的金融资产、以公允价值计量且其变动计入其他综合收益的金融资产和以公允价值计量且其变动计入当期损益的金融资产三者的特点以及相关会计核算的要求。

【技能要求】

通过本章的学习,应能够掌握:
- 证券投资的分类;
- 以摊余成本计量的金融资产的确认、计量、收益确定、减值以及投资收回的会计处理;
- 以公允价值计量且其变动计入其他综合收益的金融资产的确认、计量、公允价值变动差额、减值以及出售的会计处理;
- 以公允价值计量且其变动计入当期损益的金融资产的确认、计量、公允价值变动损益以及出售的会计处理;
- 金融资产重分类的条件及其会计处理。

【关键术语】

以摊余成本计量的金融资产
以公允价值计量且其变动计入其他综合收益的金融资产
以公允价值计量且其变动计入当期损益的金融资产
公允价值变动损益
摊余成本

第一节 证券投资的分类

证券投资是指企业以购买股票、债券、基金的方式直接投资于证券市场。科学的证券投资对于企业在保证资金流动性的前提下谋取效益、实现企业间的股权联合有着积极的意义。证券投资对企业来说是把"双刃剑",它既存在带来巨额投资回报的可能,也存在造成巨额投资损失的风险。企业的证券投资有不同的目的,会计上对不同类型的证券投资有不同的确认、计量和披露要求。准确的确认、计量和信息披露对于风险提示和风险控制具有重大意义。本节从证券投资的品种以及业务模式和合同现金流量特征两方面介绍证券投资的分类。

一、证券投资按品种分类

证券投资按品种分为股票投资、债券投资和基金投资。

(一)股票投资

股票投资是指企业以购买股票的方式将资金投资于被投资企业。购入股票后,表明投资者已拥有被投资企业的股份,成为被投资企业的股东。企业购入的股票可能是优先股,也可能是普通股。购入优先股后,投资企业拥有先于普通股分配股利的权利;购入普通股后,投资企业拥有被投资企业的经营管理决策权,享有权利及承担义务的大小与持股份额的比例成正比。

(二)债券投资

债券投资是指企业通过从证券市场购买债券的方式对被投资者投资。债券投资表明投资者与被投资者之间是债权债务关系,而不是所有权关系,投资企业一般不享有被投资企业各项经营活动的参与权和决策权,只有按约定条件从被投资企业取得利息和到期收回本金的权利。与股票投资相比,债券投资的风险较小,有较稳定的投资收益和投资回收期。

(三)基金投资

基金投资是指企业通过购买基金投资于证券市场。基金投资与股票投资、债券投资有着明显的区别。股票持有人是公司的股东,有权对公司的重大决策发表自己的意见;债券持有人是债券发行人的债权人,享有到期收回本息的权利;基金单位持有人是基金的受益人,体现的是信托关系。

二、金融资产按业务模式和合同现金流量特征分类

金融资产是指企业持有的现金、其他方权益工具以及符合下列条件之一的资产:①从其他方收取现金或其他金融资产的合同权利;②在潜在有利条件下,与其他方交换金融资产或金融负债的合同权利;③将来须用或可用企业自身权益工具进行结算的非衍生工具合同,且企业根据该合同将收到可变数量的自身权益工具;④将来须用或可用企业自身权益工具进行结算的衍生工具合同,但以固定数量的自身权益工具交换固定金额的现金或其他金融资产的衍生工具合同除外。

金融资产通常指企业的库存现金、银行存款、其他货币资金、应收账款、应收票据、贷款、其他应收款、股权投资、债权投资和衍生金融工具（期货合同、期权合同、远期合同、互换合同等）形成的资产等。证券投资是金融资产的重要组成部分，主要包括股票、债券、基金投资。证券投资是金融资产投资与管理的重要内容。

金融资产的分类是确认和计量的基础。企业应当根据其管理金融资产的业务模式和金融资产的合同现金流量特征，对金融资产进行合理的分类。其中，企业管理金融资产的业务模式是指企业如何管理其金融资产以产生现金流量。业务模式决定企业所管理金融资产现金流量的来源是收取合同现金流量、出售金融资产还是两者兼有。金融资产的合同现金流量特征是指金融工具合同约定的、反映相关金融资产经济特征的现金流量属性。金融资产一般划分为以下三类：

（一）以摊余成本计量的金融资产

企业管理该金融资产的业务模式是以收取合同现金流量为目标，且该金融资产的合同条款规定，在特定日期产生的现金流量，仅为对本金和以未偿付本金金额为基础的利息的支付。

例如，银行向企业客户发放的固定利率的贷款，在没有其他特殊安排的情况下，贷款的合同现金流量一般情况下可能符合仅为对本金和以未偿付本金金额为基础的利息的支付的要求。如果银行管理该贷款的业务模式是以收取合同现金流量为目标，则该贷款应当分类为以摊余成本计量的金融资产。再如，普通债券的合同现金流量是到期收回本金及按约定利率在合同期间按时收取固定或浮动利息。在没有其他特殊安排的情况下，普通债券通常可能符合本金加利息的合同现金流量特征。如果企业管理该债券的业务模式是以收取合同现金流量为目标，则该债券可以分类为以摊余成本计量的金融资产。又如，企业正常商业往来形成的具有一定信用期限的应收账款，如果企业拟根据应收账款的合同现金流量收取现金，且不打算提前处置应收账款，则该应收账款可以分类为以摊余成本计量的金融资产。

企业一般应当设置"银行存款""贷款""应收账款""债权投资"等账户核算分类为以摊余成本计量的金融资产。

（二）以公允价值计量且其变动计入其他综合收益的金融资产

企业管理该金融资产的业务模式既以收取合同现金流量为目标，又以出售该金融资产为目标，且该金融资产的合同条款规定，在特定日期产生的现金流量，仅为对本金和以未偿付本金金额为基础的利息的支付。

此外，权益工具投资一般不符合本金加利息的合同现金流量特征，因此不应划分为此类。然而在初始确认时，企业可以将非交易性权益工具投资指定为以公允价值计量且其变动计入其他综合收益的金融资产。

例如，企业持有普通债券的合同现金流量是到期收回本金及按约定利率在合同期间按时收取固定或浮动利率的权利。在没有其他特殊安排的情况下，普通债券的合同现金流量一般情况下符合仅为对本金和以未偿付本金金额为基础的利息的支付的要求。如果企业管理该债券的业务模式既以收取合同现金流量为目标又以出售该金融资产为目标，则该债券应当分类为以公允价值计量且其变动计入其他综合收益的金融资产。

企业应当设置"其他债权投资"账户和"其他权益工具投资"账户核算分类为以公允价值计量且其变动计入其他综合收益的金融资产。

（三）以公允价值计量且其变动计入当期损益的金融资产

按照上述（一）和（二）分类为以摊余成本计量的金融资产和以公允价值计量且其变动计入其他综合收益的金融资产之外的金融资产，企业应当将其分类为以公允价值计量且其变动计入当期损益的金融资产。

例如，企业持有的普通股股票的合同现金流量是收取被投资企业未来股利分配以及其清算时获取剩余收益的权利。由于股利及获取剩余收益的权利不符合本金和利息的定义，因此企业持有的普通股股票应当分类为以公允价值计量且其变动计入当期损益的金融资产；再如，企业持有的基金和可转换债券投资也应分类为以公允价值计量且其变动计入当期损益的金融资产。可转换债券除按一般债权类投资的特性到期收回本金、获取约定利息或收益外，还嵌入了一项转股权。通过嵌入衍生工具，企业获得的收益在基本借贷安排的基础上，会产生基于其他因素变动的不确定性。企业持有的可转换债券不再将转股权单独分拆，而是将可转换债券作为一个整体进行评估，由于可转换债券不符合本金加利息的合同现金流量特征，因此企业持有的可转换债券投资应当分类为以公允价值计量且其变动计入当期损益的金融资产。

企业应当设置"交易性金融资产"账户核算以公允价值计量且其变动计入当期损益的金融资产。企业持有的直接指定为以公允价值计量且其变动计入当期损益的金融资产，也在本账户核算。

本章不涉及以下金融资产的会计处理：①长期股权投资（即企业对外能够形成控制、共同控制和重大影响的股权投资）；②货币资金（即现金、银行存款、其他货币资金）。

第二节 以摊余成本计量的金融资产

一、以摊余成本计量的金融资产的确认与计量

企业将金融资产分类为以摊余成本计量的金融资产时，企业管理该金融资产的业务模式是以收取合同现金流量为目标，而不以出售该金融资产获取价差为目标，这是其与以公允价值计量且其变动计入其他综合收益的金融资产的本质区别；同时，该金融资产在特定日期产生的现金流量，仅为对本金和以未偿付本金金额为基础的利息的支付，这是其与以公允价值计量且其变动计入当期损益的金融资产的本质区别。

尽管以摊余成本计量的金融资产具有固定的利率、固定的到期日和确定的金额，但其市场价值是变动的，这种债券投资的市场价值与市场利率变动方向相反，也就是说，市场利率上升时这类投资的市场价值会下降，市场利率下降时这类投资的市场价值会上升。这就为会计计量提出了一个问题：是采用基于市场的公允价值计量，还是采用摊余成本计量？会计准则规定，取得以摊余成本计量的金融资产时按取得时的公允价值（即初始投资成本，包括交易费用）计量，其后续计量采用摊余成本。以摊余成本计量的金融资产与其他金融资产在报表编制日的计量方面存在的区别是：以公允价值计量且其变动计入当期损益的金融资产和以公允价值计量且其变动计入其他综合收益的金融资产按报表编制日

的公允价值计量,而以摊余成本计量的金融资产则按报表编制日的摊余成本计量。以摊余成本计量的金融资产在报表编制日之所以选择摊余成本计量而不是公允价值计量,原因在于:尽管这类投资的市场价值会随市场利率的变化而变化,但对一位持有该债券是为了收取合同现金流量,而不是在市场上出售以获取价差的投资者而言,市场价值不具有较强的决策相关性,而具有决策相关性的是摊余成本。摊余成本有助于投资者估计该项投资未来现金流量的金额、时间和不确定性,比较贴切地体现投资在剩余时间内实现的收益以及该投资的最终可回收价值。

会计上对那些分类为以摊余成本计量的金融资产的债券设"债权投资"账户核算。该账户属于非流动资产类账户,分别设"成本""利息调整""应计利息"等明细账户进行明细分类核算。

二、取得以摊余成本计量的金融资产

企业取得以摊余成本计量的金融资产时,按公允价值和交易费用之和作为初始入账金额,已到付息期但尚未领取的利息单独确认为应收项目。按债券面值借记"债权投资(成本)"账户,按已到付息期但尚未领取的利息借记"应收利息"账户或"债权投资(应计利息)"账户,按含交易费用的价格贷记"银行存款"账户,差额借记或贷记"债权投资(利息调整)"账户。

例 5—1 M 公司 2018 年 1 月 7 日购入 N 公司于 2018 年 1 月 1 日发行的 5 年期债券,票面利率为 10%,债券面值为 1 000 元,公司按 1 040 元的价格购入 100 张,该债券到期一次还本付息。假设 M 公司按年计算利息,M 公司购入债券时将该债券分类为以摊余成本计量的金融资产,其会计处理如下:

借:债权投资——N 公司债券(成本)　　　　　　　　　　100 000
　　　　　　　——N 公司债券(利息调整)　　　　　　　　　4 000
　贷:银行存款　　　　　　　　　　　　　　　　　　　　104 000

三、收益确定

在债券溢价或折价购入的情况下,债券按面值和票面利率计算的应收利息与债券的实际利息收入(即投资收益)是不同的。实际利息收入是按实际利率和摊余成本计算确定的。实际利率是指将金融资产在预计存续期的估计未来现金流量折现为该金融资产账面余额(不考虑减值)所使用的利率。金融资产的摊余成本是以该金融资产的初始确认金额经下列调整得到的结果:①扣除已偿还的本金;②加上或减去采用实际利率法将该初始确认金额与到期日的差额进行摊销形成的累计摊销额;③扣除计提的累计信用减值准备。

债券按付息方式分为一次还本付息债券和分期付息、一次还本债券。以摊余成本计量的金融资产如果为一次还本付息债券投资,则应于资产负债表日按票面利率和面值计算确定应收未收利息,借记"债权投资(应计利息)"账户,由金融资产摊余成本和实际利率计算确定的利息收入,贷记"投资收益"账户,按其差额,借记或贷记"债权投资(利息调整)"账户。

例 5-2 沿用例 5-1 的资料，M 公司的实际利率和摊余成本计算如下：

（1）计算实际利率。由于是一次还本付息的债券，债券投资成本应该为债券到期应收取本金与应收利息的贴现值之和，用公式表示为：

债券投资成本＝债券到期应收取本金的贴现值＋债券应收利息的贴现值

$$104\,000 = \frac{100\,000 \times (1+10\% \times 5)}{(1+i)^5}$$

$i = 7.595\%$

（2）计算各期摊余成本和利息收入。M 公司各期摊余成本和利息收入如表 5-1 所示。

表 5-1 M 公司各期摊余成本和利息收入计算表

计息日期	利息收入(A) （$=C_{t-1} \times 7.595\%$）	现金流入(B)	摊余成本(C_t) $C_t = C_{t-1}+A-B$
2018.01.01			104 000.0
2018.12.31	7 898.8	0	111 898.8
2019.12.31	8 498.7	0	120 397.5
2020.12.31	9 144.2	0	129 541.7
2021.12.31	9 838.7	0	139 380.4
2022.12.31	10 619.6	150 000	0

（3）编制会计分录。每个资产负债表日确认应收利息和利息收入的会计分录原理相同，现以 M 公司 2018 年 12 月 31 日为例编制会计分录如下：

借：债权投资——N 公司债券（应计利息）　　　　　　　　　10 000
　　贷：投资收益　　　　　　　　　　　　　　　　　　　　7 898.80
　　　　债权投资——N 公司债券（利息调整）　　　　　　　2 101.20

以摊余成本计量的金融资产如果为分期付息、一次还本债券投资，则应于资产负债表日按票面利率和面值计算确定应收未收利息，借记"应收利息"账户，由金融资产摊余成本和实际利率计算确定的利息收入，贷记"投资收益"账户，按其差额，借记或贷记"债权投资（利息调整）"账户。

例 5-3 X 公司 2018 年 1 月 1 日购入 Y 公司当天发行的 2 年期债券并分类为以摊余成本计量的金融资产，债券面值为 200 000 元，票面年利率为 10%，每半年付息一次，付息日为 7 月 1 日和 1 月 1 日，到期还本。X 公司以银行存款支付债券买价 207 259 元。

（1）计算实际利率。每半年收到的利息为 10 000 元（200 000×10%÷2），半年期实际利率 r 计算如下：

$10\,000 \times (1+r)^{-1} + 10\,000 \times (1+r)^{-2} + 10\,000 \times (1+r)^{-3} + (10\,000+200\,000)^{-4} = 207\,259$

可得 $r=4\%$。

（2）计算各期摊余成本和利息收入。X 公司各期摊余成本和利息收入如表 5-2 所示。

表 5-2　X 公司各期摊余成本和利息收入计算表　　　　　　　　　　单位:元

计息日期	利息收入(A) ($=C_{t-1}\times 4\%$)	现金流入(B)	摊余成本(C_t) $C_t=C_{t-1}+A-B$
2018.01.01			207 259.00
2018.06.30	8 290.36	10 000	205 549.36
2018.12.31	8 221.97	10 000	203 771.33
2019.06.30	8 150.85	10 000	201 922.18
2019.12.31	8 076.89	210 000*	0

注:* 含小数点尾差 0.93。

(3)编制会计分录。现以 X 公司 2018 年 6 月 30 日为例编制会计分录如下:

借:应收利息　　　　　　　　　　　　　　　　　　　　　　10 000
　　贷:债权投资——Y 公司债券(利息调整)　　　　　　　　　1 709.64
　　　　投资收益　　　　　　　　　　　　　　　　　　　　8 290.36

2018 年 7 月 1 日收到利息时:
借:银行存款　　　　　　　　　　　　　　　　　　　　　　10 000
　　贷:应收利息　　　　　　　　　　　　　　　　　　　　10 000

四、减值计提

金融工具减值采用预期信用损失法,在此办法下,减值准备的计提不以减值的实际发生为前提,而是以未来可能的违约事件造成的损失的期望值来计量资产负债表日应当确认的减值准备。企业应当在资产负债表日计算金融工具预期信用损失,如果该预期信用损失大于该金融工具当前减值准备的账面金额,则企业应当将其差额确认为减值损失,借记"信用减值损失"账户,根据金融工具的种类,贷记"贷款损失准备""债权投资减值准备""坏账准备"账户;如果该预期信用损失小于该工具当前减值准备的账面金额,则应当将差额确认为减值利得,做相反的会计分录。

例 5-4　沿用例 5-1 的资料,假设 M 公司于 2018 年 12 月 31 日评估认为该债券信用风险自初始确认以来未显著增加,并计算其未来 12 个月预期信用损失为 2 万元。其会计处理如下:

借:信用减值损失　　　　　　　　　　　　　　　　　　　20 000
　　贷:债权投资减值准备　　　　　　　　　　　　　　　20 000

五、收回投资

出售以摊余成本计量的金融资产时,应按实际收到的金额,借记"银行存款"账户,已计提减值准备的,借记"债权投资损失准备"账户,按其账面余额,贷记"债权投资(成本、利息调整、应计利息)"账户,按其差额,贷记或借记"投资收益"账户。

例 5-5　沿用例 5-4 的资料,M 公司于 2022 年 12 月 31 日如期收回 N 公司债券的全部本息。其会计分录如下:

借：银行存款	150 000
债权投资减值准备	20 000
贷：债权投资——N公司债券（成本）	100 000
债权投资——N公司债券（应计利息）	50 000
投资收益——债券投资收益	20 000

当债券到期收回本息时，债券溢折价已摊销完毕，"债权投资（利息调整）"明细账的余额为零[例如，M公司2018年1月购入债券发生溢价4 000元，表现为"债权投资（利息调整）"明细账借方余额4 000元，到2022年年末，溢价全部摊销完毕]。如果因管理意图的改变或债券发行方提前偿还本息，则应将该账户余额一并结转。

例 5-6 沿用例 5-5 的资料，假设 N 公司于 2020 年 12 月 31 日以 133 000 元提前偿付债券，此时"债权投资——N 公司债券（利息调整）"账户的贷方余额为 458.30 元，M 公司做如下会计处理：

借：银行存款	133 000.00
债权投资——N公司债券（利息调整）	458.30
贷：债权投资——N公司债券（成本）	100 000.00
债权投资——N公司债券（应计利息）	30 000.00
投资收益——债券投资收益	3 458.30

第三节　以公允价值计量且其变动计入其他综合收益的金融资产

一、以公允价值计量且其变动计入其他综合收益的金融资产的确认与计量

当管理当局既以收取合同现金流量为目标，又以出售该金融资产为目标，即没有明确持有期限的股票、债券和基金投资，并且特定日期产生的现金流量仅为对本金和利息的支付，会计上应确认为以公允价值计量且其变动计入其他综合收益的金融资产。在计量方面，以公允价值计量且其变动计入其他综合收益的金融资产与以公允价值计量且其变动计入当期损益的金融资产既有共同点，又有不同点。共同点在于二者初始投资和资产负债表日均按公允价值计量。不同点在于：①对于以公允价值计量且其变动计入当期损益的金融资产，相关交易费用直接计入当期损益，但对于以公允价值计量且其变动计入其他综合收益的金融资产，相关交易费用计入所取得金融资产的初始确认金额；②"以公允价值计量且其变动计入当期损益的金融资产"的公允价值变动差额计入当期损益，"以公允价值计量且其变动计入其他综合收益的金融资产"的公允价值变动差额不作为损益处理，而是作为直接计入所有者权益的利得计入其他综合收益。

为反映以公允价值计量且其变动计入其他综合收益的金融资产的购入、持有、出售以及持有期内的公允价值变动情况，会计上分别针对债权投资和非交易性权益工具投资设置"其他债权投资"和"其他权益工具投资"账户进行核算。该账户属于非流动资产类账户，"其他债权投资"下设置"成本""利息调整""应计利息""公允价值变动"明细账户进行明细核算，"其他权益工具投资"下设置"成本""公允价值变动"明细账进行明细核算。企业取得以公允价值计量且其变动计入其他综合收益的金融资产时，应按其公允价值与

交易费用之和作为初始入账金额；已到付息期但尚未领取的利息或已宣告但尚未发放的现金股利单独确认为应收项目；资产负债表日，按编表日的公允价值调整其账面价值，以公允价值计量且其变动计入其他综合收益的金融资产出售或因管理意图变化而转为其他类别的金融资产时，将已入账的价值从已有账户中转出。

二、取得以公允价值计量且其变动计入其他综合收益的金融资产

企业取得以公允价值计量且其变动计入其他综合收益的金融资产时，按其公允价值（不包括支付价款中所包含的已到付息期但尚未领取的利息或已宣告但尚未发放的现金股利）与交易费用之和，借记"其他债权投资（成本）"或"其他权益工具投资（成本）"账户，按已到付息期但尚未领取的利息或已宣告但尚未发放的现金股利，借记"应收利息"或"应收股利"账户，按实际支付的金额，贷记"银行存款"账户。对于购入的债券而言，若实际支付的价款与债券的面值和应收利息之和有差额，则按面值借记"其他债权投资（成本）"账户，按差额借记或贷记"其他债权投资（利息调整）"账户。

例 5-7 S 公司 2018 年 8 月 7 日从二级市场购入 T 公司股票 300 万股，每股市价为 25 元，另支付手续费及印花税 300 000 元。购入该股票时，管理当局将其指定为以公允价值计量且其变动计入其他综合收益的非交易性权益工具投资。S 公司做如下会计处理：

S 公司购入 T 公司股票时：

借：其他权益工具投资——T 公司股票（成本）　　　　　　75 300 000
　　贷：银行存款　　　　　　　　　　　　　　　　　　　75 300 000

例 5-8 F 公司 2018 年 1 月 8 日从二级市场上购入 G 公司面值为 300 万元的债券作为以公允价值计量且其变动计入其他综合收益的金融资产管理，该债券已到付息期但尚未领取的利息为 15 万元。F 公司为购入该批债券实际支付价款 321 万元。2018 年 1 月 19 日，F 公司收到债券利息。F 公司做如下会计处理：

（1）F 公司于 2018 年 1 月 8 日购入债券时：

借：其他债权投资——G 公司债券（成本）　　　　　　　3 000 000
　　　　　　　　——G 公司债券（利息调整）　　　　　　　60 000
　　应收利息　　　　　　　　　　　　　　　　　　　　　150 000
　　贷：银行存款　　　　　　　　　　　　　　　　　　　3 210 000

（2）F 公司 2018 年 1 月 19 日收到债券利息时：

借：银行存款　　　　　　　　　　　　　　　　　　　　150 000
　　贷：应收利息　　　　　　　　　　　　　　　　　　　150 000

三、资产负债表日的计量

以公允价值计量且其变动计入其他综合收益的金融资产在资产负债表日按公允价值计量。不同于以公允价值计量且其变动计入当期损益的金融资产，以公允价值计量且其变动计入其他综合收益的金融资产不以获取短期价差收益为目的，公允价值变动额计入其他综合收益。公允价值上升时，借记"其他债权投资（公允价值变动）"或"其他权益工具投资（公允价值变动）"账户，贷记"其他综合收益"账户；公允价值下降时，借记"其他综合收益"账户，贷记"其他债权投资（公允价值变动）"或"其他权益工具投资（公允价值变

动)"账户。对于已宣告但尚未发放的现金股利或者应收未收的利息,通过"应收股利"或"应收利息"账户反映。

例 5-9 沿用例 5-7 的资料,2018 年 12 月 31 日,S 公司持有 T 公司股票的市价降为每股 21 元。S 公司公允价值调整的分录如下:

借:其他综合收益　　　　　　　　　　　　　　　　　　　　　12 300 000
　　贷:其他权益工具投资——T 公司股票(公允价值变动)　　　　　12 300 000

对于作为以公允价值计量且其变动计入其他综合收益的金融资产管理的债券投资,如为分期付息、一次还本债券投资,则应于资产负债表日按票面利率计算确定的应收未收利息,借记"应收利息"账户,按债券投资的摊余成本和实际利率计算确定的利息收入,贷记"投资收益"账户,按其差额,借记或贷记"其他债权投资(利息调整)"账户;如为一次还本付息债券投资,则应于资产负债表日按票面利率计算确定的应收未收利息,借记"其他债权投资(应计利息)"账户,按债券投资的摊余成本和实际利率计算确定的利息收入,贷记"投资收益"账户,按其差额,借记或贷记"其他债权投资(利息调整)"账户。

例 5-10 沿用例 5-8 的资料,F 公司购入的 G 公司债券的票面利率为 5%,实际利率为 4%,每年付息一次。2018 年 12 月 31 日,该债券的市场价格为 345 万元。F 公司 2018 年年末确认债券利息和公允价值变动的会计处理如下:

应收利息=3 000 000×5%=150 000(元)
实际利息=3 060 000×4%=122 400(元)
年末摊余成本=3 060 000+122 400−150 000=3 032 400(元)
公允价值变动=3 450 000−3 032 400=417 600(元)

借:应收利息　　　　　　　　　　　　　　　　　　　　　　　　150 000
　　贷:其他债权投资——G 公司债券(利息调整)　　　　　　　　　　27 600
　　　　投资收益　　　　　　　　　　　　　　　　　　　　　　　122 400
借:其他债权投资——G 公司债券(公允价值变动)　　　　　　　　417 600
　　贷:其他综合收益　　　　　　　　　　　　　　　　　　　　　417 600

四、以公允价值计量且其变动计入其他综合收益的金融资产的减值

企业应当以预期信用损失为基础,对以公允价值计量且其变动计入其他综合收益的金融资产(债务工具)进行减值会计处理并确认损失准备。以公允价值计量且其变动计入当期损益的金融资产、以公允价值计量且其变动计入其他综合收益的金融资产(权益工具)不计提减值准备。

对于金融资产,信用损失应为企业应收取的合同现金流量与预期收取的现金流量之间差额的现值。预期信用损失是指以发生违约的风险为权重的金融工具信用损失的加权平均值。对于分类为以公允价值计量且其变动计入其他综合收益的金融资产(债务工具),企业应当在其他综合收益中确认其损失准备,并将减值损失或利得计入当期损益,且不应减少该金融资产在资产负债表中列示的账面价值。按预期信用损失与该金融工具当前减值准备账面金额的差值,借记"信用减值损失"账户,贷记"其他综合收益(信用减值准备)"账户。若差值为负,则应确认为减值利得,做相反的会计分录。

例 5-11 沿用例 5-10 的资料,若 2018 年 12 月 31 日,由于市场利率变动,G 公司债券的市场价格跌至 270 万元,F 公司认为,该金融工具的信用风险自初始确认后并无显著增加,应按 12 个月内预期信用损失计量损失准备,损失准备金额为 23 万元。F 公司 2018 年年末确认债券利息和减值的会计处理如下:

应收利息 = 3 000 000×5% = 150 000(元)

实际利息 = 3 060 000×4% = 122 400(元)

年末摊余成本 = 3 060 000+122 400-150 000 = 3 032 400(元)

公允价值变动 = 3 032 400-2 700 000 = 332 400(元)

借:应收利息　　　　　　　　　　　　　　　　　　　　　150 000
　　贷:其他债权投资——G 公司债券(利息调整)　　　　　　27 600
　　　　投资收益　　　　　　　　　　　　　　　　　　　122 400
借:其他债权投资——G 公司债券(公允价值变动)　　　　　332 400
　　贷:其他综合收益　　　　　　　　　　　　　　　　　332 400
借:信用减值损失　　　　　　　　　　　　　　　　　　　230 000
　　贷:其他综合收益——信用减值准备　　　　　　　　　230 000

五、以公允价值计量且其变动计入其他综合收益的金融资产的出售

出售债务工具时,按已入账的价值从"其他债权投资(成本)(应计利息)"账户的贷方转出,并相应结转"其他债权投资(公允价值变动)(利息调整)"账户,按实际收到的金额,借记"银行存款"账户,两者差额计入当期损益。对于已出售的债务工具,原计入所有者权益的未实现收益成为已实现的损益,因此也须将原计入所有者权益的公允价值累计变动额,从"其他综合收益"账户转入"投资收益"账户。

出售权益工具时,按已入账的价值从"其他权益工具投资(成本)"账户的贷方转出,并相应结转"其他权益工具投资(公允价值变动)"账户,按实际收到的金额,借记"银行存款"账户,两者差额计入留存收益,首先按盈余公积提取比例记入"盈余公积"账户,余额计入"利润分配——未分配利润"账户;同时,将原直接计入其他综合收益的公允价值累计变动额转出,计入留存收益,从"其他综合收益"账户分别转入"盈余公积"和"利润分配——未分配利润"账户。

例 5-12 沿用例 5-9 的资料,如果 S 公司于 2019 年 1 月 19 日以每股 17 元的价格将持有的 300 万股 T 公司股票全部出售,印花税及手续费为 204 000 元,实收金额为 50 796 000 元。S 公司按 10%的比例计提盈余公积,会计处理如下:

借:银行存款　　　　　　　　　　　　　　　　　　　　50 796 000
　　其他权益工具投资——T 公司股票(公允价值变动)　　12 300 000
　　盈余公积　　　　　　　　　　　　　　　　　　　　 1 220 400
　　利润分配——未分配利润　　　　　　　　　　　　　10 983 600
　　贷:其他权益工具投资——T 公司股票(成本)　　　　75 300 000
借:盈余公积　　　　　　　　　　　　　　　　　　　　 1 230 000
　　利润分配——未分配利润　　　　　　　　　　　　　11 070 000
　　贷:其他综合收益　　　　　　　　　　　　　　　　12 300 000

第四节　以公允价值计量且其变动计入当期损益的金融资产

一、以公允价值计量且其变动计入当期损益的金融资产的确认与计量

以公允价值计量且其变动计入当期损益的金融资产包括交易性金融资产和直接指定为以公允价值计量且其变动计入当期损益的金融资产。交易性金融资产是指购入后欲从短期的价格变化中获取价差的股票、债券、基金,在资产负债表中作为流动资产列示。交易性金融资产无论是初始投资还是在报表日均按公允价值计量,并将公允价值变动差额作为当期损益列入利润表。公司持有交易性金融资产的期限很短且随时准备抛售,以公允价值计量最能够反映当前的真实价值;由于交易性金融资产以获取短期价差为目的,公允价值变动产生的利得或损失能够恰当地衡量管理层理财行为的效果,因此,即使利得或损失在证券出售前未真正实现,将利得或损失在报表编制日计入当期损益也是恰当的。

为反映企业以公允价值计量且其变动计入当期损益的金融资产的购买、持有和出售及其公允价值变动情况,会计上设置"交易性金融资产"账户和"公允价值变动损益"账户进行核算。"交易性金融资产"账户按类别和品种设"成本"和"公允价值变动"两个明细账,分别反映金融资产的取得成本(即取得时的公允价值)和持有期间的公允价值变动。企业取得以公允价值计量且其变动计入当期损益的金融资产时,按其公允价值,借记"交易性金融资产"账户,发生的交易费用计入当期损益。资产负债表日,以公允价值计量且其变动计入当期损益的金融资产的利得或损失,应当计入当期损益(公允价值变动损益)。"交易性金融资产"作为流动资产在资产负债表中列示,"公允价值变动损益"作为当期损益在利润表中列示。以公允价值计量且其变动计入当期损益的金融资产终止确认时,按已入账的成本和公允价值变动从"交易性金融资产"账户中转出,出售所得的价款与其账面价值的差额计入当期损益,同时将持有交易性金融资产期间累计的"公允价值变动损益"转入当期损益。

二、购入以公允价值计量且其变动计入当期损益的金融资产

企业购入以公允价值计量且其变动计入当期损益的金融资产时,按取得该金融资产的公允价值,借记"交易性金融资产(成本)"账户,按发生的交易费用,借记"投资收益"账户,按已到付息期但尚未领取的利息或已宣告但尚未发放的现金股利,借记"应收利息"或"应收股利"账户,按实际支付的金额,贷记"银行存款"账户。需要注意的是,如果购买以公允价值计量且其变动计入当期损益的金融资产所支付的价款中包含已到付息期但尚未领取的利息或已宣告但尚未发放的现金股利,则这部分已到付息期但尚未领取的利息或已宣告但尚未发放的现金股利不应该包括在金融资产的公允价值内,而应单独在"应收利息""应收股利"账户反映。

例 5-13　H 公司购入 K 公司发行的分期付息、一次还本债券 20 000 份,每份面值为 100 元,购买价为 104 元,另支付经纪人佣金 4 000 元,款项以银行存款支付。H 公司根据其管理该债券的业务模式和该债券的合同现金流量特征,将该债券分类为以公允价值计量且其变动计入当期损益的金融资产,该笔业务的会计分录为:

借:交易性金融资产——K公司债券(成本)	2 080 000
投资收益	4 000
贷:银行存款	2 084 000

例5-14 W公司2018年12月13日购入Z公司的股票30万股,每股价格为28元(其中包括已宣告但尚未发放的每股股利2元),另外支付手续费及印花税35 000元,全部款项从W公司在该证券公司开设的存款户中支付。W公司根据其管理该债券的业务模式和该债券的合同现金流量特征,将该债券分类为以公允价值计量且其变动计入当期损益的金融资产,其购买股票的会计分录如下:

(1)2017年12月13日甲公司购买股票时:

借:交易性金融资产——Z公司股票(成本)	7 800 000
应收股利	600 000
投资收益	35 000
贷:银行存款	8 435 000

(2)W公司实际收到股利时:

借:银行存款	600 000
贷:应收股利	600 000

三、以公允价值计量且其变动计入当期损益的金融资产出售前的现金股利或利息

持有交易性金融资产期间被投资者宣告发放现金股利或在资产负债表日按债券票面利率计算利息时,借记"应收股利"或"应收利息"账户,贷记"投资收益"账户。收到现金股利或债券利息时,借记"银行存款"账户,贷记"应收股利"或"应收利息"账户。

例5-15 沿用例5-13的资料,H公司资产负债表日按债券面值及票面利率计算出持有K公司债券的应计利息为14 400元,并于下月9日收到该笔利息。

(1)H公司资产负债表日计算利息时:

借:应收利息	14 400
贷:投资收益——债券投资收益	14 400

(2)H公司下月9日收到利息时:

借:银行存款	14 400
贷:应收利息	14 400

四、以公允价值计量且其变动计入当期损益的金融资产的期末计价

交易性金融资产因公允价值变动形成的利得和损失,应计入当期损益,不计提减值。资产负债表日,交易性金融资产的公允价值高于其账面余额的差额,借记"交易性金融资产(公允价值变动)"账户,贷记"公允价值变动损益"账户;公允价值低于其账面余额的差额,借记"公允价值变动损益"账户,贷记"交易性金融资产(公允价值变动)"账户。"公允价值变动损益"作为损益项目列入利润表。

例5-16 沿用例5-14的资料,W公司所持Z公司的股票在2018年12月31日的收盘价为每股39元。W公司在资产负债表日编制如下调整分录:

借:交易性金融资产——Z公司股票(公允价值变动) 3 900 000
　　贷:公允价值变动损益 3 900 000

在 W 公司 2018 年 12 月 31 日编制的资产负债表中,流动资产类中"交易性金融资产"项目按公允价值列示的金额为 11 700 000 元(7 800 000+3 900 000)。

五、以公允价值计量且其变动计入当期损益的金融资产的出售

作为以公允价值计量且其变动计入当期损益的金融资产而购入的股票、债券和基金,其目的在于在保证流动性的前提下取得投资收益,在证券市价上升或企业需要现金的情况下,企业可能会将其抛售出去。因此,交易性金融资产的出售既可能因市价上涨而获得收益,也可能因市价下跌而发生损失。企业出售交易性金融资产时,应按账面价值注销"交易性金融资产"账户,按实际所获价款扣除原账面价值及出售环节所发生的费用后的差额借记(投资损失)或贷记(投资收益)"投资收益"账户。同时,将原计入该金融资产的公允价值变动转出,借记或贷记"公允价值变动损益"账户,贷记或借记"投资收益"账户。

例 5-17　沿用例 5-16 的资料,2019 年 1 月 21 日,W 公司将其持有的 Z 公司股票以每股 35 元的价格出售,并支付手续费及印花税 42 000 元。与 2018 年 12 月 31 日的价格相比,W 公司每股亏损 4 元。W 公司编制的出售股票及转出公允价值变动的会计分录如下:

借:银行存款 10 458 000
　　投资收益——股票投资收益 1 242 000
　　贷:交易性金融资产——Z 公司股票(成本) 7 800 000
　　　　　　　　　　　　——Z 公司股票(公允价值变动) 3 900 000
借:公允价值变动损益 3 900 000
　　贷:投资收益——股票投资收益 3 900 000

六、可转换债券

可转换债券是指发行公司依法发行、在一定期间内依据约定的条件可以转换成股份的公司债券,其期限最短为 1 年,最长为 6 年,每张面值 100 元。它具有以下几方面的特点:

(1) 可转换债券具有债权和股权双重属性。可转换债券发行时与一般公司债券相同,定期发放利息。但它还赋予债权人在未来一定期间可依合约上的转换价格,将其持有的公司债券转换成发行公司普通股的权利。

(2) 利率通常较低。可转换债券的利率一般比不可转换债券的利率低,因而发行公司可以用较低的利率筹措资金。

(3) 发行人的赎回性和投资人的回售性。由于可转换债券是一种混合金融工具,企业投资购买可转换债券到底是属于债权投资,还是股权投资,应区分转换前后处理。在转换为股票之前,由于可转换债券不符合本金加利息的合同现金流量特征,企业应将其分类为以公允价值计量且其变动计入当期损益的金融资产,按照核算债权投资的方法进行所有的会计处理,确认利息收入与公允价值变动损益均与普通债券相同。在转换之后,投资的性质发生根本性的改变,由债权投资转换为股权投资,此时应按股权投资核算方法进行其后的会计处理。可转换债券到期行使转股权的权利后,按照未来管理该股权的业务模

式和合同现金流量特征,将其划分为以公允价值计量且其变动计入其他综合收益的金融资产,或以公允价值计量且其变动计入当期损益的金融资产,按公允价值借记"其他权益工具投资"或"交易性金融资产"账户,按原有可转换债券的账面价值贷记"交易性金融资产"账户。

例 5-18 2018 年 1 月 1 日 H 公司购入 K 公司发行的 5 年期一次还本、按年付息的可转换债券 200 000 元,款项以银行存款支付,债券票面年利率为 6%。债券发行 1 年后可转换为普通股股票,初始转股价格为每股 10 元,股票面值为每股 1 元。债券持有人在当期付息前转换股票的,应按债券面值和应计利息之和除以股价,计算转换的股份数。H 公司的会计处理如下:

(1) 2018 年 1 月 1 日购入可转换债券时:

借:交易性金融资产——K 公司可转换债券(成本)　　　　200 000
　　贷:银行存款　　　　　　　　　　　　　　　　　　　　200 000

(2) 2018 年 12 月 31 日确认利息收入时:

借:应收利息　　　　　　　　　　　　　　　　　　　　　 12 000
　　贷:投资收益——债券投资收益　　　　　　　　　　　　 12 000

(3) H 公司下月 9 日收到利息时:

借:银行存款　　　　　　　　　　　　　　　　　　　　　 12 000
　　贷:应收利息　　　　　　　　　　　　　　　　　　　　 12 000

(4) 2019 年 1 月 1 日债券持有人行使转换权,此时可转换债券公允价值未发生变化,未来企业计划将持有的股票分类为以公允价值计量且其变动计入当期损益的金融资产:

借:交易性金融资产——K 公司股票(成本)　　　　　　　200 000
　　贷:交易性金融资产——K 公司可转换债券(成本)　　　 200 000

七、融资融券

融资融券业务是指证券公司向客户出借资金供其买入证券或者出借证券供其卖出,并由客户交存相应担保物的经营活动,包括融资业务和融券业务。在融资交易中,客户从证券公司借入资金购买证券,到期归还资金并支付利息;在融券交易中,客户从证券公司借入证券卖出,到期归还证券并支付利息。

《企业会计准则解释第 4 号》对融资和融券业务的会计处理做出了如下原则性规定:关于融资业务,证券公司及其客户均应当按照《企业会计准则第 22 号——金融工具确认和计量》的有关规定进行会计处理。证券公司融出的资金应当确认为应收债权,并确认相应的利息收入;客户融入的资金,应当确认为应付债务,并确认相应的利息费用。关于融券业务,证券公司融出的证券,按照《企业会计准则第 23 号——金融资产转移》的有关规定,不应终止确认该证券,但应确认相应的利息收入;客户融入的证券,应当按照《企业会计准则第 22 号——金融工具确认和计量》的有关规定进行会计处理,并确认相应的利息费用。

(一) 融资业务的账务处理

融资业务可视作借款业务和证券投资业务(交易性金融资产)分开做分录。

（二）融券业务的账务处理

企业向证券公司融入证券时，一般要缴纳一定的保证金，应当借记"其他应收款——融券保证金"账户，贷记"银行存款——自有资金"账户，融入的证券应当借记"交易性金融资产"账户，贷记"交易性金融负债"账户。售出股票时，借记"其他货币资金"账户，贷记"交易性金融资产"账户。期间股票市场发生公允价值变化时，借记"交易性金融负债"账户，贷记"公允价值变动损益"账户。购入股票归还时，应冲减"交易性金融负债"账户的余额。

例5-19 假设2018年10月1日沪市大盘位于3 000点，甲企业预期大盘有可能进一步走低，因此向乙证券公司融券，做空交易。甲企业融券A公司股票10万股（此时A公司股票市价为10元/股），约定于2018年12月31日按年利率12%归还，同时按照股票市值的60%缴纳保证金60万元。2018年12月31日，A公司股票市价为8元/股，不考虑相关交易的手续费。

(1) 10月1日，甲企业融券缴纳保证金、实际融券以及出售股票时：

借：其他应收款——融券保证金　　　　　　　　　　　　　600 000
　　贷：银行存款——自有资金　　　　　　　　　　　　　　600 000
借：交易性金融资产——A公司股票融券成本　　　　　　1 000 000
　　贷：交易性金融负债——A公司股票融券本金　　　　　1 000 000
借：其他货币资金——融券存款　　　　　　　　　　　　1 000 000
　　贷：交易性金融资产——A公司股票融券成本　　　　　1 000 000

(2) 12月31日，A公司股票市价跌至8元/股时：

公允价值变动=(10-8)×10=20(万元)

借：交易性金融负债——A公司股票公允价值变动　　　　　200 000
　　贷：公允价值变动损益——A公司股票　　　　　　　　　200 000

(3) 12月31日，甲企业购入10万股A公司股票归还乙证券公司时：

借：交易性金融资产——A公司股票融券成本　　　　　　　800 000
　　贷：其他货币资金——融券存款　　　　　　　　　　　　800 000
借：交易性金融负债——A公司股票融券本金　　　　　　1 000 000
　　贷：交易性金融负债——A公司股票公允价值变动　　　　200 000
　　　　交易性金融资产——A公司股票融券成本　　　　　　800 000

第五节　金融资产的重分类

企业改变其管理金融资产的业务模式时，应当按规定对所有受影响的相关金融资产进行重分类。企业管理金融资产业务模式的变更必须由企业的高级管理层进行决策，且其必须对企业的经营非常重要，并能够向外部各方证实。因此，只有当企业开始或终止某项对其经营影响重大的活动时，其管理金融资产的业务模式才会发生变更。企业持有特定金融资产的意图改变、金融资产特定市场暂时性消失从而暂时影响金融资产出售、金融资产在企业具有不同业务模式的各部门之间转移不属于业务模式变更。

一、金融资产重分类的原则

金融资产(即非衍生债权资产)可以在以摊余成本计量、以公允价值计量且其变动计入其他综合收益和以公允价值计量且其变动计入当期损益的金融资产之间进行重分类。企业对金融资产进行重分类,应当自重分类日起采用未来适用法进行相关会计处理,不得对以前已经确认的利得、损失(包括减值损失或利得)或利息进行追溯调整。企业业务模式的变更必须在重分类日之前生效。企业管理金融资产的业务模式没有发生变更,而金融资产的条款发生变更但未导致终止确认的,不允许重分类。金融资产的条款发生变更导致金融资产终止确认,不属于重分类,企业应当终止确认原金融资产,同时按照变更后的条款确认一项新金融资产。

二、金融资产重分类的计量

(一)以摊余成本计量的金融资产的重分类

企业将一项以摊余成本计量的金融资产重分类为以公允价值计量且其变动计入当期损益的金融资产的,应当按照该金融资产在重分类日的公允价值进行计量。原账面价值与公允价值之间的差额计入当期损益。按重分类日的公允价值借记"交易性金融资产"账户,转出"债权投资"账户和"债权投资损失准备"账户的余额,差额借记或贷记"投资收益"账户。

企业将一项以摊余成本计量的金融资产重分类为以公允价值计量且其变动计入其他综合收益的金融资产的,应当按照该金融资产在重分类日的公允价值进行计量。原账面价值与公允价值之间的差额计入其他综合收益。该金融资产重分类不影响其实际利率和预期信用损失的计量。按重分类日的公允价值借记"其他债权投资"账户,转出"债权投资"账户和"债权投资损失准备"账户的余额,差额借记或贷记"其他综合收益"账户。

例 5-20 2017 年 10 月 15 日,甲银行以公允价值 50 万元购入一项债权投资,并按规定将其分类为以摊余成本计量的金融资产,该债券的账面余额为 50 万元。2018 年 10 月 15 日,甲银行变更了其管理债券投资组合的业务模式,其变更符合重分类的要求,因此,甲银行于 2019 年 1 月 1 日将该债券重分类为以公允价值计量且其变动计入当期损益的金融资产,该债券公允价值为 49 万元,已确认的减值准备为 6 000 元,则甲银行的会计处理为:

借:交易性金融资产　　　　　　　　　　　　　　490 000
　　债权投资损失准备　　　　　　　　　　　　　　6 000
　　投资收益　　　　　　　　　　　　　　　　　　4 000
　　贷:债权投资　　　　　　　　　　　　　　　　500 000

(二)以公允价值计量且其变动计入其他综合收益的金融资产的重分类

企业将一项以公允价值计量且其变动计入其他综合收益的金融资产重分类为以摊余成本计量的金融资产的,应当将之前计入其他综合收益的累计利得或损失转出,调整该金融资产在重分类日的公允价值,并以调整后的金额作为新的账面价值,即视同该金融资产一直以摊余成本计量。该金融资产重分类不影响其实际利率和预期信用损失的计量。

企业将一项以公允价值计量且其变动计入其他综合收益的金融资产重分类为以公

价值计量且其变动计入当期损益的金融资产的,应当继续以公允价值计量该金融资产。同时,企业应当将之前计入其他综合收益的累计利得或损失从其他综合收益转入当期损益。

例 5-21 2017 年 9 月 15 日,甲银行以公允价值 50 万元购入一项债权投资,并按规定将其分类为以公允价值计量且其变动计入其他综合收益的金融资产,该债券的账面余额为 50 万元。2018 年 10 月 15 日,甲银行变更了其管理债券投资组合的业务模式,其变更符合重分类的要求,因此,甲银行于 2019 年 1 月 1 日将该债券重分类为以摊余成本计量的金融资产,该债券的公允价值为 49 万元,已确认的减值准备为 6 000 元,则甲银行的会计处理为:

借:债权投资　　　　　　　　　　　　　　　　　　500 000
　　其他债权投资——公允价值变动　　　　　　　　 10 000
　　其他综合收益——信用减值准备　　　　　　　　 6 000
贷:其他债权投资——成本　　　　　　　　　　　　500 000
　　其他综合收益——其他债权投资公允价值变动　　 10 000
　　债权投资减值准备　　　　　　　　　　　　　　 6 000

(三) 以公允价值计量且其变动计入当期损益的金融资产的重分类

企业将一项以公允价值计量且其变动计入当期损益的金融资产重分类为以摊余成本计量的金融资产的,应当以其在重分类日的公允价值作为新的账面余额。按重分类日的公允价值借记"债权投资"账户,贷记"交易性金融资产"账户。同时,若存在预期信用损失,则补提减值准备,借记"信用减值损失"账户,贷记"债权投资损失准备"账户。

企业将一项以公允价值计量且其变动计入当期损益的金融资产重分类为以公允价值计量且其变动计入其他综合收益的金融资产的,应当继续以公允价值计量该金融资产。

对以公允价值计量且其变动计入当期损益的金融资产进行重分类的,企业应当根据该金融资产在重分类日的公允价值确定其实际利率。同时,企业应当自重分类日起对该金融资产适用金融资产减值的相关规定,并将重分类日视为初始确认日。按重分类日的公允价值借记"其他债权投资"账户,贷记"交易性金融资产"账户。同时,若存在预期信用损失,则补提减值准备,借记"信用减值损失"账户,贷记"其他综合收益"账户。

相关链接

巧用期权管理塑料印刷企业原料成本风险

当前,中国正处于社会转型的关键时期,产业结构持续深化调整,供给侧结构性改革对各产业发展提出了新的要求。在此背景下,企业怎样运用新型的衍生工具规避市场价格风险,增强自身产品的竞争力,显得十分重要。

以广东省某塑料印刷企业为例,该企业是典型的民营制造加工企业,始建于 20 世纪 80 年代初期,经过三十多年的深耕,已成为区域龙头企业。该企业曾多次被评为当地的"纳税大户""出口大户",是广交会(中国进出口商品交易会)贸易平台全球供应商,其年产塑料制品在行业中排名前列。该企业主要采购聚丙烯(PP)进行加工印刷,制造各式各样的包装袋。

对处于产业链下游的该塑料印刷企业而言,企业经营需采购聚丙烯用于生产包装袋。该企业没有配备专业的衍生交易部门来进行套期保值,仅是根据接单进行生产、采购,常年随行就市购买原料,主要的风险是聚丙烯原料价格上涨的风险。鉴于企业的产品制造成本与聚丙烯的价格密切关联,聚丙烯原料成本是影响企业利润的重要因素,企业对原料成本价格的波动有非常强烈的避险需求。因此,企业迫切需要对原料进行套期保值,在新一代经营管理人的带领下,企业积极探寻市场,尝试利用场外期权衍生工具管理原料成本风险。

在大连商品交易所的大力支持下,海通期货及其风险管理公司海通资源与企业接洽调研,针对企业的实际生产经营情况,设计个性化的场外期权风险管理方案,为企业向海通资源购买原料聚丙烯的价格保险,如果期末聚丙烯平均价格相对期初约定价格上涨,则海通资源按约定对企业进行赔付,帮助企业有效控制聚丙烯的采购成本,从而有效地规避原料价格上涨的风险,稳定生产收益预期,有利于企业规避采购成本不确定因素的干扰,专注于专业技术研究,有效提升企业的核心竞争力。

海通资源作为场外期权卖方,充分发挥在风险管理领域的专业优势,通过期货市场进行相应的期权复制与对冲,从而转移和化解市场价格风险,并通过权利金的收益覆盖风险对冲成本,最终运作主体双方各尽其能,形成风险分散、共同受益、合作共赢的有效闭环。

本章提要

证券投资包括股票投资、债券投资和基金投资等;按管理金融资产的业务模式和金融资产的合同现金流量特征可以将金融资产分为以摊余成本计量的金融资产、以公允价值计量且其变动计入其他综合收益的金融资产和以公允价值计量且其变动计入当期损益的金融资产。购入金融资产以收取合同现金流量为目标且特定日期产生的现金流量仅为对本金和利息的支付,应分类为以摊余成本计量的金融资产,取得时按公允价值计量,后续计量采用摊余成本。购入金融资产既以收取合同现金流量为目标又以出售该金融资产为目标,且特定日期产生的现金流量仅为对本金和利息的支付,应分类为以公允价值计量且其变动计入其他综合收益的金融资产,按公允价值计量,公允价值变动差额作为其他综合收益直接计入所有者权益。除此之外的金融资产应分类为以公允价值计量且其变动计入当期损益的金融资产,无论是初始投资还是在报表日均按公允价值计量,持有投资期间的公允价值变动差额计入当期损益。

企业改变其管理金融资产的业务模式时,应按规定对所有受影响的相关金融资产进行重分类。自重分类日起采用未来适用法进行相关会计处理,不得对以前已经确认的利得、损失或利息进行追溯调整。

练习与思考

1. 为何要按企业管理金融资产的业务模式和金融资产的合同现金流量特征将金融资产分为三类?

2. 从会计服务于决策的角度讨论,为何企业管理金融资产的业务模式既以收取合同现金流量为目标又以出售该金融资产为目标时要采用公允价值计量?而当现金流量为对本金和以未偿付本金金额为基础的利息的支付时,差额计入其他综合收益;现金流量为未来股利分配及清算时获取剩余收益的权利时,变动计入当期损益,二者为何对公允价值变动差额采用不同的计量方法?

3. 以公允价值计量且其变动计入当期损益的金融资产、以公允价值计量且其变动计入其他综合收益的金融资产(权益工具)为何无须计提减值准备?

4. 金融资产的分类一经确认后,为何不能随意更改?

小组讨论

金融资产为何不像存货一样,期末采用成本与可变现净值孰低法计量?

辅助阅读资料

1. 财政部会计司编写组,《企业会计准则第 22 号——金融工具确认和计量应用指南(2018)》,北京:中国财政经济出版社,2018 年。

2. 〔美〕厄尔·K. 斯蒂斯等著,杨有红、陈凌云译,《中级会计学》(应用篇),北京:北京大学出版社,2014 年。

3. 王民、张波,《金融资产驱动的盈利模式收益与风险研究——以哈投股价为例》,《财会通讯》,2018 年第 9 期。

4. 蔡江新、高允斌,《金融工具确认和计量新准则下的财税处理》,《财务与会计》,2018 年第 10 期。

5. 刘飞,《以摊余成本计量的金融资产会计处理本质剖析》,《商业会计》,2018 年第 8 期。

6. 张俊民,《关于执行新〈企业会计准则第 22 号——金融工具确认和计量〉的几个问题》,《国际商务财会》,2017 年第 10 期。

21世纪经济与管理规划教材
会 计 学 系 列

第六章

长期股权投资

【知识要求】

通过本章的学习,掌握长期股权投资的分类、长期股权投资下投资企业与被投资企业关系的界定以及与长期股权投资核算方法的关系、成本法及权益法的原理。

【技能要求】

通过本章的学习,应能够熟悉:
- 运用成本法核算长期股权投资的取得、投资收益的确认和投资的收回;
- 运用权益法核算长期股权投资的取得、投资收益的确认、被投资方其他因素引起的所有者权益变动和投资的收回;
- 掌握成本法向权益法的转换以及权益法向成本法的转换;
- 长期股权投资减值准备计提的条件,掌握长期股权投资减值准备的核算方法。

【关键术语】

| 长期股权投资 | 成本法 | 权益法 | 控制 |
| 共同控制 | 重大影响 | 无重大影响 | |

第一节 投资企业与被投资企业关系以及核算方法

长期股权投资是投资主体向被投资方投入供其长期使用的权益性资本,包括长期股票投资和其他长期股权投资两类。长期股票投资是通过购买股票的方式向被投资企业投入长期资本。在上一章中所讲的以公允价值计量且其变动计入当期损益的金融资产以及以公允价值计量且其变动计入其他综合收益的金融资产中,股票投资是其重要内容。但与这两种类型股票投资不同的是,作为长期股票投资而购入的股票既不打算在短期内出售,也不是通过获取股票买卖价差来取得投资收益,而是在较长的时期内取得股利收益或对被投资企业实施控制,使被投资企业作为一个独立的经济实体来为实现本企业总体经营目标服务。其他长期股权投资是企业在联营、合资过程中以现金、固定资产等实物投资或以无形资产投资。无论是长期股票投资还是其他长期股权投资,投资企业与被投资企业之间均存在所有权关系,投资企业有权参与被投资企业的经营管理并按投资比例分享被投资企业的收益、承担被投资企业的经营损失。

一、投资企业与被投资企业的关系

长期股权投资核算应解决两个基本问题:一是合理确定投资的入账价值;二是根据投资方与被投资方的关系选用恰当的核算方法。长期股权投资形成后,根据投资方投资额占被投资方有表决权资本总额的比例以及对被投资方的影响程度,可将投资方与被投资方的关系分为控制、共同控制和重大影响三种情况。

(一) 控制

控制是指投资方拥有对被投资方的权力,通过参与被投资方的相关活动而享有可变回报,并且有能力运用其对被投资方的权力影响其回报金额。投资方能够对被投资方实施控制的情况下,投资方与被投资方之间的关系为母子公司关系。下列情况表明投资方对被投资方拥有权力并形成控制关系,有确凿证据表明其不能主导被投资方相关活动的除外:

(1) 投资方持有被投资方半数以上的表决权。例如,A 公司持有 B 公司 51% 的有表决权的股权,C 公司持有 B 公司 49% 的有表决权的股权,假设不存在其他情况,则 A 公司能够影响 B 公司的生产经营决策,此时我们认为 A 公司对 B 公司拥有权力。

(2) 投资方持有被投资方半数或以下的表决权,但通过与其他表决权持有人之间的协议能够控制半数以上表决权。例如,如果 A 公司持有 B 公司 30% 的有表决权的股权,C 公司持有 B 公司 25% 的有表决权的股权,A 公司与 C 公司签订协议,规定 A 公司代 C 公司行使在 B 公司的表决权,假设不存在其他情形,此时 A 公司对 B 公司拥有权力。

(3) 投资方持有被投资方半数或以下的表决权,但在综合考虑以下情形后,确定投资方对被投资方是否拥有权力:①投资方持有的表决权份额相对于其他投资方持有的表决权份额的大小,以及其他投资方持有的表决权的分散程度。例如,若 A 公司持有 B 公司 30% 的有表决权的股权,剩余的投资者持有的股权份额为 1% 及以下,没有其他协议的存在,此时 A 公司对 B 公司拥有权力。②投资方和其他投资方持有的被投资方的潜在表决权,如可转换公司债券、可执行认股权证等。③其他合同安排产生的权力。例如,A 公司持有 B 公司的股权虽然低于 50%,但合同规定 A 公司可以指派半数以上的董事会成员,且能够决定 B 公司的生产经营,此时我们认为 A 公司对 B 公司拥有权力。④被投资方以往的表决权行使情况等其他相关事实和情况。例如,B 公司的关键管理人员按照惯例都是由 A 公司指定,且 B 公司的生产经营决策按照惯例都是由 A 公司决定,此时我们认为 A 公司对 B 公司拥有权力。

（二）共同控制

共同控制是指按照相关约定对涉及相关活动的安排所共有的控制,并且该安排的相关活动必须经过分享控制权的参与方一致同意后才能决策。例如,X 公司与 Y 公司共同出资组建 Z 公司,X 公司与 Y 公司各持有 Z 公司 50%的股份,且双方约定生产经营过程中的重大活动和事项必须由 X 公司和 Y 公司共同决定,则 Z 公司由 X 公司与 Y 公司共同控制。投资方与其他合营方一同对被投资方实施共同控制且对被投资方净资产享有权利的权益性投资,即为对合营企业投资。

（三）重大影响

重大影响是指投资方对被投资方的财务和经营有参与决策的权力,但并不能够控制或者与其他方一起共同控制这些政策的制定。实务中,较为常见的重大影响体现为在被投资方的董事会或类似权力机构中派有代表,通过在被投资方财务和经营决策制定过程中的发言权实施重大影响。投资方直接或通过子公司间接持有被投资方 20%以上但低于 50%的表决权时,一般认为对被投资方具有重大影响,除非有明确的证据表明该种情况下不能参与被投资方的生产经营决策。投资方能够对被投资方施加重大影响的权益性投资,被投资方为其联营企业。

相关案例　　　　　契约安排也会影响投资方与被投资方关系

投资方与被投资方的关系不仅取决于投资方的股权份额,还取决于契约安排。例如,A 公司、B 公司、C 公司对 D 公司的表决权股权份额分别是 52%、38%、10%。《公司章程》规定:重大决策有 51%的股权通过即可生效,则 A 公司能够控制 D 公司,B 公司对 D 公司具有重大影响,C 公司对 D 公司无重大影响。如果《公司章程》规定:所有重大决策需要 80%以上股权通过才可生效,则 A 公司、B 公司均对 D 公司构成重大影响,C 公司对 D 公司无重大影响。

二、长期股权投资核算方法的选择

长期股权投资核算方法有成本法和权益法两种,这两种方法的根本区别在于长期股权投资的计量方式以及投资收益的确认。不同的核算方法直接影响着长期股权投资的后续计量和各期投资损益的确认。长期股权投资核算方法选择的依据是投资企业与被投资企业关系的类型。

投资企业能够对被投资企业实施控制的情况下,投资企业应对其持有的长期股权投资采用成本法核算;投资企业能够对被投资企业实施共同控制或重大影响的情况下,投资企业应对其持有的长期股权投资采用权益法核算。

三、账户设置

为了反映长期股权投资的发生、投资额的增减变动、投资的收回以及投资损益的确认,会计核算上应设置以下账户:

(1)"长期股权投资"账户。该账户反映企业以购买股票方式或其他股权投资方式而投出的资金、投资变动和投资收回。对外投资时按投资的实际成本记入该账户的借方,收回投资时记入该账户的贷方。在投资期间内该账户的具体登记方法不仅取决于实际投资额的变化,还取决于长期股权投资的核算方法。"长期股权投资"账户按被投资企业进行明细核算。

(2)"投资收益"账户。该账户反映企业对外投资所发生的损益,取得的投资收益记入该账户的贷方,发生的投资损失记入该账户的借方。对于长期股权投资而言,投资损益的确认与核算方法存在密切的联系。

(3)"长期股权投资减值准备"账户。该账户反映企业长期股权投资发生减值时计提的减值准备。资产负债表日,确定长期股权投资发生减值时,按应减记的金额,借记"资产减值损失"账户,贷记"长期股权投资减值准备"账户。处置长期股权投资时,应同时结转已计提的长期股权投资减值准备。账户期末的贷方余额,反映企业已计提但尚未转销的长期股权投资减值准备。"长期股权投资减值准备"账户应当按照被投资企业进行明细核算。

第二节 长期股权投资核算的成本法

成本法是指以长期股权投资实际成本的增减作为登记"长期股权投资"账户的依据。在成本法下,"长期股权投资"账户的金额不受被投资企业权益变动的影响。投资方与被投资方形成控制与被控制关系的情况下,投资方对所持有的长期股权投资应当采用成本法核算,投资方为投资性主体且子公司不纳入其合并财务报表的除外。投资方在判断对被投资方是否具有控制时,应当综合考虑直接持有的股权和通过子公司间接持有的股权。

一、长期股权投资的初始计量

投资发生时,长期股权投资应当按照初始投资成本计价,则合并方或购买方为企业合并支付的审计、法律服务、评估咨询等中介费用以及其他相关管理费用,应当于发生时计入当期损益。

如果投资企业与被投资企业受同一控制人控制,则合并方以支付现金、转让非现金资产或承担债务方式为合并对价的,应当在合并日按照被合并方所有者权益在最终控制方合并财务报表中的账面价值的份额,包括最终控制方收购被合并方而形成的商誉,作为长期股权投资的初始投资成本。长期股权投资初始投资成本与支付的现金、转让的非现金资产以及所承担的债务账面价值之间的差额,应当调整资本公积;资本公积不足冲减的,应当调整留存收益。合并方以发行权益性证券为合并对价的,应当在合并日按照被合并方所有者权益在最终控制方合并财务报表中的账面价值的份额,包括最终控制方收购被合并方而形成的商誉,作为长期股权投资的初始投资成本。按照发行股票的面值总额作为股本,长期股权投资初始投资成本与所发行股票面值总额之间的差额,应当调整资本公积;资本公积不足冲减的,应当调整留存收益。权益性证券的发行费用计入资本公积。

例 6-1 A 公司于 2018 年 2 月 28 日向同一集团内的 B 公司的原股东定向增发 2 000 万股普通股,每股面值为 1 元,市价为 6 元,取得 B 公司 100% 的股权,并于当日对 B 公司实施控制。为核实 B 公司的资产价值,A 公司聘请专业资产评估机构对 B 公司的资产进行评估,支付评估费用 50 万元。合并后,B 公司维持其独立法人资格继续经营。两公司在合并前的会计政策和会计期间一致,2018 年 2 月 28 日 B 公司所有者权益的总额为 7 000 万元。在合并日 A 公司的账务处理如下:

借:长期股权投资　　　　　　　　　　　　　　　　70 000 000
　贷:股本　　　　　　　　　　　　　　　　　　　　20 000 000
　　　资本公积——股本溢价　　　　　　　　　　　　50 000 000
借:管理费用　　　　　　　　　　　　　　　　　　　　500 000
　贷:银行存款　　　　　　　　　　　　　　　　　　　500 000

如果投资企业与被投资企业不受同一控制人控制,则购买方应当按照确定的企业合并成本作为长期股权投资的初始投资成本。企业合并成本包括购买方付出的资产、发生或承担的负债、发行的权益性证券的公允价值之和。购买方在购买日对作为企业合并对价付出的资产、发生或承担的负债公允价值与账面价值的差额计入当期损益。投出资产为固定资产或无形资产的,其差额计入资产处置损益;投出资产为存货的,按其公允价值确认主营业务收入或其他业务收入,按其账面价值结转主营业务成本或其他业务成本,存货计提跌价准备的,应将存货跌价准备一并结转;投出资产为以公允价值计量且其变动计入其他综合收益的债权性金融资产的,其公允价值与账面价值的差额计入投资收益,原持有期间因公允价值变动形成的"其他综合收益"应一并转入投资收益。

例 6-2 A 公司于 2018 年 3 月 31 日取得 B 公司 80% 的股权。为核实 B 公司的资产价值,A 公司聘请专业资产评估机构对 B 公司的资产进行评估,支付评估费用 100 万元。合并中,A 公司支付现金 15 000 万元,B 公司的账面净资产为 16 000 万元。

假定 A 公司与 B 公司不存在任何关联方关系。A 公司对于合并形成的对 B 公司的长期股权投资,应按确定的企业合并成本作为其初始投资成本。A 公司应进行如下账务处理:

借:长期股权投资　　　　　　　　　　　　　　　　150 000 000
　贷:银行存款　　　　　　　　　　　　　　　　　150 000 000
借:管理费用　　　　　　　　　　　　　　　　　　　1 000 000
　贷:银行存款　　　　　　　　　　　　　　　　　　1 000 000

二、投资收益的核算

投资入账后,除实际投资额发生增减变动,一般不得调整长期股权投资的账面价值。除取得投资时实际支付的价款或对价中包含的已宣告但尚未发放的现金股利或利润外,被投资企业宣告分派的现金股利或利润,应当确认为当期投资收益,不管有关利润分配是对取得投资前还是投资后被投资企业实现净利润的分配;被投资企业虽盈利但未分配股利以及被投资企业发生亏损时,投资企业均无须做账务处理。

例 6-3 M 公司对 H 公司投资的资料如下:

(1) M 公司 2016 年 1 月 4 日直接以现金形式对 H 公司投资 5 500 万元(M 公司和 H 公司不属于同一控制人控制),占 H 公司股份的 55%,M 公司取得股权后,能够控制 H 公司的财务和生产经营决策;

(2) 2016 年 5 月 31 日,H 公司宣告发放现金股利 150 万元,2016 年 6 月 20 日 M 公司收到现金股利;

(3) 2017 年 H 公司的净利润为 400 万元,但未宣告发放现金股利;

(4) 2018 年 H 公司亏损 180 万元,H 公司未宣告发放现金股利;

(5) 2019 年 5 月 31 日,H 公司宣告分派现金股利 200 万元。

M 公司的会计处理如下:

(1) 2016 年 1 月 4 日,M 公司投资时:

借:长期股权投资——对 H 公司投资　　　　　　　　　55 000 000
　　贷:银行存款　　　　　　　　　　　　　　　　　　　55 000 000

(2) 2016 年 5 月 31 日,H 公司宣告发放现金股利时:

借:应收股利　　　　　　　　　　　　　　　　　　　　825 000
　　贷:投资收益　　　　　　　　　　　　　　　　　　　　825 000

2016 年 6 月 20 日,从 H 公司收到现金股利时:

借:银行存款　　　　　　　　　　　　　　　　　　　　825 000
　　贷:应收股利　　　　　　　　　　　　　　　　　　　　825 000

(3) 2017 年 12 月 31 日,M 公司无须做账务处理。

(4) 2018 年 12 月 31 日,M 公司无须做账务处理。

(5) 2019 年 5 月 31 日,H 公司宣告分派现金股利时:

借:应收股利　　　　　　　　　　　　　　　　　　　　1 100 000
　　贷:投资收益　　　　　　　　　　　　　　　　　　　　1 100 000

第三节　长期股权投资核算的权益法

权益法适用于能够对被投资企业实施共同控制或重大影响情况下的长期股权投资。权益法所讲的"权益"是指投资企业在被投资企业中享有的权益,即与持股比例相对应的所有者权益额。在权益法下,"长期股权投资"账户的金额要随被投资企业所有者权益的变动进行相应的调整,以完整反映投资企业在被投资企业中的实际权益。被投资企业所有者权益变动源于两个原因:一是被投资企业因损益、利润分配和其他综合收益引起的所有者权益变动;二是其他原因引起的所有者权益变动,如被投资企业接受非现金资产捐赠等。长期股权投资采用权益法核算的,按被投资企业分别对"投资成本""损益调整""其他综合收益""其他权益变动"账户进行明细核算,权益法核算的对象为投资企业对联营企业和合营企业的长期股权投资。

一、长期股权投资的初始计量

以支付现金取得的长期股权投资,应当按照实际支付的购买价款作为初始投资成本。初始投资成本包括与取得长期股权投资直接相关的费用、税金及其他必要的支出。

例 6-4 2018 年 5 月 1 日,甲公司为取得乙公司 15% 的股权,向乙公司支付现金 100 万元。假定甲公司取得该部分股权后,能够对乙公司的财务和生产经营决策施加重大影响。

甲公司的账务处理如下:

借:长期股权投资　　　　　　　　　　　　　　　　　　1 000 000
　　贷:银行存款　　　　　　　　　　　　　　　　　　　　　1 000 000

以发行权益性证券取得的长期股权投资,应当按照发行权益性证券的公允价值作为初始投资成本。与发行权益性证券直接相关的费用,不构成取得长期股权投资的成本。该部分费用应当按照《企业会计准则第 37 号——金融工具列报》的有关规定,从权益性证券的发行溢价中扣除,权益性证券的溢价不足冲减的,应冲减盈余公积和未分配利润。

例 6-5 2018 年 10 月 15 日,甲公司发行 8 000 万股面值为 1 元、每股公允价值为 2 元的普通股,取得乙公司 15% 的股权。为发行该普通股股票,甲公司向证券承销机构等支付了 550 万元的佣金和手续费。假定甲公司取得该部分股权后,能够对乙公司的财务和生产经营决策施加重大影响。

甲公司的账务处理如下:

借:长期股权投资　　　　　　　　　　　　　　　　　160 000 000
　　贷:股本　　　　　　　　　　　　　　　　　　　　　　80 000 000
　　　　资本公积——股本溢价　　　　　　　　　　　　　80 000 000
借:资本公积——股本溢价　　　　　　　　　　　　　　　5 500 000
　　贷:银行存款　　　　　　　　　　　　　　　　　　　　　5 500 000

通过非货币性资产交换取得的长期股权投资,其初始投资成本应当按照《企业会计准则第 7 号——非货币性资产交换》的有关规定确定。

通过债务重组取得的长期股权投资,其初始投资成本应当按照《企业会计准则第 12 号——债务重组》的有关规定确定。

二、初始投资成本的调整

长期股权投资的初始投资成本往往与投资时应享有的被投资企业可辨认净资产公允价值的份额不一致。长期股权投资的初始投资成本大于投资时应享有的被投资企业可辨认净资产公允价值份额的,不调整长期股权投资的初始投资成本;长期股权投资的初始投资成本小于投资时应享有的被投资企业可辨认净资产公允价值份额的,其差额应当计入当期损益,贷记"营业外收入"账户,同时调增长期股权投资的账面价值。

例 6-6 P 公司 2016 年 1 月 5 日出资 700 万元,占 G 公司股份的 40%,款项用银行存款支付。享有的 G 公司可辨认净资产公允价值份额为 580 万元。P 公司能够对 G 公司施加重大影响。P 公司对该投资应当采用权益法核算。取得投资时,P 公司的账务处理如下:

借：长期股权投资——投资成本　　　　　　　　　　　　　7 000 000
　　贷：银行存款　　　　　　　　　　　　　　　　　　　　　　　7 000 000

在本例中，由于 P 公司的初始投资成本 700 万元大于投资时应享有的 G 公司可辨认净资产公允价值份额 580 万元，两者之间的差额不调整长期股权投资的入账价值。

若 P 公司以 700 万元的出资享有的 G 公司可辨认净资产公允价值份额为 780 万元，则 P 公司投资时的会计分录为：

借：长期股权投资——投资成本　　　　　　　　　　　　　7 000 000
　　贷：银行存款　　　　　　　　　　　　　　　　　　　　　　　7 000 000
借：长期股权投资——投资成本　　　　　　　　　　　　　　800 000
　　贷：营业外收入　　　　　　　　　　　　　　　　　　　　　　　800 000

例 6-7　E 公司 2018 年 1 月 7 日以下列资产（见表 6-1）向 F 公司投资，占 F 公司有表决权资本的 26%（与 26% 相对应的净资产的公允价值为 300 万元），能够对 F 公司施加重大影响。E 公司所投商品的公允价值为 80 万元，增值税税率为 16%，E 公司与 F 公司不是同一控制下的企业，不考虑固定资产清理产生的相关税费。

表 6-1　相关资产情况　　　　　　　　　　　　　　　　单位：万元

项目	账户余额	累计折旧	已提减值准备	账面价值	公允价值
机床	200	40	10	150	190
汽车	68	32		36	33
商品	100		24	76	80
合计	368	72	34	262	303

E 公司能够对 F 公司施加重大影响，E 公司对该投资应当采用权益法核算。取得投资时，E 公司的账务处理如下：

借：长期股权投资——投资成本　　　　　　　　　　　　　3 158 000
　　贷：固定资产清理　　　　　　　　　　　2 230 000（1 900 000+330 000）
　　　　主营业务收入　　　　　　　　　　　　　　　　　　　　800 000
　　　　应交税费——应交增值税（销项税额）　　　　　　　　　128 000
借：固定资产清理　　　　　　　　　　　　　1 860 000（1 500 000+360 000）
　　固定资产减值准备　　　　　　　　　　　　　　　　　　　　100 000
　　累计折旧　　　　　　　　　　　　　　　　　　　　　　　　720 000
　　贷：固定资产　　　　　　　　　　　　　　　　　　　　　　2 680 000
借：固定资产清理　　　　　　　　　　　　　　370 000（2 230 000-1 860 000）
　　贷：资产处置损益　　　　　　　　　　　　　　　　　　　　　370 000
借：主营业务成本　　　　　　　　　　　　　　　　　　　　　760 000
　　存货跌价准备　　　　　　　　　　　　　　　　　　　　　　240 000
　　贷：库存商品　　　　　　　　　　　　　　　　　　　　　　1 000 000

长期股权投资的初始投资成本 3 158 000 元大于取得投资时应享有的被投资企业可

辨认净资产公允价值份额 3 000 000 元,两者之间的差额不调整长期股权投资的账面价值。

三、投资损益的确认与计量

在权益法下,投资损益指的并不是实际收到的股利,而是被投资企业当期损益中投资企业所拥有的份额。权益法下投资损益的确认与计量要点如下:

(1)投资企业取得长期股权投资后,应当按照应享有或应分担的被投资企业实现的净损益和其他综合收益的份额,分别确认投资收益和其他综合收益,同时调整长期股权投资的账面价值;投资企业按照被投资企业宣告分派的利润或现金股利计算应享有的部分,相应地减少长期股权投资的账面价值。

例 6-8 A 公司于 2016 年 1 月 1 日以 3 000 万元取得 B 公司 40%的股权。交易日 B 公司可辨认资产的账面价值等于公允价值,为 15 000 万元;负债的账面价值与公允价值相等,为 8 000 万元。A 公司能够对 B 公司施加重大影响。2016 年 B 公司实现净利润 1 300 万元,没有向股东分配股利。2017 年 B 公司的净利润为 1 000 万元,以公允价值计量且其变动计入其他综合收益的金融资产公允价值增加 60 万元,向股东分配股利 400 万元。2018 年 B 公司由于经营不善,亏损 500 万元,未分配现金股利。

A 公司对 B 公司投资的账务处理如下:

① 2016 年 1 月 1 日 A 公司投资时:

借:长期股权投资——投资成本　　　　　　　　　　30 000 000
　　贷:银行存款　　　　　　　　　　　　　　　　　　30 000 000
借:长期股权投资——损益调整　　5 200 000(1 300 000×40%)
　　贷:投资收益　　　　　　　　　　　　　　　　　　5 200 000

② 2017 年 B 公司宣告发放股利时:

借:长期股权投资——损益调整　　　　　　　　　　4 000 000
　　贷:投资收益　　　　　　　　　　　　　　　　　　4 000 000
借:应收股利　　　　　　　　　　　　　　　　　　　1 600 000
　　贷:长期股权投资——损益调整　　　　　　　　　　1 600 000
借:长期股权投资——其他综合收益　　　　　　　　　240 000
　　贷:其他综合收益　　　　　　　　　　　　　　　　240 000

③ 2018 年 B 公司亏损 500 万元时:

借:投资收益　　　　　　　　　　　　　　　　　　　2 000 000
　　贷:长期股权投资——损益调整　　　　　　　　　　2 000 000

(2)投资企业在确认应享有的被投资企业净损益的份额时,应当以取得投资时被投资企业各项可辨认净资产的公允价值为基础,对被投资企业的净利润进行调整后确认。

例 6-9 A 公司 2018 年 1 月 8 日取得 B 公司 40%的股份,购买价款为 4 000 万元,取得投资日 B 公司可辨认净资产公允价值为 7 000 万元。A 公司能够对 B 公司施加重大影响。除表 6-2 所列项目外,B 公司其他资产、负债账面价值与公允价值相同(表中的存货 60%已对外出售)。B 公司 2014 年实现净利润 850 万元。A、B 两公司的会计政策与会计年度都相同,固定资产、无形资产均按直线法摊销或计提折旧,预计净残值均为 0 元。

表 6-2 B 公司相关资产情况　　　　　　　　　　　　　　　　单位:万元

资产类别	原值	已提折旧或摊销	已提减值准备	账面价值	公允价值	B 公司预计使用年限	A 公司取得股权后剩余作用年限
存货	500		70	430	400		
固定资产	3 200	800		2 400	3 000	20	15
无形资产	1 800	720		1 080	2 600	10	6
小计	5 500	1 520	70	3 480	6 000		

存货公允价值与账面价值差额应调增的利润=(430-400)×60%=18(万元)
固定资产公允价值与账面价值差额应调减的利润=3 000÷15-3 200÷20=40(万元)
无形资产公允价值与账面价值差额应调减的利润=2 600÷6-1 800÷10=253(万元)
B 公司经调整后的净利润=850+18-40-253=575(万元)
A 公司应享有的份额=575×40%=230(万元)
A 公司确认投资收益的账务处理为:
　　借:长期股权投资——损益调整　　　　　　　　　　　　　　2 300 000
　　　　贷:投资收益　　　　　　　　　　　　　　　　　　　　　　　　2 300 000

(3)被投资企业采用的会计政策及会计期间与投资企业不一致的,应当按照投资企业的会计政策及会计期间对被投资企业的财务报表进行调整,并据以确认投资收益和其他综合收益等。

(4)投资企业确认被投资企业发生的净亏损,应当以长期股权投资的账面价值以及其他实质上构成对被投资企业净投资的长期权益减记至零为限,投资企业负有承担额外损失义务的除外。实质上构成对被投资企业净投资通常是指构成实质性股权投资的长期债权,因亏损而将长期股权投资账面价值冲至零后,应冲减构成实质性股权投资的长期债权。按合同或协议规定投资企业负有承担额外损失义务的,应按预计承担的义务确认预计负债,计入当期投资损失。被投资企业以后实现净利润的,投资企业在其收益分享额弥补未确认的亏损分担额后,恢复确认收益分享额。

例 6-10　沿用例 6-6 的资料,G 公司 2016 年盈利 20 万元,2017 年亏损 900 万元。为了解决 G 公司生产经营资金的不足,P 公司于 2018 年年初以长期应收款的方式向 G 公司提供资金 60 万元,且该笔应收款无明确的偿还计划。2018 年 G 公司又亏损了 970 万元。

在本例中,2016 年年末 P 公司长期股权投资账户余额为 708 万元,2017 年年末余额为 348 万元。2018 年 G 公司亏损额中由 P 公司负担的数额为 388 万元(970×40%)。在这种情况下,P 公司将"长期股权投资"账户冲至零以后,还应冲减"长期应收款"账户 40 万元(388-348)。会计分录如下:

　　借:投资收益　　　　　　　　　　　　　　　　　　　　　　3 880 000
　　　　贷:长期股权投资——投资成本　　　　　　　　　　　　　　　3 480 000
　　　　　　长期应收款——G 公司　　　　　　　　　　　　　　　　　　400 000

(5)投资企业计算确认应享有或应分担的被投资企业的净损益时,与联营企业、合营企业之间发生的未实现内部交易损益按照应享有的比例计算归属于投资企业的部分,应当予以抵销,在此基础上确认投资收益。投资企业与被投资企业发生的未实现内部交易损失,按照《企业会计准则第8号——资产减值》等有关规定属于资产减值损失的,应当全额确认。

① 联营企业或合营企业向投资企业出售资产为逆流交易,如果联营企业或合营企业没有将该资产对独立的第三方出售,则该交易存在未实现内部交易损益,投资企业在确认应享有的被投资企业投资损益时,应抵销未实现内部交易损益的影响。

例 6-11 A 公司于 2017 年 1 月 1 日取得 B 公司 20%的有表决权的股权,能够对 B 公司施加重大影响。A 公司取得该项投资时,B 公司可辨认净资产的公允价值与其账面价值相同。2017 年 7 月 1 日,A 公司以 2 000 万元从 B 公司购入一批商品,该批商品的成本为 1 600 万元,A 公司将取得的商品作为存货。2017 年年末该批商品尚未对外出售,B 公司 2017 年实现净利润 5 000 万元。假定不考虑所得税因素。

A 公司按照权益法核算应享有 B 公司 2017 年的净损益,A 公司在计算 B 公司净损益时应扣除未实现的内部交易损益 400 万元(2 000-1 600),所以 A 公司应享有 B 公司的净损益为 920 万元[(5 000-400)×20%]。

A 公司的账务处理如下:
借:长期股权投资——损益调整　　　　　　　　　　　　9 200 000
　　贷:投资收益　　　　　　　　　　　　　　　　　　　　　9 200 000

假定 2018 年 B 公司实现净利润 4 500 万元,A 公司将该商品以 2 300 万元向外部独立第三方出售,2018 年 A 公司在计算 B 公司净损益时,应将 2017 年未确认的内部交易损益计入投资损益,即 2018 年应在考虑其他因素计算确定的投资损益的基础上调增 80 万元(400×20%)。

A 公司的账务处理如下:
借:长期股权投资——损益调整　　　　　　　　　　　　9 800 000
　　贷:投资收益　　　　　　　　　　　　　　　　　　　　　9 800 000

② 投资企业向联营企业或合营企业出售资产为顺流交易,如果在顺流交易中存在未实现的内部交易损益,则投资企业在确认应享有的联营企业或合营企业的投资损益时,应抵销该未实现内部交易损益的影响,同时调整对联营企业或合营企业长期股权投资的账面价值。

例 6-12 A 公司于 2018 年 1 月 1 日取得 B 公司 20%的有表决权的股权,能够对 B 公司施加重大影响。A 公司取得该项投资时,B 公司可辨认净资产的公允价值与其账面价值相同。2018 年 7 月 1 日,B 公司以 2 000 万元从 A 公司购入一批商品,该批商品的成本为 1 600 万元,B 公司将取得的商品作为存货。2018 年年末该批商品尚未对外出售,B 公司 2014 年实现净利润 2 000 万元。假定不考虑所得税因素。

A 公司在该项交易中实现净利润 400 万元,其中的 80 万元来自本公司持有的对联营企业的权益份额,在采用权益法计算确认投资损益时应予抵销,即 A 公司应当进行如下账务处理:

借:长期股权投资——损益调整　　　　　　　　　　　　3 200 000
　　贷:投资收益　　　　　　　　　　　　　　　　　　　　　3 200 000

四、被投资企业其他因素引起的所有者权益变动

被投资企业除净损益、其他综合收益以及利润分配以外所有者权益的其他变动主要包括：被投资企业接受其他股东的资本性投入、被投资企业发行包含权益成分的可分离交易可转债，以及被投资企业的股份支付以权益结算、被投资企业接受非现金资产捐赠等。对于被投资企业除净损益、其他综合收益以及利润分配以外所有者权益的其他变动，投资企业应根据对方所有者权益变动额中属于本企业的份额作为"资本公积——其他资本公积"入账，同时调整"长期股权投资"账户下的"其他权益变动"明细账。投资处置时须将计入资本公积的其他权益变动转入投资收益。

例 6-13 A 公司持有 B 公司 40% 的股份，能够对 B 公司施加重大影响，故 A 公司采用权益法核算对 B 公司的长期股权投资。B 公司 2018 年度除净利润、其他综合收益以外原因直接计入所有者权益的利得与直接计入所有者权益的损失抵销后引起所有者权益净增加 300 万元。A 公司按 40% 的持股比例计算出长期股权投资的调增额为 120 万元。A 公司的会计处理如下：

借：长期股权投资——其他权益变动		1 200 000
贷：资本公积——其他资本公积		1 200 000

例 6-14 M 公司一项长期股权投资的初始成本为 500 万元，被投资方 N 公司 2017 年所有者权益增加 400 万元（其中，实现净利润 300 万元，接受捐赠非现金资产 100 万元），M 公司持股比例为 40%。2018 年 2 月 M 公司以 700 万元的价格将该投资出售。

（1）2017 年年末 M 公司按权益法核算 N 公司所有者权益增加数，会计处理如下：

借：长期股权投资——损益调整		1 200 000
——其他权益变动		400 000
贷：投资收益		1 200 000
资本公积——其他资本公积（捐赠利得）		400 000

（2）2018 年 2 月 M 公司出售投资时：

借：银行存款		7 000 000
贷：长期股权投资——投资成本		5 000 000
——损益调整		1 200 000
——其他权益变动		400 000
投资收益		400 000
借：资本公积——其他资本公积（捐赠利得）		400 000
贷：投资收益		400 000

第四节 长期股权投资核算方法的转换及处置

一、长期股权投资核算方法的转换

由于投资方与被投资方的关系分为控制、共同控制、重大影响和无重大影响四种情况，因持股比例变化等原因引起关系变化时必然引起核算方法的变化。

(一) 公允价值计量转换为权益法核算

投资企业对原持有的被投资企业的股权不具有控制、共同控制或重大影响,按照金融工具确认和计量准则进行会计处理的,因追加投资等导致持股比例上升,对被投资企业具有共同控制或重大影响的,对该投资应改用权益法核算。在转换为权益法核算时,投资企业应当将其他权益工具投资的公允价值加上为新增投资而支付对价的公允价值,作为按权益法核算的投资成本。如果金融资产分类为以公允价值计量且其变动计入其他综合收益的金融资产,则其他权益工具投资原计入其他综合收益的累计公允价值变动计入留存收益;如果金融资产分类为以公允价值计量且其变动计入当期损益的金融资产,则应当按照转换时的公允价值确认长期股权投资,公允价值与其原账面价值之差计入当期损益。然后,将上述计算所得的投资成本与按照追加投资后全新的持股比例计算确定的应享有被投资企业在追加投资日可辨认净资产公允价值份额之间的差额进行比较分析,若前者大于后者,则不调整长期股权投资的账面价值;若前者小于后者,则按差额调整长期股权投资的账面价值,并计入营业外收入。

例 6-15 R 公司 2017 年 1 月 1 日以货币资金向 Q 公司投资 1 200 万元,占 Q 公司股份的 10%,因对 Q 公司无重大影响,R 公司将该股权投资划分为以公允价值计量且其变动计入其他综合收益的金融资产。2018 年 6 月 30 日,R 公司又以 1 800 万元的价格从其他投资者手中购入 Q 公司 11% 的股份,当日 Q 公司可辨认净资产公允价值总额为 28 400 万元(假定公允价值与账面价值相同),R 公司对 Q 公司原有投资的公允价值由 1 200 万元增值为 2 000 万元,计入其他综合收益的累计公允价值变动为 800 万元。取得该部分股权后,R 公司对 Q 公司有重大影响,对该项投资改为权益法核算。

在本例中,2018 年 6 月 30 日,R 公司原持有的 10% 的股权的公允价值为 2 000 万元,为取得新增投资而支付对价的公允价值为 1 800 万元,因此 R 公司对 Q 公司 21% 的股权的初始投资成本为 3 800 万元。

R 公司对 Q 公司的持股比例为 21%,应享有 Q 公司可辨认净资产公允价值的份额为 5 964 万元(28 400×21%),由于初始投资成本 3 800 万元小于应享有 Q 公司可辨认净资产公允价值的份额 5 964 万元,差额 2 164 万元(5 964-3 800)应调整长期股权投资的账面价值,并计入营业外收入。假定 R 公司按照净利润的 10% 提取盈余公积。

2018 年 6 月 30 日,R 公司确认对 Q 公司的长期股权投资,编制会计分录如下:

借:长期股权投资——对 Q 公司投资(投资成本)　　　　38 000 000
　　长期股权投资——对 Q 公司投资(损益调整)　　　　21 640 000
　　其他综合收益　　　　　　　　　　　　　　　　　　 8 000 000
　贷:其他权益工具投资　　　　　　　　　　　　　　　 20 000 000
　　　银行存款　　　　　　　　　　　　　　　　　　　 18 000 000
　　　盈余公积　　　　　　　　　　　　　　　　　　　　　 800 000
　　　未分配利润　　　　　　　　　　　　　　　　　　　 7 200 000
　　　营业外收入　　　　　　　　　　　　　　　　　　 21 640 000

(二) 权益法核算或公允价值计量转换为成本法核算

投资企业由于出资额的变化或其他原因导致对被投资企业由重大影响或共同控制变

为控制,应将长期股权投资的核算方法由权益法转换为成本法;投资方因追加投资等能够对非同一控制下的被投资方实施控制的,在编制个别财务报表时,应当按照原持有的股权投资的账面价值加上新增投资的成本,作为改按成本法核算的初始投资成本。购买日之前持有的股权投资因采用权益法核算而确认的其他综合收益,应当在处置该项投资时采用与被投资方直接处置相关资产或负债相同的基础进行会计处理。

例 6-16 J公司2016年4月以6 000万元取得L公司40%的股权,J公司因对L公司具有重大影响而对长期股权投资采用权益法核算。2016年L公司实现净利润500万元,L公司未分配现金股利。2017年L公司亏损800万元,当年J公司对L公司的股权投资计提400万元的减值准备。2018年5月,J公司又以3 700万元的价格取得L公司15%的股权,并取得L公司的控制权。假设J公司与L公司的所得税税率相同。

购买日,J公司应进行以下会计处理:

借:长期股权投资——成本　　　　　　　　　　　　　37 000 000
　　贷:银行存款　　　　　　　　　　　　　　　　　　　37 000 000

购买日J公司长期股权投资的账面价值
=60 000 000+2 000 000-3 200 000-4 000 000+37 000 000
=91 800 000(元)

原作为金融资产管理并采用公允价值计量的投资因持股比例上升达到能够实施控制的情况下,投资企业应该对该投资改为采用成本法核算。对于原作为金融资产管理的投资转换为采用成本法核算的,如果该金融资产分类为以公允价值计量且其变动计入当期损益的金融资产,则应当按照转换时的公允价值确认长期股权投资,公允价值与其原账面价值之间的差额计入当期损益;如分类为以公允价值计量且其变动计入其他综合收益的金融资产,则应当按照转换时的公允价值确认长期股权投资,同时原确认计入其他综合收益的前期公允价值变动亦应转入留存收益。

(三) 成本法核算转换为权益法核算

因减持股份导致由控制变为共同控制或重大影响而将成本法核算改为权益法核算。在编制个别财务报表时,处置后的剩余股权能够对被投资企业实施共同控制或施加重大影响的,应当改按权益法核算,并对该剩余股权视同自取得时即采用权益法核算进行调整。具体分以下步骤处理:

(1) 按处置或收回投资的比例结转已终止确认的长期股权投资成本。

(2) 比较剩余的长期股权投资成本与按照剩余持股比例计算原投资时应享有的被投资企业可辨认净资产公允价值的份额,如果投资成本大于应享有的被投资企业可辨认净资产公允价值份额,则不调整长期股权投资的账面价值;如果投资成本小于应享有的被投资企业可辨认净资产公允价值份额,则差额应调整长期股权投资的账面价值并同时调整留存收益。

(3) 将原取得投资日至转为权益法核算日被投资企业实现净损益中本企业应享有份额的,应调整长期股权投资的账面价值并同时调整留存收益;属于其他原因导致被投资企业可辨认净资产公允价值变动中本企业应享有份额的,应调整长期股权投资的账面价值并相应增加所有者权益。

例 6-17 H公司原持有K公司51%的股权,长期股权投资的账面价值为900万元。

2017年10月31日,H公司将其持有的K公司股权的1/3出售给他人,出售价款为470万元。H公司原取得K公司51%的股权时K公司可辨认净资产公允价值总额为2 000万元。自H公司取得K公司长期股权投资后至处置17%的股权时,K公司实现净利润总额为800万元,其中分配利润300万元,除净利润、其他综合收益以外的所有者权益的其他变动额为220万元。H公司按照净利润的10%提取盈余公积。在出售股权后,H公司虽然对K公司失去了控制,但在董事会中仍有席位,对K公司仍具有重大影响,故对K公司的投资改为权益法核算。

(1) H公司处置长期股权投资时:

借:银行存款 4 700 000
  贷:长期股权投资——成本 3 000 000
    投资收益 1 700 000

(2) H公司剩余长期股权投资的账面价值为600万元,与原投资时应享有的K公司可辨认净资产公允价值份额的差额为-80万元(600-2 000×34%),调整长期股权投资的账面价值并同时调整留存收益。

借:长期股权投资——损益调整 800 000
  贷:盈余公积 80 000
    利润分配——未分配利润 720 000

(3) H公司处置投资后按照持股比例计算享有的K公司自购买日至处置投资日期间实现的净利润为272万元(800×34%),减去已分得的利润102万元(300×34%)后的余额为170万元,调整长期股权投资的账面价值并同时调整留存收益。

借:长期股权投资——损益调整 1 700 000
  贷:盈余公积 170 000
    利润分配——未分配利润 1 530 000

(4) H公司处置投资后按照持股比例计算享有的K公司自购买日至处置投资日期间所有者权益其他变动额中的份额为74.8万元(220×34%),调整长期股权投资的账面价值并相应增加所有者权益。

借:长期股权投资——其他权益变动 748 000
  贷:资本公积——其他资本公积 748 000

(四) 权益法核算转换为公允价值计量

原持有的对被投资企业具有共同控制或重大影响的长期股权投资,因部分处置等导致持股比例下降而对被投资企业无重大影响时,应对剩余股权投资按公允价值计量,其在丧失共同控制或重大影响之日的公允价值与账面价值之间的差额计入当期损益。原采用权益法核算的相关其他综合收益应当在终止采用权益法核算时,采用与被投资企业直接处置相关资产或负债相同的基础进行账务处理。因被投资企业除净损益、其他综合收益和利润分配以外的其他所有者权益变动而确认的所有者权益,应当在终止采用权益法核算时全部转入当期损益。

例6-18 X公司原持有Y公司22%的股权,能够对Y公司施加重大影响。2018年6月30日,X公司将其持有的Y公司的一半股权出售给非关联方Z公司,取得价款3 000万元。转让股权后,X 公司无法再对 Y 公司施加重大影响,故将剩余股权投资划分为以公允价值计量且其变动计入当期损益的金融资产。X 公司出售股权时,该项长期股权投资的账面价值为 5 400 万元,其中,投资成本为 4 500 万元,损益调整为 450 万元,其他综合收益为 300 万元,除净损益、其他综合收益和利润分配以外的其他所有者权益变动为 150 万元。X 公司剩余股权的公允价值为 2 850 万元。

X 公司编制会计分录如下:

(1) 确认股权投资的处置损益:

借:银行存款	30 000 000
贷:长期股权投资——对 Y 公司投资	27 000 000
投资收益	3 000 000

(2) 将原确认的相关其他综合收益和原计入资本公积的其他所有者权益变动全部转入当期损益。

借:其他综合收益	3 000 000
资本公积——其他资本公积	1 500 000
贷:投资收益	4 500 000

(3) 将剩余股权转换为以公允价值计量且其变动动计入当期损益的金融资产。

借:其他权益工具投资	28 500 000
贷:长期股权投资	27 000 000
投资收益	1 500 000

(五)成本法核算转换为公允价值计量

对原来采取成本法核算的长期股权投资,因部分处置等导致持股比例下降至对被投资企业无重大影响时,投资企业应该按金融工具确认和计量准则将剩余投资按公允价值计量,在丧失控制之日,剩余股权公允价值与账面价值的差额计入当期损益。

二、长期股权投资的处置

处置长期股权投资时,其账面价值与实际取得价款之间的差额,应当计入当期损益。采用权益法核算的长期股权投资,在处置该项投资时,采用与被投资企业直接处置相关资产或负债相同的基础,按相应比例对原计入其他综合收益的部分进行会计处理。

例 6-19 D 公司将其持有的 S 公司 30% 的股权全部出售,长期股权投资的账面价值为 5 400 万元(其中,投资成本为 4 200 万元,损益调整额为 960 万元,S 公司所有者权益其他变动额中属于 D 公司的数额为 240 万元),D 公司已对该项投资计提 100 万元的减值准备,该批股权的出售价格为 6 300 万元,所收全部价款已送存银行。D 公司的会计处理如下:

(1) 处置投资确认收益:

借:银行存款	63 000 000
长期股权投资减值准备	1 000 000
贷:长期股权投资——成本	42 000 000
——损益调整	9 600 000
——其他权益变动	2 400 000

| 投资收益 | | 10 000 000 |

（2）将原计入资本公积的数额转入当期损益：

| 借：资本公积——其他资本公积 | 2 400 000 | |
| 贷：投资收益 | | 2 400 000 |

第五节 长期股权投资减值

企业按照规定确认自被投资企业应分得的现金股利或利润后,应当考虑长期股权投资是否发生减值。在判断该类长期股权投资是否存在减值迹象时,对于股票投资方式形成的长期股权投资,应判断被投资企业是否因业绩导致股票市值明显下跌引起长期股权投资的减值;对于无市价的长期股权投资,则应判断被投资企业是否因政治、法律、技术、管理等引起巨额亏损和财务状况恶化,从而导致长期股权投资的减值。企业进行长期股权投资减值测试时,应当关注长期股权投资的账面价值是否大于享有被投资企业净资产(包括相关商誉)账面价值的份额等类似情况。出现类似情况时,企业应当按照《企业会计准则第8号——资产减值》对长期股权投资进行减值测试,可收回金额低于长期股权投资账面价值的,应对长期股权投资计提减值准备。计提减值准备时,借记"资产减值损失"账户,贷记"长期股权投资减值准备"账户。计提的长期股权投资减值准备在持有投资期间不得转回,处置长期股权投资时,应同时结转已计提的长期股权投资减值准备。

例 6-20 A公司持有C公司58%的股份,投资成本为500万元。A公司能够控制C公司,采用成本法核算。由于C公司一直经营不善且财务状况短期内很难好转,2017年年末,C公司对该项投资计提40万元的减值准备。2018年7月底,A公司将其持有的一半股权出售,所得价款为265万元。

（1）2017年年末,A公司对该项投资计提40万元的减值准备时：

| 借：资产减值损失 | 400 000 | |
| 贷：长期股权投资减值准备 | | 400 000 |

（2）2018年7月底,A公司出售一半股权时：

借：银行存款	2 650 000	
长期股权投资减值准备	200 000	
贷：长期股权投资		2 500 000
投资收益		350 000

本章提要

长期股权投资是投资主体向被投资方投入供其长期使用的权益性资本,其核算方法有成本法和权益法两种。投资企业能够对被投资企业实施控制的情况下,对所持有的长期股权投资采用成本法核算;投资企业能够对被投资企业实施共同控制或重大影响的情况下,对所持有的长期股权投资采用权益法核算。成本法与权益法的区别在于长期股权投资的计量方式以及投资收益的确认。成本法是指以长期股权投资的实际成本的增减作为登记"长期股权投资"账户的依据。在成本法下,"长期股权投资"账户的金额不受被投资企业权益变动的影响;在权益法下,"长期股权投资"账户的金额要随被投资企业所有者权益的变动进行相应的调整,以完整反映投资企业在被投资企业中的实际权益。当投资企业与被投资企业关系发生变化时,投资核算方法也应进行相应的调整:①投资企业对原持有的被投资企业的股权不具有控制、共同控制或重大影响,按照金融工具确认和计量准则进行会计处理的,因追加投资等导致持股比例上升,对被投资企业具有共同控制或重大影响的,对该投资应改用权益法核算;②投资企业由于出资额的变化或其他原因导致对被投资企业由重大影响或共同控制变为控制,或者原作为金融资产管理并采用公允价值计量的投资因持股比例上升达到能够实施控制的情况下,应改用成本法核算;③因减持股份导致由控制变为共同控制或重大影响,应将成本法核算改为权益法核算;④原持有的对被投资企业具有共同控制或重大影响的长期股权投资,因部分处置等导致持股比例下降而对被投资企业无重大影响,应对剩余股权投资按公允价值计量。企业应按规定进行长期股权投资减值测试,对可收回金额低于长期股权投资账面价值的情形,应计提长期股权投资减值准备。

练习与思考

1. 投资方对被投资方具有重大影响时为何要采用权益法核算?
2. 采用成本法核算和权益法核算对投资方的当年盈余有何不同的影响?
3. 为何以公允价值计量且其变动计入其他综合收益的金融资产和以摊余成本计量的金融资产的减值准备可以转回,而长期股权投资计提的减值准备不允许转回?

小组讨论

A 公司持有 B 公司 40% 的股份,并采用权益法核算对 B 公司的投资。A 公司本期销售给 B 公司一批商品,售价为 1 000 万元,生产成本为 600 万元。这批商品仍然保留在 B 公司的存货之中,尚未对外销售。权益法将投资方和被投资方看作一个特殊的结合体,那么,A 公司的利润表中就包括了 400 万元未真正实现的利润,如何解决这一问题?

反之,如果上述商品是 B 公司对 A 公司的商品销售,但 A 公司未实现对外转售,则又会出现怎样的情形?如何解决这一问题?

辅助阅读资料

1.《企业会计准则第 2 号——长期股权投资》(财政部 2014 年 3 月修订)。
2.《企业会计准则第 40 号——合营安排》(财政部 2014 年 2 月颁布)。
3. 黄浩岚,《长期股权投资新规解读与实务例析》,《财会通讯》,2015 年第 4 期。

4. 宗萍、王燕、羊婷、唐建,《权益法下长期股权投资成本核算存在的问题与改进建议》,《中国注册会计师》,2017年第4期。

5. 靳利军,《投资方在权益法范围内追加投资核算探析》,《会计之友》,2018年第12期。

6. 刘胜强、黄颖、周鹏,《控股合并下被投资方净资产为负的长期股权投资处理探析》,《财务与会计》,2018年第4期。

7. 郭凤君,《长期股权投资核算变化对企业的财务影响》,《财经界》,2017年第24期。

第七章

固定资产

【知识要求】

通过本章的学习,掌握固定资产的确认及计价标准、固定资产增加的来源渠道,掌握不同来源下固定资产的入账价值、固定资产折旧的影响因素及折旧范围,固定资产减值的判别标准,以及持有待售固定资产的确认条件。

【技能要求】

通过本章的学习,应能够熟悉:
- 固定资产折旧额的估计及其会计处理;
- 固定资产减值核算的具体操作;
- 持有待售与其他方式下固定资产处置的会计处理。

【关键术语】

折旧	后续支出	未确认融资费用	可收回金额
双倍余额递减法	年数总和法	固定资产减值准备	
持有待售固定资产	固定资产报废	固定资产毁损	

19世纪,欧洲和美国的铁道业发展迅速。铁道业比19世纪中叶的大多数工业活动都需要更多的投资和使用年限更长的设备。这些设备的经济特点需要系统的会计(计价)方法反映,美国就因会计方法没有及时跟进而付出了惨重的代价。美国的铁道企业通过发行股票从社会募集大量资金,从事铁道的修建、经营。由于没有考虑折旧,企业把收入全部计入了利润。由于铁道毕竟有一定的经济寿命,最终导致前期的股东获得暴利,而后期的股东严重亏损,极大地破坏了市场的公平原则,并给美国经济带来了严重的危机。

那么,什么样的资产属于固定资产?固定资产的价值消耗形式有哪些?什么是折旧?其经济实质是什么?对企业有何影响?这些都是本章需要讨论的重点问题。

第一节 固定资产概述

一、固定资产的特征

固定资产是一种耐用资产,它可供企业生产经营使用,使用年限较长且单位价值较高。企业的固定资产可分为有形固定资产、无形固定资产两类,本章讨论的是前者。中国《企业会计准则第4号——固定资产》规定,固定资产是指同时具备以下特征的有形固定资产:①为生产商品、提供劳务、出租或经营管理而持有;②使用寿命超过一个会计年度,如房屋建筑物、机器设备等。就性质而言,固定资产属于企业生产和经营过程中用来改变和影响劳动对象的劳动资料,是一种长期资产。

与流动资产相比,固定资产具有以下主要特征:

(1)企业持有的目的是自用而非出售。企业持有固定资产以供生产经营中使用为目的,如用于生产或销售商品、提供劳务、出租或经营管理目的。若购置准备出售的土地或机器设备,则会计上应将其作为存货核算和管理,这一特征使固定资产明显区别于存货等流动资产。此外,固定资产中的房地产若专门用于出租或增值目的,则具有投资性质。在中国房地产市场日益活跃的今天,这甚至成了少数企业的主营业务。显然,这类投资性房地产在盈利能力以及后续计量等方面与企业自用房地产有很大的差别,会计上将其独立出来,作为投资性房地产核算和管理。

(2)使用期限较长且寿命有限(土地除外)。固定资产的使用寿命在一个会计年度以上,随着固定资产的不断使用和磨损,最终将因失去服务能力、效用而报废和更新。因此,为取得固定资产而发生的全部支出属于资本性支出而非收益性支出。

(3)属于有形资产,且有特殊的价值转移方式。固定资产能够在长期使用过程中保持其原有的实物形态,但其磨损的价值是逐渐地、部分地转移到产品成本或费用中。固定资产价值形态存在的"双重性",使它有别于不具实物形态的无形资产以及在使用过程中改变其实物形态、其价值一次性发生转移的流动资产。

二、固定资产的确认条件

衡量一项资产是否属于固定资产,按照目前的标准衡量,首先要符合固定资产的上述特征;其次还应同时具备两个条件:一是该固定资产包含的经济利益很可能流入企业;二是该固定资产的成本能够可靠地计量。企业做此判断时,应根据具体情况对固定资产进行确认。

（一）与该固定资产有关的经济利益很可能流入企业

资产最重要的特征是预期会给企业带来经济利益流入。企业在确认固定资产时,需要判断与该固定资产有关的经济利益是否很可能流入企业。如果与该固定资产有关的经济利益很可能流入企业,并同时满足固定资产确认的其他条件,那么企业应将其确认为固定资产;否则,不应将其确认为固定资产。在实务中,判断与固定资产有关的经济利益是否很可能流入企业,主要看企业是否取得了该固定资产的控制权,具体将在本书第十二章详细阐述。

对于购置的环保设备和安全设备等资产,其使用不能直接为企业带来经济利益,但有助于企业从相关资产的使用中获得经济利益,或者将减少企业未来经济利益的流出,因此对于这类设备,企业应将其确认为固定资产。例如,为净化环境或者满足国家有关排污标准购置的环保设备,其使用虽然不会为企业带来直接的经济利益,却有助于企业提高对废水、废气、废渣的处理能力,有利于净化环境,企业因此将减少未来由于污染环境而需要支付的环境净化费或者罚款,因此也符合固定资产确认的第一个条件。

尽管工业企业所持有的工具、用具、备品备件、维修设备等资产,施工企业所持有的模板、挡板、架料等周转材料,以及地质勘探企业所持有的管材等资产,具有固定资产的某些特征,比如使用期限超过一年,也能够带来经济利益,但由于数量多、单价低,考虑到成本效益原则,在实务中通常确认为存货。但符合固定资产定义和确认条件的,比如企业（民用航空运输）的高价周转件等,应当确认为固定资产。

固定资产的各组成部分,如果各自具有不同的使用寿命或者以不同的方式为企业提供经济利益,从而适用不同的折旧率或折旧方法,各组成部分实际上是以独立的方式为企业提供经济利益,则企业应当分别将各组成部分确认为单项固定资产。例如,飞机的引擎如果与飞机机身具有不同的使用寿命,适用不同的折旧率或折旧方法,则企业应当将其确认为单项固定资产。

（二）该固定资产的成本能够可靠地计量

成本能够可靠地计量是资产确认的一项基本条件。企业在确定固定资产的成本时必须取得确凿的证据,但有时需要根据所获得的最新资料,对固定资产的成本进行合理的估计。比如,企业对于已达到预定可使用状态但尚未办理竣工决算的固定资产,需要根据工程预算、工程造价或者工程实际发生的成本等资料,先按估计价值确定其成本,办理竣工决算后再按实际成本调整原来的暂估价值。

处于处置状态的固定资产或预期通过使用或处置不能产生经济利益的固定资产,不再符合固定资产的定义和确认条件,应予终止确认。

需要指出的是,与以往的《企业会计制度》不同,中国现行的《企业会计准则第4号——固定资产》并未规定固定资产具体的价值标准。主要理由是:不同行业的企业以及同行业的不同企业,其经营方式、资产规模及资产管理方式存在较大的差别,强制要求所有企业执行同样的固定资产价值标准,既不切合实际,也不利于真实反映企业的固定资产信息;此外,不具体规定固定资产的价值判断标准,符合国际会计惯例。实务中,企业应根据不同固定资产的性质和消耗方式,结合本企业的经营管理特点,具体确定固定资产的价值标准,并将其作为内部会计制度加以规范。

三、固定资产的分类

企业固定资产的种类繁多,构成复杂,为了加强对固定资产的管理和核算,需要对固定资产进行科学、合理的分类。

(一) 按固定资产的经济用途分类

(1) 生产经营用固定资产,是指直接服务于企业生产经营过程的固定资产,如生产经营用的厂房、机器设备、运输工具等。

(2) 非生产经营用固定资产,是指不直接服务于生产经营过程的各种固定资产,如职工宿舍、食堂等使用的房屋、设备和其他固定资产。

这种分类可反映不同经济用途的固定资产在全部固定资产中的比重及其变化,使企业合理配置固定资产。

(二) 按固定资产的使用情况分类

(1) 使用中固定资产,是指正在使用的生产经营用和非生产经营用固定资产。由于季节性经营或大修理等暂时停止使用的固定资产、临时出租给其他单位使用的固定资产及内部替换使用的固定资产,也属于使用中固定资产。

(2) 未使用固定资产,是指已完工或已购建但尚未交付使用的新增固定资产,以及因进行改扩建等暂停使用的固定资产。例如,购建的尚待安装的固定资产、经营任务变更停止使用的固定资产等。

(3) 不需用固定资产,是指本企业多余或不适用,需要调配处理的固定资产。

(4) 持有待售固定资产,是指企业因出售、转让等将固定资产划归为持有待售类别,确认条件是在当前状况下,根据出售同类固定资产的惯例就可立即出售或出售极有可能发生的固定资产。典型的例子是企业已就一项出售固定资产的计划做出决议且获得确定的购买承诺,如已与买方签订了不可撤销的销售协议等,同时预计出售将在一年内完成。

这种分类有利于反映固定资产的利用情况及比例关系,便于分析固定资产的利用效率,并为正确计提固定资产折旧提供条件。

(三) 按固定资产的实物形态分类

固定资产按实物形态可分为房屋、建筑物、机器设备、运输设备、电子设备、管理用具和其他固定资产。这种分类便于企业对固定资产进行归口管理。

(四) 固定资产的综合分类

(1) 生产经营用固定资产。

(2) 非生产经营用固定资产。

(3) 租出固定资产。

(4) 未使用固定资产。

(5) 不需用固定资产。

(6) 土地,是指 1993 年开始的全国性清产核资中按规定估价并经批复确认按固定资产入账核算的土地,以及之前已经估价单独入账的土地。因征地而支付的补偿费,应计入与土地有关的房屋、建筑物的价值内,不单独作为土地价值入账。在西方国家,由于土地私有化,企业购买土地发生的支出应作为资本性支出,列为固定资产。在中国,土地由国家所有,除上述情况外,企业购置土地只是取得使用权而非所有权,因此,不应将其作为固定资产,而应列入无形资产。

（7）融资租入固定资产。

（8）持有待售固定资产。

上述综合分类是会计上进行固定资产明细核算的主要依据。

四、固定资产的计量

固定资产计量即确定固定资产的价值,分为初始计量和后续计量两个方面。固定资产计量对于客观反映固定资产规模、正确计提固定资产折旧、准确确定产品生产成本和企业经营成果以及准确反映期末资产价值,均具有重要意义。

（一）初始计量

固定资产的初始计量是指确定固定资产的取得成本。在中国,固定资产的初始计量采用实际成本或原始价值,固定资产的来源不同,原始价值的具体内容也有所差异,这将在下一节详细说明。固定资产成本是指企业购建某项固定资产达到预定可使用状态前所发生的一切合理、必要的支出。这些支出既包括直接发生的价款、运杂费、包装费和安装成本等,也包括间接发生的一些其他费用,如应承担的符合资本化条件的借款利息等。另外,在确定固定资产成本时,还应当考虑预计弃置费用等因素。

固定资产按实际成本计量,主要优点是具有客观性和可验证性,可以如实反映企业的固定资产规模,并据以计提折旧。缺点是在经济环境和物价水平发生变化时,由于货币时间价值的作用和物价水平变动的影响,原始价值与现时价值之间会产生差异,不能反映固定资产目前的真实价值。为了弥补这种计价方法的缺陷,固定资产的期末计量采用账面价值与可收回金额孰低的方法,或在财务报表附注中披露固定资产的现时重置成本。

（二）后续计量

固定资产的后续计量包括固定资产折旧的计提、期末计价等。在初始计量的基础上,固定资产随着使用,其价值不断被消耗,由此产生计提折旧的会计程序。固定资产的取得成本（原始价值）减去累计折旧后的净额,称为固定资产净值或折余价值。它可以反映企业一定时期固定资产尚未磨损的价值和实际占用在固定资产上的资金数额。将固定资产的原始价值与净值对比,可以了解固定资产的新旧程度。

会计期末,为了客观地反映企业固定资产的实际价值,应当对固定资产进行逐项检查,了解其账面价值是否反映了真实价值,并确定固定资产的可收回金额,根据账面价值[①]

---

① 有时读者对资产或负债项目的账面余值与账面价值混淆不清。所谓"账面余值",英文为 Account Balance（这里的 Account 是指账户）,是指某项目账户的实际余额,不扣除与该项目相关的备抵项目。存货的账面余值是其实际成本,固定资产的账面余值即其净值。所谓"账面价值",英文为 Book Value（这里的 Book 是指账簿）,是指某项目的账面余额减去相关备抵项目后的净额。就固定资产而言,其账面价值=账面原价-累计折旧-减值准备。

与可收回金额孰低的方法对固定资产进行期末计量,将已发生的固定资产减值损失计入当期损益。

第二节 固定资产的增加

一、固定资产的入账价值

企业增加固定资产的核算,关键是正确确定其取得成本,即入账价值,称为原始价值。由于固定资产的取得方式不同,其取得成本①的具体构成内容也有所差异。

(1) 自行建造的固定资产,以建造过程中该项资产达到预定可使用状态前所发生的全部支出为入账价值。具体包括前期发生的征地费、可行性研究费、临时设施费,建造过程中发生的工程用直接材料、直接人工、直接机械施工费、水电费、设备安装费、工程管理费、有关税费,以及固定资产达到预定可使用状态前符合资本化条件的借款费用等。

(2) 购置的固定资产,以购置时实际支付的价款及相关税费为入账价值。具体包括买价、包装费、运输费、保险费、安装费以及相关税金(如车辆购置税、进口关税,下同)等。如果以一笔款项购入多项没有单独标价的固定资产,则应按各项固定资产公允价值的比例对总成本进行分配,分别确定各项固定资产的入账价值。超过正常信用条件(通常在3年以上)购入的固定资产,如分期付款购买,则固定资产的成本以购买价款的现值为基础确定。此类经济业务实质上具有融资性质,实际支付价款与购买价款现值的差额符合资本化条件的,应当计入固定资产成本;其余部分则在信用期内确认为财务费用,计入当期损益。

(3) 投资者投入的固定资产,按投资合同或协议约定的价值入账。在投资合同或协议约定价值不公允的情况下,按该项固定资产的公允价值入账。

(4) 用非货币性资产换入的固定资产,入账价值分两种情况确定:一是资产交换具有商业实质的,按换出(换入)资产的公允价值与相关税费之和入账;涉及补价的,收款企业还需相应减去收到的补价款,付款企业则需加上支付的补价款。二是资产交换不具有商业实质的,则按换出资产的账面价值与相关税费之和入账;如涉及补价,同样需减去收到的补价款或加上支付的补价款。换入固定资产所发生的进项增值税,只要取得合法凭证,就可单独核算,不计入成本。

(5) 通过债务重组方式受让的固定资产,按资产的公允价值入账,进项增值税不计入成本。

(6) 融资租入的固定资产,按租赁开始日租赁资产的公允价值与最低租赁付款额现值两者中较低的金额作为入账价值。将最低租赁付款额计入"长期应付款",两者的差额确认为"未确认融资费用"。

(7) 盘盈的固定资产,作为前期差错处理,以盘盈固定资产的公允价值(或同类固定资产的重置价值)入账,在按管理权限报经批准处理前,应先通过"以前年度损益调整"账

---

① 固定资产增加所发生的增值税,凭合法的扣税凭证予以抵扣,不计入固定资产成本。

户核算。

（8）接受捐赠的固定资产,按其公允价值及相关税费入账。

二、固定资产增加的会计处理

企业固定资产增加的主要来源包括外购、自行建造、接受投资与捐赠、通过非货币性交易或债务重组方式取得等,其入账价值已在前面说明。固定资产增加时,按取得时的实际成本,借记"固定资产"账户,同时按其来源分别贷记"银行存款""在建工程""实收资本"等有关账户,增加固定资产允许抵扣的进项增值税,还应同时借记"应交税费——应交增值税(进项税额)"账户。

下面重点说明企业外购、自行建造、通过非货币性交易或债务重组方式取得固定资产的核算。

（一）外购固定资产

外购固定资产的核算分需要安装、不需要安装两种情况。购入不需要安装就可以直接交付使用的固定资产,按实际成本,直接增加固定资产的账面记录。购入需要经过专门安装才能交付使用的固定资产,购入至安装过程所发生的支出,通过"在建工程"账户核算;待安装完毕达到预定可使用状态时,再将总成本由"在建工程"账户转入"固定资产"账户。

企业购买固定资产通常在正常信用条件期限内付款,有时也会发生超过正常信用条件(通常在3年以上)购买的情况,如采用分期付款方式购入固定资产。在这种情况下,该类购买合同实质上具有融资性质,购入固定资产的成本不能直接按实际支付价款确定,而应以购买价款的现值为基础确定;实际支付价款与购买价款现值的差额,作为未确认融资费用处理。具体来讲,按购买价款的现值,借记"固定资产"或"在建工程"账户;按应支付的全部金额,贷记"长期应付款"账户;按两者的差额,再借记"未确认融资费用"账户。实质上,未确认融资费用是企业延期付款购入固定资产应支付的利息费用总额,故应按所属信用期分摊;各期分摊金额,符合资本化条件的,计入固定资产成本;其余部分确认为财务费用,计入当期损益。

例 7-1 2018 年 5 月 10 日,甲公司从乙公司购入需要安装的 K 型机器作为固定资产。购货合同约定:K 型机器的总价款为 1 000 万元,分 5 年平均支付、年末付款;增值税 160 万元一次付清。2018 年 5 月 14 日,所购机器到货并开始安装;2018 年 6 月 10 日,甲公司以银行存款支付安装费 100 000 元及相应的增值税 10 000 元;2018 年 12 月 31 日安装完毕并达到预定可使用状态。假定甲公司选用的折现率为 6%。

根据上述资料,2018 年度甲公司对上述固定资产的会计处理如下:

(1) 计算 K 型机器的现值与融资费用。

查表可知,年金现值系数(5,6%)= 4.2124

机器总价款的现值 = 2 000 000×4.2124 = 8 424 800(元)

未确认融资费用 = 10 000 000－8 424 800 = 1 575 200(元)

对于信用期间未确认融资费用的分摊额,具体计算如表 7-1 所示。

表 7-1　甲公司未确认融资费用分摊表　　　　　　　　　　　　　单位:元

日期	分期付款额 ①	分摊融资费用 ②＝上期④×6%	应付本金减少额 ③＝①-②	应付本金余额 ④＝上期④-本期③
2018.01.01				8 424 800
2018.12.31	2 000 000	505 488	1 494 512	6 930 288
2019.12.31	2 000 000	415 817	1 584 183	5 346 105
2020.12.31	2 000 000	320 766	1 679 234	3 666 871
2021.12.31	2 000 000	220 012	1 779 988	1 886 883
2022.12.31	2 000 000	113 117*	1 886 883	0
合计	10 000 000	1 575 200	8 424 800	

注:*倒挤求得,即 2 000 000-1 886 883＝113 117(元)。

(2)各期应编制的会计分录如下:

① 2018 年 5 月 10 日购入机器并支付进项增值税:

借:在建工程　　　　　　　　　　　　　　　　　　　　　　　8 424 800
　　未确认融资费用　　　　　　　　　　　　　　　　　　　　1 575 200
　　应交税费——应交增值税(进项税额)　　　　　　　　　　1 600 000
　贷:长期应付款　　　　　　　　　　　　　　　　　　　　　10 000 000
　　　银行存款　　　　　　　　　　　　　　　　　　　　　　1 600 000

② 2018 年 6 月 10 日支付安装费:

借:在建工程　　　　　　　　　　　　　　　　　　　　　　　　100 000
　　应交税费——应交增值税(进项税额)　　　　　　　　　　　　10 000
　贷:银行存款　　　　　　　　　　　　　　　　　　　　　　　110 000

③ 2018 年 12 月 31 日支付第 1 期价款:

借:长期应付款　　　　　　　　　　　　　　　　　　　　　　2 000 000
　贷:银行存款　　　　　　　　　　　　　　　　　　　　　　2 000 000

④ 2018 年 12 月 31 日分摊未确认融资费用,本年度分摊的金额符合资本化条件,应计入固定资产成本:

借:在建工程　　　　　　　　　　　　　　　　　　　　　　　　505 488
　贷:未确认融资费用　　　　　　　　　　　　　　　　　　　　505 488

⑤ 2018 年 12 月 31 日机器安装完工投入使用:

借:固定资产　　　　　　　　　　　　　　　　　　　　　　　9 030 288
　贷:在建工程　　　　　　　　　　　　　　　　　　　　　　9 030 288

⑥ 2019 年 12 月 31 日支付第 2 期机器价款的会计分录同③,本年度分摊的融资费用计入当期财务费用:

借:财务费用　　　　　　　　　　　　　　　　　　　　　　　　415 817
　贷:未确认融资费用　　　　　　　　　　　　　　　　　　　　415 817

以后各年年末支付机器价款、分摊融资费用的会计分录可比照 2019 年度进行。

（二）自行建造固定资产

企业自行建造的固定资产可以分为自营建造和出包建造两种方式，会计上有不同的处理方法。其中，自营建造的核算包括购入及领用材料物资，发生人工及工程费用、借款费用以及工程完工交付使用等环节；出包建造只涉及与承包单位结算工程价款。无论采用何种方式建造固定资产，均应通过"在建工程"账户核算。

1. 自营工程的核算

企业以自营方式建造固定资产，意味着企业自行组织工程物资采购、施工人员施工。实务中，企业固定资产的建造一般采用出包方式，很少采用自营方式。若发生自营建造的情况，固定资产成本应按照直接材料、直接人工、直接机械施工费等计量。需要指出的是，中国已采用国际上广泛使用的消费型增值税，自营建造固定资产各环节所发生的相关增值税，凭合法的扣税凭证予以抵扣，不计入工程成本。

（1）购入及领用工程物资。企业自营工程耗用的物资，一般应单独进行核算。为自营的基建工程购入所需物资时，应按实际支付的买价、运输费、保险费等相关费用作为实际成本，借记"工程物资"账户，贷记"银行存款"等有关账户。工程领用材料物资时，按实际成本，借记"在建工程"账户，贷记"工程物资"账户。

（2）自营工程建造过程中有关费用、损失和收益的处理。企业自营工程中应负担的职工工资，辅助生产部门为基建工程所提供的水、电、设备安装、修理、运输等劳务，自营工程中发生的工程管理费、征地费、可行性研究费、临时设施费、工程费、监理费及基建工程应负担的相关税金等，均应计入工程成本。发生上述税费时，借记"在建工程"账户，贷记"应付职工薪酬""生产成本""银行存款"等账户。工程完工后，剩余的工程物资转为企业存货的，按实际成本或计划成本进行结转。建造期间发生的工程物资盘亏、报废及毁损（含相关的进项增值税），按扣除残料价值以及保险公司、过失人等的赔偿金额后的净损失，计入所建工程成本；建造期间发生的工程物资盘盈或处置净收益等，应冲减所建工程成本。工程完工后发生的工程物资盘盈、盘亏、报废、毁损，计入当期营业外收支。

（3）工程完工交付使用的处理。自营建造的固定资产达到预定可使用状态时，一般应办理竣工决算并交付使用。此时，企业应根据自营工程的实际成本，借记"固定资产"账户，贷记"在建工程"账户。

2. 出包工程的核算

出包工程是指企业向外发包，由其他单位组织经营施工工程。出包工程的具体支出由承包单位组织核算，对出包单位来说，只涉及与承包单位结算工程价款。采用出包方式建造的固定资产，以实际支付给承包单位的工程价款为该项固定资产的成本，会计上仍通过"在建工程"账户核算。一般情况下，出包单位应向承包单位预付一定的工程款，然后每月根据工程进度进行结算，工程完工后进行清算，多退少补。

需要指出的是，企业自行建造固定资产，无论是自营工程还是出包工程，由于项目金额大、工期长，企业往往需要向银行借款来筹措工程资金。按照规定，因固定资产购建而发生的借款费用，符合条件的可予资本化，计入其购建成本。这将在第九章说明。

（三）以非货币性交易方式取得固定资产

以非货币性交易方式取得固定资产是指企业以货币性资产以外的资产，包括存货、固定资产、无形资产、长期股权投资等换取的固定资产（该交换不涉及或只涉及少量的货币性资产即补价，通常以补价占整个资产交换金额的比例≤25%作为衡量标准）。企业通过非货币性交易方式取得的固定资产，会计处理时视交易是否具有商业实质①而分别采用公允价值或账面价值模式进行计量。

1. 采用公允价值模式计量

这是指非货币性交易具有商业实质，且换入或换出资产的公允价值能够可靠计量的情况。此时，换入固定资产按换出资产的公允价值计量，换出资产的公允价值与其账面价值的差额，作为资产处置损益。当双方用来交换的非货币性资产公允价值相等，即不涉及补价时：

换入固定资产入账价值=换出资产公允价值+应支付的相关税费

双方用来交换的非货币性资产公允价值不相等时，公允价值低的一方势必要向公允价值高的一方支付差价款，所付差价款占换出资产公允价值的比例≤25%。这种情况称为涉及补价。

换入固定资产入账价值=换出资产公允价值+支付补价+应支付的相关税费（付款方企业）
换入固定资产入账价值=换出资产公允价值-收到补价+应支付的相关税费（收款方企业）

例 7-2 2018年6月A公司以其持有的一批股票（分类为以公允价值计量且其变动计入当期损益的金融资产）交换B公司的一台设备，交换日股票的公允价值与设备的公允价值均为180 000元；设备的增值税（税率为16%）另行结算，由A公司以银行存款支付。A公司股票投资的账面成本为200 000元，公允价值变动净损失为10 000元，另以银行存款支付设备运输费2 000元及相应的增值税200元。

A公司换入设备的入账价值=180 000+2 000=182 000（元）

换入设备发生进项增值税=180 000×16%+2 000×10%=29 000（元）

交换日，A公司应做如下会计分录：

(1) 借：固定资产　　　　　　　　　　　　　　　　182 000
　　　　交易性金融资产——公允价值变动　　　　　 10 000
　　　　投资收益　　　　　　　　　　　　　　　　 10 000
　　　　应交税费——应交增值税（进项税额）　　　 29 000
　　　贷：交易性金融资产——成本　　　　　　　　200 000
　　　　　银行存款　　　　　　　　　　　　　　　 31 000

(2) 借：投资收益　　　　　　　　　　　　　　　　 10 000
　　　贷：公允价值变动损益　　　　　　　　　　　 10 000

本例中，如果A公司所持股票的公允价值为170 000元，B公司设备的公允价值仍为180 000元，则A公司应向B公司补付设备价款10 000元。其他资料不变。此时，A公司换入设备的会计处理应改为：

换入设备入账价值=170 000+10 000+2 000=182 000（元）

---

① 一般情况下，满足下列条件之一的非货币性资产交换具有商业实质：①换入资产的未来现金流量在风险、时间和金额方面与换出资产显著不同；②换入资产与换出资产的预计未来现金流量现值不同，且其差额与换入资产和换出资产的公允价值相比是重大的。另外，在确定非货币性资产交换是否具有商业实质时，企业应当关注交易各方之间是否存在关联方关系。关联方关系的存在，可能导致发生的非货币性资产交换不具有商业实质。

(1) 借:固定资产	182 000	
交易性金融资产——公允价值变动	10 000	
投资收益	20 000	
应交税费——应交增值税(进项税额)	29 000	
贷:交易性金融资产——成本		200 000
银行存款		41 000
(2) 借:投资收益	10 000	
贷:公允价值变动损益		10 000

2. 采用账面价值模式计量

这是指非货币性交易不具有商业实质,或换入、换出资产的公允价值不能可靠计量的情况。按照规定,此时企业换入固定资产的入账价值以换出资产的账面价值为基础计算确定,不确认交易损益。会计处理上,也分涉及补价、不涉及补价两种情况进行。

不涉及补价时:

$$换入固定资产入账价值=换出资产账面价值+应支付的相关税费$$

涉及补价时:

$$换入固定资产入账价值=换出资产账面价值+支付补价+应支付的相关税费(付款方企业)$$
$$换入固定资产入账价值=换出资产账面价值-收到补价+应支付的相关税费(收款方企业)$$

需要注意的是,非货币性交易无论是采用公允价值模式还是账面价值模式计量,涉及增值税的核算一律以专用发票金额为准,此时换入资产的入账价值需倒挤求得。

例 7-3 2018 年 6 月初,H 公司以其拥有的专有技术与 K 公司的一套特制设备交换,专有技术的账面价值为 300 000 元,没有计提摊销和减值。设备的账面价值为 270 000 元,增值税税率为 16%,假设计税价格与账面价值相同。因两项资产性质特殊,公允价值不能可靠计量,双方商定,根据两项资产的账面价值及增值税进行交易;双方已办理资产交接手续。企业转让技术应交纳 6%的增值税。交易中的其他相关税费略。

本例中,H 公司换入设备发生进项增值税 43 200 元(270 000×16%),加上设备账面价值 270 000 元,两项金额合计 313 200 元。另外,H 公司对转出的专有技术应视同销售交纳增值税 18 000 元(300 000×6%)。据此,H 公司换入设备的入账价值为 274 800 元(300 000+18 000-43 200)。交换日,H 公司应做如下会计分录:

借:固定资产	274 800	
应交税费——应交增值税(进项税额)	43 200	
贷:无形资产		300 000
应交税费——应交增值税(销项税额)		18 000

(四) 以债务重组方式取得固定资产

以债务重组方式取得固定资产是指企业接受债务人以固定资产抵偿债务而取得固定资产,其入账价值已在前面说明。

例 7-4 A 公司向 B 公司销售一批商品,款项 300 000 元尚未收回。由于 B 公司财务困难,无法偿付,2018 年 8 月双方签署了债务重组协议,A 公司同意 B 公司以一台机器抵偿债务,公允价值为 150 000 元,增值税税率为 16%;运输中发生的运费 3 000 元及增值税 300 元由 A 公司负担。A 公司将该机器作为固定资产使用,其应收账款已计提坏账准备

15 000元。

本例中,A公司受让机器发生进项增值税24 300元(150 000×16%+3 000×10%)。A公司受让机器的入账价值为153 000元(150 000+3 000),发生债权重组损失110 700元(150 000+24 300-300 000+15 000)。A公司的会计处理如下:

借:固定资产	153 000
应交税费——应交增值税(进项税额)	24 300
坏账准备	15 000
营业外支出	110 700
贷:应收账款	300 000
银行存款	3 000

第三节 固定资产折旧

一、折旧的意义

固定资产长期参加企业的生产经营活动虽保持其原有的实物形态,但其价值随着使用逐渐发生损耗。固定资产的损耗分为有形损耗和无形损耗,前者是指固定资产由于使用或受自然条件影响发生的损耗,后者是指固定资产在使用过程中因科学技术进步等而发生的价值减损。不管哪种情况,固定资产因损耗而减少的价值称为折旧。会计上要求将固定资产因损耗而减少的价值在其有效使用年限内进行系统、合理的估计,计入各期所生产的产品成本或费用中,这个程序称为计提折旧。

固定资产属于企业的资本性支出,计提折旧实际上是将固定资产成本在有效使用年限内进行系统的分摊。这不仅是企业正确计算产品成本和经营成果的前提条件,是权责发生制和配比原则的要求,而且也是保证固定资产再生产正常进行的重要措施和保障。

二、折旧的范围

确定固定资产折旧的范围,是要明确哪些固定资产应当计提折旧,什么时间计提折旧,哪些固定资产不应当计提折旧。

既然固定资产的损耗来自有形损耗、无形损耗两个方面,理论上,凡存在这两种损耗之一的固定资产都应计提折旧。正因为如此,中国《企业会计准则第4号——固定资产》规定,除以下两种情况外,企业应当对所有固定资产计提折旧:①已提足折旧仍继续使用的固定资产;②按规定单独估价作为固定资产入账的土地。这样做还能促使企业充分利用固定资产,及时处置不需用固定资产。

已达到预定可使用状态的固定资产,如果年度内尚未办理竣工决算,则应当按照估计价值暂估入账,并计提折旧;待办理竣工决算手续后,再按照实际成本调整原来的暂估价值,原已计提的折旧额不再调整。

企业的固定资产经常会发生增减变动,为了简化核算,一般对当月增加的固定资产,当月不提折旧,下月起开始提取折旧;当月减少的固定资产,当月照提折旧,下月起停止提取折旧。

三、影响折旧的主要因素

折旧的主要依据是固定资产的磨损程度,但由于其磨损程度很难精确地计量,因此,只能通过分析影响折旧的主要因素,采用一定的计算方法进行估计。影响折旧的主要因素有以下三个:

(一)固定资产原值

原值即原始价值,是指固定资产的取得成本。作为计提折旧的基数,它是固定资产在有效使用期限内损耗价值的最高界限。有时,固定资产的重置成本也可替代原值成为计算折旧的基数。

(二)预计使用年限

固定资产预计使用年限的长短直接影响各期折旧额的高低,应当综合考虑有形损耗和无形损耗两方面的因素来确定。由于固定资产的有形损耗和无形损耗很难准确地估计,因此其预计使用年限也是估计的。

固定资产的使用年限有两种:一是物质年限;二是经济年限。前者受物质因素的影响,是最大的使用年限;后者受功能因素的影响,通常小于物质年限。因为科学技术的进步使固定资产在尚未达到物质年限之前,从经济上来看继续使用就不合算了,所以在估计预计使用年限时,应综合考虑固定资产的物质年限和经济年限。

(三)预计净残值

预计净残值是假定固定资产预计使用寿命已满并处于使用寿命终了时的预期状态,企业从该项固定资产处置中获得的扣除预计处置费用后的金额。净残值估计的高低与企业固定资产的使用政策有关。如果是将固定资产使用至不能继续使用,或不能产生经济效益时再报废,则其估计的残值必然较低;相反,如果企业注重的是固定资产的经济年限,当固定资产还有较高的经济价值时就加以处置,则其估计的残值往往较高。不管怎样,净残值是对固定资产应提折旧额的一种扣减,它的高低直接影响企业计入各期产品生产成本或费用中的折旧费的高低。所以在计提折旧时,应对净残值进行合理的估计,以避免人为地通过调整净残值的数额而调整折旧额。

固定资产原值减去预计净残值的余额,称为应计折旧额。已计提减值准备的固定资产,应计折旧额中还应扣除已计提的减值准备累计金额。

实务中,企业应根据固定资产的性质和消耗方式,合理地确定其预计使用年限和预计净残值,并根据科学技术、环境及其他因素,选择合理的折旧方法。按照管理权限,经股东大会或董事会或经理(厂长)会议或类似机构批准后,作为计提折旧的依据。固定资产的预计使用年限、预计净残值及折旧方法等,一经确定不得随意变更;如需变更,应经批准后报送各有关方备案,并在当期财务报表附注中说明。不可否认,将固定资产预计使用年限、预计净残值及折旧方法等作为企业内部会计制度加以规范,是提高会计信息质量的制度保证。

四、折旧额的估计方法

影响折旧的因素是多方面的,其影响程度往往需要估计,这给折旧额的计量带来了很大的困难。会计上,只能根据折旧的主要影响因素建立数学模型,以此估计折旧额。

折旧额的估计方法有很多,这里主要阐述平均法、加速折旧法和特殊的折旧方法。

(一) 平均法

平均法是假定固定资产原值在预计使用年限内或预计提供的工作总量内平均发生磨损,从而将其均衡地分配于各个使用期间或所预计完成的工作总量的方法,分为平均年限法和工作量法两种。

1. 平均年限法

平均年限法(又称直线法)是将固定资产的应计折旧额在其预计使用年限内平均分摊的一种方法。采用这种方法,各期计提的折旧额相等。其计算公式如下:

$$固定资产年折旧额 = (固定资产原值 - 预计净残值) \div 预计使用年限$$

$$固定资产月折旧额 = 固定资产年折旧额 \div 12$$

实际工作中,企业各期的折旧额一般直接根据固定资产的原值及其折旧率计算确定。其中,固定资产折旧率是指一定时期内固定资产折旧额与其原值的比率。计算公式如下:

$$固定资产折旧额 = 固定资产期初原值 \times 当期折旧率$$

$$固定资产年折旧率 = 固定资产年折旧额 \div 原值 \times 100\%$$

$$固定资产月折旧率 = 固定资产年折旧率 \div 12$$

例 7-5 2017 年年底 A 公司购入一项设备并马上投入使用,原值 50 000 元,预计净残值 2 000 元,预计使用 5 年。

该设备折旧的有关计算如下:

年折旧额 = (50 000 - 2 000) ÷ 5 = 9 600(元)

年折旧率 = 9 600 ÷ 50 000 × 100% = 19.2%

上述折旧率的计算以单项固定资产为基础,称为个别折旧率。此外,还有分类折旧率和综合折旧率。

平均年限法计算简便、容易理解,但它只注重固定资产使用时间的长短,忽视了固定资产的使用强度及使用效率。据此计提的折旧额,有时难以达到收入与费用的正确配比。平均年限法适用于各个时期使用程度和使用效率大致相同的固定资产。

2. 工作量法

工作量法是按照固定资产预计完成的工作总量(如行驶里程、工作时数等)计提折旧的一种方法。它认为固定资产的磨损与其使用强度成正比,因此,固定资产的原值应平均分摊于所提供的工作量中。工作量法适用于固定资产功效主要与使用程度有关、磨损主要受有形损耗影响的固定资产,如大型专用设备或专业车队的客运与货运汽车等。由于单位工作量计提的折旧额相等,它实质上也是一种平均法。计算公式如下:

$$单位工作量折旧额 = (固定资产原值 - 预计净残值) \div 预计完成的工作总量$$

$$各期固定资产折旧额 = 当期固定资产实际完成工作量 \times 单位工作量折旧额$$

(二) 加速折旧法

加速折旧法又称递减折旧法,是根据固定资产的效能在使用期内随着使用而逐期递减、其修理维护费用逐期递增的特点,在固定资产使用早期多提折旧额、在后期少提折旧额,从而相对加快折旧速度的一种方法。采用加速折旧法主要基于以下考虑:①固定资产的使用效率、生产产品的数量和质量是逐年递减的,为了体现收入与费用的配比,应在固定资产产生较大效能的早期多提折旧,以后逐年递减;②固定资产的修理维护费用一般逐年递增,因此在修理维护费用较少的固定资产使用早期应多提折旧,在修理维护费用较多的固定资产使用后期应少提折旧,从而使固定资产各期使用成本在其折旧年限内大致均衡;③计提固定资产折旧要重视无形损耗的因素,当今世界科学技术日新月异,固定资产的经济年限越来越短,加速折旧可以减少被淘汰时的损失;④采用加速折旧法,可以使企业推迟纳税,相当于企业从政府获得了一笔长期无息贷款,在一定程度上可刺激经济增长。

加速折旧法是美国首创的。第二次世界大战期间,美国政府为了鼓励企业向军火工业投资,规定凡接受军事采购合同的企业,其厂房和设备的折旧年限可缩短为5年(当时一般民用工业厂房的折旧年限为50年,机器设备的折旧年限为20年);在所得税法中,政府也承认企业采用加速折旧法计算的应纳税所得额。此后,这种方法在西方乃至世界各国得以推广。在中国,加速折旧法首先在外商投资企业中使用。目前虽然各企业均可选用,但中国所得税法有所限制。现行《中华人民共和国企业所得税法实施条例》规定,采用缩短折旧年限或加速折旧方法的固定资产,仅指:①由于技术进步,产品更新换代较快的固定资产;②常年处于强震动、高腐蚀状态的固定资产。而且,需由纳税人提出申请,并报经税务机关审批同意。

加速折旧的计算方法有很多,如双倍余额递减法、年数总和法、定率递减法等。其中,前两种方法在中国的会计实务中可以使用。

1. 双倍余额递减法

双倍余额递减法是将固定资产期初账面净值乘以不考虑净残值情况下直线法折旧率的两倍来计算各期折旧额的一种方法。其计算公式为:

$$年折旧率=(1/预计使用年限)\times 2\times 100\%$$

$$年折旧额=年初固定资产账面净值\times 年折旧率$$

采用双倍余额递减法时,为了避免固定资产的账面净值降到其预计净残值以下,企业应在一定年限改用直线法,将固定资产净值扣除预计净残值后的净额在剩余年限内平均摊销。理论上,当下式成立时,应将双倍余额递减法改为直线法。在中国的会计实务中,一般在最后两年直接改用直线法。

某年采用双倍余额递减法计算的折旧额<当年采用直线法计算的折旧额

承例7-5,A公司设备的折旧额采用双倍余额递减法计算,则该项固定资产年折旧率为40%。各年折旧额的计算如表7-2所示。

表7-2 双倍余额递减法折旧计算表　　　　　　　　　　　　　单位:元

年份	年初账面净值	年折旧率	年折旧额	累计折旧额	年末账面净值
1	50 000	40%	20 000	20 000	30 000
2	30 000	40%	12 000	32 000	18 000
3	18 000	40%	7 200	39 200	10 800
4	10 800		4 400	43 600	6 400
5	6 400		4 400	48 000	2 000

2. 年数总和法

年数总和法又称年限积数法,是将固定资产原值减去净残值后的净额乘以一个逐年递减的分数计算每年折旧额的一种方法。这个分数的分子代表固定资产尚可使用的年数,分母代表预计使用年限的各年数字之和。计算公式如下:

$$固定资产年折旧率 = 尚可使用年数 / 预计使用年限的各年数字之和$$

$$固定资产年折旧额 = (固定资产原值 - 净残值) \times 年折旧率$$

例 7-5 中,假设 A 公司设备的折旧额采用年数总和法计算,结果如表 7-3 所示。

表 7-3 年数总和法折旧计算表　　　　　　　　　　　单位:元

年份	原值-净残值 ①	尚可使用年限 ②	年折旧率 ③=②÷15	年折旧额 ④=①×③	累计折旧额 ⑤	年末账面净值 ⑥=原值-⑤
1	48 000	5	5/15	16 000	16 000	34 000
2	48 000	4	4/15	12 800	28 800	21 200
3	48 000	3	3/15	9 600	38 400	11 600
4	48 000	2	2/15	6 400	44 800	5 200
5	48 000	1	1/15	3 200	48 000	2 000

上述两种方法的共同特点是:在固定资产的预计使用年限内,各年折旧额呈递减状态分布。其区别在于:采用双倍余额递减法计提折旧的基数逐年减少,而各年折旧率不变;采用年数总和法计提折旧的基数不变,折旧率逐年降低。

3. 定率递减法

定率递减法又称余额递减法,是指将固定资产的期初账面净值乘以一个固定比率计算本期折旧额的一种方法。由于固定资产的账面净值随着使用年限的增加而减少,据此计算的折旧额亦逐年递减。计算公式如下:

$$固定折旧率\ R = 1 - \sqrt[n]{S/C}$$

$$固定资产年折旧额 = 固定资产年初账面净值 \times 固定折旧率$$

其中,n 代表预计使用年限;S 代表预计净残值,不能小于或等于 0;C 代表原值。

例 7-5 中,假设 A 公司设备的折旧额采用定率递减法计算,结果如表 7-4 所示。

表 7-4 定率递减法折旧计算表　　　　　　　　　　　单位:元

年份	年初账面净值	年折旧率	年折旧额	累计折旧额	年末账面净值
1	50 000	47.47%	23 735	23 735	26 265
2	26 265	47.47%	12 468	36 203	13 797
3	13 797	47.47%	6 549	42 752	7 248
4	7 248	47.47%	3 441	46 193	3 807
5	3 807	47.47%	1 807	48 000	2 000

(三) 特殊的折旧方法

上面说明的是中外会计实务中常用的折旧方法。在某些情况下,还需使用特殊的折旧方法。之所以说"特殊",一是其使用范围较窄;二是有的方法计算比较复杂,有的未对固定资产成本进行系统分摊,不符合配比原则。这些特殊的折旧方法包括:

1. 偿债基金法

偿债基金法是将固定资产原值减去预计净残值后的余额视同到固定资产使用期满日应偿还的债务额,并比照提存偿债基金的方式确定各期折旧额的一种方法,即如果每期期初提存等额基金存入银行并按复利率获取利息,到固定资产使用期届满时,能有一笔与固定资产原值减去预计净残值后的余额相等的存款可供更新固定资产使用,则每期应提的基金数加上基金按复利率积累的利息,就是各期应予计提的折旧额。

2. 年金法

年金法是将固定资产原值减去预计净残值后的余额,连同其折余价值(净值)上的投资利息,平均分摊于各使用期间的一种计算方法。采用这种方法,固定资产原值减去净残值视同年金的最初投入数,各期的折旧额视同年金中的分期收回数,每期的折旧额等于该期的年金折旧额减去该期按期初账面价值计算的利息后的余额。

偿债基金法和年金法的特点在于:在固定资产的有效使用年限内,各期的折旧额是逐年增加的。这两种方法的优点是在理论上符合取得固定资产时投资决策的推论,能够合理地计量每期所耗用的资产价值。但计算过于繁杂,实际工作中较少采用,一般用来做投资决策的参考。

3. 盘存法

盘存法是指采用存货的盘点方法来计算固定资产折旧额。基本做法是:①期末盘点固定资产,确定实存数量;②通过估算,确定期末固定资产的账面净值;③将固定资产期末估算的账面净值与期初账面净值及本期固定资产增加值之和比较,两者的差额即为本期应提的折旧额;④会计处理上,本期计提的折旧额直接贷记"固定资产"账户。

盘存法的优点是简单,缺点是不能系统地对固定资产的成本做合理分摊。它一般适用于数量较多、单位价值较低、使用年限虽长但容易遗失或损坏的固定资产,如工具。

4. 废弃法

废弃法是指固定资产在平时使用期间不提折旧,待报废时,将其原值与残值收入的差额一次性地转作折旧费,注销原值;同时,将重置的新固定资产购置成本记入"固定资产"账户。

废弃法因平时不提折旧,所以在固定资产报废以前,企业无须分摊其成本。废弃法既违反配比原则,歪曲企业各期的经营成果,也会使资产负债表上列示的固定资产价值虚增。铁路运输公司的铁轨、电力公司的电线杆、煤气公司的煤气管道等,可采用这种方法计提折旧。

5. 重置法

重置法是指固定资产在平时使用期间不提折旧,待其报废重置时,将重置新固定资产的购置成本与报废旧固定资产的残值收入的差额,一次性地转作当期的折旧费用。

与废弃法相比,重置法有三点不同:①折旧费的计算方法不同。重置法下,折旧费按重置的新固定资产的购置成本计算;废弃法下,则按报废的旧固定资产的购置成本计算。②账务处理不同。重置法下,报废旧固定资产的购置成本仍保留;废弃法下,报废旧固定资产的原值已被重置新固定资产的原值代替。③对资产负债表上固定资产价值的影响不同。在物价上涨的趋势下,重置法计提的折旧高于废弃法,从而使资产负债表上的固定资产价值有所降低。当然,重置法也因平时不提折旧,违反了配比原则。

实务中,折旧方法的选用应注意两点:一是企业应当根据固定资产有关经济利益的预期消耗方式,合理地选择折旧方法,包括平均年限法、工作量法、双倍余额递减法和年数总和法等。由于收入可能受到投入、生产过程、销售等因素的影响,这些因素与固定资产有关经济利益的预期消耗方式无关,因此,企业不应以包括使用固定资产在内的经济活动所产生的收入为基础计提折旧。二是企业选用不同的折旧方法,将影响固定资产使用期内不同时期的折旧费用。因此折旧方法一经确定,不得随意变更。如需变更,应当符合固定资产准则的规定,至少于每年年度终了对固定资产的使用寿命、预计净残值和折旧方法进行复核,并按复核的结果进行处理。

五、折旧的会计处理

企业计提固定资产折旧时,一般以月初应计提折旧的固定资产为依据,遵循当月增加的固定资产当月不提折旧、当月减少的固定资产当月照提折旧的原则,在上月计提折旧额的基础上,考虑上月固定资产的增减情况,并对折旧额进行调整后计算当月折旧额。计算公式如下:

当月应提折旧额=上月固定资产计提的月折旧额+上月增加固定资产应计提的月折旧额-上月减少固定资产应计提的月折旧额

需要注意的是,已计提减值准备的固定资产,以后期间的折旧额应按账面价值重新计算。

实务中,企业各期折旧的计提一般通过编制"固定资产折旧计算表"来完成。表7-5是H公司2018年6月的固定资产折旧计算表。

表7-5 固定资产折旧计算表

2018年6月 单位:元

使用部门	固定资产项目	上月折旧额	上月增加固定资产		上月减少固定资产		本月折旧额
			原值	折旧额	原值	折旧额	
生产车间	厂房	5 000					5 000
	机器设备	8 000	60 000	1 200			9 200
	小计	13 000	60 000	1 200			14 200
管理部门	房屋建筑	4 000			30 000	500	3 500
	小计	4 000			30 000	500	3 500
合计		17 000	60 000	1 200	30 000	500	17 700

固定资产折旧费应按使用部门列支。其中,生产车间使用固定资产的折旧费计入制造费用,行政管理部门使用固定资产的折旧费计入管理费用,销售部门负担的折旧费计入销售费用,出租固定资产的折旧费作为其他业务成本处理,用于企业内部无形资产研发的固定资产折旧费按照研发支出费用化或资本化的原则处理(详见第八章第一节),等等。2018年6月末,H公司根据本月固定资产折旧计算表,应做如下会计分录:

			14 200	

借:制造费用　　　　　　　　　　　　　　　　　　　　　　　14 200
　　管理费用　　　　　　　　　　　　　　　　　　　　　　　 3 500
　贷:累计折旧　　　　　　　　　　　　　　　　　　　　　　　17 700

六、不同折旧方法对企业纳税及现金流量的影响

虽然企业选用不同的折旧方法在固定资产使用期内计提的折旧总额相等,但企业各期折旧费的列支会有所不同,进而影响各期所得税的缴纳金额,影响企业的现金流量。

例7-6　沿用例7-5的资料,假设A公司该项设备由行政管理部门使用,未考虑折旧前公司每年的税前利润为100 000元,当年所得税税率为25%,无其他纳税调整事项,则设备使用期内,分别采用平均年限法、双倍余额递减法、年数总和法(税法均允许采用)计提折旧,对A公司各年所得税的影响如表7-6所示。

表7-6　折旧方法对企业所得税的影响比较　　　　　　　　　　　　　　　　单位:元

年份	平均年限法			双倍余额递减法				年数总和法			
	折旧额	纳税所得	应纳税额	折旧额	纳税所得	应纳税额	比平均法节约所得税	折旧额	纳税所得	应纳税额	比平均法节约所得税
1	9 600	90 400	22 600	20 000	80 000	20 000	2 600	16 000	84 000	21 000	1 600
2	9 600	90 400	22 600	12 000	88 000	22 000	600	12 800	87 200	21 800	800
3	9 600	90 400	22 600	7 200	92 800	23 200	-600	9 600	90 400	22 600	0
4	9 600	90 400	22 600	4 400	95 600	23 900	-1 300	6 400	93 600	23 400	-800
5	9 600	90 400	22 600	4 400	95 600	23 900	-1 300	3 200	96 800	24 200	-1 600
合计	48 000	452 000	113 000	48 000	452 000	113 000	0	48 000	452 000	113 000	0

从表7-6可以看出,三种方法下A公司对该项设备计提的折旧总额、纳税所得与应纳税额均相等,分别为48 000元、452 000元及113 000元,但各年的折旧额、纳税所得与应纳税额有所差异。既然不同的折旧方法会对企业产生不同的影响,实务中,企业就需要对折旧方法进行选择。企业对折旧方法的选择,在很大程度上是出于对获得财务利益的考虑。换言之,与平均年限法相比,加速折旧法可以给企业带来递延纳税的好处。

首先,货币具有时间价值,递延纳税无异于政府向企业提供了一笔无息贷款,企业则享受了这种财务利益,具体金额可根据平均年限法下各年应纳所得税现值与加速折旧法下各年所得税现值的差额计算确定。如例7-6中,假设5年期的借款利率为6%,年末交纳所得税,则5年中A公司获得的财务利益为487元①。

其次,折旧费虽然不影响公司的现金流量,但交纳所得税需要公司支付现金,加速折旧法所带来的递延纳税可推迟企业的现金流出。如表7-6所示,第1年,A公司采用双倍余额递减法交纳的所得税比平均年限法少2 600元、第2年少600元,这些金额的所得税

---

①　此金额为平均年限法下各年应纳所得税的现值之和(按年金贴现)95 200元与双倍余额递减法下各年所得税的现值之和(按复利贴现)94 713元的差额。若与年数总和法下各年所得税的现值之和94 808元相比,则5年中A公司获得的财务利益应为392元。此外,本题为了简化计算,假设A公司未扣除折旧费用前的利润只有100 000元,计提折旧的固定资产原值仅为50 000元。实务中,企业的这两个指标往往很大,故而加速折旧所获得的财务收益相当可观。

推迟至第3—5年交纳。对A公司来说,前两年的现金流出减少、现金净流量增加,可用因此增加的现金投入生产经营,以增加企业收益。

相关案例　　　　调整折旧年限,公司业绩增厚

通过调整固定资产折旧年限为公司增加利润或隐藏利润,是上市公司一贯的手法。2016年上半年多家钢铁企业陆续采取了这一会计估计变更。三钢闽光(002110)对房屋及建筑物、机器设备的折旧年限均做出上调,此项会计估计变更使公司固定资产折旧额减少约1.95亿元,净利润增加约1.46亿元。马鞍山钢铁股份(00323)通过了关于其控股子公司长江钢铁股份有限公司变更股东资产折旧年限的预案,将其房屋及建筑物、机器设备和运输设备的折旧年限分别从20、10、5年调至30、15、8年,2016年度该公司因此减少固定资产折旧额1.06亿元,增加年度利润总额约1.06亿元。此外,太钢不锈(000825)、包钢股份(600010)也都对其固定资产的折旧年限做出调整。其中,包钢股份对其房屋及建筑物、通用设备、专用设备和运输设备的折旧年限进行全面的调增,导致公司2016年度固定资产折旧额减少6.04亿元,所有者权益及净利润增加4.53亿元。上述几家钢铁企业通过这一简单的会计估计变更,为2016年度业绩增利合计超过15亿元。

众多钢铁企业之所以在2016年对固定资产折旧进行会计估计变更,可能与钢价下跌、产量下调的业绩压力有关。钢铁企业通过降低固定资产折旧额,弥补盈利能力的下降,实现业绩平滑,也折射出钢铁企业的盈利能力改善需要更长的筑底时间。

其实,在业绩景气的2007年前后,钢铁企业也曾普遍采用缩短固定资产折旧年限的做法进行盈余管理。

资料来源:根据2016年上市公司年报整理。

第四节　固定资产的后续支出与减值

一、固定资产的后续支出

固定资产在使用过程中会发生各种支出。其中,有些是为了延长其使用寿命或增强其服务潜能,有些则是为了维护其现有的或正常的使用状态。后续支出的主要内容包括:改建、扩建或改良支出,其中改良是对固定资产质量或功能的改进,如用自动装置替代非自动装置等;维护保养与修理支出。

后续支出的会计处理原则是:如果支出增强了固定资产获取未来经济利益的能力,提高了固定资产的性能,如延长了使用寿命、提高了生产能力,使所生产的产品质量有实质性提高或使产品成本有实质性降低等,并且这些支出的结果可能使流入企业的经济利益超过原先的估计,符合资产的确认条件,那么应将其资本化,计入固定资产的账面价值;否则,固定资产的后续支出应予费用化,直接计入发生当期的费用。

就固定资产的改建、扩建或改良工程而言,一般支出数额大、受益期长,支出的结果通常会延长固定资产的使用寿命,增强固定资产的性能和生产质量等,实务中,应将其资本化。会计上,改建、扩建或改良工程所发生的支出一般通过"在建工程"账户核算,具体方法与第二节所述"自营建造固定资产"的核算基本相同。需要注意的是,在将后续支出资本化后,不应导致计入后固定资产的账面价值超过其可收回金额。

企业对固定资产进行维护保养,如添加润滑油、更换螺丝等,目的是使固定资产在使用过程中保持正常的运行状态,防止其损坏。修理则是一项正常的、重复性的工作,目的是恢复固定资产正常的服务功能。无论是维护还是修理,都不会改变固定资产的性能,也不会增加其未来经济效益。既然如此,所发生的支出就不符合资产的确认条件,应于发生时直接计入当期费用,并按固定资产的用途和使用部门列支。

二、固定资产减值

固定资产在长期使用过程中,除因使用等导致价值磨损并相应计提折旧外,还会因损坏、技术陈旧或其他经济原因导致其可收回金额低于账面价值,这种情况称为固定资产价值减值。为了真实地反映固定资产的价值,避免虚计资产、虚盈实亏,企业应于期末或者至少年末,对固定资产逐项进行检查,并按照固定资产账面价值和可收回金额孰低计量,合理预计可能发生的损失。对于那些因技术陈旧、损坏、市价持续下跌、长期闲置或其他原因导致已经没有经济价值、不能给企业带来经济利益的固定资产,应将可收回金额低于其账面价值的差额作为固定资产减值准备,并确认为固定资产减值损失计入当期损益。

固定资产减值测试及核算程序如图7-1所示。

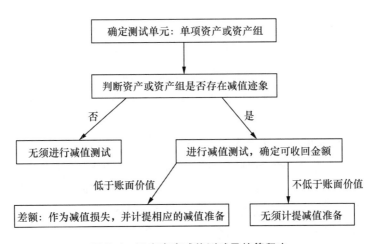

图 7-1　固定资产减值测试及核算程序

图7-1中,确定测试单元的依据是现金流产出单元。如果某一单项资产为一现金流产出单元,则可以将其单独作为一个测试单元;如果若干项资产组成一个独立产生现金流的最小资产组,则该资产组应作为一个单独的测试单元。需要注意的是,测试单元的确定不仅要就其自然状态判断能否独立产生现金流,还要看管理意图和有关契约能否允许其独立产生现金流。例如,企业有两条生产线生产政府特许经营的产品,政府的要求是必须同时经营这两种产品,否则取消其经营权。在这种情况下,经营过程中,两条生产线虽然能够单独产生现金流,但在进行减值测试时必须将其作为一个现金流产出单元。

(一)固定资产减值的判断

固定资产减值的核算,首先应判别是否存在减值迹象。引起固定资产减值的原因是多方面的,判断它是否发生减值,应区分外部与固定资产本身的原因进行考察。

(1) 外部原因。主要包括:①资产的市价在当期大幅下跌,其跌幅大大高于因时间推移或正常使用所做的预计;②技术、市场、经济或法律等企业经营环境,或是资产的营销市场,在当期发生或在近期将发生重大变化,对企业产生负面影响,常见的例子是市场上出现相关替代品使本企业的产品销路急剧下跌,制药厂生产的药品导致人命案等;③市场利率或市场的其他投资回报率在当期已经提高,从而很可能影响企业计算资产使用价值时采用的折现率,并大幅降低资产的可收回金额;④财务报告列示的企业净资产账面金额大于其市场资本化金额。

(2) 固定资产本身的原因。主要包括:①有证据表明资产已经陈旧过时或实体损坏;②资产的使用方式或程度已在当期发生或在近期将发生重大变化,对企业产生负面影响,这些变化包括计划终止或重组该资产所属的经营业务,或计划在预定日期之前处置该资产;③内部报告提供的证据表明,资产的经济绩效已经或将要比预期的差。从内部报告中获得的表明资产可能已经减值的证据,包括为获取资产而发生的现金流量,或随后为经营或维护该资产而发生的现金需求,远远高于最初的预算;与预算相比,资产的实际现金净流量或经营损益已经明显恶化;资产的预算现金流量或经营利润大幅下跌,或预算损失大幅增加;当期数字与未来期间的预算数字累计,其结果是经营损失或现金净流出。

(二)固定资产减值损失的计量

如有上面所述外部或固定资产本身的原因,导致固定资产的账面价值不可恢复,则企业应估计固定资产本期末的可收回金额。这里,"可收回金额"是指下列两个金额中的较高者:①期末估计的该项资产的公允价值减去处置费用后的净额;②预期从该项资产的持续使用和使用期结束时的处置中形成的未来现金流量的现值。当固定资产的账面价值高于预计可收回金额时,确认固定资产减值,差额即为减值损失。

(三)固定资产减值的会计处理

期末,企业应将固定资产的可收回金额与其账面价值相比较,如果其可收回金额大于其账面价值,则说明固定资产没有减值,会计上不做任何账务处理。如果其可收回金额小于其账面价值,则差额即为减值损失,计入当期损益;与此同时,形成固定资产减值准备,在专设的"固定资产减值准备"账户中核算。期末,企业对确认的固定资产减值损失,应借记"资产减值损失——固定资产减值损失"账户,贷记"固定资产减值准备"账户。

固定资产减值的核算还需注意三点:

(1) 固定资产折旧与减值的核算均属于期末账项调整的内容。实务中,期末应先计提折旧,再核算减值。固定资产计提减值准备后,以后各期的折旧额应按其账面价值(固定资产原值减去累计折旧和已提减值准备后的金额)及尚可使用年限重新计算;以前年度已计提的折旧不再追溯调整。

(2) 在中国,固定资产减值的核算遵循《企业会计准则第8号——资产减值》。按照该准则的规定,企业以前期间计提的固定资产减值损失,在以后期间不得转回。究其原因,一是固定资产属于长期资产,从理论研究及长期的实务来看,其价值一旦持续下跌,以后回升的可能性不大;二是防止企业利用资产减值的计提与转回操纵利润。

(3) 减值与折旧的区别。固定资产减值不同于折旧,主要差别是两者的计量属性及经济实质不同。折旧是基于实际成本原则对固定资产投资额的分期收回,减值的核算则基于公允价值的考虑;折旧反映的是固定资产的价值随着使用而逐步转移到企业的产品成本或费用中,减值表明固定资产为企业创造经济利益的能力已经下降。不管怎样,两者均属于固定资产价值的补偿形式。

三、在建工程减值

对于在建工程,企业也应当定期或至少于每年年度终了,对其进行全面检查。如果有证据表明在建工程已经发生减值,则应就减值部分计提减值准备,以正确地反映在建工程的价值。存在以下一项或若干项情况的,应当计提在建工程减值准备:

(1) 在建工程项目长期停建并且预计在未来三年内不会重新开工。

(2) 所建项目无论是在性能上还是在技术上已经落后,并且给企业带来的经济利益具有很大的不确定性。

(3) 其他足以证明在建工程已经发生减值的情形。

与其他资产的减值损失一样,在建工程发生的减值损失作为"资产减值损失"单独核算,计入当期损益,其计量和账务处理与固定资产基本相同。这里不再赘述。

国际视野

规范固定资产核算的国际会计准则(现称为"国际财务报告准则")有第16号不动产、厂房和设备以及第36号资产减值。

(1) 关于确认。国际会计准则规定,对于一些个别不重要的项目,如模具、冲模,可合并为单一的资产项目。

(2) 关于后续计量。成本模式固然是首选模式,但当固定资产的公允价值能够可靠计量时,国际会计准则同时允许重估价模式作为固定资产后续计量的会计政策,并规定其适用于所有种类的固定资产。采用重估价模式时,期末以重估金额,即该资产重估日的公允价值减去随后发生的累计折旧和累计减值损失后的金额列示固定资产价值;重估应当经常进行,每期期末估计的重估增值应在其他综合收益和累积盈余中的重估盈余里确认,直接增加股东权益项目(属于同一资产以前损失的转回,则计入当期损益),重估损失则在利润表中确认(以前已计入权益增加的转回,应减少相应的权益项目)。

(3) 折旧范围。国际会计准则及美国会计准则均没有明确规定。

(4) 折旧方法。国际会计准则通常使用直线折旧法,年数总和法和双倍余额递减法被归类为加速折旧法,通常用于税收目的。不管采用哪种方法,准则规定应符合下列原则:一是折旧金额应当在固定资产使用寿命内系统地摊销;二是折旧方法应反映企业消耗该资产所含未来经济利益的方式,如果资产内含的未来经济利益的预期消耗方式有重大改进,则折旧方法也应相应改进,能够反映预期消耗的模式。

(5) 关于减值。国际会计准则规定,企业以前期间确认的减值损失允许转回。在这种情况下,资产的账面价值应增至可收回金额,且不应高于资产没有确认减值损失时的账面价值。

第五节 固定资产的处置

固定资产的处置包括出售、转让、报废、毁损、对外投资、非货币性交换、债务重组等情况。处于处置状态的固定资产不再用于生产商品、提供劳务、出租或经营管理,因此不再符合固定资产的定义,应予终止确认。

一、持有待售固定资产的会计处理

(一)持有待售固定资产的确认条件

企业取得固定资产,目的是自用,但对那些不适用或不需用的固定资产可以选择出售(包括具有商业实质的非货币性资产交换)。对同时满足以下两个条件的,会计上应将其确认为持有待售固定资产:一是根据类似交易中出售同类资产的惯例,在当前状况下可立即出售;二是出售极有可能发生。典型的例子是企业已就出售计划做出决议且已获得确定的购买承诺,如与买方签订了不可撤销的销售协议;同时预计出售将在一年内完成。若本资产负债表日前出售预计无法完成,则会计期末应将其转入专设的"持有待售资产"账户核算。

实务中,在很多情况下,企业除出售单项固定资产外,更多的是出售一个资产组,称为处置组。处置组是指在一项交易中作为整体出售或其他方式一并处置的一组资产,以及在该项交易中转让的与这些资产直接相关的负债。处置组中可能包含企业的任何资产与负债,如流动资产、流动负债、非流动资产和非流动负债。企业合并时取得的商誉已按照相关企业会计准则的规定分摊到相关的资产组,若该资产组已确认为持有待售,则该持有待售的资产组也包含所分摊的商誉。

(二)持有待售固定资产的计量

固定资产(或处置组,下同)在划归为持有待售之前,已按照相关会计准则规定计提了折旧或减值损失。划分为持有待售日,其原价减去累计折旧与减值损失后的余额,即为账面价值。持有待售固定资产的初始计量,按其账面价值与公允价值减去出售费用后的净额两者孰低的原则进行。这里的公允价值是指持有待售固定资产购买承诺中的交易价格,也即售价;如果尚未获得确定的购买承诺,则应按《企业会计准则第 39 号——公允价值》的规定,对持有待售固定资产的公允价值进行估计,优先使用市场报价等可观察输入值。出售费用是指可直接归属于出售固定资产的增量费用,它直接由出售固定资产而引起,且是出售所必需的;换言之,如果不出售固定资产,则该费用就不会发生。例如,因出售所发生的特定法律服务、资产评估咨询等中介费及印花税等相关税费等。

持有待售固定资产从划归为持有待售之日起,停止计提折旧和减值测试。

(三) 持有待售固定资产的会计处理

对持有待售的固定资产,会计上产生的特殊问题主要有:

(1) 调整账面价值:根据持有待售固定资产上述初始计量"两者孰低"的原则,具体分两种情况:一是调整前持有待售固定资产的账面价值大于调整后金额,差额作为资产减值损失,计入当期损益;二是调整前持有待售固定资产的账面价值小于调整后金额,差额不予转回,因为此种情况说明固定资产期末价值回升,不转回差额的处理与中国对固定资产以前会计期间计提的减值准备不允许转回的规定相一致。

特殊情况下,若持有待售固定资产的公允价值减去出售费用后的净额为负数,此时应将其账面价值减记至零为限。是否需要确认预计负债,按照中国或有事项准则的相关规定进行处理。

(2) 持有待售固定资产从划归为持有待售之日起,停止计提折旧和减值测试。

(3) 后续资产负债表日,如果持有待售固定资产的公允价值减去出售费用后的净额增加,则确认日原核算的资产减值损失应予恢复,计入当期损益。不过,转回金额仅限确认日原核算的资产减值损失的金额内,划归为持有待售固定资产前确认的资产减值损失不得转回。

(4) 期末编制资产负债表时,企业应将其在"持有待售资产"项目中反映,同时在报表附注中披露持有待售固定资产的相关内容,如资产名称、账面价值、公允价值、预计处置费用和预计处置时间等。

例7-7 T公司因转产计划将原有的一套生产设备出售,2018年6月10日已与买方签订转让合同,约定3个月内办理完成设备的交接。T公司估计2018年8月底前会完成转让。设备原价300万元,累计折旧90万元,未计提减值准备。2018年6月10日,估计设备的公允价值为200万元、转让及处置费用为6万元。

本例中,转让合同签订日,应将设备确认为持有待售。T公司的会计处理如下:

(1) 将设备的账面价值调整为194万元(200-6),它与设备账面价值210万元(300-90)的差额16万元作为资产减值损失处理。

借:资产减值损失　　　　　　　　　　　　　　　　160 000
　　贷:固定资产减值准备　　　　　　　　　　　　　160 000

(2) 将设备转为持有待售:

借:持有待售资产——固定资产　　　　　　　　　1 940 000
　　累计折旧　　　　　　　　　　　　　　　　　　　900 000
　　固定资产减值准备　　　　　　　　　　　　　　160 000
　　贷:固定资产——生产经营用　　　　　　　　　3 000 000

上例中,若转让合同签订日,设备累计折旧为120万元,原价不变,则其账面价值为180万元,小于设备当前公允价值减去出售费用后的净额194万元。按照两者孰低的初始计量原则,此时直接按设备的账面价值转入待售。

借:持有待售资产——固定资产　　　　　　　　　1 800 000
　　累计折旧　　　　　　　　　　　　　　　　　　1 200 000
　　贷:固定资产——生产经营用　　　　　　　　　3 000 000

（3）假设 2018 年 7 月 31 日设备完成交接手续，同时支付律师咨询费等中介费用 6 万元。则 T 公司付款时：

借：资产处置损益　　　　　　　　　　　　　　　　60 000
　　贷：银行存款　　　　　　　　　　　　　　　　　　60 000

收到设备价款 200 万元时：

借：银行存款　　　　　　　　　　　　　　　　　2 000 000
　　贷：持有待售资产——固定资产　　　　　　　　1 940 000
　　　　资产处置损益　　　　　　　　　　　　　　　60 000

例 7-8　2018 年 7 月 2 日，H 公司与 D 公司签订协议，将其拥有的一家出租车公司整体转让，转让价初步协商为 260 万元。同时约定对公司当年 6 月初购买的一项以公允价值计量且其变动计入当期损益的金融资产（股票投资），其转让价格以转让完成日的市场报价为准。2018 年 6 月末对所属资产、负债项目的期末价值已按企业会计准则规定进行了核算，具体如表 7-7 所示。该出租车公司符合划分为持有待售类别的条件，不符合终止经营条件。H 公司估计为该项转让还需支付律师与注册会计师专业咨询费等共计 4 万元，不考虑其他相关税费。

表 7-7　出租车公司资产、负债项目余额
2018 年 6 月 30 日　　　　　　　　　　　　　　　　　　　　　　单位：元

项目名称	借方余额	贷方余额
银行存款	420 000	
交易性金融资产	200 000	
固定资产	2 000 000	
累计折旧		180 000
无形资产	200 000	
累计摊销		60 000
其他应付款		500 000
应付职工薪酬		30 000

分析：2018 年 7 月 2 日为出租车公司整体资产转让合同签订日，距 6 月 30 日很近，故待售资产组的账面价值直接以 6 月 30 日的为准。7 月 2 日待售资产组的账面价值为 258 万元，其公允价值扣除出售费用后的净额为 256 万元（260-4），前者比后者高 2 万元。按照待售资产组初始计量"两者孰低"的原则，7 月 2 日 H 公司应按 256 万元计量待售资产组，与资产组原账面价值的差额 2 万元计入当期损益；同时按固定资产及无形资产账面价值的比例分摊，抵减各自的账面价值。有关计算如下：

固定资产应分摊金额 = 1 820 000÷（1 820 000+140 000）×20 000 = 18 571（元）

无形资产应分摊金额 = 140 000÷（1 820 000+140 000）×20 000 = 1 429（元）

H 公司的账务处理如下：

（1）7 月 2 日将出租车公司确认为持有待售资产组：

借:持有待售资产——银行存款	420 000	
——交易性金融资产	200 000	
——固定资产	1 820 000	
——无形资产	140 000	
累计折旧	180 000	
累计摊销	60 000	
贷:银行存款		420 000
交易性金融资产		200 000
固定资产		2 000 000
无形资产		200 000

对出租车公司的相关负债:

借:其他应付款	500 000	
应付职工薪酬	30 000	
贷:持有待售负债——其他应付款		500 000
——应付职工薪酬		30 000

(2) 调整出租车公司待售资产组的账面价值,分摊其与公允价值及出售费用的差额2万元:

借:资产减值损失	20 000	
贷:持有待售资产减值准备——固定资产减值准备		18 571
——无形资产减值准备		1 429

(3) 7月末,出租车公司的转让尚未完成,交易性金融资产期末价值上涨1万元。据此,待售资产组的公允价值也相应地调整为261万元。此外,H公司将本资产组的出售费用由原来的4万元调至3万元。其他不变。对此,7月末H公司的会计处理又如何进行?

首先,对交易性金融资产期末价值增加的1万元,H公司应做如下财务处理:

借:持有待售资产——交易性金融资产	10 000	
贷:公允价值变动损益		10 000

其次,7月末,待售资产组的账面价值为257万元;其公允价值261万元减去出售费用3万元后的净额为258万元,高于账面价值1万元。对该金额应予转回,同样应按本期末固定资产与无形资产账面价值的比例分摊,增加其账面价值。根据前述分摊方法,固定资产应摊9 286元,无形资产应摊714元。

借:持有待售资产减值准备——固定资产减值准备	9 286	
——无形资产减值准备	714	
贷:资产减值损失		10 000

本例中,7月2日出租车公司确认待售资产组减值损失2万元,7月末已转回1万元,本资产组转让完成前,若资产价值持续增加,则还可转回原确认的减值损失1万元。账务处理比照上面进行。

经过上述调整,出租车公司待售资产组7月2日及31日的账面价值如表7-8所示。

表 7-8　出租车公司资产负债项目余额　　　　　　　　　　　　　单位:元

项目名称	2018.7.2	2018.7.31	2018.7.31 转回减值	2018.7.31 账面价值
银行存款	420 000			420 000
交易性金融资产	200 000	+10 000		210 000
固定资产	1 801 429		9 286	1 810 715
无形资产	138 571		714	139 285
其他应付款	(500 000)			(500 000)
应付职工薪酬	(30 000)			(30 000)
合计	2 030 000	+10 000	+10 000	2 050 000

（4）2018 年 8 月 20 日出租车公司整体转让完成,当日出租车公司的交易性金融资产市价为 216 000 元,H 公司收到买家支付的价款 2 616 000 元;同时以银行存款支付律师等处置费用 3 万元。转让日,H 公司的会计处理如下:

① 支付出售费用:

借:资产处置损益　　　　　　　　　　　　　　　　　　　　30 000
　　贷:银行存款　　　　　　　　　　　　　　　　　　　　　30 000

② 对交易性金融资产的公允价值变动额:

借:持有待售资产——交易性金融资产　　　　　　　　　　　6 000
　　贷:公允价值变动损益　　　　　　　　　　　　　　　　　6 000

③ 收到转让款,同时注销待售资产组及相关负债的账面价值:

借:银行存款　　　　　　　　　　　　　　　　　　　　　2 616 000
　　持有待售负债——其他应付款　　　　　　　　　　　　　500 000
　　　　　　　　——应付职工薪酬　　　　　　　　　　　　30 000
　　持有待售资产减值准备——固定资产减值准备　　　　　　9 285
　　　　　　　　　　　　——无形资产减值准备　　　　　　715
　　贷:持有待售资产——银行存款　　　　　　　　　　　　420 000
　　　　　　　　　　——交易性金融资产　　　　　　　　　216 000
　　　　　　　　　　——固定资产　　　　　　　　　　　1 820 000
　　　　　　　　　　——无形资产　　　　　　　　　　　　140 000
　　　　资产处置损益　　　　　　　　　　　　　　　　　　560 000

（四）持有待售固定资产的转回

如果持有待售固定资产不再满足相关条件,会计上就不再将其划分为持有待售类别,应将其从持有待售类别中移除,称为持有待售固定资产转回。此时,固定资产从持有待售类别转回投入企业正常的生产经营,转回的账面价值按照以下两者孰低的金额计量:①假定不划分为持有待售类别情况下,核算该项资产本应计提的折旧或减值,在此基础上计算其账面价值;②可收回金额。这样处理的结果,能使原划分为持有待售的固定资产在重新分类后的账面价值,与其从未划分为持有待售资产情况下的账面价值相一致,由此产生的差额计入当期损益,通过"资产减值损失"账户进行核算。

二、出售、转让与报废、毁损固定资产的会计处理

这里的出售、转让,是指未划分为持有待售类别而出售、转让固定资产的情况。报废包括两种情况:一是固定资产使用期满的正常报废;二是由于技术进步使固定资产提前退出使用而发生的提前报废。毁损则是指使用期内发生自然灾害或责任事故等非常情况造成的固定资产毁坏与损失。上述情况的固定资产处置,会发生相关收入、清理费用与相关税费(如出售、转让固定资产应交的增值税),会计上应将处置收入扣除账面价值和相关费用后的余额计入当期损益。其中,属于出售、转让固定资产的,所发生的损益作为资产处置损益,通过"处置资产损益"账户进行核算,这与持有待售固定资产实际出售时的处理相同;属于报废或毁损固定资产的,相关损益则计入营业外收支。

上述情况的固定资产处置,一般应通过"固定资产清理"账户进行核算。其会计处理程序包括:①将处置固定资产的账面价值转入"固定资产清理"账户。②核算清理费用。③核算处置收入,包括出售价款、残值变价收入、保险或事故责任人的赔偿款等。④核算增值税,例如出售、转让固定资产,应按规定计算销项增值税。不过,增值税属于价外税,对一般纳税人来说,上述情况发生的销项增值税不计入固定资产清理。若属提前报废,还应按净值计算剩余使用期间尚未抵扣的原进项增值税。⑤结转清理净损益。

下面重点说明固定资产报废清理的会计处理。

固定资产不论是正常报废还是提前报废,报废清理必须有严格的审批手续,由其管理部门或使用部门填制清理凭证,说明资产的技术状况和清理原因,经审查鉴定并按程序批准后,组织清理工作。会计处理上,应注意固定资产提前报废时,对尚未提足的折旧不再补提。

例 7-9 D 企业基本生产车间于 2013 年年底购入一台设备并投入使用。该设备原值 60 000 元,预计使用 5 年,采用双倍余额递减法计提折旧(最后两年改用直线法)。2017 年 6 月 20 日因火灾使该设备提前报废,经批准后进行清理。清理时以银行存款支付清理费用 350 元,取得残值收入 700 元已存入银行。设备已清理完毕。

由上可知:该设备报废时,剩余使用年限为一年半。按照规定,最后一年半的折旧不再补提。此外,该设备提前报废,应按净值计算应负担的原进项增值税,计 1 652.4 元 [(60 000-50 280)×17%]。有关清理净损益的计算如下:

清理净损失=原值-累计折旧+清理费用-残值收入-未抵扣进项增值税
= 60 000-50 280+350-700-1 652.4 = 7 717.60(元)

清理该设备的会计分录如下:

(1)结转设备的账面净值:

借:固定资产清理	9 720	
累计折旧	50 280	
贷:固定资产		60 000

(2)核算尚未抵扣的原进项增值税:

借:固定资产清理	1 652.40	
贷:应交税费——应交增值税(进项税额转出)		1 652.40

(3)核算残值收入:

借:银行存款   700

贷：固定资产清理　　　　　　　　　　　　　　　　　　　　　　700
(4) 支付清理费用：
借：固定资产清理　　　　　　　　　　　　　　　　　　　　　　350
　　贷：银行存款　　　　　　　　　　　　　　　　　　　　　　　　350
(5) 结转报废净损失：
借：营业外支出　　　　　　　　　　　　　　　　　　　　　　7 717.60
　　贷：固定资产清理　　　　　　　　　　　　　　　　　　　　　7 717.60

与固定资产提前报废相类似的一种情况是固定资产毁损，它是由自然灾害或责任事故而造成的毁坏和损失。固定资产发生毁损时，必须查明原因、明确责任，并办理有关的清理手续。其会计处理方法与固定资产报废相同，因责任事故或非常损失而应由个人赔款或应由保险公司赔款的部分，视同固定资产清理收入，计入"固定资产清理"账户的贷方，具体可比照例 7-9 进行。

三、出租固定资产的会计处理

租赁分为经营租赁与融资租赁两种，这里的出租仅指前者。企业对暂时不需用的固定资产(具有投资性质而出租的房地产，会计上作为投资性房地产核算，这将在第八章阐释)，可以出租给其他单位使用，并向承租单位收取租金。企业对出租的固定资产仍拥有所有权，只是转让一定时期内的使用权。出租的固定资产因用途发生了变化，企业应对明细账进行调整，即从"生产经营用固定资产"或"不需用固定资产"转入"租出固定资产"明细账。出租期间计提的折旧费以"其他业务成本"列支，所确认的租金收入则作为"其他业务收入"核算。"营改增"后，出租固定资产应按租金收入交纳增值税，记入"应交税费"账户。租赁期期满收回固定资产时，亦应从"租出固定资产"转入"生产经营用固定资产"等明细账。

四、盘亏固定资产的会计处理

企业应定期对固定资产进行盘点清查。通过清查，一方面，可掌握固定资产的实有数及其分布，检查账实是否相符，从而加强对固定资产实物的管理；另一方面，可了解固定资产的使用、维护及修理情况，检查是否存在使用不当或长期闲置不用的情况，充分挖掘固定资产的使用潜力。

发生固定资产盘亏，应及时查明原因，编制"固定资产盘亏报告表"，并据此进行账务处理。会计上，应注销盘亏固定资产的账面价值，同时计算盘亏固定资产尚未抵扣的原进项增值税，并将上述两项金额作为损失借记"待处理财产损溢"账户；按管理权限报经批准后处理时，对可收回的保险赔偿或过失人赔偿，作为"其他应收款"处理，对盘亏净损失转作营业外支出。

📢 本章提要

固定资产是指企业用于生产商品、提供劳务、出租或经营管理而持有的、预计使用年限超过一年的有形资产。本章在分析固定资产确认、计量等一般问题的基础上，对固定资产增加、折旧、后续支出与减值、处置等业务的核算,分别进行了详细的阐释。

（1）固定资产的确认与计量。一项资产是否属于固定资产,首先要衡量其是否符合固定资产的定义,其次还应同时具备两个条件:一是该固定资产包含的经济利益很可能流入企业;二是该固定资产的成本能够可靠地计量。固定资产的计量分为初始计量和后续计量两个方面。在中国,固定资产的初始计量通常采用实际成本或原始价值,后续计量主要是对固定资产计提折旧,采用账面价值与可收回金额孰低法进行期末计价,并核算可能发生的减值损失。

（2）固定资产增加的途径主要有自行建造、外购、租入、接受投资或捐赠、以非货币性交易换入、进行债务重组受让等。不管属于哪种情况,企业增加的固定资产均按取得时的实际成本入账,来源不同,初始成本的具体内容亦有所差异。目前中国已推行消费型增值税,固定资产增加所发生的增值税,只要有合法凭证均可抵扣,不计入成本。

（3）固定资产在其有效使用期内,由于使用等逐渐发生价值磨损,其磨损的价值称为折旧。计提折旧属于会计程序。折旧额的估计主要有平均法、加速折旧法等,折旧费用则按固定资产的使用部门列支。

（4）固定资产在使用过程中,为了适应新技术发展的需要,或为了维护与提高使用效能,还会发生改、扩建或改良支出以及维护保养与修理支出等。会计上应根据支出的经济实质,将其资本化或费用化处理。固定资产减值的核算应先确定测试单元。当有迹象表明固定资产（单项或资产组）的账面价值不可恢复并高于其可收回金额时,意味着资产已经发生减值。期末预计的可收回金额低于账面价值的差额,即为减值损失。在中国,企业以前期间计提的固定资产减值损失,在以后期间不得转回。计提减值损失的固定资产,以后各期的折旧额应按其账面价值及尚可使用年限重新计算;以前年度已计提的折旧不再追溯调整。

（5）企业出售、转让固定资产,符合条件的,按规定划归为持有待售类别,并作为"持有待售资产"进行核算,期末在资产负债表中单独披露;实际出售损益,作为资产处置损益直接计入当期损益。未划归为持有待售类别而出售、转让的固定资产以及因报废、损毁等而处置时,应按规定进行固定资产清理的核算,出售或转让净损益计入资产处置损益;报废或毁损净损益则作为营业外收支处理。

? 练习与思考

1. 与其他资产相比,固定资产有何不同?
2. 为什么要对固定资产计提折旧?折旧额的估计方法有哪些?
3. 如何判别固定资产减值?
4. 确定固定资产减值测试单元的依据是什么?
5. 固定资产减值与折旧有何不同?
6. 固定资产的后续支出有哪些?会计上应如何处理?
7. 对持有待售固定资产,会计上应如何进行确认、计量与记录?

小组讨论

"小商品城"于2012年5月9日上市,当年实现净利润4 350万元;2013年年报显示利润总额为9 859万元、净利润为6 521.8万元。从2013年年报披露的固定资产折旧情况来看,其下属分公司银都酒店自2008年10月正式营业以来,由于多年满负荷经营,酒店硬件设施特别是内装修损耗较大,酒店装饰已显陈旧,公司决定于2015年对银都酒店进行重新装修。银都酒店原装修支出在"固定资产"账户核算,原使用年限估计数为20年。基于稳健性原则,公司自2013年1月1日起,将以上装修支出净值在重新装修前的剩余两年内摊销。此项会计估计变更,使公司2013年度折旧额增加了19 308 245.18元。

同时,银都酒店固定资产中的地下停车场、主楼土建工程、员工宿舍原按40年使用年限计提折旧,根据实际损耗情况,现按30年计提折旧;电梯、空调及暖通、水电气工程、消防工程等原按20年使用年限计提折旧,根据实际损耗情况,现按8年计提折旧。此项会计估计变更,使公司2013年度折旧额增加了5 725 828.08元。

上述两项会计估计变更合计使公司2013年度折旧额增加了25 034 073.26元,同时减少了相应数额的利润总额。

请问:

1. 中国会计准则对固定资产后续支出的处理有何规定?银都酒店对装修支出资本化,是否符合相应的会计规范?
2. 装修摊销期限为20年,是否符合酒店业的实际?
3. 如果需要调减酒店固定资产的折旧年限,为何不在公司上市之初进行?

辅助阅读资料

1.《企业会计准则第4号——固定资产》(财政部2006年2月颁布)。

2.《国际会计准则第16号——不动产、厂房和设备》《国际会计准则第36号——资产减值》。

3.《企业会计准则第42号——持有待售的非流动资产、处置组和终止经营》(财政部2017年4月颁布)。

4.《企业会计准则解释第10号——关于以使用固定资产产生的收入为基础的折旧方法》(财政部2017年6月12日发布)。

5. 杨有红、赵佳佳,《试论资产减值内部控制制度的完善》,《会计研究》,2005年第2期。

6. 毛新述、戴德明,《论公允价值计量与资产减值会计计量的统一》,《会计研究》,2011年第4期。

21世纪经济与管理规划教材
会计学系列

第八章

无形资产与投资性房地产

【知识要求】

通过本章的学习,掌握无形资产的特点、内容及入账价值的确定;无形资产摊销的相关规定;投资性房地产的确认以及采用公允价值进行后续计量的条件;商誉或负商誉确认与否的理由。

【技能要求】

通过本章的学习,应能够熟悉:
- 内部研发无形资产的核算;
- 无形资产摊销、减值、出售或出租的核算;
- 投资性房地产采用公允价值进行后续计量时,期末计价与处置的会计处理;
- 投资性房地产与非投资性房地产用途转换时的核算。

【关键术语】

研发支出　　　累计摊销　　　研发支出资本化　　研发支出费用化
持有待售无形资产　　　　　　投资性房地产　　　后续计量的成本模式
后续计量的公允价值模式

第七章曾述及，企业的固定资产可分为有形固定资产、无形固定资产两类。后者简称无形资产，本章将做重点阐释。在中国房地产市场日益活跃的今天，将房地产出租或用于增值目的，以赚取租金或增值收益，已成为企业的日常活动，甚至是少数企业的主营业务。显然，投资性房地产的盈利能力及后续计量等与自用房地产有很大的差别，会计上将其单独确认，作为投资性房地产核算和管理。因其内容不多且核算简单，不宜单独成章说明，故在本章一起阐释。

第一节　无　形　资　产

一、无形资产的确认

无形资产是指企业拥有或者控制的没有实物形态的可辨认非货币性资产，如专利权、商标权、特许经营权等。

（一）无形资产的特征

1. 没有实物形态

无形资产一般表现为某种权利或技术，它没有物质实体却有价值，能够为企业带来经济利益或获取超额收益，这在一些高科技企业中尤其重要。没有实物形态是无形资产最基本的特征，但有些无形资产的存在有赖于实物载体，如计算机软件需要存储在磁盘中，但这并未改变无形资产本身不具有实物形态的特征。这一特征使无形资产的价值确认比较困难，而且其价值损耗只有无形损耗这一形式。

2. 属于非货币性资产

以固定或可确定金额收取的资产，如银行存款、应收票据、应收账款等，称为货币性资产；除货币性资产外的其他资产，称为非货币性资产。无形资产属于非货币性资产，因为如果没有发达的交易市场，它一般不容易转化为现金，在持有过程中究竟能为企业未来带来多少经济利益，存在较大的不确定性。虽然固定资产也属于非货币性资产，但它为企业带来经济利益的方式与无形资产不同，固定资产是通过实物价值的磨损和转移来为企业带来未来经济利益的，而无形资产在很大程度上是通过某些专利、技术等优势为企业带来未来经济利益的。

3. 具有可辨认性

要作为无形资产核算，它必须能与其他资产区别开来，可单独辨认，如专利权、商标权、特许权等。商誉也是没有实物形态的非货币性资产，但它与企业整体价值联系在一起，不符合无形资产的可辨认性，故将其排除在无形资产之外。

如何衡量资产的可辨认性？一般应具备下列条件之一：①能从企业中分离或划分出来，并能单独出售或转让等。有时某些无形资产需要与有关的合同一起出售、转让等，这种情况也视为可辨认无形资产。②产生于合同性权利或其他法定权利，无论这些权利能否从企业或其他权利和义务中转移或者分离。例如，一方通过与另一方签订特许权合同从而获得特许使用权，通过法律程序申请获得的专利权、商标权等。

4. 在创造经济利益方面存在较大的不确定性

资产的特征之一是有用，即能为企业带来未来经济效益。无形资产也不例外，但无形资产创造经济利益的能力受外界因素的影响更大,如相关技术的更新换代速度、所生产产品的市场变化等。随着市场竞争的加剧和科学技术的新突破,企业无形资产的经济效益可能会减少,从而使无形资产在创造经济利益方面存在较大的不确定性。正因为如此,企业对无形资产的会计核算更应谨慎。

5. 独占性

无形资产的独占性或排他专用性非常明显,即由法律、合同赋予企业特定权利,受法律保护(如专利权、商标权),未经允许,他人不得侵占。

(二) 无形资产的内容

一项资产要作为无形资产确认,除符合无形资产的定义外,还需具备两个基本条件:一是无形资产产生的经济利益能够流入企业;二是无形资产的成本能够可靠地计量。根据无形资产的特征及确认标准,无形资产通常包括如下内容:

1. 专利权

专利权是指国家专利主管机关依法授予发明创造专利申请人对其发明创造在法定期限内所享有的专有权利,包括发明专利、实用新型和外观设计专利等类型。专利权具有独占性,一般由发明人依法申请获得或向专利权的拥有人购买获得,所拥有的专利受国家法律保护。专利权是一种有期限的权利,各国在相关法律中均对其有效期限做出了规定。例如,中国《专利法》规定,发明专利权的有效期限为20年,实用新型和外观设计专利权的有效期限为10年。需要注意的是,企业并不是将其拥有的一切专利权都作为无形资产核算,只有那些具有较大价值的,能够降低成本、提高产品质量或可以获得转让收入,并为此付出代价的,才确认为无形资产。

2. 商标权

商标是用来辨认特定的商品或劳务的标记。商标权是指专门在某类指定的商品、产品上使用特定的名称和图案的权利。中国《商标法》规定,经商标局核准注册的商标为注册商标,商标注册人享有商标使用权,并受法律保护。商标权的内容包括两个方面,即独占使用权和禁止权。前者是指商标权拥有人享有在商标注册的范围内独家使用其商标的权利;后者是指商标权拥有人享有排除和禁止他人对商标独占使用权进行侵犯的权利。商标代表着产品的质量和信誉,信誉卓著的商标能够为企业取得比同类产品更大的效益。中国《商标法》规定的注册商标有效使用年限为10年,期满前企业可依法申请延长注册期。

3. 土地使用权

土地使用权是指国家准许某一企业在一定期间内享有对国家土地开发、利用和经营的权利。中国法律规定,土地属于国家和集体所有,企业只有经过批准并交纳相关费用后,方可取得土地使用权,任何单位和个人不得侵占、买卖或者以其他形式非法转让土地使用权。

4. 专有技术

专有技术又称非专利技术,是指不为外界所知、在生产经营活动的实践中已采用的、不受法律保护的各种技术知识和经验。专有技术主要包括工业专有技术、商业贸易专有技术、管理专有技术等,其主要特征在于经济性、机密性和动态性。经济性是指它具有经济价值,能够为企业带来经济效益;机密性是指它一经公开,将失去其价值,所以,保证专有技术的机密性是保持其经济性的前提条件;动态性是指专有技术本身不是固定不变,而是不断发展的。对于专有技术,企业只要能够保密,其使用年限就不受限制。

专有技术可以是企业自行开发研究的,也可以是根据合同规定外购或由投资者投入的。实务中,企业自行研发专有技术,发生的费用直接计入当期损益,不予资本化。企业外购专有技术的情况很少,因为专有技术不受法律保护,其持有人不愿冒泄密的风险。接受专有技术投资,则常见于合资企业,且专有技术由提供技术的一方控制。基于上述原因,会计上将专有技术作为无形资产单独核算的,仅指外购或接受投资的专有技术。

5. 特许权

特许权又称特许经营权、专营权,是指企业由政府机构授权享有的在特定地区经营或销售某种特定商品的权利,或是一家企业接受另一家企业使用其商标、商号、技术秘密等的权利。前者如企业享有的水、电、邮电通信专营权及烟草专卖权等,后者如企业依照协议或合同的规定,使用另一企业的商标等的权利。

6. 著作权

著作权是指著作权人对其创作的文学、科学和艺术作品依法享有的出版、发行等方面的专有权利。著作权包括精神权利和经济权利,前者指作品的署名权、发表权、修改权和保护作品完整权等;后者指以出版、表演等方式使用作品及因授权他人使用作品而获得经济利益的权利。

7. 持有待售无形资产

其确认条件与第七章所述持有待售固定资产相同。

二、无形资产的初始计量

无形资产的初始计量遵循实际成本原则,以取得并使之达到预定用途而发生的全部支出为成本;同时,遵循谨慎性原则,在尚未证实某项无形资产能否给企业带来经济效益时,不将为取得该无形资产而发生的支出计入成本(如内部研发无形资产),只有符合条件的开发支出才予资本化处理,其他则全部直接计入当期费用。

无形资产的来源不同,其初始入账金额的具体内容也有所差异。

(一) 外购的无形资产

企业外购无形资产,其成本包括购买价款以及直接归属于使该项资产达到预定用途前所发生的其他支出。这里,"其他支出"包括使无形资产达到预定可使用状态所发生的专业服务费用、测试无形资产是否能够正常发挥作用的费用等,不包括为新产品进行宣传所发生的广告费用、管理费用及其他间接费用,也不包括在无形资产已经达到预定用途以后发生的费用。对于一揽子购入的无形资产,应依据所购入各单项资产公允价值的比例对总成本进行分配,以此确定各项无形资产的入账价值。

购买无形资产的价款超过正常信用条件延期支付(如付款期在 3 年以上)的,实际上具有融资性质,这时应采用现值计价模式,将购买价款的现值作为无形资产的成本。由于企业延期支付购买无形资产,可将其区分为两项业务:一项业务是购买无形资产;另一项业务实质上是向销售方借款。因此,所支付的货款必须考虑货币的时间价值。通过折现的方法对购入的无形资产进行初始计量,实际付款与购买价款现值的差额作为融资费用处理,并在所属信用期内分摊。有关折现的计算及其会计处理,请参见第七章例 7-1。

中国已全面推行国际上通用的消费型增值税,企业外购无形资产需要支付进项增值税,相关核算与第七章所述外购固定资产增值税的核算方法相同,这里不再赘述。

(二) 自行研发的无形资产

随着市场竞争的加剧,创新已成为决定企业能否生存和发展的重要筹码。唯有创新,企业才能赢得未来的生存和发展权。作为市场主体的企业都已充分认识到创新活动的重要性,不惜为研发活动投入巨额资金。在中国,企业研发费用支出已呈现金额大额化、支出频率日常化、支出增加加速化的趋势。随之产生的会计问题是:企业如此大额的研发支出究竟应如何处理?按照国际惯例,企业自行研究开发无形资产,应将研发过程划分为研究与开发两个阶段,研究阶段发生的费用在发生时直接计入当期损益;开发阶段发生的费用,如果符合无形资产的确认条件,则应予资本化,否则直接费用化处理。中国发布的《企业会计准则》(2006),基本上实现了与国际财务报告准则的实质性趋同,其中,《企业会计准则第6号——无形资产》对中国企业内部研发无形资产相关费用的处理做出了与国际惯例相同的规定,这对提高中国会计信息的有用性,尤其是提高整体会计信息在评估企业价值方面的能力,具有重要意义。

1. 研究阶段与开发阶段的划分

研究阶段是指为获取新的技术和知识等进行的一些基础性工作,如收集资料、市场调研,并进行一些探索性活动,为进一步的开发活动做准备。研究阶段的特点一是计划性,二是探索性。从研究活动的特点来看,能否在未来形成成果,亦即通过后面阶段的开发能否形成无形资产,具有很大的不确定性,企业也无法证明能够带来经济利益的无形资产的存在。因此,研究阶段的支出予以费用化处理,直接计入当期损益。

开发阶段是指在进行商业性生产或使用前,将研究成果或其他知识应用于某项计划或设计,以生产出新的或具有实质性改进的材料、装置、产品等。典型的例子是进行原型或模型的设计、建造或测试等。开发阶段的特点是:对项目的开发具有针对性,且形成成果的可能性较大。相对于研究阶段来说,进入开发阶段,在很大程度上形成一项新产品或新技术的基本条件已经具备,此时如果企业能够证明满足无形资产的定义及相关确认条件,所发生的开发支出就可予以资本化,计入无形资产成本。

2. 开发阶段支出资本化的条件

无形资产在开发阶段发生的费用,符合资本化条件的,计入无形资产成本,否则计入当期费用。判断开发阶段的有关支出能否计入无形资产成本的条件包括:①完成该无形资产以使其能够使用或出售在技术上具有可行性;②具有完成该无形资产并使用或出售的意图;③无形资产产生未来经济利益的方式,包括能够证明运用该无形资产生产的产品存在市场或无形资产自身存在市场,无形资产将在内部使用的,应当证明其有用性;④有足够的基础、财务资源和其他资源支持以完成该无形资产的开发,并有能力使用或出售该无形资产;⑤归属于该无形资产开发阶段的支出能够可靠地计量。

3. 内部开发无形资产的成本

内部研发活动形成的无形资产,其成本由可直接归属于该资产的创造、生产并使该资产能够以管理层预定的方式运作的所有必要支出组成。可直接归属成本包括:开发该无形资产时耗费的材料、劳务成本、注册费、开发过程中使用的其他专利权和特许权的摊销,以及按照借款费用的处理原则可予资本化的利息支出。在开发无形资产过程中发生的其他销售费用、管理费用等间接费用,无形资产达到预定用途前发生的可辨认的无效和初始运作损失,为运行该无形资产发生的培训支出等,不构成无形资产的开发成本。

值得说明的是,内部开发无形资产的成本仅包括在满足资本化条件的时点至无形资产达到预定用途前发生的支出总和,对于同一项无形资产在开发过程中达到资本化条件之前已经费用化计入当期损益的支出,不再进行调整。

4. 内部研发无形资产的账务处理

例 8-1 2017 年 6 月初,S 公司开始研发一项新产品的专利技术。公司董事会认为,该研发项目具有可靠的技术和财务资源支持,一旦成功将降低公司产品的生产成本。研发过程中发生的支出如下:赊购专门材料一批,成本 500 万元,增值税 80 万元;人员工资 100 万元,其他直接费用 150 万元(用银行存款支付)。经确认,其中符合资本化条件的支出为 420 万元。2018 年年末该专利技术达到预定用途。

对上项研发支出,S 公司应编制如下会计分录:

(1)平时研发费用发生时:

借:研发支出——费用化支出	3 300 000
——资本化支出	4 200 000
应交税费——应交增值税(进项税额)	800 000
贷:应付账款	5 800 000
应付职工薪酬	1 000 000
银行存款	1 500 000

(2)2018 年年末,该专利技术达到预定用途时:

借:管理费用	3 300 000
无形资产	4 200 000
贷:研发支出——费用化支出	3 300 000
——资本化支出	4 200 000

(二)接受投资者投入的无形资产

投资者投入的无形资产的成本,应当按照投资合同或协议约定的价值确定。在投资合同或协议约定价值不公允的情况下,应按无形资产的公允价值入账。

(四)关于土地使用权的成本

企业取得的土地使用权通常应确认为无形资产。土地使用权用于自行开发建造厂房等地上建筑物时,其账面价值不与地上建筑物合并计算成本,仍作为无形资产核算,土地使用权与地上建筑物分别进行摊销和提取折旧。但下列情况除外:

(1)房地产开发企业取得的土地使用权用于建造对外出售的房屋建筑物,相关的土地使用权应当计入所建造的房屋建筑物成本。

(2)企业外购的房屋建筑物,实际支付的价款中包括土地及建筑物的价值,则应对支付的价款按照合理的方法(如公允价值)在土地使用权和地上建筑物之间进行分配;如果确实无法在两者之间进行合理分配,则应当全部作为固定资产核算。

企业改变土地使用权的用途,将其用于出租或增值目的时,应将其转为投资性房地产。

此外,企业通过非货币性交易或债务重组方式取得的无形资产,其初始入账价值与固定资产基本相同,这里不再赘述。

无形资产的初始计量还需注意以下三点:

(1)成本能够可靠地计量是资产确认的一项基本条件。对于无形资产来说,这个条件相对更为重要。比如,企业内部产生的品牌、报刊名等,因其成本无法可靠地计量,故不作为无形资产确认。又如,一些高新技术企业的科技人才,假定其与企业签订了服务合同,且合同规定其在一定期限内不能为其他企业提供服务。在这种情况下,虽然这些科技人才的知识在规定的期限内预期能够为企业创造经济利益,但是这些科技人才的知识难以辨认,且形成这些知识所发生的支出难以计量,因而不能确认为企业的无形资产。

(2)无形资产达到预定用途后所发生的支出,不构成无形资产的成本。例如,在形成预定经济规模之前发生的初始运作损失。

(3)广告费用可否资本化。著名商标一般深受消费者青睐,能为企业带来较高的经济利益流入。但著名商标的形成离不开企业的有效管理、产品的高质量、多年的广告宣传以及客户的信赖等。企业通过各种形式的广告,建立良好的产品形象,推广产品。正因为如此,对于广告费用,企业的管理者们往往不惜一掷千金。理论上,广告对企业收益的影响有延续性,广告的受益期并不局限于发布当期,一个好的广告在发布后的几年甚至几十年都会对消费者的消费行为产生影响,并为企业带来收益。从配比原则的角度考虑,应将商标广告费用予以资本化,日常广告费用则直接费用化。然而,由于广告带来的收益大小及有效期长短存在很大的不确定性,实务中很难合理确定广告的受益期与摊销方法(直线法或加速法),广告费用资本化的会计处理存在困难。出于谨慎性考虑,将广告费用作为期间费用直接计入当期损益,则是明智且恰当的选择。

相关案例 开发支出过度资本化,逃不掉粉饰业绩的嫌疑

中国企业会计准则允许符合条件的开发支出资本化,无疑给企业增加利润添了新"招"。每年1—4月,上市公司年报集中披露。值得关注的是,"开发支出"是年报中频繁出现的字眼,且在有的年报中,开发支出金额甚至比上年高出数倍。以下几家企业引起了投资者的质疑:

乐视网(300104)自2014年以来研发资本化比例一直处于极高的状态,2014—2016年三年都超过50%,其中,2016年开发支出资本化金额为117 808.42万元,占当年研究开发项目支出总额的比例高达63.35%。尽管如此,公司2016年净利润仍为-22 189.26万元。若不将开发支出资本化,2016年公司的亏损将更加巨大。比亚迪(002594)2017年开发支出资本化金额为252 682.8万元,占当年研究开发项目支出总额的40.32%,而2017年全年比亚迪净利润只有406 647.8万元。像乐视网、比亚迪这种高科技企业投入的研发费用后期能否转化为利润,具有较大的不确定性,且研发费用资本化时间较难确定,具有较强的主观性。

反观同行业企业,很多上市公司开发支出资本化率非常低,甚至为零。所以,上述企业开发支出资本化率逐年提高,难免有美化报表的嫌疑。不仅如此,企业持续进行巨额研发投入并进行资本化处理,计入无形资产成本而后进行摊销,这等于将开发支出分摊到未

来的若干年并影响未来的收益。如果企业的盈利能力上不去,持续的投入未见实效,而无形资产的成本越滚越大,则对未来期间盈利的影响也会逐年递增。

资料来源:根据 2016 年、2017 年上市公司年报整理。

三、无形资产的后续计量

后续计量涉及无形资产价值的摊销、减值的核算,以及期末采用何种计量属性在资产负债表中列示无形资产。按照规定,无形资产初始确认和计量后,在其使用期间内应以成本减去累计摊销额和累计减值损失后的余额计量。要确定无形资产在使用过程中的累计摊销额,基础是估计其使用寿命,只有使用寿命有限的无形资产才需要在估计的使用寿命内采用系统合理的方法进行摊销。使用寿命不确定的无形资产不需要摊销,但应核算减值。

(一)无形资产使用寿命的估计

企业应在无形资产取得时分析判断其使用寿命。若使用寿命有限,则应当估计该使用寿命的年限或者构成使用寿命的产量等类似计量单位数量;无法预计无形资产为企业带来未来经济利益年限的,视为使用寿命不确定的无形资产。

1. 估计使用寿命时应考虑的因素

(1) 该资产通常的寿命周期,以及可获得的类似资产的使用寿命信息;

(2) 技术、工艺等方面的现实情况及对未来发展的估计;

(3) 该资产在该行业运用的稳定性和生产的产品或服务的市场需求情况;

(4) 现在或潜在的竞争者预期采取的行动;

(5) 为维持该资产产生未来经济利益的能力所需要的维护支出,以及企业预计支付有关支出的能力;

(6) 对该资产的控制期限,以及对该资产使用的法律或类似限制,如特许使用期间、租赁期间等;

(7) 与企业持有的其他资产使用寿命的关联性等。

例如,企业以支付土地出让金方式取得一块土地 50 年的使用权,如果企业准备持续持有,在 50 年期间内没有计划出售,则该项土地使用权预期为企业带来未来经济利益的期间为 50 年。如果企业持有该土地的目的是增值且准备随时出售,则该项土地使用权应作为投资性房地产核算和管理。

2. 无形资产使用寿命的确定

某些无形资产的取得源自合同性权利或其他法定权利,其使用寿命不应超过合同性权利或其他法定权利规定的期限。但如果企业使用资产的预期期限短于合同性权利或其他法定权利规定的期限,则应当按照企业预期使用的期限确定其使用寿命。例如,企业取得一项专利权,法律保护期为 20 年,企业预计运用该专利生产的产品在未来 15 年内会为企业带来经济利益。对该专利权,第三方向企业承诺在 5 年内以其取得之日公允价值的 60% 购买该专利权,从企业管理层目前的持有计划来看,准备在 5 年内将其出售给第三方。据此,企业对该专利权的实际使用寿命应定为 5 年。

如果合同性权利或其他法定权利能够在到期时因续约等延续,则仅当有证据表明企业续约不需要付出重大成本时,续约期才能够包括在使用寿命的估计中。如果企业为延续无形资产持有期间而付出的成本与预期从重新延续中流入企业的未来经济利益相比具有重要性,则从本质上看是企业获得的一项新的无形资产。

没有明确的合同或法律规定无形资产的使用寿命的,企业应当综合各方面的情况,例如企业经过努力,聘请相关专家进行论证、与同行业的情况进行比较,以及参考企业的历史经验等,来确定无形资产为企业带来未来经济利益的期限。如果经过这些努力,仍确实无法合理确定无形资产为企业带来未来经济利益的期限,则将该无形资产作为使用寿命不确定的无形资产。例如,企业通过公开拍卖取得一项出租车运营许可,按照所在地规定,以现有出租车运营许可为限,不再授予新的运营许可,而且在旧的出租车报废以后,有关的运营许可可用于新的出租车。企业估计在有限的未来,将持续经营出租车行业。对于该运营许可,其为企业带来未来经济利益的期限,从目前情况来看无法可靠地估计。因此,应视其为使用寿命不确定的无形资产。

3. 无形资产使用寿命的复核

企业至少应当于每年年度终了,对无形资产的使用寿命及摊销方法进行复核。如果有证据表明无形资产的使用寿命及摊销方法不同于以前的估计,如由于合同的续约或无形资产应用条件的改善,延长了无形资产的使用寿命,则对于使用寿命有限的无形资产,应改变其摊销年限及摊销方法,并按照会计估计变更进行处理。

(二)使用寿命有限的无形资产的摊销

使用寿命有限的无形资产,应在其预计的使用寿命内采用系统合理的方法对应摊销金额进行摊销。其中,应摊销金额是无形资产的成本扣除残值后的金额。

1. 摊销期和摊销方法

无形资产的摊销期自其可供使用时(即达到预定用途)开始至终止确认时止。具体来讲,企业当月增加的无形资产,当月开始摊销;当月减少的无形资产,当月停止摊销。

无形资产的摊销存在多种方法,包括直线法、生产总量法等。具体选择时应反映与该项无形资产有关的经济利益的预期实现方式,并一致地运用于不同的会计期间。无法可靠地确定预期实现方式的,应当采用直线法摊销。

选择无形资产摊销方法时,应根据无形资产有关经济利益的预期消耗方式做出决定。由于收入可能受到投入、生产过程、销售等因素的影响,这些因素与无形资产有关经济利益的预期消耗方式无关,因此,企业通常不应以包括使用无形资产在内的经济活动所产生的收入为基础进行摊销。但下列极其有限的情况除外:①企业根据合同约定确定无形资产固有的根本性限制条款(如无形资产的使用时间、使用无形资产生产产品的数量或因使用无形资产而应取得的固定收入总额)的,当该条款为因使用无形资产而应取得的固定收入总额时,取得的收入可以成为摊销的合理基础,如企业获得勘探开采黄金的特许权。②有确凿的证据表明收入的金额和无形资产经济利益的消耗是高度相关的。

无形资产的摊销额一般计入当期损益,但如果某项无形资产是专门用于生产某种产品的,其所包含的经济利益是通过转入所生产的产品中体现的,则无形资产的摊销额构成产品成本的一部分。

2. 残值的确定

无形资产摊销涉及的另一个问题是如何考虑残值因素。有观点认为，企业有可能在无形资产使用寿命结束前转让该无形资产，有些无形资产始终可以为其拥有者带来经济利益，因此，在无形资产摊销中应考虑残值因素。也有观点认为，无形资产不具有实物形态，摊销其价值时不应考虑残值因素。对此，中国及国际会计准则均有严格规定。一般情况下，无形资产的残值为零，除非有第三方承诺在无形资产使用寿命结束时以一定的价格购买该项无形资产；或者存在活跃市场，通过市场可以得到无形资产使用寿命结束时的残值信息，并且从目前情况来看，在无形资产使用寿命结束时，该活跃市场还很可能存在，可以预计无形资产的残值。

无形资产的残值意味着在其经济寿命结束之前企业预计将会处置该无形资产，并且从该处置中取得利益。估计无形资产的残值应以资产处置时的可收回金额为基础，此时的可收回金额是指预计出售日，出售一项使用寿命已满且处于类似使用状况下，同类无形资产预计的处置价格（扣除相关税费）。残值确定后，在持有无形资产期间，至少应于每年年末进行复核，期末估计残值与原预计金额不同的，应按照会计估计变更进行处理。无形资产残值重新估计后高于其账面价值的，无形资产不再摊销，直至残值降至低于账面价值时再恢复摊销。

例 8-2 2018 年 7 月 2 日，D 公司购入一项专有技术用于 A 产品的生产，支付价款及相关费用 300 万元、增值税 18 万元，该技术的使用可提高 A 产品的性能并增加其销量，估计使用寿命为 10 年；同时，购入 B 产品 5 年的特许经营权，成本 60 万元、增值税 36 000 元。所有款项以银行存款支付。上述两项无形资产的净残值均为 0 元，采用直线法摊销。D 公司的会计处理如下：

(1) 购入无形资产时：

借：无形资产——专有技术	3 000 000
——特许经营权	600 000
应交税费——应交增值税(进项税额)	216 000
贷：银行存款	3 816 000

(2) 采用直线法，每年摊销专有技术 30 万元，摊销特许经营权 12 万元。2018 年的摊销期为 6 个月，专有技术、特许经营权的摊销金额分别为 15 万元、6 万元。年末摊销时：

借：制造费用	150 000
管理费用	60 000
贷：累计摊销	210 000

上述摊销也可按月进行，具体比照上面进行会计处理。

对于使用寿命不确定的无形资产，会计上不摊销，但应进行减值测试，并核算可能发生的减值损失。当然，以后如果有证据表明其使用寿命是有限的，则应视为会计估计变更，估计其使用寿命并按照使用寿命有限的无形资产的摊销原则进行处理。

(三) 无形资产的减值

无论无形资产的使用寿命是否有限，企业应当在资产负债表日判断其是否存在减值的迹象。有确凿的证据表明无形资产存在减值迹象的，企业应当进行减值测试。在此基础上，估计无形资产的可收回金额。这里，无形资产的"可收回金额"根据资产的公允价值减去处置费用后的净额与资产预计未来现金流量的现值两者之间较高的金额确定。减值测试的结果,如果无形资产的账面价值超过其可收回金额,则应当将其账面价值减记至可收回金额,差额确认为资产减值损失计入当期损益。会计处理上,借记"资产减值损失"账户,贷记"无形资产减值准备"账户。如果无形资产的账面价值小于其可收回金额,则会计上不做任何账务处理。

无形资产减值的核算遵循中国《企业会计准则第8号——资产减值》的规定,且已计提减值损失的无形资产,以后期间的摊销额按其账面价值重新计算;无形资产减值损失一经确认,在以后会计期间不得转回。有关减值测试及核算程序与固定资产相同,请参见本书第七章第四节的相关内容。

四、无形资产的处置

无形资产的处置,包括企业将无形资产出租、出售、对外投资或捐赠、进行非货币性交易或用于债务重组事项中的抵债,以及无形资产无法为企业带来未来经济利益时予以终止确认并注销等情形。

(一)无形资产的出租

无形资产的出租是指企业将所拥有的无形资产的使用权让渡给他人,并收取租金。这类交易属于企业让渡资产使用权,因而相关所得属于企业的出租收入。

无形资产的出租收入应在符合以下条件时予以确认:①与出租交易相关的经济利益能够流入企业;②租金收入的金额能够可靠地计量。

在符合上述条件的情况下,租金收入应按合同或协议规定计算确定。

企业在无形资产出租中并不丧失原有的占有、使用、收益和处置该无形资产的权利,只是将部分使用权让渡给其他企业。因此,无须注销无形资产的账面价值,只需将出租过程中发生的相关收入记入"其他业务收入"账户,所发生的相关成本及费用(如出租期间摊销的无形资产价值、发生的技术服务或咨询费等)作为"其他业务成本"处理。企业出租无形资产的增值税税率为6%,记入"应交税费——应交增值税(销项税额)"账户。

(二)无形资产的出售

企业出售无形资产,即转让所有权,将对无形资产的占有、使用、收益及处置的权利转让给受让方。无形资产出售包括持有待售与直接出售两种情况。

与第七章所述固定资产的持有待售一样,企业若计划将无形资产出售,且根据类似交易中出售同类资产的惯例,在当前状况下即可立即出售或出售极有可能发生,典型的例子是已与买方签订了不可撤销的销售协议;同时预计出售将在一年内完成。若本资产负债表日前出售预计无法完成,则会计期末应将其确认为"持有待售资产"。

会计上,持有待售的无形资产从划归为持有待售之日起,转入"持有待售资产——无形资产"账户核算,停止计提摊销与减值测试,并按账面价值与公允价值减去处置费用后的净额两者孰低的原则进行初始计量。待出售完成时,再将所发生的损益直接计入当期损益(资产处置损益)。具体账务处理,请比照第七章例7-8进行。

企业直接出售无形资产的，会计上应按出售价款确认收入和销项增值税，同时注销无形资产的账面价值；出售净损益，则直接计入当期的资产处置损益。具体会计分录如下：

借：银行存款
　　累计摊销
　　无形资产减值准备
　贷：无形资产
　　　应交税费——应交增值税（销项税额）
　借或贷：资产处置损益

（三）无形资产的报废

如果无形资产不能为企业带来未来经济利益，从而不再符合无形资产的定义，如某项无形资产已被其他新技术替代，且借以生产的产品没有市场，或法定有效年限已过，对此，会计上应将其予以注销。

企业应根据下列迹象判断无形资产是否预期不为企业带来未来经济利益：①该无形资产是否已被其他新技术替代，且已不能为企业带来未来经济利益；②该无形资产是否不再受法律保护，且不能给企业带来未来经济利益。

如果根据上述迹象判定某无形资产已经不能给企业带来未来经济利益，则应将该无形资产的账面价值全部转入当期损益（营业外支出）。

例 8-3 M 公司拥有一项专利，用其生产的产品已没有市场，决定予以注销。该专利权实际成本为 400 万元，注销时已累计摊销 340 万元，累计计提减值准备 30 万元。不考虑相关税费。M 公司注销上项专利权时，应做如下会计分录：

借：累计摊销　　　　　　　　　　　　　　　　　3 400 000
　　无形资产减值准备　　　　　　　　　　　　　　 300 000
　　营业外支出　　　　　　　　　　　　　　　　　 300 000
　贷：无形资产——专利权　　　　　　　　　　　　4 000 000

相关案例　　　　　　商标不再摊销，企业利润锦上添花

青岛啤酒（600600）是啤酒行业的龙头企业。2007 年实现主营业务收入 137.09 亿元，净利润 5.58 亿元，同比分别增长 15.86% 和 27.73%，每股收益为 0.43 元，加权平均净资产收益率为 10.41%，继续呈现利润增长大于销售收入增长、销售收入增长大于销量增长的良好发展态势。

集团无形资产中的"青岛啤酒"商标使用权，是 1993 年 6 月 16 日重组时由原有股东作为资本投入的，并按国家国有资产管理局认定的评估值入账，预计使用寿命为 40 年，按直线法进行摊销，直至 2006 年 12 月 31 日。2007 年 1 月 1 日起，公司按照国家统一规定执行新的企业会计准则。根据对啤酒行业未来发展的预期和公司行业地位的分析，公司管理层认为，该商标的使用寿命不确定，于 2007 年 1 月 1 日起不再进行摊销，改为在每个会计年度进行减值测试。该会计估计变更采用未来适用法。2007 年采用新方法后因减少摊

销费用导致当期净利润增加 2 500 000 元。

除"青岛啤酒"外,公司的其他商标使用权是在收购子公司时取得的,按其预计使用年限 5—10 年平均摊销。世界品牌实验室数据显示,2007 年青岛啤酒品牌价值达 258.27 亿元,远远领先于国内其他啤酒生产商。

"青岛啤酒"商标使用权不再摊销,公司将其作为会计估计变更处理的做法值得商榷。我们认为作为会计政策变更处理更为恰当。

资料来源:根据青岛啤酒 2007 年年报整理。

第二节 投资性房地产

一、投资性房地产的确认

房地产是房产与地产的总称。其中,房产是指房屋等建筑物及构筑物;在我国,土地归国家所有,企业只能依法取得使用权,故这里的地产仅指土地使用权。根据中国《企业会计准则第 3 号——投资性房地产》的规定,投资性房地产是指为赚取租金或资本增值,或者两者兼有而持有的房地产。

(一) 投资性房地产的特征

1. 属于企业的经营性活动

投资性房地产的主要形式是出租房屋、土地使用权,这实质上属于一种让渡资产使用权的行为。所取得的租金是让渡资产使用权的使用费收入,是企业为完成其经营目标所从事的经营性活动以及与之相关的其他活动形成的经济利益总流入。投资性房地产的另一种形式是持有并待增值后转让的土地使用权,尽管其增值收益通常与市场供求、经济发展等因素有关,但目的是增值后转让以赚取增值收益,这也是企业为完成其经营目标所从事的经营性活动以及与之相关的其他活动形成的经济利益总流入。不过,在中国的实务中,持有且待增值后转让土地使用权的情况并不多。

2. 在用途、状态、目的等方面与自用房地产或用于销售的房地产存在差别

企业持有的房地产除了自用(作为管理、生产经营活动场所)与对外销售,随着中国房地产市场的发展与日益活跃,将房地产出租或用于增值目的,以赚取租金或增值收益,已成为当今企业的日常活动,甚至是少数企业的主营业务。显然,投资性房地产在用途、状态、持有目的以及盈利能力等方面与企业自用房地产以及作为存货(指房地产开发企业已建完工的商品房)的房地产有很大的差别。为了合理反映企业所持有房地产的构成及盈利能力,中国自 2007 年开始对房地产进行重新分类,将其中的投资性房地产单独核算和管理。

3. 采用两种后续计量模式

投资性房地产的"投资性"目的很强,如何进行后续计量尤其是期末计价,以客观反映企业该类资产的价值变动风险(收益或损失)及期末价值,是会计核算面临的一个问题。

从会计信息的相关性考虑,采用公允价值①对投资性房地产进行后续计量是最理想的选择,现行国际财务报告准则也是这么要求的。然而在房地产市场不甚活跃的中国,为了保证会计信息的可靠性,投资性房地产的后续计量首选成本模式;只有企业有确凿的证据表明所持有的投资性房地产的公允价值能够持续可靠地取得,且同时满足特定的条件,才允许采用公允价值模式。而且,同一企业只能采取一种模式对所有投资性房地产进行后续计量,不得同时采取两种模式。

(二) 投资性房地产的确认条件

一项房地产要作为投资性房地产核算和管理,首先要符合投资性房地产的定义。在此前提下,要同时满足下列两个条件:一是与该投资性房地产有关的经济利益很可能流入企业;二是该投资性房地产的成本能够可靠地计量。这与前述其他资产的确认方法一致。

对已出租的建筑物、土地使用权,其作为投资性房地产的确认时点为租赁期开始日,即建筑物、土地使用权进入出租状态、开始赚取租金的日期。对持有拟增值后转让的土地使用权,其确认时点则为企业将该土地使用权停止自用、决定增值后转让的日期。

(三) 投资性房地产的内容

投资性房地产的内容包括:已出租的建筑物、已出租的土地使用权、持有拟增值后转让的土地使用权。下列项目不属于投资性房地产:

1. 自用房地产

自用房地产是指企业为生产商品、提供劳务或者经营管理而持有的房地产,如生产经营用的厂房和办公楼(固定资产)与土地使用权(无形资产)。自用房地产的特点是服务于企业自身的生产经营活动,其价值随着房地产的使用而逐渐转移到产品成本或费用中,通过销售商品或提供劳务为企业带来经济利益,所产生的现金流量与企业其他资产密切相关。

此外,企业出租给本企业职工居住的宿舍,虽然收取租金,且租金可能按市价计算,但它间接为企业的生产经营服务,具有自用性质,不属于投资性房地产。又如,企业自行经营的旅馆饭店,在向顾客提供住宿服务的同时,还提供餐饮、娱乐等其他服务,以取得服务收入,这属于企业的经营业务。正因为如此,自营的旅馆饭店是企业的经营场所,不属于投资性房地产。

2. 作为存货的房地产

作为存货的房地产是指房地产开发企业在正常经营过程中销售的或为销售而正在开发的商品房和土地。这些房地产属于房地产开发企业的存货,其生产、销售构成企业的主营业务活动。因此,具有存货性质的房地产不属于投资性房地产。

---

① 中国 2014 年发布的《企业会计准则第 39 号——公允价值计量》规定,公允价值指市场参与者在计量日发生的有序交易中,出售一项资产所能收到或转移一项负债所需支付的价格。企业以公允价值计量相关资产或负债,应该考虑该资产或负债的特征,包括资产状况及所在位置、对资产出售或使用的限制等。公允价值分为三个层次:一是计量日能够取得的相同资产或负债在活跃市场上未经调整的报价;二是除第一层次外,相关资产或负债采用估值技术确定的直接或间接可观察输入值;三是在相关可观察输入值无法取得或取得不切实际时,相关资产或负债采用估值技术确定的不可观察输入值。估值技术主要包括市场法、收益法和成本法。企业应当使用与其中一种或多种估值技术相一致的方法计量公允价值;使用多种估值技术的,应当考虑各估值结果的合理性,选取在当期情况下最能代表公允价值的金额作为公允价值。

3. 闲置土地

按照国际会计准则，闲置土地属于投资性房地产。但在中国，依据国家有关规定认定的闲置土地，不属于持有拟增值后转让的土地使用权，也就不属于投资性房地产。

关于闲置土地的认定，根据国土资源部 1999 年 4 月发布的《闲置土地处理办法》，土地使用者依法取得土地使用权后，未经原批准用地的人民政府同意，超过规定期限未动工开发建设的用地，属于闲置土地。此外，具有下列情形之一的，也可认定为闲置土地：①国有土地有偿使用合同或建设用地批准书未规定动工开发建设日期，自国有土地有偿使用合同生效或土地行政主管部门建设用地批准书颁发之日起 1 年内未动工开发建设的；②已动工开发建设但开发建设的面积占应动工开发建设总面积不足 1/3 或者已投资额占总投资额不足 25% 且未经批准中止开发建设连续满 1 年的。

对于以经营租赁方式租入土地使用权再转租给其他单位的，不能确认为投资性房地产。

二、投资性房地产的计量

（一）初始计量

投资性房地产应当按照成本进行初始计量，这与其他资产初始计量的原则一致。但不同来源的投资性房地产，其初始成本的具体内容会有所差异。具体来讲：

（1）外购用作投资性房地产的土地使用权和建筑物，其实际成本包括购买价款、相关税费（佣金、契税等）和可直接归属于该资产的其他支出。外购所发生的进项增值税，对一般纳税人来说，不计入资产成本。外购资产中部分用于出租（或资本增值）、部分自用的，用于出租（或资本增值）的部分应当予以单独确认，并按照不同部分的公允价值占公允价值总额的比例将成本在不同部分之间进行合理分配；否则，全部作为自用房地产进行相应核算。

（2）自行建造的投资性房地产，其成本由建造该项资产达到预定可使用状态前发生的必要支出构成，包括土地开发费、建造成本、应予资本化的借款费用、支付的其他费用和分摊的间接费用等。建造过程中发生的非常损失直接计入当期损益，不计入建造成本。

（3）非投资性房地产转换为投资性房地产时，其初始入账金额为转换日非投资性房地产的账面价值（投资性房地产的后续计量采用成本模式时），或转换日投资性房地产的公允价值（投资性房地产的后续计量采用公允价值模式时）。对此，随后将做详细分析。

（二）后续计量

如前所述，投资性房地产的后续计量包括成本模式、公允价值模式两种。从会计信息的相关性考虑，采用公元价值进行后续计量，既科学又合理。然而在中国，基于市场发育程度与公允价值取得存在困难的实际情况，后续计量首选成本模式，公允价值模式只有具备相应条件时才允许使用。

1. 成本模式及其财务处理

采用成本模式进行后续计量的投资性房地产，应当按照固定资产或无形资产的有关规定，按期计提折旧或摊销，借记"其他业务成本"账户，贷记"投资性房地产累计折旧（摊销）"账户。确认租金收入时，借记"其他应收款"或"银行存款"账户，按租金收入贷记"其他业务收入"账户，对销项增值税则贷记"应交税费——应交增值税（销项税额）"账户。

投资性房地产存在减值迹象的,还应当按照《企业会计准则第 8 号——资产减值》的相关规定进行减值测试。经减值测试后确定发生减值的,应当计提减值准备,借记"资产减值损失"账户,贷记"投资性房地产减值准备"账户。以后会计期间内,若投资性房地产的价值得以恢复,原已计提的资产减值准备不允许转回。

2. 公允价值模式及其财务处理

企业有确凿的证据表明所持有的投资性房地产的公允价值能够持续可靠地取得的,可以采用公允价值模式进行后续计量。实务中,具体判别的标准是投资性房地产是否同时满足下列两个条件:①投资性房地产所在地有活跃的房地产交易市场;②企业能够从活跃的房地产交易市场上取得同类或类似房地产的市场价格及其他相关信息,从而能对投资性房地产的公允价值做出合理的估计。这里,同类或类似的房地产,对建筑物而言,是指所处地理位置和性质相同、结构类型相同或相似、新旧程度相同或相近、可使用状况相同或相近的建筑物;对土地使用权而言,是指同一位置区域、所处地理环境相同或相近、可使用状况相同或相近的土地。

采用公允价值模式进行后续计量时,投资性房地产不计提折旧或摊销,按资产负债表日的公允价值予以反映。本期期末投资性房地产的公允价值与上期期末账面价值的差额,作为公允价值变动损益,直接计入当期利润表。

例 8-4 2017 年 7 月 1 日,H 公司购入一栋写字楼作为投资性房地产管理,后续计量采用公允价值模式,购入价款及佣金、契税等相关税费共计 8 000 万元,已用银行存款支付。增值税略,相关手续已办妥,写字楼已交付使用。同日,H 公司与 M 公司签订租赁协议,将该写字楼出租给 M 公司,租期 3 年,年租金 600 万元,每半年支付一次,每次支付 300 万元,期末付款;租赁期开始日为 2017 年 7 月 1 日。2017 年 12 月 31 日,该写字楼的公允价值为 8 300 万元;2018 年 6 月 30 日,其公允价值为 8 500 万元。

对上述业务,H 公司的会计处理如下(不考虑增值税):

(1) 2017 年 7 月 1 日购入写字楼:

借:投资性房地产——成本　　　　　　　　　　　　80 000 000
　　贷:银行存款　　　　　　　　　　　　　　　　　　　　80 000 000

(2) 2017 年 12 月 31 日确认租金收入:

借:银行存款　　　　　　　　　　　　　　　　　　3 000 000
　　贷:其他业务收入　　　　　　　　　　　　　　　　　　3 000 000

(3) 2017 年 12 月 31 日确认公允价值变动收益 300 万元:

借:投资性房地产——公允价值变动　　　　　　　　3 000 000
　　贷:公允价值变动损益　　　　　　　　　　　　　　　　3 000 000

(4) 2018 年 6 月 30 日确认租金收入 300 万元,会计分录同(2)。

(5) 2018 年 6 月 30 日确认公允价值变动收益 200 万元:

借:投资性房地产——公允价值变动　　　　　　　　2 000 000
　　贷:公允价值变动损益　　　　　　　　　　　　　　　　2 000 000

若发生公允价值变动损失,则会计分录与(5)相反。租赁期后的会计处理可参照上面进行。

投资性房地产的后续计量还需注意两点:

第一，同一企业只能采取一种模式对所有投资性房地产进行后续计量，不得同时采取两种模式。

第二，企业对投资性房地产的后续计量模式一经选定，不得随意变更。具体来讲，原采用成本模式的，当以后公允价值模式要求的条件具备时，可以改用公允价值模式，但应作为会计政策变更，进行追溯调整。已采用公允价值模式的，不允许转为成本模式。因为公允价值模式的使用有前提条件，条件既已具备且已采用这种模式，没有理由倒退。更何况公允价值模式下，其公允价值变动损益直接计入当期利润表。如果允许两种后续计量模式随意转换，则有关投资性房地产的会计信息会失去可比性，可靠性也会很差。

由上可知，中国对投资性房地产后续计量采用公允价值模式的标准较高，要求严格。这就要求企业建立健全与公允价值计量相关的决策体系。管理层应综合考虑包括活跃市场交易在内的各项影响因素，对能否持续可靠地取得公允价值做出科学合理的评价；董事会应在充分讨论的基础上形成决议。在中国，投资性房地产准则从2007年投入使用至今，已实施近12年的时间。从上市公司披露的年报情况来看，不管是实施当初还是现在，上市公司对投资性房地产采用公允价值进行后续计量的并不多，有关企业利用公允价值后续计量操纵利润的疑虑也基本消除。究其原因，一是中国企业会计准则对投资性房地产采用公允价值计量的标准高、要求严；二是近十年来，国家虽然对房地产价格有过调控，但实际上中国房地产价格一直处在高点，采用公允价值计量，虽会大幅增加企业利润，但随着国家对房地产市场宏观调控的加强，以后房地产价格可能回归，到时公允价值下跌会减少企业利润，这势必增加管理层的经营压力。于是，谨慎地选择投资性房地产的后续计量模式，成为上市公司管理层的基本共识。

三、投资性房地产的用途转换

实质上，这是因房地产的用途发生改变而对房地产进行的重新分类。它针对房地产的用途发生改变而言，而非房地产后续计量模式的转换。房地产用途的转换，具体包括两种情况：一是将投资性房地产转为自用房地产；二是将自用房地产转为投资性房地产。无论属于哪种转换形式，会计上都需要解决三个问题：转换的证据、转换日的确定、转换时的会计处理。

（一）转换的证据

企业必须有确凿的证据表明房地产的用途发生改变，这样会计上才能将投资性房地产转换为非投资性房地产核算，或将非投资性房地产转换为投资性房地产核算。这里的确凿证据包括两个方面：一是企业管理当局做出改变房地产用途决议所形成的正式书面文件；二是房地产因用途改变而发生实际状态上的改变，如从自用状态改为出租状态，或者相反。

（二）转换日的确定

转换日是指房地产的用途发生改变、状态相应发生改变的日期。转换日的确定非常重要，因为这关系到资产的确认时点与入账价值。根据规定：

（1）投资性房地产转为自用，转换日是指房地产达到自用状态，企业开始将房地产用于生产商品、提供劳务或经营管理的日期。

（2）作为存货的房地产改为出租，或者将自用建筑物或土地使用权改为出租，转换日即为租赁期开始日。

(3) 自用土地停止自用,改用于增值目的,转换日是指企业停止自用且管理当局做出转换决议的日期。

(三) 投资性房地产转换为自用房地产时的会计处理

这里的关键是确定转换日房地产的账面价值,这是转换后自用房地产采用成本模式核算(如计提折旧或摊销、核算减值等)的依据。转换前,投资性房地产后续计量采用的模式不同,转换日该项资产的账面价值及其会计处理也各异。

1. 转换前,投资性房地产采用成本模式进行后续计量

在这种情况下,转换日投资性房地产的账面价值就是转换后自用房地产的账面价值。会计上,只需将投资性房地产的实际成本、累计折旧或摊销以及相应的减值准备结转至固定资产或无形资产的相应账户即可。

例 8-5 M 公司对投资性房地产采用成本模式进行后续计量。2018 年 12 月 31 日购入一栋写字楼,价款与相关税费(购进不动产的增值税税率为 10%,这里从略)共 9 800 万元,其中,土地使用权 800 万元,款项已用银行存款支付。同时与 B 公司签订租赁协议,将该栋写字楼出租给 B 公司,租期 3 年,年租金 500 万元,于每年年初支付;租赁期开始日为 2019 年 1 月 1 日。写字楼预计可使用 40 年,土地使用权预计尚可使用 50 年,均采用直线法计提折旧与摊销,无残值。租赁期满,M 公司将写字楼转为自用办公楼。相关手续已全部办妥。M 公司各年出租不动产确认的租金收入应按规定交纳 10% 的增值税,这里从略。

M 公司的会计处理如下(不考虑增值税):

(1) 2018 年 12 月 31 日购入写字楼时:

借:投资性房地产——写字楼	98 000 000
贷:银行存款	98 000 000

(2) 2019 年 1 月 1 日确认本年度租金收入:

借:银行存款	5 000 000
贷:其他业务收入	5 000 000

(3) 2019 年年末计提本年度写字楼折旧 225 万元、摊销土地使用权 16 万元:

借:其他业务成本	2 410 000
贷:投资性房地产累计折旧	2 250 000
投资性房地产累计摊销	160 000

2020 年、2021 年确认租金收入、计提折旧与摊销的分录同(2)、(3)。

(4) 租赁期满,收回写字楼作为公司办公使用:

借:固定资产	90 000 000
无形资产	8 000 000
投资性房地产累计折旧	6 750 000
投资性房地产累计摊销	480 000
贷:累计折旧	6 750 000
累计摊销	480 000
投资性房地产——写字楼	98 000 000

2. 转换前,投资性房地产采用公允价值模式进行后续计量

此时,转换日投资性房地产的公允价值就是转换后自用房地产的账面价值,之后自用房地产以此为依据计提折旧与摊销等。转换日资产公允价值与转换前账面价值(即上期期末的公允价值)的差额,作为公允价值变动损益计入当期利润表。

例 8-6 承例 8-4,租赁期满,H 公司收回写字楼供公司办公使用。假设 2018 年 12 月 31 日、2019 年 6 月 30 日写字楼的公允价值不变,2019 年 12 月 31 日、2020 年 6 月 30 日,该写字楼的公允价值分别为 8 800 万元、9 000 万元,其他资料不变。

2020 年 7 月 1 日 H 公司收回写字楼改为自用时,应做如下会计分录:

借:固定资产　　　　　　　　　　　　　　　　　　90 000 000
　　贷:投资性房地产——成本　　　　　　　　　　　80 000 000
　　　　　　　　　——公允价值变动　　　　　　　　8 000 000
　　　　公允价值变动损益　　　　　　　　　　　　 2 000 000

(四) 非投资性房地产转换为投资性房地产的账务处理

这里应先明确一个问题,即转换后投资性房地产采用何种模式进行后续计量。

1. 转换后,投资性房地产采用成本模式进行后续计量

在这种情况下,转换日非投资性房地产的账面价值就是转换后投资性房地产采用成本模式核算的基础,会计核算非常简单,只需将转换前的有关账面记录结转至"投资性房地产"账户即可。例如,房地产开发企业将作为存货的房地产转换为投资性房地产,且转换后采用成本模式核算,转换时,应借记"投资性房地产"账户,贷记"开发商品"账户,如该存货计提了减值准备,则还需借记"存货跌价准备"账户。

企业将自用房地产转换为投资性房地产,且转换后采用成本模式核算的,转换日应做如下会计分录:

借:投资性房地产
　　累计折旧
　　累计摊销
　　贷:固定资产
　　　　无形资产
　　　　投资性房地产累计折旧
　　　　投资性房地产累计摊销

2. 转换后,投资性房地产采用公允价值模式进行后续计量

此时,应将转换日该资产的公允价值作为投资性房地产的初始成本,同时核算转换日该资产的公允价值与转换前账面价值的差额。该差额的处理原则是:①转换日公允价值大于原账面价值的,差额先计入其他综合收益;待该投资性房地产处置时,再从其他综合收益转出,计入当期损益。②转换日公允价值小于原账面价值的,差额作为公允价值变动损失,直接计入当期损益。

例 8-7 2017 年 7 月 8 日,Y 公司将一栋办公楼改为出租,采用公允价值进行后续计量,租期 2 年,租赁期开始日为 2017 年 7 月 8 日。该办公楼原价 6 000 万元,累计折旧 3 000 万元,转换日的公允价值为 3 500 万元。2017 年年末、2018 年年末,该项投资性房地产的公允价值均为 3 550 万元。

Y 公司的有关会计处理如下:
(1) 2017 年 7 月 8 日,将办公楼转换为投资性房地产:

借:投资性房地产——成本	35 000 000
累计折旧	30 000 000
贷:固定资产	60 000 000
其他综合收益	5 000 000

(2) 2017 年 12 月 31 日,确认公允价值变动收益 50 万元:

借:投资性房地产——公允价值变动	500 000
贷:公允价值变动损益	500 000

转换后,确认各期的租金收入以及期末的公允价值变动损益,会计分录可参照例 8-1 进行,这里从略。2018 年年末该项投资性房地产公允价值没有变动,会计上无须进行账务处理。

该例中,如果转换日办公楼的公允价值为 2 800 万元,则 Y 公司 2017 年 7 月 8 日的会计分录应改为:

借:投资性房地产——成本	28 000 000
累计折旧	30 000 000
公允价值变动损益	2 000 000
贷:固定资产	60 000 000

四、投资性房地产的处置

投资性房地产因被销售或进行非货币性交易或债务重组等其他原因而减少,称为投资性房地产的处置。投资性房地产被处置,或永久地退出使用(如因使用磨损而导致最终报废,或因遭受自然灾害等非正常情况而毁损),企业应终止确认该项投资性房地产。会计处理上,对出售、进行非货币性交易以及抵债的投资性房地产,按售价记入"其他业务收入"账户,按售价计算交纳的增值税记入"应交税费"账户;同时,将该项资产的账面价值以及处置费用记入"其他业务成本"账户。对报废或毁损的投资性房地产,其核算与固定资产清理相同,相关净损益作为营业外收支处理。

1. 采用成本模式计量的投资性房地产的处置

例 8-8 承例 8-5,假设租赁期满,M 公司将投资性房地产出售给 B 公司,合同价款为 9 500 万元。其他资料不变,假设不考虑相关税费。

该例中,租赁期满,M 公司出售该栋写字楼时应做如下会计分录:
(1) 确认出售收入 9 500 万元:

借:银行存款	95 000 000
贷:其他业务收入	95 000 000

(2) 结转出售日写字楼的账面价值:

借:其他业务成本	90 770 000
投资性房地产累计折旧	6 750 000
投资性房地产累计摊销	480 000
贷:投资性房地产——写字楼	98 000 000

2. 采用公允价值模式进行后续计量的投资性房地产的处置

例 8-9 承例 8-7,假设租赁期满,Y 公司将该栋办公楼出售,合同价款为 4 000 万元。其他资料不变,假设不考虑相关税费。

出售投资性房地产时,Y 公司应做如下会计分录:

(1) 确认收入:

借:银行存款	40 000 000
贷:其他业务收入	40 000 000

(2) 结转账面价值:

借:其他业务成本	35 500 000
贷:投资性房地产——成本	35 000 000
——公允价值变动	500 000

(3) 将投资性房地产累计公允价值变动转入其他业务收入:

借:公允价值变动损益	500 000
贷:其他业务收入	500 000

(4) 将原转换时计入其他综合收益的金额转入其他业务收入:

借:其他综合收益	5 000 000
贷:其他业务收入	5 000 000

国际视野

《国际会计准则第 40 号——投资性房地产》对投资性房地产的会计处理及相关信息披露要求进行了规范。

(1) 关于范围。准则规定:自用房地产、在正常经营过程中销售或者为销售而处于建造或开发的房地产、融资租赁下出租给另一主体的房地产等不属于投资性房地产。其中,并未涉及闲置土地。换言之,闲置土地属于本准则规定的投资性房地产。

(2) 关于后续计量。准则规定:企业可选择成本模式或公允价值模式作为其会计政策,并将选定的会计政策用于全部投资性房地产。同时,鼓励投资性房地产根据独立评估师在资产负债表日确定的公允价值进行列报。准则并未规定公允价值模式的使用条件,如果企业能够在持续的基础上可靠地计量投资性房地产的公允价值,则准则主张企业采用公允价值模式,且公允价值变动产生的利得或损失应在产生当期确认为损益。

(3) 关于公允价值的确定。准则要求执行国际财务报告准则第 13 号公允价值中的相关规定。

第三节 其他资产

除商誉、长期待摊费用外,一般企业主要资产项目的会计核算已在前面阐释。本节对商誉及长期待摊费用稍做说明。

一、商誉

自 19 世纪以来,商誉的性质一直是人们争论的话题。著名会计学家 Hendriksen 在其所著的 *Accounting Theory* 中从会计角度阐述了对商誉概念的三种解释:①商誉是人们对企业具有好感的无形价值;②商誉是预期未来收益超过不包括商誉在内的总投资正常报酬的贴现值;③商誉是一个总的计价账户,反映了企业总价值超过各项有形资产和无形资产的净额。根据 Hendriksen 的第一个和第二个解释,商誉往往被认为是一项具有一定特征的单项资产,而根据第三个解释,商誉则是一项不可分离的单项资产。无论如何定义,基于商誉的不可辨认特性,中外现行会计实务中,均将其作为一项单独的资产核算。

商誉是一项不可辨认的资产,其形成原因有很多,或是具有经验丰富的管理团队、生产经营效益高,或是企业所处的地理位置优越,或是因信誉好而获得了客户信任,抑或是有知名的商标等。不管怎样,商誉是企业在经营上具有优越获利能力的潜在经济价值。它的主要特点表现在以下三个方面:

(1) 商誉具有不可辨认性,既不能单独存在,又不能单独出售,而是与整体企业的存在相关。

(2) 商誉的价值不能单独计量,只有把企业作为一个整体看待才能按总额加以确定。

(3) 在企业合并时确认的商誉的未来利益,可能与建立商誉过程中发生的成本没有关系。

商誉包括自创商誉和购买商誉。按照各国的一般会计原则,只有购买商誉才能作为无形资产单独核算,自创商誉不得入账。

(一) 自创商誉

自创商誉是企业在经营过程中自己创立、积累起来的各种优越条件和无形资源,这些优越条件和无形资源使企业能够比其他同类企业取得更高的收益。

自创商誉虽然产生于企业的生产经营过程,是企业为提高将来的获利能力而发生的支出,但这种支出同特定有形或无形资产没有直接关系且具有不确定性,即使在将来能使企业受益,也不应列为资产,而是在其发生时立即作为费用处理。这种做法的理由是:自创商誉仅代表一种不能明确辨认的有利属性,但缺少确认和计量的可靠性,同时也缺少将这些支出同未来收入相配比的合理方法。此外,目前也没有足够的证据表明将自创商誉纳入财务报表能为投资者和债权人提供与决策有关的信息。这样,在财务报表上反映自创商誉就显得困难重重,所以通常的做法是不将自创商誉在企业财务报表中披露。

但也有人认为,自创商誉应予确认。主要理由是:企业并购中出现的商誉,并非产生于被并购的过程中,而是被并购企业日常经营中实现的商誉在并购中的体现。如果只确认购买商誉而不确认自创商誉,则有关商誉的会计政策就缺乏一致性和可比性。

从可靠性考虑,将自创商誉所发生的支出作为当期费用处理,这在一定程度上已达成共识。国际会计准则委员会(理事会)及英美等国都采用自创商誉不予确认的做法,中国也是如此。

(二) 购买商誉

购买商誉是企业并购时,预期被并购企业因存在优越条件和无形资源在未来时期能获取正常水平以上的超额利润而对被并购企业确认的商誉。从会计的角度来看,购买商誉是指在一家企业并购另一家企业的情况下,用股票或其他形式的资产支付的价格超过所取得的可确认有形或无形资产的公允价值,再减去所承担的债务的公允价值后的差额。在中国,购买商誉仅产生于非同一控制下的企业合并。

例 8-10 2018 年 12 月 28 日,E 公司以吸收合并的方式收购了 T 公司(合并前两家公司不属于同一集团),收购价为 200 万元。并购日,T 公司的资产、负债及净资产的价值如表 8-1 所示。

表 8-1 合并日 T 公司的资产负债表

2017 年 12 月 31 日　　　　　　　　　　　　　　　　　　单位:元

项目	账面价值	评估价值	评估增(减)值
银行存款	100 000	100 000	
应收账款	300 000	300 000	
存货	600 000	662 500	62 500
固定资产	1 800 000	1 700 000	-100 000
无形资产	200 000	150 000	-50 000
资产合计	3 000 000	2 912 500	-87 500
应付账款	500 000	500 000	
长期借款	1 000 000	900 000	-100 000
负债合计	1 500 000	1 400 000	
股本	950 000	950 000	
留存收益	550 000	562 500	12 500
所有者权益合计	1 500 000	1 512 500	
负债与所有者权益合计	3 000 000	2 912 500	

该例中,E 公司收购 T 公司应采用购买法核算,发生商誉 487 500 元(即购买价 2 000 000 元-并购日 T 公司净资产的公允价值 1 512 500 元)。

1. 购买商誉的确认

从理论上来讲,购买商誉是否确认,有两种做法:

(1)购买商誉不予确认,于发生时直接冲减股东权益。购买商誉不作为资产确认而直接冲减股东权益(冲销资本公积或类似的准备金)的做法,与自创商誉不予确认并非如出一辙。这种做法主要基于以下两个原因:①只有将外购商誉直接冲减股东权益而不将其作为一项资产资本化,才能与财务报表中不确认自创商誉这一做法相一致。因为自创商誉不予确认基本上是一个约定俗成的惯例,如果外购商誉作为一项无形资产入账,自创商誉却不作为一项无形资产入账,则商誉的会计政策就缺乏一致性。何况,企业并购中并购企业所拥有的自创商誉价值往往高于被并购企业的商誉价值,购买商誉资本化的做法只能是捡了芝麻丢了西瓜。②从理论上来讲,外购商誉是因并购企业付出的交易价格超过被并购企业净资产的公允价值而造成的,并购企业之所以愿意支付高于被并购企业净资产公允价值的价格,是因为被并购企业具有较高的声誉和未来获取超额利润的优越条件。但实际上,许多经营状况处于劣势的企业在被并购时也可能以高于公允价值的价格出售。因此,与其说外购商誉是一项不可单独分离的无形资产,还不如说它是一项特定资本交易所引起的价值差额。这种交易价格超过被并购企业净资产公允价值的差额,实质上是并购企业的资本损失。既然外购商誉不可单独辨认,且它所代表的又是资本交易所形成的资本损失,那么正确的会计处理方法应当是冲减相关股东权益账户,而不是冲销利润表中的当期收益或将其递延并冲销未来各期的收益。否则,就会与资本交易一般应绕过利润表而直接调整股东权益的惯例相矛盾。尽管这种做法在理论上具有合理性,但各国会计实务中并未将此作为必须采用的做法。

(2) 将购买商誉确认为一项单独的资产。认为企业并购所发生的商誉支出是为了获得超额利润,如果此项利润在未来得以实现,则对并购企业即商誉的购买者来说,就是投资成本的收回,而不是投资获得的收益。因此,购买商誉的价值应予资本化,过去是将其作为一项无形资产核算,现行会计实务中,考虑到商誉不可辨认,不符合无形资产的定义,故将其作为一项单独的资产——商誉核算。《国际财务报告准则第3号——企业合并》及中国《企业会计准则》(2006)都是如此规定的。

例 8-10 中,E 公司将收购 T 公司发生的商誉单独确认,则吸收合并完成日,E 公司应做如下账务处理:

借:银行存款　　　　　　　　　　　　　　　　　100 000
　　应收账款　　　　　　　　　　　　　　　　　300 000
　　库存商品等存货账户　　　　　　　　　　　　662 500
　　固定资产　　　　　　　　　　　　　　　　1 700 000
　　无形资产　　　　　　　　　　　　　　　　　150 000
　　商誉　　　　　　　　　　　　　　　　　　　487 500
　贷:应付账款　　　　　　　　　　　　　　　　 500 000
　　 长期借款　　　　　　　　　　　　　　　　 900 000
　　 银行存款　　　　　　　　　　　　　　　　2 000 000

2. 购买商誉的减值

资产在其服务于企业营利的过程中被耗用,其价值会发生折耗。因此,企业对使用资产的价值要按期摊销,如对固定资产分期折旧、对无形资产按期摊销等,这是配比原则的要求。商誉这种资产是否也要进行摊销? 对此有不同的认识:①将购买商誉资本化为一项资产,在以后一定的时期按期摊销计入各期费用;②将购买商誉资本化为一项资产,以后不摊销。

从世界范围来看,过去部分国家选用将购买商誉进行摊销的会计处理方法,如中国、美国、加拿大、澳大利亚和日本。在这些国家,购买商誉于发生时即注销、冲抵权益的做法是不允许的。其他国家或地区,如法国、德国、意大利等一些欧洲国家,则采用了较灵活的做法。对购买商誉的价值予以摊销,固然有合理之处,因为随着科学技术的发展以及市场竞争的加剧,商誉不可能永久地存在。企业为购买商誉而支付的代价,就应在以后的受益期内合理分配,实现收入与费用的合理配比。这样做同时体现谨慎性原则,也使得自创商誉和外购商誉的取得成本最终都进入利润表。问题是,实务中商誉的摊销采用直线法,隐含"企业拥有的经营优势平均递减"这一假定条件,但事实并非如此,甚至"企业能够永远地拥有当前的经营优势";此外,摊销期间的确定,主观性也很强,将商誉的摊销价值与持有期间的收益配比完全是一种人为的结果。

为了克服商誉会计摊销的上述不足,现行《国际财务报告准则第3号——企业合并》要求停止对商誉进行摊销,改为减值测试。如果商誉发生减值,则意味着所持有优势的减少,减值损失作为"资产减值损失"直接计入当期损益;如果商誉未发生减值,则意味着企业继续拥有这种优势,会计上对商誉的账面价值没有理由进行调整。这样处理使得会计信息更具相关性。目前中国的做法也是如此。商誉产生于企业合并,商誉是否减值无疑与所购入资产的期末价值密切相关,其减值核算比较复杂,留待《高级会计学》说明。

（三）负商誉

负商誉是指企业合并业务中,并购方所支付的价款小于被并购方净资产公允价值的差额。前述例 8-10 中,收购时 T 公司净资产的公允价值为 1 512 500 元,若双方协议达成的收购价为 1 200 000 元,则差额 312 500 元就是 E 公司在此项并购业务中发生的负商誉。

1. 负商誉的确认

实务中存在负商誉吗？对此会计学界有不同的看法。Hendriksen 在其所著的 *Accounting Theory* 中提出："假使认为商誉是企业的一组不可辨认的有利属性,可以和可辨认资产分离,则很难想象会出现负商誉。因为如果整个企业的价值小于各个资产价值的总和,那么原业主就会个别地出售其资产,而不是把企业作为整体来出售了,从而负商誉是不可能存在的。"但我们认为,负商誉确实有可能存在,主要原因是：

（1）从并购方角度来看,当并购方预计到被并购方的收益低于平均收益时,在谈判中就会力争使购买成本低于净资产的公允价值。

（2）从被并购方角度来看,当预期企业整体的售价低于资产分拆出售的价格时,被并购方将谋求分拆出售资产。但有些企业的资产具有整体上的不可分性,不能分开出售；对于可以分开出售资产的企业,由于要寻找多家买主并经过多次谈判,既增加了谈判的成本,也延长了全部资产脱手的时间,结果是分开出售其价值反而会大大降低。

（3）在被并购方长期亏损的情况下,为了尽快将企业售出,避免更多的亏损,业主有可能将企业以低于公允价值的价格出售。

即使承认负商誉的存在,会计上是否要确认负商誉,会计学界也是众说纷纭。一种观点认为,应确认负商誉,理由是：负商誉是与正商誉相对的,既然确认正商誉,就应将负商誉登记入账。另一种观点认为,应将负商誉作为计价调整,理由是：根据实际成本计价原则,企业登记入账的价值不应超过成本总额；实务中出现负商誉的情况不多,即使发生,一般认为是由对被并购方净资产价值高估所致。

2. 负商誉的会计处理

由于对负商誉的确认认识不同,各国会计对负商誉的处理存在差异。概括起来有以下几种：

（1）负商誉冲减所购非流动资产价值(有价证券投资除外)。美国《会计原则委员会第 17 号意见书》建议,当购进一家企业所花费的成本少于其可辨认资产的市价总和减去负债,其差额应予冲减所购长期有价证券以外的非流动资产的价值；如果冲减后还有余额,则应列作递延贷项,在以后年度分摊计入各期收益。

承例 8-10,E 公司收购 T 公司时,T 公司的资产、负债及净资产的价值如表 8-1 所示,假设双方协议达成的收购价为 120 万元。

在此项并购业务中,E 公司发生负商誉 312 500 元。假设 E 公司对该项负商誉作为计价调整处理,分摊①并调整所购固定资产、无形资产的价值。有关计算如下:

固定资产应分摊金额 = 1 700 000÷(1 700 000+150 000)×312 500 = 287 162(元)

无形资产应分摊金额 = 150 000÷(1 700 000+150 000)×312 500 = 25 338(元)

调整后的固定资产价值 = 1 700 000－287 162 = 1 412 838(元)

调整后的无形资产价值 = 150 000－25 338 = 124 662(元)

负商誉之所以调整所购入的除长期股票投资与长期债券投资(持有至到期投资)之外的非流动资产项目金额,是因为长期股票投资与长期债券投资以及大部分流动资产项目一般有比较确定的金额或比较客观的市场价格,而固定资产、无形资产等非流动资产项目通常没有现存的市价,评估结果往往不够可靠。原《国际会计准则第 22 号——企业合并》中将此法作为基准处理方法。

(2) 负商誉直接计入资本公积。并购企业的购买成本低于所取得的净资产公允价值的差额,在并购完成日一次全部贷记资本公积。

(3) 负商誉全部作为递延收益处理。并购企业的购买成本低于所取得的净资产公允价值的差额,全部做递延收益处理,并在一定的年限内分摊计入收益。原《国际会计准则第 22 号——企业合并》中将此法作为允许选用的处理方法,并规定摊销期不超过 5 年,如果自购买日起超过 5 年但不超过 20 年的期限更为合理,则也可按不超过 20 年的期限处理。这样做的理由是:产生负商誉是由并购方预计到被并购方的收益低于平均收益所致,而在并购过程中并购方理应获取平均收益,其收益应为每期从并购资产中获得的收益加上摊销负商誉而计入当期收益的部分。将负商誉采用系统的方法摊销、计入各期收益的做法,类似于长期债券投资的折价摊销。在购入折价发行的长期债券时,企业各期的实际投资收益除票面利息收入外,还包括本期折价摊销部分。另外,如上所述,正商誉可以采用先资本化后摊销的做法,将负商誉作为递延收益在规定的期限内摊销,能够使并购中正商誉和负商誉的会计方法保持一致性。

(4) 负商誉直接计入当期损益。中国《企业会计准则第 20 号——企业合并》规定,对负商誉的处理方法是:首先应对取得的被购买方各项可辨认资产、负债及或有负债的公允价值以及合并成本的计量进行复核;经复核后,合并成本仍小于合并中取得的被购买方可辨认净资产公允价值份额的,其差额应当计入当期损益(营业外收入)。中国的做法与国际财务报告准则的规定基本一致。

二、长期待摊费用

长期待摊费用是指企业已经支出,但摊销期限在一年(不含一年)以上的各项费用,包括股份有限公司发行股票的手续费或佣金、租入固定资产的改建支出以及摊销期限在一年以上的其他待摊费用。

---

① 按所购固定资产、无形资产公允价值的比例分摊负商誉。

（一）租入固定资产的改建支出

租入固定资产的改建支出是指能增加租入固定资产效用或延长其使用寿命的改装、翻建等支出，由于租入固定资产的所有权不属于承租方，承租方企业只获得在租赁有效期内对改良项目的使用权，因此，将这类支出作为长期待摊费用处理。发生时，通过"长期待摊费用"账户归集；各期分摊的金额，则按照资产的使用部门，计入相关产品成本或费用。

（二）股票发行费用

股票发行费用是指与股票发行直接相关的费用，如股票承销费、筹划发行所发生的注册会计师费（审计、验资和进行盈利预测等费用）、评估费、律师费、公关及广告费、股票印制费等。按照规定，股份有限公司委托其他单位发行股票支付的手续费或佣金等相关费用减去股票发行冻结期间的利息收入后的余额，从发行股票的溢价中抵扣；不够抵扣或无溢价的，作为长期待摊费用，在不超过两年的期限内平均摊销，计入当期损益；若金额较小，则直接计入当期损益。

（三）开办费

开办费是指企业在筹建期间发生的、不构成固定资产或无形资产成本的各项费用，包括人员工资、办公费、培训费、差旅费、印刷费、注册登记费以及不计入固定资产价值的借款费用等。在西方许多国家，开办费被认为是一项无形资产，理由是开办费的发生是为了取得一项企业营业的权利。由于这些支出的发生与企业的合法成立有密切的关系，只要企业继续经营下去，开办费即有存在的价值，因此被认为是一项永久性的资产。

在中国，基于谨慎性原则，开办费发生时，先在"长期待摊费用"账户中归集；待企业正式开始生产经营时，将其一次性计入开始生产经营当月的损益。中国对开办费不予摊销的做法，有利于夯实资产价值，比西方国家的做法更稳健。

三、其他长期资产

其他长期资产是指一些特殊的长期资产，包括特种储备物资、银行冻结存款、诉讼中的财产等。其中，特种储备物资是指经国家批准储备的、具有专门用途、不参加生产经营周转的物资，如中国储备粮管理总公司所属企业代国家储备的粮食、中国储备棉管理总公司所属企业代国家储备的棉花。银行冻结存款是指被政法部门依法冻结、不能支取的银行存款。冻结物资是指由于各种原因，被冻结已不能正常处置的资产。诉讼中的财产是指由于发生产权纠纷，进入司法程序后被法院认定为涉及诉讼、尚未判定所有权归属的财产。

上述特殊的其他长期资产，平时的核算与相同正常资产的核算一致，但在财务报表中应以"其他非流动资产"项目单独反映，并在报表附注中说明。

本章提要

无形资产是指企业拥有或者控制的没有实物形态的可辨认非货币性资产。其初始计量遵循实际成本原则，但不同来源增加的无形资产，其实际成本的具体构成内容稍有差别，这里应重点注意超过正常信用条件采用延期付款方式购入无形资产、内部研发无形资产的入账价值的确定。关于无形资产的摊销，只有使用寿命有限的无形资产才需要在估计的使用寿命内采用系统合理的方法进行摊销，且当月增加的无形资产当月开始摊销，当月减少的无形资产当月停止摊销。摊销方法有多种，具体选择时应反映与该项无形资产有关的经济利益的预期实现方式，并一致地运用于不同的会计期间。使用寿命不确定的无形资产不需要摊销，但应进行减值测试，核算可能发生的减值。无形资产的出租收入确认为企业的其他业务收入，持有待售或直接出售无形资产的净损益计入资产处置损益，报废无形资产的净损益则作为营业外收支处理。

投资性房地产是指为赚取租金或资本增值，或者两者兼有而持有的房地产。就后续计量而言，投资性房地产存在成本模式与公允价值模式两种。成本模式下，投资性房地产的核算与自用房地产基本相同；采用公允价值模式时，一是各期的公允价值变动金额直接计入当期损益；二是无须计提折旧或摊销，但应核算减值。在中国，首选成本模式，公允价值模式只在具备特定条件时才可以使用，并且同一企业只能采用一种模式对所有投资性房地产进行后续计量，不得同时采用两种模式。企业不得将公允价值模式转换为成本模式，但可将成本模式转换为公允价值模式，转换当期会计上进行追溯调整处理。投资性房地产与非投资性房地产两者可进行相互转换，此时会计上应解决三个问题：一是转换的证据；二是转换日；三是转换时的会计处理。将自用房地产改为采用公允价值进行后续计量的投资性房地产时，还应处理转换日公允价值与转换前账面价值的差额。

商誉是一项特殊的资产，主要表现在其不可辨认性上。会计上只对购买商誉进行核算，自创商誉不予确认。按照中国企业会计准则的规定，外购商誉不摊销，只核算减值，并遵循《企业会计准则第 8 号——资产减值》的具体规定。负商誉发生时，应先对取得的被购买方各项可辨认资产、负债及或有负债的公允价值以及合并成本的计量进行复核；经复核后，合并成本仍小于合并中取得的被购买方可辨认净资产公允价值份额的，其差额应当计入当期损益(营业外收入)。

❓ 练习与思考

1. 无形资产摊销与固定资产折旧有何不同？
2. 会计上为什么要将投资性房地产单独地作为一类资产核算和管理？
3. 采用公允价值模式进行后续计量时，投资性房地产的期末计价、改变用途以及处置等，如何进行会计处理？
4. 持有待售无形资产如何进行会计确认、计量与记录？

小组讨论

2011 年中国上市公司共 2 293 家，存在投资性房地产的有 905 家。其中，874 家采用成本模式，31 家采用公允价值模式，当年共确认公允价值变动收益 63.53 亿元。

2016 年中国上市公司共 3 134 家，存在投资性房地产的有 1 484 家。其中，1 423 家采用成本模式，61 家采用公允价值模式。

请查阅中国上市公司 2017 年年报，了解 2017 年上市公司投资性房地产后续计量模式

的使用情况。在此基础上讨论:

1. 中国企业会计准则对投资性房地产采用公允价值模式进行后续计量有何规定?

2. 投资性房地产采用成本模式或公允价值模式,对企业的财务状况、经营成果及现金流量有何影响?

3. 近年来国家虽对房地产价格进行了调控,但更多的是影响成交量,房地产价格相对比较平稳,一些二三线城市还是处于涨势。房价上涨,采用公允价值模式计量,无疑能为企业提供巨额利润。但实务中为什么只有极少数企业选用公允价值模式?

辅助阅读资料

1.《企业会计准则第 3 号——投资性房地产》《企业会计准则第 6 号——无形资产》《企业会计准则第 20 号——企业合并》(财政部 2006 年颁布)。

2.《企业会计准则解释第 11 号——关于以使用无形资产产生的收入为基础的摊销方法》(财政部 2017 年 6 月 12 日发布)。

3.《国际财务报告准则第 3 号——企业合并》《国际会计准则第 38 号——无形资产》《国际会计准则第 40 号——投资性不动产》。

4. 孙雨石,《研发费用核算及其对企业会计利润的影响》,《财务与会计》,2013 年第 6 期。

5. 程新生等,《高新技术企业研发费用资本化问题研究》,《会计之友》,2016 年第 5 期。

6. 程竞,《投资性房地产公允价值计量应用情况研究》,《财会研究》,2015 年第 1 期。

21世纪经济与管理规划教材
会 计 学 系 列

第九章

流动负债

【知识要求】

通过本章的学习,掌握流动负债的分类及计价方法,一般纳税人、小规模纳税人增值税核算的特点,应付职工薪酬的内容,辞退福利、交易性金融负债与合同负债的确认,债务重组的意义及方式。

【技能要求】

通过本章的学习,应能够熟悉:
- 金额确定的流动负债的会计处理;
- 应交流转税的会计处理;
- 辞退福利的计量,应付职工薪酬的会计处理;
- 交易性金融负债的会计处理;
- 合同负债的会计处理;
- 不同债务重组方式下债务人、债权人的会计处理。

【关键术语】

| 应付职工薪酬 | 非货币性薪酬 | 合同负债 |
| 辞退福利 | 交易性金融负债 | 债务重组 |

在市场经济条件下,企业适度的举债经营是正常且有利的。但如果负债数额过大,超过其潜在的偿还能力,就会对企业的资本结构产生不利影响,同时还会削弱企业的偿债能力和清算能力,进而影响企业的信誉。严重时还会发生财务危机,导致企业破产。因此,加强负债的核算与管理非常重要。

中国企业会计准则将负债定义为"企业过去的交易或者事项形成的、预期会导致经济利益流出企业的现时义务"。会计上的负债比法律上的负债意义更宽泛、内容更丰富,它可以是一种在法律上强制执行的义务,如应交税费;也可以是一种在商业道德上或法定的义务,如应付账款、应付职工薪酬等;此外,还包括一些并不具有法律约束的公平或推定义务,如递延所得税负债。而且,会计上的负债要有真凭实据,既不是口头的,更不是人们常说的"人情债"。企业的负债内容比较多,为了便于分析企业的财务状况和偿债能力,会计上一般按负债的流动性即偿还期限的长短,将其分为流动负债与长期负债(又称非流动负债)两类。① 本章只阐释流动负债,长期负债的会计问题留待下一章说明。

流动负债的内容较多,应注意与前面相关章节内容对照学习,如将应付票据、应付账款、预收账款、其他应付款等与第三章的应收及预付款项内容对照学习,因为它们分属于同一业务的两个不同方面:一方为债权人,另一方则为债务人,其会计核算方法自有相同之处。通过对照学习,既可加深理解,又能节省时间,进而提高学习效率。

第一节 流动负债概述

流动负债是指在一年内或超过一年的一个营业周期内偿还的债务。因偿还期短,故又称为短期负债。中国《企业会计准则第30号——财务报表列报》规定,满足下列条件之一的,应当归类为流动负债:一是预计在一个正常营业周期中清偿,二是主要为交易目的而持有,三是自资产负债表日起一年内到期应予清偿,四是企业无权自主地将清偿推迟至资产负债表日后一年以上。企业不能自主地将清偿义务展期的,即使在资产负债表日后、财务报告批准报出日前签订了重新安排清偿计划协议,该项负债仍应归类为流动负债。企业在资产负债表日或之前违反了长期借款协议,导致贷款人可随时要求清偿的负债,也应当归类为流动负债。

一、流动负债的分类

流动负债的内容较多,为了进一步认识它的性质,正确掌握其会计核算方法,应按不同的标准进行分类。

(一)按应付金额可确定的程度分类

(1)应付金额确定的流动负债,是指根据契约、合同或法律规定等,企业在负债到期日必须偿还的、有确定偿付金额的负债,如短期借款、应付票据、应付账款、预收账款、应付

---

① 按性质,负债还可以分为金融负债和非金融负债两类。金融负债是指由于金融工具的应用而形成的负债,主要包括短期借款、应付票据、长期借款、应付债券等。金融负债可以进一步划分为以公允价值计量且其变动计入当期损益的金融负债(包括交易性金融负债和直接指定为以公允价值计量且其变动计入当期损益的金融负债)和其他金融负债。非金融负债是指金融负债以外的负债,主要包括应付职工薪酬、应付股利、应交税费等。

职工薪酬等。

（2）应付金额视经营情况而定的流动负债，是指需要根据一定期间的经营情况才能确定应付金额的负债，如各种应交税费、应付股利等。职工薪酬与企业经济效益挂钩浮动的，须等各经营期终了后才能根据经营成果确定应付金额，故亦属于此类负债。

（3）应付金额需予估计的流动负债，是指其随某种经营活动的结果而确实存在，但应付金额需要估计的负债，如各项预计费用。

（二）按形成的原因分类

（1）营业活动产生的流动负债，是指由于企业正常的生产经营活动所引起的流动负债，包括企业外部业务结算与内部往来形成两种。前者主要有应付票据、应付账款、预收账款、应交税费等，后者主要有应付职工薪酬等。

（2）收益分配形成的流动负债，是指企业根据所实现的利润进行分配所形成的流动负债，如应付利润或应付股利。

（3）融资活动形成的流动负债，是指企业从银行或其他金融机构筹集资金时所形成的流动负债，如各种短期借款、应付利息。

（三）按是否带息分类

（1）带息流动负债，是指负债协议或合同上明确标明利息率的流动负债，借款本金相当于负债现值，按本金及约定利率计算利息，借款人需要偿付的金额为本息和，如向金融机构借入的短期借款、带息应付票据等。

（2）不带息或无息流动负债，是指负债协议或合同上未明确标明利息率的流动负债，如应付账款、应付股利、应交税费等。但有些不带息负债并非真正意义上的不需要承担利息，因为借款人到期清偿的金额往往超过负债发生时收到的现金或现金等价物所代表的金额，此时的负债金额实际上是债务的到期值，利息隐含其中。实务中的不带息应付票据，往往属于这种情况。

二、流动负债的计价

为了保证会计信息的质量，客观、公正地反映企业所承担的债务，并为报表使用者预测企业未来现金流量和财务风险等提供相关的会计信息，需要对负债进行正确计价。具体来讲，对负债进行正确计价，主要目的有四个：

（1）有利于正确计量相关资产的价值。因为负债的产生通常与资产的取得相联系，负债的偿付又往往引起资产的减少，所以，正确确定负债金额，有利于正确计量相关资产的价值。

（2）有利于正确确定所有者权益份额。企业的资产是由债权人与所有者共同提供的，负债与所有者权益具有此消彼长的关系，更何况所有者权益中与利润分配相关的股利或利润的分配直接与负债相关。只有正确确定负债金额，才能正确确定企业所有者拥有的净资产。

（3）有利于正确确定企业的收入与费用。一般地，收入的产生会引起负债的减少，费用的发生则会引起负债的增加。正确确定负债金额，就可以正确确定相关的收入及费用，进而正确确定企业当期的损益。

(4) 有利于正确确认企业的净收益。如应交所得税的多少直接影响企业净利润的高低。正确确定负债金额,有利于正确确定企业的净收益。

由于负债是企业已经存在并需在未来偿还的现实义务,为了提高会计信息的有用性和相关性,根据流动负债的性质、特征,并结合风险管理要求,可以将流动负债的计价分为两种情况:一种是以公允价值计量,如交易性金融负债;另一种是以摊余成本计量,如应付票据、应付账款等。

第二节 应付职工薪酬

薪酬属于职工获得的劳务报酬,是企业为获得职工提供的劳务而给予或付出的各种形式的对价。从广义的角度来看,职工薪酬应包括构成完整人工成本的各项内容,具体包括对职工在职期间付出劳动的报酬、职工退休后的养老金、对特殊职工将来的薪酬激励等。在2006年发布职工薪酬的企业会计准则之前,中国会计并未建立广义的人工成本概念,产品成本中核算的职工及其薪酬内容比较狭窄,人工成本偏低,没有真正反映企业实际承担的人工耗费水平,在国际贸易尤其是近年应对反倾销的诉讼中经常处于不利地位。

2007年开始中国发布并实施了《企业会计准则第9号——职工薪酬》,2014年又进行了部分修改。修改后的职工薪酬会计准则指出,职工薪酬是企业为获得职工提供的服务或解除劳动关系而给予的各种形式的报酬或补偿。这里的职工,包括与企业订立正式劳动合同的所有人员,含全职、兼职和临时职工,也包括虽未与企业订立正式劳动合同但由企业正式任命的人员,如董事会成员、监事会成员和内部审计委员会成员等。在企业的计划和控制下,虽未与企业订立正式劳动合同或未由其正式任命,但为企业提供与职工类似服务的人员,如劳务用工合同人员,视同企业职工。职工薪酬的内容也比较宽泛,包括在职期间和离职后提供给职工的全部货币性薪酬和非货币性福利,以及企业提供给职工配偶、子女、受赡养人、已故员工遗属及其他受益人等的福利。这种从人工成本理念出发建立的广义的职工薪酬内涵,能与职工提供服务所产生的经济利益相匹配,并提高中国会计核算中产品成本信息在国际上的可比性。

从理论上来讲,用于长期激励的股份支付属于职工薪酬的内容,但其确认、计量与其他薪酬内容相差较大,本书不予阐述。本节阐释的职工薪酬仅指修改后的企业会计准则第9号规范的内容。

职工薪酬由企业根据职工的劳动成果及相关规定定期结算并支付,实务中职工薪酬的结算在前、实际支付在后,两者存在一定的时间差。期末应付未付的职工薪酬,构成企业的一项流动负债。

一、职工薪酬的内容

中国修订后的职工薪酬会计准则规定,职工薪酬包括短期薪酬、离职后福利、辞退福利和其他长期职工福利等。

(一) 短期薪酬

短期薪酬是指企业在职工提供相关服务的年度报告期间结束后12个月内需要全部

予以支付的职工薪酬,因解除与职工的劳动关系所给予的补偿除外。具体内容如下:

1. 职工工资、奖金、津贴与补贴

这是指构成工资薪酬总额的计时工资、计件工资、相关奖金与津贴、补贴。这里的奖金是指企业支付给职工的超额劳动报酬和增收节支劳动报酬,如生产奖、节约奖、劳动竞赛奖以及其他经常性奖金等,不包括根据规定发放的创造发明奖、自然科学奖、科技进步奖、合理化建议奖以及技术改进奖等。津贴则是为了补偿职工特殊或额外的劳动消耗和因其他特殊原因而支付给职工的劳动报酬,如高空或井下作业津贴、保健津贴、技术性津贴、工龄津贴等。

2. 职工福利费

这是指企业为职工提取的除职工工资、奖金、津贴和补贴、职工教育经费、社会保险费、住房公积金等以外的福利待遇支出,包括发放给职工或为职工支付的以下各项现金补贴和非货币性集体福利待遇支出:一是为职工卫生保健、生活等发放或支付的各项现金补贴和非货币性福利,包括职工因公外地就医费用、职工疗养费用、防暑降温费用等;二是企业尚未分离的内设集体福利部门所发生的设备、设施和人员费用;三是发放给在职职工的生活困难补助以及按规定发放的其他职工福利支出,如丧葬费、抚恤费、职工异地安家费、独生子女费等。

职工福利费具有专门用途。作为薪酬内容,职工福利费应按规定渠道列支、计入有关成本费用。各期提取的金额必须由企业统一管理,专款专用,不能以薪酬形式支付给职工个人。

3. 医疗保险费、工伤保险费和生育保险费等社会保险费

这是指企业按照国务院、各地方政府规定的基准和比例计算,向社会保险机构交纳的上述各项社会保险费用。

4. 住房公积金

这是指按照国务院《住房公积金管理条例》规定的基准和比例计算,向住房公积金管理机构缴存的住房公积金。

5. 工会经费和职工教育经费

企业为了改善职工文化生活,为职工学习先进技术和提高文化水平与业务素质,开展工会活动、职工教育及技能培训等,需要发生相关支出。多年来,企业均按照国家规定的工资总额的一定比例计提工会经费与职工教育经费,并作为费用列支。

6. 短期带薪缺勤

中国《劳动法》规定,国家实行带薪年休假制度,劳动者在国家法定休假日或婚丧病假期间在岗继续工作的,用人单位应当依法支付工资。带薪缺勤是指企业根据国家法律、法规和政策规定,在职工休年假、病假、短期伤残、婚假、产假、丧假、探亲假、脱产学习等期间发放的工资或补偿。带薪缺勤分为累计带薪缺勤与非累计带薪缺勤两种,前者是指带薪缺勤权利可以结转至下期,或者说本期尚未用完的带薪缺勤权利可以在未来期间继续使用;职工离职时未行使的累计带薪缺勤还有可能获得现金支付。相反,带薪缺勤权利不能结转至下期,本期尚未用完的该种权利将予以取消,并且职工离职时也不能获得现金支付的,则为非累计带薪缺勤。

7. 短期利润分享计划

这是指因职工提供服务而与职工达成的基于利润或其他经营成果提供薪酬的协议。它常见于一些成熟型企业,如规定年末按当年增长利润的一定比例提取奖金,或职工在企业工作特定年限后能够享有按企业净利润的一定比例计算奖金等。目的是激励职工发挥其潜能,更好地为企业创造价值。短期利润分享计划会使企业产生一项推定义务,该义务虽根据企业实现利润的一定比例计量,但它基于职工为企业提供的服务而产生,不进入职工的基本工资中;也非职工以所有者身份与企业进行的交易,故该义务金额应作为企业的薪酬费用处理。

企业在职工为其提供相关服务的年度报告期间结束后 12 个月内需要全部支付利润分享计划产生的应付职工薪酬的,称为短期利润分享计划;否则,属于长期利润分享计划。

8. 非货币性福利

这是指企业以自己的产品或外购商品发放给职工作为福利;将其拥有的资产或租赁资产无偿提供给职工使用,如提供给高级管理人员使用的住房等;为职工免费提供诸如医疗保健的服务,或向职工提供企业支付了一定补贴的商品或劳务等,如以低于成本的价格向职工出售住房等。

9. 其他短期薪酬

这是指除上述薪酬以外的其他为获得职工提供的服务而给予的短期薪酬。

(二) 离职后福利

离职后福利是指企业为获得职工提供的服务而在职工退休或与企业解除劳动关系后所提供的各种形式的报酬和福利,如基本养老保险、补充养老保险以及企业以购买商业保险形式提供给职工的各种保险待遇。

(三) 辞退福利

辞退福利是指企业由于实施主辅分离改制、重组、改组计划或职工不能胜任等,在职工劳动合同尚未到期之前解除与职工的劳动关系,或者为鼓励职工自愿接受裁减而给予的补偿。

(四) 其他长期职工福利

其他长期职工福利是指上述短期薪酬、离职后福利、辞退福利以外所有的职工薪酬,包括长期带薪缺勤、长期残疾福利、长期利润分享计划等。

二、职工薪酬的计量

各项薪酬内容的金额如何确定,涉及职工薪酬的计量。

(一) 短期薪酬的计量

短期薪酬内容较多,除非货币性薪酬外,其他各项一般都需采用货币支付结算。所以,短期薪酬的计量,按货币性薪酬与非货币性薪酬分别说明。

1. 货币性薪酬的计量

实务中,短期货币性薪酬的计量,分有明确计提标准与没有明确计提标准两种情况。有明确计提标准的货币性薪酬是指国家或企业规定了计提基础和计提比例,企业可据此计算确定应付职工薪酬的金额,具体包括企业应向社会保险经办机构缴纳的职工基本医疗保险费、失业保险费、工伤保险费、生育保险费等社会保险费,应向住房公积金管理中心缴存的住房公积金以及应向工会部门缴纳的工会经费等。其中,各种社会保险费和住房公积金应根据国家规定的工资总额的一定比例计算;职工福利费、工会经费和职工教育经费,现行规定是分别按职工工资薪金总额的14%、2%和8%计提。企业根据利润分享计划应支付的短期职工薪酬也属于这种情况,其计量非常简单。因为该项薪酬金额可能在企业财务报告批准报出之前就已确定,抑或包含在该短期利润分享计划的正式条款中;此外,也可能根据企业过去的惯例与相关证据进行推定。

没有明确规定计提标准的货币性薪酬,企业应当根据历史经验数据和自身实际情况,计算确定应付金额。每个资产负债表日,根据实际发生金额与预计金额的差异,综合考虑物价变动、具体实施的职工薪酬计划等因素,对下一会计期间的预计金额进行调整。

例 9-1 2018 年 9 月,H 公司的"职工薪酬结算汇总表"列示本月应发工资 100 万元①,其中,生产工人工资 55 万元、车间管理人员工资 15 万元、厂部管理人员工资 18 万元、专设销售机构人员工资 9 万元、在建工程人员工资 3 万元。

根据所在地政府的规定,公司分别按职工工资薪金总额的 10%、12%、2% 和 10.5% 计提医疗保险费、养老保险费、失业保险费和住房公积金,缴纳给当地社会保险经办机构和住房公积金管理部门。公司内设医务室,根据 2017 年实际发生的职工福利费情况,公司预计 2018 年应承担的职工福利费金额为职工工资薪金总额的 14%,职工福利受益对象为上述所有人员。此外,公司的工会经费、职工教育经费分别按职工工资薪金总额的 2% 和 8% 计提。

根据上述资料,2018 年 9 月 H 公司应付职工薪酬的计算如表 9-1 所示。

表 9-1 应付职工薪酬表

2018 年 9 月   单位:元

应付薪酬 \ 薪酬列支	其中					合计
	生产成本	制造费用	管理费用	销售费用	在建工程	
工资	550 000	150 000	180 000	90 000	30 000	1 000 000
职工福利费 (工资薪金总额×14%)	77 000	21 000	25 200	12 600	4 200	140 000
社会保险费 (工资薪金总额×24%)	132 000	36 000	43 200	21 600	7 200	240 000
住房公积金 (工资薪金总额×10.5%)	57 750	15 750	18 900	9 450	3 150	105 000

---

① 企业对职工个人的某些支付虽随工资一起发放,但并不属于工资总额的内容。如根据规定发放的创造发明奖、自然科学奖、合理化建议奖以及技术改进奖等;职工生活困难补助;出差补助、职工调动工作的旅费及安家费;计划生育独生子女补贴等。本例中的应发工资全部属于工资总额的内容。

(续表)

应付薪酬 \ 薪酬列支	其中					合计
	生产成本	制造费用	管理费用	销售费用	在建工程	
工会经费（工资薪金总额×2%）	11 000	3 000	3 600	1 800	600	20 000
职工教育经费（工资薪金总额×8%）	44 000	12 000	14 400	7 200	2 400	80 000
合计	871 750	237 750	285 300	142 650	47 550	1 585 000

前面讲到，带薪缺勤是职工根据国家相关政策、法律规定休假，企业对职工因此产生缺勤所进行的补偿，包括累计带薪缺勤、非累计带薪缺勤两种情况。会计上，采用累积带薪缺勤的，企业应当在职工提供服务从而增加了其未来享有的带薪缺勤权利时，确认与累积带薪缺勤相关的职工薪酬，并以累积未行使权利而增加的预期支付金额计量，作为应付职工薪酬（累积带薪缺勤）处理，按职工的岗位列支；采用非累计带薪缺勤的，由于职工当期没有行使完的休假权利过期作废，且离职时也不能获得相应的现金补偿，一般在职工实际发生缺勤的会计期间确认、计量相关的职工薪酬。相关举例见例9-5。

2. 非货币性薪酬的计量

企业向职工提供的非货币性薪酬，常见的有以自产产品或外购商品为福利发放给职工、将拥有的资产或租赁资产无偿提供给职工使用、向职工提供企业支付了补贴的商品或服务等。非货币性薪酬的计量应区分不同情况进行。

（1）以自产产品为福利发放给职工的，应当按照该产品的公允价值和视同销售计算的相关税费确定应付职工薪酬金额，同时确认产品销售收入；其销售成本的结转和相关税费的处理与正常商品销售相同；以外购商品为福利发放给职工的，应当按照该商品的公允价值和相关税费确定应付职工薪酬金额。

例9-2 为了防暑降温，2018年6月T公司将一批自制饮料发放给职工。该批产品总成本为7万元、总售价为10万元，增值税税率为16%。与此同时，外购电风扇60台发放给职工，每台进价580元，增值税税率为16%。

本例中，发放给职工的饮料价值 = 100 000+100 000×16% = 116 000（元）

发放给职工的电风扇价值 = 580×(1+16%)×60 = 40 368（元）

应付职工薪酬 = 116 000+40 368 = 156 368（元）

（2）将拥有的房屋、汽车等资产无偿提供给职工使用的，应当按照这些资产每期计提的折旧费计量当期的应付职工薪酬金额；将租赁资产无偿提供给职工使用的，每期资产的租赁费即为当期该非货币性薪酬的金额。

（3）向职工提供企业支付了补贴的商品或服务。企业有时会以低于企业取得资产或服务成本的价格向职工提供该项资产或服务，如以低于成本的价格向职工出售住房或提供医疗保健服务。实务中常见的是企业向高级管理人员或技术人员提供包含补贴的住房，俗称在职消费。此种情况下，企业出售住房的价款与成本的差额即为应付职工薪酬。但该职工薪酬是一次确认还是分次确认，应视不同情况处理：一是在出售合同或协议中规定职工在购得住房后至少应当提供服务的年限,企业应将该项差额在合同或协议规定的服务年限内摊销,各期摊销的金额即为当期的非货币性薪酬。二是出售合同或协议中未规定提供服务的年限,意味着不以职工未来服务年限为前提,是对职工过去提供服务的补偿,应将该项差额全部直接作为当期的职工薪酬处理。

例 9-3 2018 年 7 月 2 日,Z 公司以银行存款购入 5 套全新的公寓拟以优惠价格向职工出售,其中 4 套出售给公司总部管理人员,每套购入价为 200 万元、增值税 20 万元①,出售价为 160 万元;1 套出售给生产一线的技术能手,该套购入价为 150 万元、增值税 15 万元,出售价为 120 万元。2018 年 7 月上述人员分别购买了住房。

情况一:公司的售房协议规定,职工在购得公寓房后必须为公司服务 10 年。本例中,Z 公司出售公寓房补贴给职工的差价款共计 190 万元,加上出售公寓房视同销售应交的增值税 95 万元(200×4×10%+150×10%),两项合计 285 万元;按 10 年分摊,每年摊销 28.5 万元,即为各年应确认的应付职工的非货币性(薪酬)福利。

Z 公司的会计处理如下:
(1) 2018 年 7 月 2 日购入公寓房时:
借:固定资产   9 500 000
    应交税费——应交增值税(进项税额)   570 000
    应交税费——待抵扣进项税额   380 000
  贷:银行存款   10 450 000
对上项剩余的增值税第二年允许抵扣时:
借:应交税费——应交增值税(进项税额)   380 000
  贷:应交税费——待抵扣进项税额   380 000
(2) 2018 年 7 月向上述职工出售公寓房时:
借:银行存款   7 600 000
    长期待摊费用   2 850 000
  贷:固定资产   9 500 000
      应交税费——应交增值税(销项税额)   950 000
(3) 从 2018 年 7 月开始,在职工服务的 10 年内,每年年末公司采用直线法摊销上述公寓房差价款及其增值税合计 28.5 万元。其中,出售给技术能手的公寓房,每年分摊 4.5 万元[(30+150×10%)÷10];出售给公司总部管理人员的公寓房,每年分摊 24 万元[(160+200×4×10%)÷10]。每年年末:
借:生产成本   45 000
    管理费用   240 000
  贷:应付职工薪酬——非货币性福利   285 000
同时:
借:应付职工薪酬——非货币性福利   285 000

---

① 根据《营业税改征增值税试点实施办法》的规定,适用一般计税方法的纳税人,2016 年 5 月 1 日后取得并在会计制度上按固定资产核算的不动产,其进项税额自取得之日起分两年从销项税额中抵扣,第一年抵扣比例为 60%,第二年抵扣比例为 40%。

贷:长期待摊费用 285 000

情况二:公司的售房协议中未规定职工在购得公寓房后的服务年限,则应将公寓房差价款 190 万元及公寓房视同销售应交的增值税 95 万元全部作为当期的职工薪酬处理。因为这不是公司固定资产的一般出售,是企业将公寓房差价款以薪酬形式给职工的补贴。在这种情况下,Z 公司 2018 年 7 月向职工出售公寓房的相关会计分录应改为:

借:生产成本　　　　　　　　　　　　　　　　　　　　　450 000
　　管理费用　　　　　　　　　　　　　　　　　　　　　2 400 000
　贷:应付职工薪酬——非货币性福利　　　　　　　　　　2 850 000

同时:

借:银行存款　　　　　　　　　　　　　　　　　　　　　7 600 000
　　应付职工薪酬——非货币性福利　　　　　　　　　　　2 850 000
　贷:固定资产　　　　　　　　　　　　　　　　　　　　9 500 000
　　　应交税费——应交增值税(销项税额)　　　　　　　　950 000

(二) 离职后福利的计量

离职后福利计划是指企业与职工就离职后福利达成的协议,或企业为向职工提供离职后福利而制定的规章或办法等,具体分为设定提存计划与设定受益计划两种。实务中,离职后福利常称职工养老金计划。

在中国,目前职工的养老保险分为三个层次:一是社会统筹与职工个人账户相结合的基本养老保险[①],其金额按照国务院、各地方政府规定的基准和比例[②]计算,企业定期向社会保险机构交纳;二是补充养老保险,是企业及其职工在依法参加基本养老保险的基础上,经有关部门批准以企业年金形式自愿建立的一种补充养老制度,其金额按照企业年金计划规定的基准和比例计算(属于缴费确定型),向企业年金管理人交纳;三是个人储蓄性养老保险,这属于职工个人行为,与企业无关,不属于职工薪酬内容。

实务中,无论是基本养老保险费还是补充养老保险费,企业均应按照国家或企业年金计划规定的基准与比例计算,定期向社会保险机构或年金管理人支付。由于企业为每个职工各期交纳固定的提存金额,职工退休后每期究竟能拿到多少养老金,取决于社会保险机构或年金管理人的运作与管理水平,企业不再负有进一步支付的义务,会计上称之为设定提存计划。设定提存计划下,企业在每一期间的义务取决于企业在该期间提存的金额。提存额一般在职工提供服务期末 12 个月内到期支付,计量该类义务不需要折现。需要注意的是,职工基本养老保险费中企业交纳的金额与职工退休后能够享受的养老保险待遇,完全是两种不同的计算方法。相关的精算风险(即基金不足以满足退休职工的预期福利)和投资风险亦由职工负担。

与设定提存计划相对应的是设定受益计划,它是先设定职工退休后每期拿到某一固定金额的养老金,在此基础上采用贴现的方法并进行相关精算后,确定职工在职服务期间

[①] 其中,基础养老金月标准以当地上年度在岗职工月平均工资和本人指数化月平均缴费工资的平均值为基数计算确定;个人账户养老金月标准为个人账户储存额除以计发月数(根据退休时城镇人口平均预期寿命、本人退休年龄、利息等因素确定)。

[②] 目前,中国规定企业为职工缴纳基本养老保险费的比例,一般不得超过企业工资总额的 20%(包括划入个人账户的部分),具体比例由省、自治区、直辖市人民政府确定。

各期需要交纳的保险费。与设定提存计划不同,设定受益计划下的精算风险(即职工退休的福利费超过预期)和投资风险由企业负担。因其计算复杂,核算难度大,这里不予展开。有兴趣的读者,可参考 2015 年 1 月出版的中国《企业会计准则第 9 号——职工薪酬》的讲解。

（三）辞退福利的计量

辞退福利包括两种情况:一是职工劳动合同尚未到期,无论职工本人是否愿意,企业决定解除与其劳动关系而给予的补偿;二是职工劳动合同尚未到期,为鼓励职工自愿接受裁减而给予的补偿,此时职工有权利选择在职还是接受补偿离职。可见,职工与企业签订的劳动合同尚未到期,是辞退补偿的前提,从而与职工正常退休时获得的养老金相区别。职工正常退休是其与企业签订的劳动合同已经到期,或职工达到了国家规定的退休年龄,企业所支付的养老金是对职工在职时提供的服务而非退休本身的补偿,故养老金应在职工提供服务的会计期间确认;辞退福利则在企业辞退职工时予以确认,通常采用解除劳动关系时一次性支付补偿的方式。

辞退福利的确认,应同时满足下列条件:一是企业已经制订出正式的①解除劳动关系计划或提出自愿裁减建议,并即将实施②。该计划或建议应当包括拟解除劳动关系或裁减的职工所在部门、职位及数量,根据有关规定按工作类别或职位确定的解除劳动关系或裁减补偿金额,拟解除劳动关系或裁减的时间。二是企业不能单方面撤回解除劳动关系计划或裁减建议;否则,表明未来经济利益流出企业不是很可能,因而不符合预计负债的确认条件。

辞退福利的计量,应区分不同情况进行:

（1）对于职工没有选择权的辞退计划,应根据计划条款规定拟解除劳动关系的职工数量、每一职位的辞退补偿等计提应付职工薪酬的金额(预计负债)。例如,A 公司管理层决定停止三车间的生产任务,提出职工没有选择权的辞退计划,拟辞退生产工人 3 名,车间管理人员 1 名,辞退计划在 10 个月内执行,已通知职工。经董事会批准,辞退补偿金额为生产工人每人 26 万元、车间管理人员每人 40 万元。执行此计划,应付辞退补偿总计 118 万元。

（2）对于职工自愿接受裁减的辞退计划,由于接受裁减的职工数量具有不确定性,应当按照或有事项准则的相关规定,预计将会接受裁减建议的职工数量,并根据预计的职工数量和每一职位的辞退补偿金额等确定辞退补偿的最佳估计数,作为应付职工薪酬的金额(预计负债)。

（3）实质性辞退工作在一年内实施完毕,但补偿款超过一年的辞退计划,企业应采取适当的折现率,以折现后的金额计量当期应计入管理费用的辞退福利金额。该金额与实际支付金额的差额作为企业的"未确认融资费用"处理,并分期计入实际付款期的财务费用。

例 9-4 Y 公司主要从事电风扇的生产与销售。因转产需要,2017 年 9 月公司制订了

---

① 指该辞退计划或裁减建议已经过董事会或类似权力机构的批准。

② 指辞退工作一般在一年内实施。因付款程序等导致部分付款推迟到一年后支付的,视为符合辞退福利预计负债的确认条件。

一项辞退计划,规定自 2018 年年初起,以职工自愿方式辞退生产车间职工。辞退计划的详细内容已与职工协商一致,2017 年 12 月已经过公司董事会正式批准,并将在 2018 年内实施完毕。2017 年年底预计的生产车间职工接受辞退数量的最佳估计数及应支付的补偿标准如表 9-2 所示。

表 9-2 生产车间职工接受辞退一览表

2017 年 12 月

职位	拟辞退数量	工龄(年)	接受辞退计划人数	每人补偿标准(万元)
车间主任	5	1—10	2	10
		11—20	1	20
		21—30	0	30
高级技工	20	1—10	9	9
		11—20	7	16
一般工人	30	1—10	23	5
合计	55		42	

根据表 9-2,Y 公司应付生产车间职工辞退补偿金额 = 2×10+1×20+9×9+7×16+23×5 = 348(万元)

由于被辞退的职工不再为企业带来未来经济利益,因此对满足确认条件的所有辞退补偿,一律作为企业的管理费用处理。

三、应付职工薪酬的账务处理

职工薪酬属于企业的支出,会计上应按权责发生制计入当期成本费用,但款项的支付一般在下期初,于是产生了应付职工薪酬。企业应付给职工的各种薪酬,会计上专设"应付职工薪酬"账户核算,它是负债类账户。贷方反映应付的各项职工薪酬,借方反映发放的职工薪酬(包括转出的待领工资及代扣款项);期末余额在贷方,反映企业应付未付的职工薪酬。本账户的明细核算,按职工薪酬内容分户进行。

实务中,企业财会部门要定期根据人事、劳资部门转来的职工录用、考勤、调动、工资级别调整、津贴变动情况的通知单等,计算职工应得的工资、奖金、津贴与补贴;同时,按照本期的工资总额及国家规定的计提标准,计算本期应付的各项社会保险费、住房公积金、工会经费及职工教育经费;涉及辞退计划的,还需确定相应的补偿金额。上述职工薪酬内容中,只有工资、奖金、津贴与补贴以及辞退福利支付给职工个人,社会保险费、住房公积金则应缴付给相应的经办机构或管理机构,职工福利费、工会经费、职工教育经费则留在企业,由企业统一掌握,专款专用。

职工薪酬属于企业的支出,除辞退福利一律计入管理费用外,其他各项薪酬内容均应根据职工岗位或提供服务的受益对象分别计入有关成本费用。具体来讲,进行产品生产或提供劳务的职工,其薪酬计入产品或劳务成本;从事在建工程或进行无形资产研发的职工,在符合资本化条件的情况下,其薪酬计入固定资产或无形资产成本;除上述以外的职工薪酬,作为期间费用计入当期损益。

(一)货币性薪酬的一般账务处理

(1)根据职工提供劳务的受益对象,分配薪酬费用。职工薪酬的列支原则已在上面说明,月末,企业应根据本月的"职工薪酬结算单"或"职工薪酬汇总表",将本期应付的职工薪酬计入相关成本费用。

承例9-1中表9-1的相关数据,2018年9月末,H公司列支薪酬时应做如下会计分录:

借:生产成本	871 750
制造费用	237 750
管理费用	142 650
销售费用	285 300
在建工程	47 550
贷:应付职工薪酬——工资	1 000 000
——职工福利费	140 000
——社会保险费	240 000
——住房公积金	105 000
——工会经费	20 000
——职工教育经费	80 000

(2)实际发放职工工资、奖金、津贴或补贴。前已述及,各项职工薪酬中工资、奖金、津贴与补贴以及辞退福利要以现金形式支付给职工个人,其他则缴付给相应的经办机构或管理机构,或留在企业统一使用。应支付给职工个人的货币性薪酬扣除企业代扣代缴的款项(如个人所得税),余额即为职工的实得薪酬,企业据此向银行提取发放工资的现金或办理工资的转账结算。实际发放工资时,按实发金额借记"应付职工薪酬"账户,贷记"银行存款"或"库存现金"账户。

(3)核算代扣款项。代扣款项的内容比较复杂,各企业之间也存在差异,常见的是代扣个人所得税。代扣款项内容不同,会计处理也不一样。总之,企业应根据职工薪酬结算单或汇总表中列示的代扣金额,借记"应付职工薪酬"账户;根据代扣款项的具体内容,贷记"应交税费"等有关账户。

(4)按照国家规定向经办机构或管理机构交纳社会保险费和住房公积金时,做如下会计分录:

借:应付职工薪酬——社会保险费
　　　　　　　——住房公积金
　贷:银行存款

按照规定用途使用职工福利费、工会经费与职工教育经费时,应严格审查款项用途。对准予开支的金额做如下会计分录:

借:应付职工薪酬——职工福利费
　　　　　　　——工会经费
　　　　　　　——职工教育经费
　贷:银行存款

(二)带薪缺勤的账务处理

带薪缺勤意味着职工带薪休假期间,由企业视同出勤发放全额工资。账务处理上,非累计带薪缺勤非常简单,因其相关的职工薪酬已包括在企业所发放的薪酬中,企业不必做额外的账务处理。

累计带薪缺勤的账务处理则比较复杂,一方面,应预计职工累计未行使休假权利而增加的薪酬金额,并按职工的岗位列支;另一方面,以后会计期间还应根据企业的相关规定以及职工是否享用该休假权利等不同情况,对之前计提的应付累计带薪缺勤薪酬进行结转。具体来讲,如果职工按规定享有了休假权利,则由企业随正常工资一起支付职工带薪缺勤薪酬;如果职工在规定的时限内未休假且职工在离开企业时不能以现金形式获得相应的补偿,则对失效权利原预计的带薪缺勤薪酬予以冲回;也有可能职工未使用的休假权利按规定由企业支付现金。

例 9-5 M 广告公司有职工 10 人,每人每月平均工资为 6 000 元(每月工作 20[①] 天,日平均工资为 300 元)。从 2015 年开始公司实行带薪缺勤制度,规定每名职工每年可享受 12 个工作日的带薪休假,其他休假执行国家规定。

为了简化,这里只说明年假制度下带薪缺勤薪酬的核算方法,其他情况的带薪缺勤参照进行。

第一种情况:公司实行非累计带薪缺勤制度。在这种情况下,公司职工每年带薪休假只要不超过规定的 12 天,休假期间视同出勤发放工资;同样,职工当年休假不足 12 天,则未行使的休假权利过期作废,且离职时不能获得相应的现金补偿。相关账务处理与上面所述货币性薪酬的一般账务处理相同,即非累计带薪缺勤制度下,企业对职工正常的休假以及放弃的休假权利无须额外进行账务处理。

第二种情况:公司实行累计带薪缺勤制度。公司规定,职工当年未行使的休假权利在随后的两个会计年度内有效,超过两年未使用的休假权利作废,且职工离开公司时不能获得现金支付。

(1) 假设 2015 年 1 月 M 公司职工全部满勤。在这种情况下,1 月末公司列支职工薪酬 60 000 元的同时,还应为每位职工累计相当于 1 个工作日工资的带薪休假义务,金额合计 3 000 元(10×300)。1 月末,M 公司应付职工薪酬的账务处理如下:

借:管理费用　　　　　　　　　　　　　　　　　　63 000
　　贷:应付职工薪酬——工资　　　　　　　　　　　　60 000
　　　　　　　　——累计带薪缺勤　　　　　　　　　　 3 000

(2) 2015 年 2 月,假设公司有 4 名职工各带薪休假 1 天。此时公司应随正常工资一起支付职工带薪缺勤薪酬,即 2 月公司实际工资费用仍为 60 000 元。会计上,为了反映企业对职工累计带薪缺勤薪酬的计提以及职工休假权利的行使情况,所涉及的带薪缺勤薪酬专设"应付职工薪酬——累计带薪缺勤"明细账户进行核算。该明细账户贷方登记计提的带薪缺勤薪酬,借方登记因职工休假或休假权利作废等减少的累计带薪缺勤薪酬;期末

---

① 全年按 52 周计算,中国的双休日为 104 天、全年法定节假日为 11 天,合计 115 天。全年实际工作 250 天,每月实际工作应为 20.83 天(250÷12)。但根据中国原劳动部的规定,法定节假日用人单位应依法支付工资,据此,折算日平均工资的天数应为每月 21.75 天[(365-104)÷12]。这里为简化计算,每月按 20 天折算日平均工资。

该明细账户的余额在贷方,反映职工未行使的累计带薪缺勤。本例中,2015年2月M公司职工累计带薪缺勤薪酬为1 200元(4×300)。月末,公司应编制如下会计分录:

借:管理费用　　　　　　　　　　　　　　　　　　　　63 000
　　贷:应付职工薪酬——工资　　　　　　　　　　　　　　60 000
　　　　　　　　　——累计带薪缺勤　　　　　　　　　　　3 000

同时,对本月4名员工带薪休假期间的缺勤工资:

借:应付职工薪酬——累计带薪缺勤　　　　　　　　　　　1 200
　　贷:管理费用　　　　　　　　　　　　　　　　　　　　1 200

本年其后月份的相关账务处理可参照上面进行。

为了简化核算,实务中,平时对正常休假的职工全额发放工资,不确认累计带薪缺勤;年末再对职工当年未行使的累计带薪缺勤集中一次进行核算。账务处理上,年末根据职工全年未行使的累计带薪缺勤薪酬总额:

借:相关成本费用账户
　　贷:应付职工薪酬——累计带薪缺勤

(3)在其后的两个会计年度(即2016年与2017年),M公司职工行使2015年未享用的年假时,公司应随同正常工资一起支付职工带薪缺勤薪酬。假设2016年3月,M公司有3名职工各休假6天,其中1天使用2016年3月的当月年假,另外5天使用2015年未休年假。

对当月发生的带薪缺勤,根据当月的日平均工资计算,账务处理与(2)相同。对行使2015年未享用的5天年假所涉及的带薪缺勤薪酬,应根据2015年的日平均工资计算。本例中,M公司2015年以来日平均工资均为300元,则2016年职工行使2015年未享用的5天年假,带薪缺勤薪酬为4 500元(3×5×300)。对此,2016年3月末,M公司应编制如下会计分录:

借:应付职工薪酬——累计带薪缺勤　　　　　　　　　　　4 500
　　贷:管理费用　　　　　　　　　　　　　　　　　　　　4 500

(4)累计带薪缺勤权利过期失效且不予补偿现金时,应对原预计的带薪缺勤薪酬予以冲回。账务处理同(3)。

(5)如果未享用的休假权利按规定由企业支付现金,则于实际付款时做如下会计分录:

借:应付职工薪酬——累计带薪缺勤
　　贷:库存现金(银行存款)

(三)非货币性薪酬的账务处理

企业对应付职工的非货币性薪酬金额,同样应按职工岗位分别计入有关成本费用,并反映非货币性资产的减少或磨损。

承例9-2,假设T公司60名职工中,生产工人有45人,其余为公司行政管理人员。则:

应计入生产成本的职工薪酬=116 000×45/60+580×(1+16%)×45=117 276(元)
应计入管理费用的职工薪酬=116 000×15/60+580×(1+16%)×15= 39 092(元)

本例中,T公司应编制如下会计分录:

(1) 向职工支付非货币性薪酬时：

借：生产成本　　　　　　　　　　　　　　　　　　　117 276
　　管理费用　　　　　　　　　　　　　　　　　　　 39 092
　　贷：应付职工薪酬——非货币性福利　　　　　　　156 368

(2) 实际向职工发放饮料时：

借：应付职工薪酬——非货币性福利　　　　　　　　　116 000
　　贷：主营业务收入　　　　　　　　　　　　　　　100 000
　　　　应交税费——应交增值税（销项税额）　　　　 16 000

同时：

借：主营业务成本　　　　　　　　　　　　　　　　　 70 000
　　贷：库存商品　　　　　　　　　　　　　　　　　 70 000

(3) 外购电风扇并直接发给职工时：

借：应付职工薪酬——非货币性福利　　　　　　　　　 40 368
　　贷：银行存款　　　　　　　　　　　　　　　　　 40 386

非货币性薪酬内容中，还涉及企业给职工提供支付了补贴的商品或服务，如企业以优惠价格向职工出售商品房，相关会计处理比照例9-3进行。如果企业将所属房屋或短期租赁的汽车提供给管理人员无偿使用，则会计处理又该如何进行？读者不妨一试。

（四）利润分享计划的账务处理

前面讲到，作为一种激励机制，利润分享计划是企业根据当年实现利润（或增长）计算的、给予某些职工的一次性奖励。实行该种计划，首先要求企业建立科学合理的利润分享资格制度，详细规定利润分享参与人的准入、退出等条件。在此基础上，建立一套合理的考核制度，包括利润完成情况等相关指标、数据来源、考核方式，对利润提取比例等进行严格界定。最后还需建立有效的信息传递机制，将企业的实际经营情况传递给职工，进而提高信息的透明度和利润分享计划的公允性、真实性。

根据中国修改后的职工薪酬准则，下列两项条件同时满足时，企业应确认与利润分享计划相关的应付职工薪酬：一是企业因过去事项导致现在具有支付职工薪酬的法定义务或推定义务；二是因利润分享计划所产生的应付职工薪酬义务金额能够可靠估计。[①]

利润分享计划虽根据企业实现利润的一定比例计量，但它由职工为企业提供服务而产生，不进入职工的基本工资中；也非以所有者身份与企业进行的交易，故该义务金额应作为企业的薪酬费用处理，不属于企业净利润分配的内容。账务处理上，年末，企业根据短期利润分享计划计算的给予职工的奖励，按职工岗位借记相关成本费用账户，贷记"应付职工薪酬——利润分享计划"账户。超过12个月才予支付的，应考虑折现因素。这里从略。

（五）辞退福利的账务处理

对辞退补偿，由于被辞退的职工不再为企业带来未来经济利益，会计上全部作为管理

[①] 2014年中国修改后的职工薪酬准则规定，属于下列三种情况之一的，视为该项义务金额能够可靠估计：第一，在财务报告批准报出之前企业已确定应支付的薪酬金额；第二，该短期利润分享计划的正式条款中包括确定薪酬金额的方式；第三，过去的惯例为企业确定推定义务金额提供了明显证据。

费用处理。如例 9-4,2017 年年底,Y 公司应做如下会计分录:

借:管理费用　　　　　　　　　　　　　　　　　　　　　3 480 000
　　贷:应付职工薪酬——辞退福利　　　　　　　　　　　　　　3 480 000

国际视野

《国际会计准则第 19 号——雇员福利》规定:职工的养老金和其他离职后福利分为设定提存计划与设定受益计划两种。设定提存计划的做法与中国相同,设定受益计划的主要内容包括:

(1) 企业应充分、定期确定受益义务的现值(指在不扣除任何计划资产的情况下,为履行当期和以前期间雇员服务产生的义务所需要的预期末支付的现值)和计划资产(包括长期雇员福利基金持有的资产等符合条件的保险单等)的公允价值。

(2) 采用预期应计单位成本法计量其义务和成本。

(3) 按照福利计算公式将福利归属于提供服务的期间。

(4) 应采用无偏的和相互可比的关于人口的变量(如雇员的流动率和死亡率)以及财务变量(如未来工资的增长、医疗成本的变动与国家福利的某些变化)的精算假设。

(5) 折现率应当参考报告期末高质量公司债券的市场收益率确定。

(6) 将义务的账面价值减去计划资产的公允价值的差额确定为设定受益净负债或者资产。

(7) 设定受益净资产的账面价值,不超过以该资金退还形式或者减少未来向计划提存资金而可获得的经济利益。

第三节　应交税费

企业从事经营活动,实际上是在享受国家从宏观上提供的某些服务,如基础设施、社会安全保障、宏观经济管理等,这些服务的性质决定了其只能由国家提供。服务是有偿的,享受服务的人就应该付费,纳税由此产生。此外,税收还是国家征集财政收入、调节经济行为的一种必不可少的手段。税对企业来说是一种不可避免的支出。目前企业应交纳的各种税费主要有:①流转税,包括增值税、消费税、关税等;②所得税;③财产与行为税,包括城市维护建设税、土地增值税、房产税、印花税、车船税等;④资源税、城镇土地使用税等。此外,还需按规定交纳教育费附加等。

企业的纳税义务随经营活动的进行而产生,但企业向税务机关交纳税款则定期(一般按月)集中结算。由于纳税义务的产生时间与交纳税款的实际结算时间不一致,一定时期内企业应交未交的各项税费就形成企业的一项流动负债,会计上称为应交税费。由于各种税费的征收依据不同,具体金额的计算及会计处理也存在差异。本书对所得税的核算集中在第十二章第三节详细阐释,本节的重点是流转税的核算。

一、应交增值税

增值税是对销售货物、进口货物、提供加工及修理修配劳务等的增值部分征收的一种税。因其计征范围广,涉及生产、流通所有环节上的所有货物及部分劳务,所以是中国流转税中的一个主要税种。中国自 1979 年开始试行增值税,2009 年 1 月 1 日起对增值税进行转型改革,将企业购进的作为固定资产使用的机器设备所发生的增值税纳入抵扣范围。2016 年 5 月 1 日起又全面推广"营改增"试点,将原征收营业税的建筑业、房地产业、金融业、生活服务业等全部纳入试点范围,改征增值税。至此,已形成国际上广泛使用的消费型增值税。

（一）纳税人及应纳税额的计算

增值税的纳税人是指在中国境内销售货物、进口货物以及提供加工、修理修配劳务的单位和个人。为了便于增值税的核算与管理,实际工作中,增值税的纳税人分为一般纳税人与小规模纳税人两类。小规模纳税人是指应征增值税销售额 500 万元及以下的企业及企业性单位。除此以外,则为一般纳税人。一般纳税人资格的认定,由企业提出申请,县级主管税务机关批准。

增值税的课征对象是增值额,其计算方法有两种:一种是直接计算法,即先计算增值额,根据增值额再计算增值税;另一种是间接计算法,即从应税销售收入的应纳税款中扣除外购商品的已纳税款,从而求得企业新增价值部分应交纳的增值税,又称扣税法。中国对一般纳税人采用扣税法计算增值税,公式如下:

$$应交增值税 = 当期销项税额 - 当期可予抵扣的进项税额$$

上式中,销项税额是纳税人在销售货物或提供劳务时按应税销售额及规定税率向购买方收取的增值税税额;而纳税人购进货物或接受劳务时支付的增值税税额,即为进项税额。具体操作时,还需注意三点:

（1）增值税属于价外税①,扣税法下的销项税额应以不含税的销售额及规定税率计算。这里,应税销售额是纳税人向购买方收取的全部价款及价外费用(如手续费、包装费、集资费、违约金等)。对应税货物或劳务采用销售额和销项税额合并定价的(如零售企业),应将其换算为不含税的销售额。

（2）进项税额的抵扣,必须以合法的扣税凭证为依据,包括增值税专用发票、海关进口增值税专用缴款书以及收购免税农产品的凭证等;可以抵扣的金额一般以专用发票或完税凭证上注明的税额为准。收购免税农产品(或废旧物资),以相关凭证注明的农产品买价和 10% 的扣除率计算进项税额,准予从销项税额中抵扣。企业如果未按规定取得并保存增值税扣税凭证,或扣税凭证上未注明增值税税额及其他有关事项,则其进项税额不能从销项税额中抵扣,只能计入购入货物或接受劳务的成本。此外,企业申请抵扣的防伪税控系统开具的增值税专用发票,必须自开具之日起 90 天内到税务机关认证;通过认证的专用发票应在当月申请抵扣进项税额。否则,所发生的进项税额不予抵扣。实际工作中,将这种做法称为"凭发票注明的税款抵扣制",它使增值税的执行既严密,又简便。

对小规模纳税人则采取简易的征收办法。其应交增值税的计算如下:

$$小规模纳税人应交增值税 = 不含税的销售额 × 征收率$$

---

① 价外税是相对于价内税而言的,前者是指在商品售价外,按售价(和价外费用)及规定税率计算税金,与价款一起结算;后者是指税金包含在商品售价内。中国现行税制中,只有增值税属于价外税,消费税、关税属于价内税。

（3）增值税税率。根据财政部、税务总局《关于调整增值税税率的通知》(财税〔2018〕32号)的规定，自2018年5月1日起实施全新的增值税税率。具体如表9-3所示。

表9-3 一般纳税人增值税税率表

课税项目		税率
销售或进口货物(另有列举的除外)		16%
加工、修理与修配劳务		16%
销售或者进口	粮食等农产品、食用植物油、食用盐	10%
	自来水、暖气、冷气、热水、煤气、石油液化气、天然气、沼气、二甲醚、居民用煤炭制品	
	图书、报纸、杂志、音像制品、电子出版物	
	饲料、化肥、农药、农机、农膜	
	国务院规定的其他货物	
纳税人购进农产品进项税额扣除率(原11%)		10%
纳税人购进用于生产销售或委托加工16%税率货物的农产品的扣除率		12%
全面推行营改增试点项目的：		
交通运输服务	陆路运输服务、水路运输服务、航空运输服务、管道运输服务	10%
邮政服务	邮政普通服务、邮政特殊服务、其他邮政服务	
电信服务	基础电信服务	10%
	增值电信服务	6%
建筑服务	工程服务、安装服务、装饰服务、修缮服务、其他建筑服务	10%
销售不动产	转让建筑物、构筑物等不动产所有权	10%
金融服务	贷款服务、直接收费金融服务、保险服务、金融商品转让	6%
现代服务业	研发和技术服务、信息技术服务、文化创意服务、物流辅助服务、鉴证咨询服务、广播影视服务、商务辅助服务、其他现代服务	6%
	有形动产租赁服务	16%
	不动产租赁服务	10%
生活服务	文化体育服务、教育医疗服务、游戏娱乐服务、餐饮住宿服务、居民日常服务、其他生活服务	6%
销售无形资产	转让技术、商标、著作权、商誉、自然资源和其他权益性无形资产使用权或所有权	6%
	转让土地使用权	10%
出口货物(国务院另有规定的除外)		0%
境内单位或个人跨境销售国务院规定范围内的服务或无形资产		

对小规模纳税人及允许适用简易计税方法计税的一般纳税人来说，销售货物或提供

加工、修理及修配应税劳务、销售应税服务或无形资产，以及一般纳税人发生按规定适用或者可以选择适用简易计税方法计税的特定应税行为，增值税征收率为3%，但适用5%征收率的除外。销售不动产、经营租赁不动产(土地使用权)、转让营改增之前取得的土地使用权、房地产开发企业销售或出租自行开发的房地产老项目等，征收率则为5%。

（二）账户设置

企业为了正确核算增值税的应纳税额，提供准确的税务资料，小规模纳税人需在"应交税费"账户下设置"应交增值税"明细账户进行核算。一般纳税人采用扣税法，增值税的核算内容比较复杂，为了分别反映其增值税的欠缴、待抵扣或预缴等信息，确保及时足额上缴增值税，避免出现用以前期间欠缴增值税抵扣以后期间未抵扣增值税的情况，会计上需同时设置"应交增值税""未交增值税""待抵扣进项税额""预缴增值税"四个明细账户。其中，"待抵扣进项税额"明细账户主要适用于取得作为固定资产核算的不动产或不动产在建工程所发生的、分期抵扣的进项税额，其使用已在本章例9-3中说明。"预缴增值税"明细账户主要适用于房地产开发企业等生产周期较长的项目或货物、根据购买者预交款所计算缴纳的增值税。"应交增值税"明细账户的核算内容较多，格式如表9-4所示，期末余额在借方，表示尚未抵扣的进项税额。

表9-4 应交增值税明细账

年		凭证		摘要	借 方					贷 方					借或贷	余额
月	日	种类	编号		合计	进项税额	已交税金	减免税款	出口抵减内销产品应纳税额	转出未交增值税	合计	销项税额	出口退税	进项税额转出	转出多交增值税		

"未交增值税"明细账户用来核算一般纳税人期末从"应交增值税"明细账户结转的本期未交、多交或预缴的增值税，期末余额可能在借方，也可能在贷方。其基本结构如表9-5所示。

表9-5 未交增值税明细账

发生额： （1）上交上月应交未交的增值税税额 （2）月终转入的当月多交增值税税额 （3）月终结转的当月预缴增值税税额	发生额： （1）月终转入的当月应交未交的增值税税额
借方余额：多交或预缴的增值税	贷方余额：未交的增值税

(三) 一般纳税人应交增值税的核算

1. 一般进销业务的会计处理

对于增值税的一般纳税人,从税务角度来看,一是可以使用增值税专用发票,企业销售货物或提供应税劳务可以开出该种专用发票;二是购入应税货物或接受应税劳务取得的专用发票上注明的增值税税款可以抵扣;三是购进免税农产品、收购废旧物资,可以根据有关凭证及规定的扣除率计算进项税额准予抵扣;四是企业销售货物或提供应税劳务实行价税合一的,应将含税销售额还原为不含税销售额,再按不含税销售额计算销项增值税,公式如下:

$$不含税销售额 = 含税销售额 \div (1+增值税税率)$$

上述特点反映在会计处理上,具体表现为:根据价、税分离的原则,购进阶段应以对方提供的增值税专用发票为依据,发票上注明的价款计入货物(或劳务)的成本,发票上注明的增值税作为进项税额;销售阶段应以企业自己开出的专用发票为依据,其中不含税的价款作为销售收入,向对方收取的增值税则作为销项税额。

例 9-6 M 公司为一般纳税人,经营的商品适用 16% 的增值税税率。2018 年 5 月购入商品一批,增值税专用发票上列示价款为 500 000 元,增值税为 80 000 元,全部款项已用银行存款支付;同日,商品验收入库。当月销售收入为 650 000 元,另收增值税 104 000 元,全部款项已收妥并存入银行。

M 公司的会计处理如下:

(1) 进货时:

借:库存商品	500 000
应交税费——应交增值税(进项税额)	80 000
贷:银行存款	580 000

(2) 销售商品时:

借:银行存款	754 000
贷:主营业务收入	650 000
应交税费——应交增值税(销项税额)	104 000

需要注意的是,根据《营业税改征增值税试点实施办法》的规定,适用一般计税方法的纳税人,2016 年 5 月 1 日后取得并在会计制度上按固定资产核算的不动产,其进项税额自取得之日起分两年从销项税额中抵扣,第一年抵扣比例为 60%,第二年抵扣比例为 40%。具体账务处理,详见本章例 9-3。

2. 视同销售的会计处理

中国《增值税暂行条例实施细则》规定:企业将货物委托他人代销;销售代销货物;将自产、委托加工的货物用于非应税项目;将自产、委托加工或购买的货物对外投资,提供给其他单位或个体经营者;将自产、委托加工的货物用于集体福利或个人消费;将自产、委托加工或购进的货物无偿赠送他人或分配给股东等行为,视同销售货物,按货物的售价(公允价值)计算交纳增值税。通过之前的"营改增"试点,中国目前已将增值税的征收范围扩大到全部商品与服务。这样,增值税视同销售的范围更广泛。

例 9-7 2018 年 8 月 2 日,A 公司将自产的一批产品投资于 B 公司,取得 B 公司 2% 的股权并计划长期持有。该产品的公允价值为 400 000 元,账面价值为 300 000 元,增值税税率为16%，未计提减值。该项交易具有商业实质。

A公司的会计处理如下：

（1）对外投资转出产品应交销项税额64 000元(400 000×16%)：

借：长期股权投资	464 000
贷：主营业务收入	400 000
应交税费——应交增值税（销项税额）	64 000

（2）结转产品成本：

借：主营业务成本	300 000
贷：库存商品	300 000

对B公司而言，当该项交易具有商业实质，B公司接受A公司投资的产品时，应编制如下会计分录：

借：库存商品	400 000
应交税费——应交增值税（进项税额）	64 000
贷：实收资本（股本）	464 000

3. 进项税额不予抵扣的会计处理

（1）一般纳税人购进货物用于免税项目、非应税项目、集体福利或个人消费等，所发生的进项税额不能抵扣，只能随货物的价款一起转移，计入有关成本费用。具体核算方法有两种：一种是购入货物时就能直接认定用于上述用途的，所发生的进项税额直接计入有关成本费用；另一种是购入货物时不能直接认定用于上述用途的，所发生的进项税额先记入"应交税费——应交增值税（进项税额）"账户的借方，以后用于上述用途时，再将进项税额转出，这种情况称为货物改变用途。

例9-8 2018年6月8日，C百货公司购入运动服一批备售，进价8 000元，售价10 000元，增值税税率16%。公司购入运动服时，已做一般进货处理。6月20日，公司工会组织召开职工运动会，需要将上述所购运动服全部发给参与职工。

本例中，工会为职工领用公司所购运动服时，原发生的进项税额从"应交税费"账户转出，从工会经费中例支。

借：应付职工薪酬——工会经费	9 280
贷：库存商品	8 000
应交税费——应交增值税（进项税额转出）	1 280

（2）企业购进货物、加工的在产品和产成品等发生非正常损失，原发生的进项税额不予抵扣，与货物的成本一起作为损失处理。相关举例详见本书第七章例7-9。

这里需要注意进项税额转出的核算。进项税额转出是指企业购进货物、加工的在产品和产成品等发生非正常损失，以及货物改变用途等其他原因而不应从销项税额中抵扣的进项税额。会计核算上，上述情况下货物的进项税额发生时已记入"应交税费——应交增值税（进项税额）"账户的借方，既然这些货物已不可能产生销项税额，其进项税额按规定又不能用其他货物的销项税额抵扣，就应减少原入账的进项税额。具体操作时，不是用红字冲减"应交增值税"明细账借方的"进项税额"，而是在该明细账的贷方设"进项税额转出"专栏反映。可见，进项税额转出实质上是进项税额的抵减性项目。

4. 出口货物增值税的会计处理

企业出口货物,以不含税的价格参与市场竞争是国际上的通行做法。中国为鼓励货物出口,实行增值税税率为 0 的优惠政策。这意味着货物在出口环节不必交纳增值税,而且对大部分出口货物还可退还企业在货物生产或购进环节所支付的进项税额,称之为出口免税并退税。不过,由于各种货物出口前涉及的征免税情况有所不同,加之国家对少数货物有出口限制的政策,因此,对出口货物国家规定了不同的税务处理办法,包括出口免税并退税、出口免税不退税、出口不免税也不退税三种情况。对出口货物退税的计算,分为两种方法:一种是实行"免、抵、退",主要适用于有进出口经营权的生产企业自营出口或委托外贸企业代理出口的货物,以及外商投资企业的出口货物;另一种是实行先征后退,主要适用于未按第一种"免、抵、退"办理退税的其他生产企业和外贸企业。应退税货物的退税率不尽相同,具体由国家统一规定。不管采取哪种做法,货物出口向海关办理报关手续后,企业可按规定向主管税务机关申请该项出口货物的退税。

会计处理上,实行"免、抵、退"办法的企业,对按规定计算的当期出口货物应退进项税予以抵扣内销产品当期应交增值税的税额:

借:应交税费——应交增值税(出口抵减内销产品应纳税额)
　　贷:应交税费——应交增值税(出口退税)

对按规定应予退回的税额,于实际收到退税款时:

借:银行存款
　　贷:应交税费——应交增值税(出口退税)

按规定计算的当期出口货物不予免征、抵扣和退税的税额,则计入出口货物的成本:

借:主营业务成本
　　贷:应交税费——应交增值税(进项税额转出)

对未实行"免、抵、退"办法的企业,出口货物时应先纳税,然后再纳入国家出口退税计划审批退税。企业对按规定应收的出口退税,作为"应收补贴款"核算;按规定计算的不予退回的已纳税金,计入货物的销售成本。

借:应收账款(应收的出口货款)
　　应收补贴款(应收的出口退税)
　　主营业务成本(不予退回的已纳税金)
　　贷:主营业务收入(出口货款收入)
　　　　应交税费——应交增值税(销项税额)(出口货物应交的增值税)

实际收到退税款时,再冲减"应收补贴款"账户。货物办理退税后,因故发生退货或退关时,企业应退还出口退税款,会计处理与上面相反。

5. 交纳增值税的会计处理

增值税可按次或按日(如 1 日、3 日、5 日、10 日、15 日)交纳,也可 1 个月或 1 个季度交纳,具体由企业的主管税务机关根据纳税人应纳税额的大小核定。

(1)交纳当月的增值税时:

借:应交税费——应交增值税(已交税金)
　　贷:银行存款

(2) 交纳上期未交的增值税时：

借：应交税费——未交增值税

　　贷：银行存款

6. 月末结转多交、未交或预缴增值税的会计处理

(1) 多交、未交增值税。月末，企业应将本月应交未交或多交的增值税，从"应交增值税"明细账户有关栏内转至"未交增值税"明细账户，从而使"应交增值税"明细账户的期末借方余额，反映企业尚未抵扣的进项增值税。

月末结转本月应交未交的增值税时：

借：应交税费——应交增值税（转出未交增值税）

　　贷：应交税费——未交增值税

下月初交纳时，会计分录同上面(2)。

本月多交的增值税自动抵减下月应交的增值税。月末结转本期多交的增值税时：

借：应交税费——未交增值税

　　贷：应交税费——应交增值税（转出多交增值税）

(2) 预缴增值税。对房地产开发等生产周期较长的应税项目或货物，企业应根据购买者预交款计算预缴增值税；待房地产项目或货物交付使用时，根据所确认的收入计算销项增值税，再冲减原预缴金额。

预缴增值税时：

借：应交税费——预缴增值税

　　贷：银行存款

月末结转至"未交增值税"明细账户时：

借：应交税费——未交增值税

　　贷：应交税费——预缴增值税

以后在房地产项目交付使用或销售货物时，会计上一方面确认收入，会计分录同例9-6；另一方面将销项增值税冲减原预缴金额。

借：应交税费——应交增值税（销项税额）

　　贷：应交税费——未交增值税

7. 小规模纳税人增值税的会计处理

对于小规模纳税人，从增值税角度来看，一是销售货物或提供应税劳务，一般只可开具普通发票，不能开具增值税专用发票；二是销售货物、提供应税劳务或销售无形资产，按销售额的3%计算交纳增值税；三是其销售额不包含应交的增值税税额。实行销售额与应交增值税合并定价的，应将含税销售额还原为不含税销售额，再计算应纳税额。

不含税销售额=含税销售额÷(1+征收率3%)

会计处理上，小规模纳税人增值税的核算比较简单，设置简单的三栏式的"应交增值税"明细账户即可。其购入货物或接受应税劳务，无论能否取得增值税专用发票，支付的进项增值税均不得从销项税额中抵扣，而是计入所购货物或劳务的成本。根据进货凭证等，借记有关存货账户，贷记"银行存款"或"应付账款"等账户。

企业销售货物或提供应税劳务，按照销售额及规定的征收率计算应交增值税税额。根据销货凭证，按含税的售价，借记"银行存款"或"应收账款"等账户，对增值税贷记"应

交税费——应交增值税"账户,属于企业收入的价款则贷记"主营业务收入"账户。

小规模纳税人其他业务(如销售无形资产或不动产、视同销售等)所涉及的增值税的核算,可比照一般纳税人进行,只需注意税率上的差别。

期末,"应交增值税"明细账户的贷方余额,即为本月应交的增值税。按规定时间上交时,再借记"应交税费——应交增值税"账户,贷记"银行存款"账户。

二、应交消费税

消费税是对生产、委托加工及进口应税消费品(主要指烟、酒、饮料、高档次及高能耗的消费品)征收的一种税。在中国,国家对货物在普遍征收增值税的基础上,选择部分商品再征收一道消费税,目的是调节消费结构,正确引导消费方向。

(一)消费税的计算

消费税并非在应税消费品的所有环节征收,而只在其生产、委托加工或进口环节实行单环节征收。除金银首饰外,批发及零售环节不征收消费税。消费税的计算有从价定率、从量定额以及从价定率和从量定额复合计税三种方法。公式如下:

从价定率办法下的应交消费税=销售额×比例税率
从量定额办法下的应交消费税=销售数量×定额税率
复合计税办法下的应交消费税=销售额×比例税率+销售数量×定额税率

上式中的销售额为纳税人销售应税消费品向购买方收取的全部价款[①]及价外费用(如价外收取的基金、集资费、返还利润、违约金、手续费、包装费等),不包括向购买方收取的增值税税款。如果纳税人的销售额中未扣除增值税,或者因不能开具增值税专用发票而发生价款与增值税合并收取的,则计算消费税时,应将其换算为不含增值税的销售额。换算公式为:

应税消费品的销售额=含增值税的销售额÷(1+增值税税率或征收率)

消费税计算公式中的销售数量是应税消费品的消费数量。具体指:生产应税消费品的,为销售数量;自产自用应税消费品的,为移交使用数量;委托加工应税消费品的,为加工后收回的数量;进口应税消费品的,为海关核定的进口征收数量。

(二)账户设置及会计处理

消费税属于价内税,企业交纳的消费税由应税收入弥补。应交未交的消费税,则在"应交税费"账户下设置"应交消费税"明细账户核算。具体如下:

(1)生产应税产品的企业在销售产品时核算消费税,记入"税金及附加"账户。确认收入的会计分录略,对应交的消费税:

借:税金及附加
　　贷:应交税费——应交消费税

(2)进口应税消费品的企业在向海关办理通关手续时交纳消费税,计入货物成本。这与一般存货购进的核算相同。

(3)委托加工应税产品的企业,由受托方代扣代交消费税。加工环节消费税的列支

---

① 自产自用的应税消费品,按照纳税人生产的同类消费品的售价计算纳税;委托加工的应税消费品,按受托方同类消费品的售价计算纳税。上述情况中,没有同类消费品销售价格的,按《税法》规定的组成计税价格计算纳税。

包括两种情况：一是委托加工应税产品收回后直接对外销售，委托方交纳的消费税计入委托加工成本，该产品销售时不再交纳消费税。委托方与受托方结算所交纳的消费税时：

借：委托加工物资
　　贷：应付账款或银行存款等账户

二是委托加工应税产品收回后用于连续生产应税产品（如将委托加工的烟丝继续加工成卷烟），则委托方交纳的消费税记入"应交税费"账户的借方，按规定准予抵扣最终产品销售时交纳的消费税。

借：应交税费——应交消费税
　　贷：应付账款或银行存款等账户

（4）交纳消费税。企业应按规定期限上交消费税，并同时减少"应交税费——应交消费税"与"银行存款"账户的记录。

三、其他应交税费

其他应交税费是指除上述增值税、消费税及其后讨论的所得税外，企业需要交纳的各种税费。它们均属价内税，企业按规定交纳的其他税费，记入"税金及附加"或相关成本账户；应交未交的税费，则记入"应交税费"账户，同时按税种进行明细核算。

1. 资源税

资源税是国家对在中国境内开采矿产品或生产盐的单位和个人征收的一种税，实行从价计征。纳税人在销售应税资源或将应税资源自产自用而视同销售时，按规定计算交纳资源税。

2. 土地增值税

土地增值税是对有偿转让国有土地使用权及地上建筑物和其他附着物，取得增值收入的单位和个人征收的一种税。它按转让所取得的增值额和规定税率征收。

3. 房产税、土地使用税、车船税与印花税

房产税是国家对在城市、县城、建制镇和工矿区征收的由产权所有人交纳的一种税，具体依照房产原值一次性扣除规定比例后的余额计算交纳。房屋出租的，则以租金收入为计税依据。土地使用税是国家为了合理利用城镇土地，调节土地级差收入，提高土地使用效益，加强土地管理而开征的一种税，以纳税人实际占用的土地面积为计税依据，按规定税率计算交纳。车船税由拥有并使用车船的单位或个人按照适用税额交纳。印花税则是对书立、领受购销合同等凭证行为征收的税款，实行由纳税人根据规定自行计算应纳税额，购买并一次贴足印花税票的交纳方法。

4. 城市维护建设税

城市维护建设税属于特定目的税，是国家为加强城市的维护建设、扩大和稳定城市维护建设资金的来源而采取的一项税收措施。现行的城市维护建设税以企业实际交纳的增值税与消费税为依据征收，并按纳税人所在地的不同，实行地区差别税率。具体分为三档：纳税人所在地为市区的，税率为7%；纳税人所在地为县城、镇的，税率为5%；其余的，税率为1%。

5. 教育费附加

为了加快地方教育事业的发展，扩大地方教育经费的资金来源，自1986年7月1日

起，中国在全国范围内征收教育费附加。目前该项附加向交纳增值税、消费税的单位和个人征收，以其实际交纳的"二税"为计征依据，与"二税"同时交纳。现行教育附加费的征收率为3%。

其他应交税费的会计处理，如表9-6所示。

表9-6 其他应交税费的会计处理

税种	会计处理	
资源税	销售应税资源时	借：税金及附加 　　贷：应交税费——应交资源税
	自产自用应税资源时	借：有关成本费用账户 　　贷：应交税费——应交资源税
土地增值税	兼营房地产业务时	借：税金及附加 　　贷：应交税费——应交土地增值税
	转让国有土地使用权及地上建筑物及其附着物时	借：固定资产清理（在建工程） 　　贷：应交税费——应交土地增值税
印花税	企业购买印花税票时	借：税金及附加 　　贷：银行存款
房产税、土地使用税及车船税	借：税金及附加 　　贷：应交税费——应交房产税（土地使用税、车船税）	
城市维护建设税	借：税金及附加 　　贷：应交税费——应交城市维护建设税	
教育附加费	借：税金及附加 　　贷：应交税费——应交教育附加费	
上述税费（印花税除外）于实际交纳时	借：应交税费——应交资源等 　　贷：银行存款	

第四节 其他流动负债

这是指前述应付职工薪酬与应交税费以外的流动负债。因其核算简单，故将其一起说明。

一、交易性金融负债

顾名思义，交易性金融负债是指承担该项金融负债的目的具有交易性。衡量一项金融负债的目的是否具有交易性，条件之一是根据债务工具的公允价值变动，计划在近期回购。例如，企业在全国银行间债券市场公开发行短期融资券，该债券有公开市场报价，债务期较短（不超过1年），且企业有近期回购的计划。

交易性金融负债的初始计量采用公允价值，相关交易费用直接计入当期损益（投资收益)。后续计量按照公允价值,相关利得或损失同样直接计入当期损益。

例 9-9 Y 公司经批准于 2017 年 7 月 1 日在全国银行间债券市场公开发行 1 亿元的人民币短期融资券,期限 1 年,每张面值 100 元,年票面利率 5.4%,到期一次还本付息。所筹资金用于公司日常的流动资金周转。公司将该短期融资券指定为以公允价值计量且其变动计入当期损益的金融负债。假设不考虑发行该批债券的交易费用。

2017 年 12 月 31 日以及 2018 年 3 月 31 日,该债券的市场价分别为每张 115 元、每张 110 元(均不含利息);2018 年 6 月 30 日,债券到期完成兑付。

据此,Y 公司的会计处理如下:

(1) 2017 年 7 月 1 日发行债券时:

借:银行存款	100 000 000
贷:交易性金融负债——成本	100 000 000

(2) 2017 年 12 月 31 日确认下半年的应付利息与公允价值变动。

应付利息 = 10 000×5.4%÷2 = 270(万元)

公允价值变动(收益) = 100×(115-100) = 1 500(万元)

确认应付利息时:

借:投资收益	2 700 000
贷:应付利息	2 700 000

确认公允价值变动收益时:

借:公允价值变动损益	15 000 000
贷:交易性金融负债——公允价值变动	15 000 000

(3) 2018 年 3 月 31 日确认本季应付利息与公允价值变动。

应付利息 = 10 000×5.4%÷4 = 135(万元)

公允价值变动(损失) = 100×(110-115) = -500(万元)

确认应付利息时:

借:投资收益	1 350 000
贷:应付利息	1 350 000

确认公允价值变动损失时:

借:交易性金融负债——公允价值变动	5 000 000
贷:公允价值变动损益	5 000 000

(4) 2018 年 6 月 30 日短期融资券到期,兑付本息。

对第二季度的应付利息:

借:投资收益	1 350 000
贷:应付利息	1 350 000

兑付本息时:

借:交易性金融负债——成本	100 000 000
——公允价值变动	11 000 000
应付利息	5 400 000
贷:银行存款	105 400 000
投资收益	11 000 000

短期融资券发行后在市场公开交易,一方面由于市场原因,例如受到同类或其他债券,抑或股票市场交易的影响,另一方面也可能受债券发行企业自身信用的影响,包括债券信用评级或企业财务状况发生变化等,其市场价格可能有升有降,这实属正常。考虑到交易性金融负债具有"交易性"的特点,对发行企业来说,当遇到债券市场价格下跌时,其可能为了自己的声誉和再融资而考虑护盘。在适当时候、选择一个合适的价位,提前回购所发行的债券。此时,发行企业应在市场上提前公告,并按照市场价格回购。

本例中,假设因受多种因素的影响,债券交易价格持续下跌。经过提前向市场公告,2018年5月31日Y公司全部回购所发行的该批短期融资券,回购价即其时市价每张102元。

(1) 确认2018年4—5月的应付利息 = 10 000×5.4%×2÷12 = 90(万元)

借:投资收益　　　　　　　　　　　　　　　　900 000
　贷:应付利息　　　　　　　　　　　　　　　　　　900 000

(2) 5月31日回购时,共支付10 200万元,发生回购收益1 395万元。

共付款	10 200万元(100万张×102元/张)
减:债券成本	10 000万元
债券公允价值变动收益	1 100万元
应付债券利息	495万元
回购收益	1 395万元

提前回购时:

借:交易性金融负债——成本　　　　　　　　100 000 000
　　　　　　　　　——公允价值变动　　　　　11 000 000
　应付利息　　　　　　　　　　　　　　　　　4 950 000
　贷:银行存款　　　　　　　　　　　　　　　　　102 000 000
　　投资收益　　　　　　　　　　　　　　　　　　13 950 000

相关案例　中融新大债券疑遭恶意做空,市场建议适时放行债券回购

2018年7月12日前后,尚未违约的中融新大一期债券"18新大02"在交易所以最低28元的价格成交,成交额仅需2 800元,但引发了市场的极大关注。

有私募基金投资总监表示,很多债券的投资者是持有至到期的,平时债券价格波动较小,波动超过10%的都很少。这一价格波动幅度之大,不是市场价格的真实反映。"18新大02"7月11日收盘价为33.7元,下跌66.3%,中证估值则为99.921元。这样的交易不排除是买家与卖家商量好,人为做出来的价格。问题是:①在中国,债券的交易虽没有涨跌停限制,但要将报价从面值100元拉低70%也并非易事,需要经过十几轮的报价。既然如此,这样一个"砸盘"行为为什么能够成功?是债券交易规则出了问题,还是企业自身因素?②价格从100元到28元会经过很多档,按理说早就会被人发现,为什么成交额如此低,没人买?③操纵者如果是有预谋的,100元的债券价格突然跌到30元,可能会触发某些机构投资者的平仓线,或成功引导预期后,一些机构就会跟风抛售。此时,操纵者就会从市场上大举扫货。债券到期后,再按照100元的面值加上发行利率全额兑付,收益可达

2倍以上。这种恶意"砸盘"的方式很容易复制,扰乱市场的同时,操纵者能够获得不菲的收益。

中融新大就公司这期债券的"砸盘"行为已向证监会报案,相关部门正在调查,尚未有权威结论公布。不管怎样,这一"砸盘"行为的成功,引发了市场对信用债的担忧与恐慌。

其实,目前在中国,发行人在公开市场回购自己的债券,既没有限制也没有规则进行规范,属于"民不举官不究"的状态。很多企业在市场上回购自己的债券,打的都是擦边球,如找关联公司来回购。因此建议:第一,交易所进一步完善债券的成交及波动机制;第二,及时推出债券回购指引,使债券回购这一需求从灰色地带拉到光明的面上来,使多赢的操作更加阳光化和透明。

资料来源:根据2018年7月14日《21世纪经济报道》整理。

二、应付票据与应付账款

这里的应付票据属于短期应付票据,是企业承诺于未来一定日期支付一定款额给持票人的一种书面证明,分为带息和不带息两种。其会计核算重点是带息票据尤其是应付利息的处理:应付票据的利息支出一律计入财务费用;应付利息按规定于会计中期期末和年终时计提,计入"应付利息"账户。

企业在正常生产经营过程中,因购买商品、材料或接受劳务供应等而应付给供应单位的款项,称为应付账款。这是一种最常见、最普遍的负债,主要是由于企业取得资产的时间与结算付款的时间不一致而产生的。应付账款与前述应付票据不同,虽然两者均因赊购商品、原材料或接受劳务供应等而产生,都属于流动负债,但应付账款属于尚未结清的债务,而应付票据是一种延期付款的证明,有承诺付款的票据为依据,有确切的到期日。票据到期,企业负有无条件支付票款的责任。应付账款的付款期不长,一般为30—60天。因此,它通常按发票账单等凭证上记载的到期值登记入账;当购货附有现金折扣条件时,应付账款的入账金额需视采用总价法或净价法核算而异。

应付票据、应付账款分别对应于应收票据、应收账款,前者属于企业债务(负债),后者属于企业债权(资产)。应收票据与应收账款的核算已在第三章详细阐释,这里应将应付票据、应付账款与第三章的相关内容对照学习,因为它们分属于同一业务的两个不同方面:债权人与债务人,其会计核算方法自有相同之处,故在此不再赘述。

三、短期借款

这是企业为了满足正常生产经营的需要而向银行或其他金融机构等借入的、偿还期在1年以内的各种借款。企业经营尤其是季节性、临时性经营中出现暂时的资金短缺,往往需要取得短期借款。企业取得借款后,无论用于哪个方面,均构成企业的一项负债。企业除按规定用途使用外,还应按期还本付息。

对短期借款本金的取得及偿还情况,会计上单设"短期借款"账户核算;其明细核算,一般按债权人名称及借款种类分户进行。对于短期借款利息,会计核算上应注意以下三点:

(1)利息的入账时间。为了正确反映各期短期借款利息的实际情况,会计上应根据权责发生制原则,在各资产负债表日(如月末、季末或年末)计提利息;如果数额不大,也可于实际支付时一次计入当期损益。

(2)利息的支付时间。企业从银行借入短期借款,其利息一般按季定期支付;若从其他金融机构或有关企业借入,则借款利息一般于到期日同本金一起支付。

(3)利息的核算账户。短期借款利息一律计入财务费用,预提利息的,利息在"应付利息"账户核算,不通过"短期借款"账户核算。利息直接支付的,付款时直接作为银行存款的减少。

四、合同负债

合同负债是指企业已收或应收客户对价而应向客户转让商品的义务。例如,企业与客户签订了不可撤销的合同,向客户销售其生产的产品,合同开始日,企业收到客户支付的合同价款5 000元,相关产品将在3个月后交付。此时,企业应将所收到的5 000元作为合同负债处理。

对合同负债,会计上单设"合同负债"账户核算。具体来讲:企业在向客户转让商品之前,客户已经支付了合同对价,企业应在客户实际支付款项或到期应支付款项孰早时点,按已收金额或应收金额,借记"银行存款"等账户,贷记"合同负债"账户;企业向客户转让相关商品时,再借记"合同负债"账户,贷记"主营业务收入"账户。本账户的明细核算则按合同分户进行。

属于客户向企业提供重大融资成分的,企业则需按合同对价确认合同负债,将交易价格(假定客户在取得商品控制权时以现金支付的应付金额即现销价格)与合同对价之间的差额作为未确认融资费用处理,并在合同期内采用实际利率法摊销。相关举例请参见本书第十二章例12-11。

五、应付股利

企业作为独立核算的经济实体,对其实现的利润除依法交纳所得税外,还需对运用投资者投入的资金给予一定的回报。作为投资者,其有权分享企业的税后利润,取得投资收益。当然某一年度企业能否向投资者分配利润,不取决于当期是盈利还是亏损,而要看当年是否有可供投资者分配的利润。在此基础上,再决定其中的具体分配金额。

本期可供投资者分配利润=本期净利润−弥补以前年度亏损−提取盈余公积+以前年度累积的未分配利润

企业向投资者分配股利(包括股利形式、分配金额及支付日等),由董事会或类似机构提出分配方案,报经股东大会或类似机构审议批准。其中,对分配的现金股利,自宣告日起,公司就负有在一定日期付款的义务。会计上应借记"利润分配"账户,贷记"应付股利"账户;实际支付时,再借记"应付股利"账户,贷记"银行存款"账户。

需要指出的是,股份公司宣告分配的股票股利,在董事会或股东大会确定分配方案至正式办理增资手续之前,企业只需在备查簿中做相应登记,无须做正式的账务处理。因为应付的股票股利无须企业在将来以现金或其他资产支付,并不构成企业的负债,只会引起所有者权益项目内部结构的变化。此外,如有累积优先股的积欠股利,也不列为负债,只需在报表附注中披露。

六、其他应付款

其他应付款是指流动负债中除应付票据、应付账款、预收账款、应付职工薪酬、应交税费、应付利息、应付股利等以外与企业的经营活动直接或间接相关的其他各种应付、暂收款项。主要包括经营租入固定资产或包装物等的应付租金、存入保证金、职工未按时领取的工资、应付赔偿和罚款等。

为了反映企业其他应付款项的发生及其偿还情况,会计上单设"其他应付款"账户核算。发生上述各种应付、暂收款项时,借记"银行存款"账户,贷记"其他应付款"账户;实际偿付时,再做相反的会计分录。

第五节 债务重组

一、债务重组及其方式

市场经济条件下,企业间的竞争异常激烈。出于各种原因,企业有时会出现暂时的财务困难,导致资金周转不灵,不能偿还到期债务。在这种情况下,债权人可通过两种途径收回债权:一是通过法律程序申请债务人破产,用清算的财产清偿债务。采取这种方式,债务人主管部门往往申请整顿且可与债权人会议达成和解协议,破产程序因此中止。即使进入破产程序,也可能因相关的程序过长且费力,最终无法如数收回债权。二是通过协商,修改债务条件,使债务人减轻负担,渡过难关,这就涉及债务重组。债务重组是指在债务人发生财务困难的情况下,债权人按照其与债务人达成的协议或法院的裁定做出让步的事项。这里,财务困难是指因债务人出现资金周转困难、经营陷入困境或者其他原因,导致其无法或者没有能力按原定条件偿还债务。让步是指债权人同意发生财务困难的债务人现在或者将来以低于重组债务账面价值的金额或者价值偿还债务。债权人做出让步的情形主要包括:减免债务人部分债务本金或者利息,降低债务人应付债务的利率等。

无论是对债务人还是债权人,债务重组都具有重要意义:对债务人而言,它是债务人起死回生、重整旗鼓的一次良机;对债权人而言,其可最大限度地保全债权。

债务重组主要有四种方式:

(1)以资产清偿债务。包括以低于重组债务账面价值的现金清偿债务以及以非现金资产清偿债务。债务人通常用于偿债的非现金资产主要有存货、短期投资、固定资产、长期投资、无形资产等。

(2)债务转为资本。这实质上是增加债务人资本,必须严格遵守国家有关法律的规定(如中国证监会对上市公司增发新股就有相应的规定条件)。只有符合相应条件的,才能采取这种方式。债务人根据转换协议,将应付可转换公司债券转为资本的,属于正常情况下的债转资本,不能作为债务重组处理。

(3)修改其他债务条件。如延长债务偿还期限、减少债务本金或利息、降低利率等。

(4)以上两种或两种以上方式的组合。

二、债务重组的会计处理

债务重组涉及债务人与债权人两个方面。下面结合债务重组方式分别说明。

（一）以低于重组债务账面价值的现金清偿债务

债务人以低于重组债务账面价值的现金清偿债务时，债务人应将重组债务的账面价值与实际支付的现金之间的差额，确认为债务重组利得，计入营业外收入。

债权人应将重组债权的账面余额与收到的现金之间的差额，确认为债权重组损失，计入营业外支出。债权人已对重组债权计提坏账准备的，应先将该差额冲减坏账准备，冲减后仍有损失的，计入营业外支出（债权重组损失）；冲减后坏账准备有余额的，应予转回并抵减当期的资产减值损失，此种情况不确认债权重组损失。

例 9-10 2017年8月1日，H公司从S公司购买一批商品，增值税专用发票上注明货款总计117万元。按合同规定，H公司应于2017年11月1日前偿付货款。由于H公司资金周转困难，无法按合同规定的期限偿还债务，经双方协商，于2018年4月3日进行债务重组。S公司同意减免H公司40万元的债务，余款以银行存款立即偿还，4月4日S公司收到H公司通过银行划拨的款项。S公司对该项应收账款计提了10%的坏账准备。

（1）债务人H公司发生债务重组收益40万元。债务重组日，H公司应做如下会计分录：

借：应付账款——S公司　　　　　　　　　　　　　　1 170 000
　　贷：银行存款　　　　　　　　　　　　　　　　　　770 000
　　　　营业外收入——债务重组利得　　　　　　　　　400 000

（2）对债权人S公司来说：

　　　　应收账款账面余额　　1 170 000
　　减：收到的现金　　　　　　770 000
　　　　差额　　　　　　　　　400 000
　　减：计提的坏账准备　　　　117 000
　　　　债权重组损失　　　　　283 000

债权重组日，S公司应做如下会计分录：

借：银行存款　　　　　　　　　　　　　　　　　　　770 000
　　坏账准备　　　　　　　　　　　　　　　　　　　117 000
　　营业外支出——债权重组损失　　　　　　　　　　283 000
　　贷：应收账款——H公司　　　　　　　　　　　　1 170 000

（二）以非现金资产清偿债务

以非现金资产清偿债务的，债务人应当将重组债务的账面价值与转让的非现金资产的公允价值之间的差额，确认为债务重组利得，计入当期营业外收入；转让的非现金资产的公允价值与其账面价值之间的差额，作为资产转让损益，计入当期损益。

债权人应当对受让的非现金资产按其公允价值入账，重组债权的账面余额与受让的非现金资产的公允价值之间的差额，没有计提坏账准备的，该差额直接确认为债权重组损失，计入营业外支出。债权人已对重组债权计提坏账准备的，应先将该差额冲减坏账准备，不足以冲减的部分作为债权重组损失，计入营业外支出；冲减后坏账准备仍有余额的，应予转回并抵减当期的资产减值损失，此种情况不确认债权重组损失。

例 9-11 A公司应付B公司（双方均为一般纳税人）购货款70万元，因A公司财务困难,到期无法偿付。经双方协商同意,由 A 公司以一批产品抵偿该笔债务。该批产品售价 50 万元,成本 40 万元,增值税税率为 16%。B 公司对该项债权已计提坏账准备 35 000元,并将受让的产品作为库存商品入账。

(1) 债务人 A 公司的偿债存货应视同销售交纳增值税。

应交增值税 = 500 000×16% = 80 000(元)

发生债务重组收益 = 700 000-(500 000+80 000) = 120 000(元)

债务重组日,A 公司应做如下会计分录:

借:应付账款——B 公司	700 000
贷:主营业务收入	500 000
应交税费——应交增值税(销项税额)	80 000
营业外收入——债务重组利得	120 000

同时:

借:主营业务成本	400 000
贷:库存商品	400 000

(2) 债权人 B 公司发生债权重组损失 = 700 000-(500 000+80 000)-35 000 = 85 000(元)。

债权重组日,B 公司应做如下会计分录:

借:库存商品	500 000
应交税费——应交增值税(进项税额)	80 000
坏账准备	35 000
营业外支出——债权重组损失	85 000
贷:应收账款——A 公司	700 000

例 9-12 承例 9-11,如果 A 公司以一台设备抵债。设备原价 55 万元,已提折旧 10 万元,公允价值为 40 万元,销售设备的增值税税率为 16%;B 公司对受让的设备计划自用。不考虑该项债务重组其他的相关税费。此时,双方的账务处理又该如何进行?

分析:双方的债务重组利得或债权重组损失依据上面的原则计算。债务人 A 公司对偿债转出的设备应视同销售、按公允价值 40 万元计算交纳增值税,具体账务处理参照固定资产出售清理进行。

(1) 债务重组日,A 公司应做如下会计分录:

① 借:固定资产清理	450 000
累计折旧	100 000
贷:固定资产	550 000
② 借:应付账款——B 公司	700 000
贷:固定资产清理	400 000
应交税费——应交增值税(销项税额)	64 000
营业外收入——债务重组利得	236 000
③ 借:营业外支出——处置固定资产损失	50 000
贷:固定资产清理	50 000

(2) 债权重组日,B 公司应做如下会计分录:

借:固定资产	400 000
应交税费——应交增值税(进项税额)	64 000
坏账准备	35 000
营业外支出——债权重组损失	201 000
贷:应收账款——A公司	700 000

(三) 债务转为资本

采取这种方式,如果债务企业为股份有限公司,则应按债权人放弃债权而享有的股份的面值总额作为股本,股份公允价值与股本面值的差额确认为资本公积,重组债务账面价值与股份公允价值之间的差额作为债务重组利得,计入当期营业外收入;债务人为其他类型企业的,则应按债权人放弃债权而享有的股权份额作为实收资本,其他与上述股份公司的处理相同。

对债权人而言,这意味着放弃债权而享有股权。债权人应当将享有股份的公允价值确认为对债务人的投资,重组债权的账面余额与股份的公允价值之间的差额,没有计提坏账准备的,直接将该差额确认为债权重组损失,计入营业外支出。债权人已对重组债权计提坏账准备的,应先将该差额冲减坏账准备,不足以冲减的部分作为债权重组损失,计入营业外支出;冲减后坏账准备仍有余额的,应予转回并抵减当期的资产减值损失,此种情况不确认债权重组损失。

例 9-13 承例 9-11,经双方协商同意,A 公司以 5 万股普通股抵偿所欠 B 公司的应付账款 70 万元。该普通股每股面值为 1 元,每股市价为 12 元。股票登记手续已办妥,B 公司对受让的股票作为交易性金融资产管理。

(1) 债务重组日,A 公司应做如下会计分录:

借:应付账款——B公司	700 000
贷:股本——普通股	50 000
资本公积——股本溢价	550 000
营业外收入——债务重组利得	100 000

(2) 债权重组日,B 公司应做如下会计分录:

借:交易性金融资产	600 000
坏账准备	35 000
营业外支出——债权重组损失	65 000
贷:应收账款——A公司	700 000

(四) 修改其他债务条件

修改其他债务条件包括减少债务本金、延长还款期限、降低利率、免除积欠的利息等。不管债务条件如何修改,企业应根据新的债务条件,计算确定未来应付债务的公允价值。不附或有条件①的,债务人应将该公允价值作为重组后债务的入账价值,重组债务的账面价值与重组后债务的入账价值之间的差额,确认为债务重组利得,计入当期营业外收入。修改后的债务条件附或有条件的,此时债务人涉及或有应付金额(又称或有支出),且该或

---

① 如债务重组协议规定,债务人在债务重组后一定期间内,其业绩改善到一定程度或者符合一定要求(如扭亏为盈、摆脱财务困境等)时,应向债权人额外支付一定款项。

有支出符合有关预计负债确认条件的,债务人应当将其确认为预计负债。重组债务的账面价值与重组后债务的入账价值和预计负债金额之和的差额,确认为债务重组利得,计入营业外收入。

对债权人而言,应当将修改其他债务条件后的债权的公允价值作为重组后债权的账面价值,重组债权的账面余额与重组后债权的账面价值之间的差额,确认为债权重组损失,计入营业外支出。债权人已对重组债权计提坏账准备的,应先将该差额冲减坏账准备,不足以冲减的部分作为债权重组损失,计入营业外支出。修改后的债务条件中涉及或有应收金额的,债权人不确认或有收益,不得将其计入重组后债权的账面价值。

例9-14 2017年6月30日,Y公司向N公司开出面值500 000元、期限6个月、利率4%的商业汇票抵付前欠货款。由于Y公司资金周转困难,无法支付到期票款,经双方协商,于2018年1月2日进行债务重组,N公司同意减少本金200 000元,免除积欠的全部利息,并将债务期限延至2019年12月31日,延长期间的利息按2%(与实际利率相同)计算并于每年年末支付;N公司对该项应收款项已计提坏账准备50 000元。Y公司、N公司已将应付与应收票据转入应付与应收账款。

(1) Y公司应做如下会计分录:
应付账款的账面余额=应付票据到期账面价值=500 000+500 000×2%=510 000(元)
重组债务公允价值=510 000-200 000-10 000=300 000(元)
债务重组收益=510 000-300 000=210 000(元)

① 债务重组日:
借:应付账款——N公司　　　　　　　　　　　　　510 000
　　贷:应付账款——债务重组(N公司)　　　　　　　　300 000
　　　　营业外收入——债务重组利得　　　　　　　　　210 000

② 2018年12月31日支付当年利息:
借:财务费用　　　　　　　　　　　　　　　　　　6 000
　　贷:银行存款　　　　　　　　　　　　　　　　　6 000

③ 2019年12月31日偿还本金及当年利息时:
借:应付账款——债务重组(N公司)　　　　　　　　300 000
　　财务费用　　　　　　　　　　　　　　　　　　6 000
　　贷:银行存款　　　　　　　　　　　　　　　　　306 000

(2) N公司发生债权重组损失=210 000-50 000=160 000(元),应做如下会计分录:

① 债权重组日:
借:应收账款——债权重组(Y公司)　　　　　　　　300 000
　　坏账准备　　　　　　　　　　　　　　　　　　50 000
　　营业外支出——债权重组损失　　　　　　　　　160 000
　　贷:应收账款——Y公司　　　　　　　　　　　　510 000

② 2018年12月31日收到当年利息时:
借:银行存款　　　　　　　　　　　　　　　　　　6 000
　　贷:财务费用　　　　　　　　　　　　　　　　　6 000

③ 2019年12月31日收到本金与当年利息时:

借:银行存款	306 000	
贷:财务费用		6 000
应收账款——债权重组(Y公司)		300 000

(五) 混合债务重组方式清偿债务

(1) 债务人以现金、非现金资产方式的组合清偿某项债务的,债务人应先以支付的现金冲减重组债务的账面价值,然后按以非现金资产清偿债务进行债务重组应遵循的原则进行处理;债权人应先以收到的现金冲减重组债权的账面余额,然后按以非现金资产清偿债务进行债务重组应遵循的原则进行处理。

(2) 债务人以现金、非现金资产、债务转为资本、修改其他债务条件方式的组合清偿某项债务的,债务人应当依次以支付的现金、转让的非现金资产公允价值、债权人享有股份的公允价值冲减重组债务的账面价值,再按修改其他债务条件的规定进行处理;债权人应当依次以收到的现金、接受的非现金资产公允价值、债权人享有股份的公允价值冲减重组债权的账面余额,再按修改其他债务条件的规定进行处理。

混合债务重组中,如果涉及多项非现金资产,则应在按规定计算确定的入账价值范围内,按照各项非现金资产的公允价值占受让的非现金资产公允价值总额的比例,对受让资产的成本总额进行分配,确定各项受让非现金资产的成本。

本章提要

流动负债是指企业将在一年或超过一年的一个营业周期内偿还的债务。流动负债的内容有很多,应按不同的标准进行分类。理论上,流动负债应按未来应予偿付的现金或现金等价物的贴现值计价,实务中往往直接以到期值反映,不考虑贴现因素。

应付票据是企业承诺于未来一定日期支付一定款额给持票人的一种书面证明,分为带息和不带息两种。应重点掌握带息票据尤其是应付利息的处理,同时理解应付票据与应付账款的区别及联系。至于应付账款的会计处理,应重点掌握现金折扣条件下采用总价法核算的账务处理。本章未详细阐释应付票据与应付账款的核算,请读者对比第三章所述应收票据、应收账款内容进行学习。这是同一业务的两个不同方面,两者虽然性质相反,但会计处理方法有相似之处。

应付职工薪酬是广义的人工成本概念,是企业为获得职工提供的劳务而支付的各种形式的报酬以及其他相关支出。这里的关键是掌握各项薪酬的内容及其计量;至于职工薪酬的列支,除辞退补偿全部作为管理费用处理外,其他薪酬内容应根据受益对象,按职工的工作岗位,分别计入相关成本或费用。账务处理上,货币性薪酬的核算比较简单,带薪缺勤、非货币性薪酬以及利润分享计划等的核算则比较复杂。但这些都属于常见业务,需要熟练掌握。

应交税费的重点内容是各种流转税的计算和会计处理。

其他流动负债中,交易性金融负债的核算是重点,在理解确认条件的基础上,应掌握该项负债到期兑付、提前兑付的会计处理。合同负债的核算与企业收入的核算紧密联系,需结合收入的核算来掌握。短期借款的核算内容包括本金与利息两部分,应注意利息的核算方法。预收账款的核算重点是账户设置,既可单独设置"预收账款"账户,也可合并在

"应收账款"账户中核算。应付现金股利或利润是企业对股东的负债,核算上应掌握其入账时间;至于分配的股票股利,因无须企业在将来以现金或其他资产支付,故不构成企业的负债。其他应付款应重点掌握其核算内容。

债务重组是指在债务人发生财务困难的情况下,债权人按照与债务人达成的协议或法院的裁定做出让步的事项。债务重组方式包括以资产清偿债务、债务转为资本、修改其他债务条件以及以上两种或两种以上方式的结合四种。不管采取哪种方式,会计核算原则是:债务人对偿债转出的资产、增发的股份均按公允价值计量,公允价值与资产账面价值或股票面值的差额确认为债务重组利得,作为营业外收入入账;债权人对受让的资产或股份均按公允价值入账,公允价值与重组债权账面价值的差额确认为债权重组损失,作为营业外支出入账。对修改债务条件的债务重组,债务人应按新的债务条件计算确定新债务的公允价值,其与重组债务的账面价值的差额,作为债务重组利得处理;同时,债权人按公允价值计量新的债权,其与重组债权账面价值的差额作为营业外支出入账。

练习与思考

1. 一般纳税人应交增值税如何计算和核算?
2. 职工薪酬的主要内容有哪些?如何计量?
3. 什么是辞退福利?它与职工退休金有何不同?
4. 对交易性金融负债,如何进行确认、计量与记录?
5. 企业为什么要进行债务重组?债务重组业务涉及哪些会计问题?

小组讨论

2011年中国沪市债务重组收益居前十位公司的有关指标如下表所示:

2011年沪市债务重组收益居前十位的公司　　　　　　　　　　　单位:元

公司名称	2011年税前利润	其中:债务重组收益		扣除债务重组收益后的税前利润
		总额	占税前利润(%)	
金花股份(600080)	174 622 570.88	2 420 660 303.57	1 386.22	-2 246 037 732.69
*ST宝硕(600155)	2 165 204 139.29	2 289 626 115.78	105.75	-124 421 976.49
秦岭水泥(600217)	-167 074 466.41	325 257 041.42	-194.68	-492 331 507.83
中金黄金(600489)	3 284 122 987.37	214 577 536.09	6.53	3 069 545 451.28
海岛建设(600515)	-100 001 991.27	206 258 098.43	-206.25	-306 260 089.70
金杯汽车(600609)	102 216 636.54	164 071 819.45	160.51	-61 855 182.91
四川金顶(600678)	-3 366 687.29	156 303 000.00	-4 642.63	-159 669 687.29
佳都新太(600728)	46 740 408.29	145 702 829.15	311.73	-98 962 420.86
秋林集团(600891)	47 881 073.61	13 985 0671.98	292.08	-91 969 598.37
中国中铁(601390)	9 600 261 000.00	137 314 139.42	1.43	9 462 946 860.58

请讨论:

1. 债务重组的方式有哪些?债务人或债权人如何进行核算?
2.《企业会计准则》(2006)实施前后,中国对债务人债务重组收益的处理有何不同?为什么?
3. 对上表列示的有关财务指标如何解读?
4. 中外会计中,上市公司利用债务重组进行盈余管理屡见不鲜。你认为应如何鉴别?

 辅助阅读资料

1.《企业会计准则第 9 号——职工薪酬》(财政部 2014 年修订)、《企业会计准则第 12 号——债务重组》(财政部 2006 年发布)、《企业会计准则第 22 号——金融工具确认和计量》(财政部 2017 年修订)。
2.《中华人民共和国增值税暂行条例》(2017 年修订,中华人民共和国国务院令第 691 号)。
3.《关于全面推开营业税改征增值税试点的通知》(财税〔2016〕36 号)。
4. 孙光国、莫冬燕,《债务重组损益:何去何从》,《财务与会计》,2010 年第 1 期。
5. 李孟霖,《企业债务重组会计研究》,《合作经济与科技》,2016 年第 6 期。

21世纪经济与管理规划教材
会计学系列

第十章

长期负债

【知识要求】

通过本章的学习,掌握长期负债的特点及其计价方法,中国借款费用的内容与资本化处理的相关条件,公司债券的种类及可转换债券的特点,或有负债的特点、内容以及预计负债的确认条件。

【技能要求】

通过本章的学习,应能够熟悉:
- 借款费用资本化金额的具体计算方法;
- 公司债券发行价格的具体计算;
- 公司债券发行、利息调整与偿付每一步骤的具体操作;
- 可转换债券的核算;
- 或有负债的披露方法;
- 预计负债最佳估计数的确定及其会计处理。

【关键术语】

借款费用	借款费用资本化	应付债券	应付债券溢价
应付债券折价	利息调整	可转换债券	或有负债
预计负债			

长期负债是指偿还期在一年以上或超过一年的一个营业周期以上的债务,包括长期借款、长期应付债券与其他长期应付款。它主要因企业进行长期性的投资活动而产生。学习本章,同样应注意与前面章节内容对照进行,如将长期应付债券与第六章的长期股权投资结合学习,因为这是同一业务的两个不同方面(对债务人来说是筹资业务,对债权人来说是投资业务),会计核算方法自有共性。借款费用的处理是长期负债核算的一个共性问题,掌握了它,各项长期负债的具体会计处理就比较简单了。

第一节 长期负债概述

一、长期负债的特点

一般情况下,流动负债主要用来满足企业生产经营中对资金的短期需要。长期负债则不然,它金额大、偿还期限长且主要因企业长期性的理财活动而产生。例如,为了扩大经营规模而增加固定资产、对外进行长期投资等。这些业务的投资回收期较长,所需资金仅通过企业正常的经营资金或举借短期债务往往不能满足需求,筹措长期资金势在必行。企业长期资金的来源主要有两个:一是由股东追加投资(如上市公司增发股票);二是举借长期债务。两者相比,举借长期债务具有以下特点:

1. 对企业现金流量索取权具有刚性特征

债务融资和股权融资是两种不同的融资方式,两者从财务上体现出不同性质的现金流量索取权。长期债权的持有者有权获得契约规定的现金流量(表现为本金和按固定利率计算的利息),也就是说,举借长期债务的企业必须按契约的规定偿还债务本金和利息。在现金流量索取权方面,债权人不仅优先于股东,且这种索取权无论在时间上还是在现金流量的规模上都是刚性的。股东对现金流量的索取权不仅滞后于债权人,而且获取现金流量的时间和金额也具有弹性。根据这一特征,如果举债经营的息税前利润率高于借款利率,则企业举债经营就会产生良好的杠杆效益。当然,债务融资现金流量刚性的特征也增大了企业的风险,如果企业资金周转发生了困难,无力按原先的契约偿还债务本金和利息,则企业就会面临破产清算或因重组而被债权人接管的危险。

2. 长期债务融资通常不会引起企业控制权的转移

举借长期债务不会影响企业原有的股权结构,从而保证了原有股东控制企业的权力不受损害。因为债权人无权参与企业的经营管理,取得借款后,企业除按契约规定使用长期债务资本并承担按期还本付息的责任外,企业的经营管理及决策权限不受债权人的约束,这就保持了股东对企业的控制权,避免了股权分散。如果由股东追加投资,那么除非原有股东按原出资比例认购新股,否则,他们控制企业的权力就会因新股东的加入而相应削弱。当然,对于企业举借长期债务,债权人一般会附一些约束条件,如必须有担保、设置偿债基金等,这可能对企业的经营有一定的影响。

3. 举债的成本通常较低,且有节税功能

长期债务的利息是固定的,无论企业经营状况如何,均需按规定支付利息、到期还本。对债权人而言,风险相对较低。若由股东追加投资,则股东承担的风险较大,所要求的投资报酬率自然要高,故举债的成本通常低于发行股票的成本。此外,税法对利息费用和股利的处理是不同的：长期负债的利息支出可以在税前列支，减少企业的利润总额，从而使企业少交所得税；增发股票，将来分配的是税后利润，这种支出不能得到税前扣减的好处。

二、长期负债的分类与计价

企业举借长期债务，根据筹措方式的不同，可分为三类：

（1）长期借款，指企业向银行或其他金融机构以及其他单位借入的、偿还期在一年以上的各种借款，包括人民币长期借款和外币长期借款。

（2）长期应付债券，指企业为了筹措长期资金而发行的一年期以上的债券。债券是举债企业依照法定程序发行，承诺在一定时期内还本付息的一种债务凭证。与银行借款不同，应付债券是由举债企业向社会公众募集资金，而且可按规定在证券市场上流通，这是银行借款所不可比拟的。

（3）其他长期应付款，主要包括采用补偿贸易方式引进国外设备应付的价款、融资租入固定资产应付给出租方的租赁费等。

长期负债还可按偿还方式，分为定期偿还的长期负债、分期偿还的长期负债；按是否有担保物，分为有担保物的长期负债、无担保物的长期负债，等等。

长期负债初始确认时，应按照公允价值计量，如应付债券按发行时的现值计量，长期借款初始计量的公允价值通常是向银行或其他金融机构实际借入的金额。期末，长期负债按照摊余成本进行后续计量。

三、长期负债费用的处理

企业发生的、与借入资金相关的利息和其他费用，会计上称为借款费用，主要包括利息、应付债券溢价或折价的摊销、与举借债务相关的辅助费用①、外币借款的汇兑差额等内容。流动负债主要解决企业经营资金周转不足的困难，所发生的借款费用一律作为财务费用处理。长期负债则不然，其偿还期长，具体用途也有所差别，其中用于某些资产购建的，可能涉及施工期和资产的使用期。所以，会计上就有一个如何处理长期负债费用的问题。

理论上，借款费用的会计处理有两种方法可供选择：一是在发生时直接确认为当期费用，即费用化；二是予以资本化，即将与购置资产相关的借款费用作为资产取得成本的一部分。中国《企业会计准则第17号——借款费用》规定：企业发生的借款费用，可直接归属于符合资本化条件的资产的购建或生产的，应当予以资本化，计入相关资产成本；其他借款费用，应当在发生时根据其发生额确认为费用，计入当期损益。这里，符合资本化条件的资产，是指需要经过相当长时间（通常为一年以上，含一年）的购建或者生产活动才能达到预定可使用或可销售状态的固定资产、投资性房地产、存货②、建造合同、开发阶段符合资本化条件的无形资产等。具体来讲：

（1）为购建或生产符合资本化条件的资产而发生的专门借款，在资产达到预定可使用或可销售状态之前发生的借款费用，予以资本化，计入所购建或生产资产的成本；在资

---

① 具体包括借款手续费、佣金、承诺费、债券印刷费等。由于这些费用是因安排借款而发生的，也是借入资金的一部分代价，故构成借款费用的组成部分。

② 符合资本化条件的存货，仅指房地产企业开发的用于对外出售的房地产开发产品、企业制造的用于对外出售的大型机器设备等。这类存货的共同特点是：需要经过相当长时间的建造或生产过程才能达到预定可销售状态。

产达到预定可使用或可销售状态后发生的借款费用,作为当期的费用处理。

(2) 不是用于购建或生产符合资本化条件的资产所发生的,属于正常经营过程中发生的借款费用,作为财务费用直接计入当期损益。

国际视野

1. 关于借款费用的定义

《国际会计准则第23号——借款费用》认为,"借款费用是指企业借入资金而发生的利息和其他费用",包括:①银行透支利息和长期、短期借款利息;②与借款相关的溢价或折价的摊销;③安排借款时发生的辅助费用的摊销;④依照《国际会计准则第17号——租赁》确认的融资租赁所形成的融资费用;⑤作为外币借款利息费用调整额的汇兑差额。

美国在《财务会计准则公告第34号——利息费用资本化》中规定,利息费用包括:①有明确利率的负债的利息(包括由溢价或折价和债券发行成本的定期摊销产生的金额);②一些特定应付款的利息;③与根据租赁准则确定的融资租赁相关的利息。

2. 关于借款费用的处理方法

国际会计准则规定:对"可直接归属于符合条件的资产的购置、建造或生产的借款费用应确认为该资产成本的组成部分,其他借款费用则于发生当期确认为费用"。前者称为资本化,后者称为费用化。同时,国际会计准则规定了借款费用资本化开始、暂停、最终停止的条件以及金额的计量。

美国要求将与符合资本化条件的资产直接相关的借款费用予以资本化,其他借款费用则费用化。

可见,中国对借款费用的处理,与国际会计准则规定的允许选用的处理方法基本相同。究其原因,从理论上讲,既然购建或生产这些资产需要借款,借款费用就不可避免,它与计入资产成本的其他购建或生产费用没有差别,应该构成资产成本的一部分。这些资产在购建或生产期内不能产生效益,所发生的借款费用予以资本化,投入使用后的借款费用属于资产的持有成本,应予费用化,符合配比原则。从中国的实际情况来看,企业购建这些资产的资金来源主要是借款,现行金融管理体制对专门借款实行专款专用,容易确定资本化的借款对象,借款费用的确认既合理又可靠。不仅如此,目前中国企业的资产负债率普遍偏高,借款费用金额较大,如果全部费用化,则企业经营难以承受。可见,中国借款费用的处理合情合理。

为了防止企业任意提高资本化的金额,中国对借款费用资本化的确认与计量有严格规定。

1. 借款费用开始资本化的条件

按照规定,因专门借款而发生的有关借款费用,应当在下面三个条件同时具备时开始资本化:

(1) 资产支出已经发生。这里的资产支出包括为购建或生产符合资本化条件的资产而以支付现金、转让非现金资产或承担带息债务(如带息应付票据)形式发生的支出。实务中,如果企业以带息票据购入工程物资,则在赊购日即认为资产支出已经发生;若为不带息票据,则应在实际支付票款时作为资产支出的发生日。既然资产支出已经发生,意味着需要使用借款资金,就应承担相应的利息费用。

(2)借款费用已经发生。专门借款已经到位,或者专门借款虽未到位但企业占用一般借款进行资产的购建或生产,两种情况都会发生相应的借款费用。

(3)为使资产达到预定可使用或可销售状态所必要的购建或者生产活动已经开始。这主要是指资产的实体建造或生产工作已经开始,如厂房的实际开工建造、主体设备的安装等已经开始。不包括仅仅持有资产但没有发生为改变资产形态而进行建造或生产活动的情况,如只购置建筑用地但未开工兴建房屋,建造一艘大型轮船只购入原材料尚未投入生产等。

2. 借款费用暂停资本化的时间

借款费用可予资本化的资产,其购建或生产的时间较长,在此过程中,可能会因各种原因而发生暂时停工的情况。会计上面临的问题是停工期内的借款费用应否继续资本化。这需要结合停工或中断的原因及时间长短来定。一般来讲,如果中断时间较短(小于3个月、含3个月),则从重要性原则考虑,无论其中断原因如何,中断期间所发生的借款费用继续资本化,不必暂停。如果中断时间较长,则需视施工中断原因决定该期间的借款费用应否暂停资本化。这包括两种情况:一是发生非正常中断,如企业与施工方发生了工程质量纠纷,或者工程、生产用料没有及时供应,或者资金周转发生了困难,或者施工、生产发生了安全事故,或者发生了与资产购建、生产有关的劳动纠纷导致购建或生产活动不能正常进行,等等;并且中断时间连续超过3个月,则应当暂停借款费用的资本化,中断期间发生的借款费用直接计入当期费用。二是发生正常中断,如中断是使购建的固定资产达到预定可使用状态所必需的程序,或者中断是由可预见的不可抗力因素(如雨季或冰冻季节等)造成的,则中断期间所发生的借款费用继续予以资本化。

3. 借款费用停止资本化的时点

当资产达到预定可使用或可销售状态①时,应停止其借款费用的资本化,以后所发生的借款费用直接计入当期费用。中国之所以将借款费用停止资本化的时点规定为"资产达到预定可使用或可销售状态",主要理由是:第一,既然这些资产达到预定可使用或可销售状态,其支出已经很少或几乎不再发生;即使发生,应属于资产的持有成本而非建造成本。第二,既然资产达到预定可使用或可销售状态,其支出已经很少或几乎不再发生,从筹资的角度考虑,可不再安排借款,借款费用就可以避免;即使发生,也不应资本化。第三,对所有购建或生产的资产来说,该时点是一种客观存在,在此时点停止借款费用资本化,可真实、公允地反映企业的财务状况和经营成果。

4. 借款费用资本化金额的确定

借款费用的内容包括借款利息、应付债券溢价或折价的摊销、辅助费用以及外币借款的汇兑差额,其中,利息是借款费用的主要内容。下面重点说明借款利息资本化金额的确定。

---

① 这可从以下几个方面进行判断:第一,资产的实体建造包括安装生产工作已经全部完成或实质上已经完成;第二,所购建或生产的资产与设计要求或合同规定或生产要求相符或基本相符;第三,继续发生在所购建或生产的资产上的支出金额很少或几乎不再发生。若所购建或生产的资产需要试生产或试运行,则在试生产的结果表明资产能够正常生产出合格产品,或试运行结果表明能够正常运转或营业时,认为该资产达到预定可使用或可销售状态。

为购建或生产符合资本化条件的资产而借入专门借款的,应以专门借款当期实际发生的利息费用,减去将尚未动用的借款资金存入银行取得的利息收入或进行暂时性投资取得的投资收益后的金额确定。上述资产的购建或生产占用了一般借款的,企业应当根据累计资产支出超过专门借款的资产支出加权平均数(也即实际占用的一般借款)乘以所占用的一般借款的资本化率①,计算确定一般借款应予资本化的利息金额。

例 10-1 2018 年 1 月 1 日 D 公司正式动工兴建一栋办公楼,预计在 2019 年 6 月 30 日完工,工程采用出包方式,每季初支付工程进度款。公司为建造该办公楼于 2018 年 1 月 1 日专门借款 2 000 万元,借款期限 2 年,年利率 6%。除了上述专门借款,2018 年该办公楼的建造还占用了公司一笔一般借款,该借款于 2018 年 7 月 1 日取得,金额为 1 000 万元,借款期限 3 年,年利率 8%。上述借款的利息均按年支付。此外,对于闲置借款资金,D 公司将其以活期存款的形式存入银行,年利率 1.2%。

2018 年公司为建造该办公楼的支出金额如表 10-1 所示。

表 10-1 在建办公楼资产支出表 单位:万元

日期	每期资产支出金额	资产累计支出金额	专门借款余额
1月1日	900	900	1 100
4月1日	800	1 700	300
7月1日	600	2 300	−300
10月1日	400	2 700	−700

根据上述资料,2018 年 D 公司应付银行借款利息的计算如下:

应付银行借款利息 = 2 000×6% + 1 000×4% = 160(万元)

其中,在建办公楼应予资本化的借款利息计算如下:

(1) 2018 年专门借款利息资本化金额 = 2 000×6% − (1 100+300)×1.2%÷4 = 115.80(万元)

(2) 自 2018 年 7 月 1 日起,办公楼的建造占用了公司的一般借款,则:

2018 年占用一般借款的资产支出加权平均数 = 300×180/360 + 400×90/360 = 250(万元)

2018 年应予资本化的一般借款利息金额 = 250×8% = 20(万元)

(3) 2018 年办公楼应予资本化的借款利息 = 115.80+20 = 135.80(万元)

2018 年公司所付银行 160 万元的借款利息中,除 135.80 万元计入在建办公楼成本外,其余的 24.20 万元计入公司当年财务费用。对此,2018 年年末 D 公司应做如下会计分录:

借:在建工程 1 358 000
　　财务费用 242 000
　贷:应付利息 1 600 000

需要注意的是,在应予资本化的每一个会计期间,企业借款费用的资本化金额不得超过当期相关借款实际发生的利息费用。本例中,2019 年的会计处理应如何进行?读者不妨一试。

---

① 当有两笔及以上借款时,资本化率即这些借款的平均利率,根据一般借款加权平均利率计算确定。

相关案例　巨额借款费用处理违规，注册会计师出具否定意见的审计报告

1998年4月29日，在深圳证券交易所上市的重庆"渝钛白A"公布了1997年年报，其中在财务报告部分，刊登了重庆会计师事务所于1998年3月8日出具的否定意见审计报告。这是中国证券市场中的首份否定意见审计报告。报告指出："1997年度应计入财务费用的借款即应付债券利息8 064万元，公司将其资本化计入了钛白粉工程成本；欠付中国银行重庆市分行的美元借款利息89.8万元（折合人民币743万元），公司未计提入账，两项共影响利润8 807万元。"

公司对外币借款利息不入账，明显违反费用确认的权责发生制原则。但对应付债券利息究竟是资本化还是费用化，公司与注册会计师各执一词。根据中国当时的会计规范，借款费用停止资本化的时点是"固定资产完工并交付使用"，注册会计师经过取证、结合职业判断，认定该笔借款所涉及的钛白粉工程已经完工并投入使用。既然如此，"渝钛白"公司为何知错不改，其管理当局又有何"苦衷"？

原来，公司上市之初的经营业绩还算可以。但从1996年开始，公司经营出现亏损，当年亏损1 318万元；1997年在未调整上述两项借款费用的情况下，公司已亏损3 000多万元；若加上这两笔调整额，其亏损额将高达11 943万元，调整之后的股东权益仅为3 290万元。与其原有的注册资本13 000万元相比，仅剩下25%左右。这样，公司持续经营的能力将受到怀疑。

从注册会计师的角度来看，上述两个会计事项不调整，就会严重误导依赖财务报表进行决策的投资者。但会计师事务所及注册会计师既无法命令上市公司改变其做法，也无理由表示沉默，只能运用独立审计准则中否定意见的格式，将上述问题向财务报表信息使用者公示，指出风险并明确各自的责任。

资料来源：谭菊芳、李若山，《能否对上市公司的会计信息说声"不"》，《财务与会计》，1999年第6期。

第二节　长期借款

长期借款是指企业向银行或其他金融机构借入的期限在一年以上的各项借款。长期借款核算的内容主要包括：长期借款的借入、借款利息的处理、借款本息的归还、长期借款的期末计量等。因此，企业应设置"长期借款"总分类账户，并按贷款单位和贷款种类，分别以"本金""利息调整"等进行明细核算。

一、借入长期借款

企业借入各种长期借款时，应按公允价值进行初始计量。长期借款初始计量的公允价值通常是向银行或其他金融机构实际借入的金额。借入长期借款时，应按实际收到的款项，借记"银行存款"账户，贷记"长期借款——本金"账户。

二、长期借款利息

利息是借款企业按照借入本金、利息率及借款期,计付给债权人的报酬。它是一种资金成本,是企业为取得借入资金而付出的代价。利息的计算包括单利与复利两种方法:单利一般只就本金计算利息;复利除计算本金利息外,对尚未支付的利息也要计算应付利息,俗称"利滚利"。在西方国家,长期借款利息一般按复利计算。在中国会计实务中,长期借款利息一般按单利计算。

根据中国企业会计准则的规定,期末企业应按长期借款的摊余成本和实际利率计算确定长期借款的利息费用,同时按借款本金和合同利率计算应付未付利息。其中,摊余成本是指长期借款的初始确认金额,扣除已偿还的本金,加上或减去采用实际利率法将初始确认金额与到期日金额之间的差额进行摊销形成的累积摊销额;实际利率是将长期借款在预期存续期间内的未来现金流量,折现为长期借款当前账面价值所使用的利率。① 借款实际利率与合同利率差额较小的,也可直接采用合同利率计算确定利息费用。

长期借款利息的核算,还应注意以下三点:

(1) 利息的列支原则。按前述长期借款费用的方法进行处理。

(2) 利息的入账时间。借款利息可分期支付,也可在借款到期还本时一起偿付,具体应视贷款合同而定。会计上,对应计入资产成本的借款利息,一般在会计中期、年末和资产达到预定可使用或可销售状态的会计期末将利息计提入账;如果年内分期支付利息,则也可按付息期确认。除此以外的借款利息,何时确认入账由企业自行决定;但在中期期末和年度终了,企业必须核算应付利息,以正确反映当期的负债与损益。

(3) 应付利息的核算账户。长期借款利息分期支付的,偿付期内会计期末确认的应付利息,通过"应付利息"账户核算;借款利息于到期时同本金一起支付的,其应付利息可在"长期借款——应计利息"账户核算。

期末,企业根据借款合同利率计算的借款利息,借记"在建工程""财务费用""制造费用"等账户,贷记"应付利息"或"长期借款——应计利息"账户。采用实际利率计算确定利息费用的,记入借方的资本化或费用化的利息金额与记入贷方的应付利息金额不等,两者的差额再贷记"长期借款——利息调整"账户。

三、归还长期借款

企业归还长期借款时,应按归还的借款本金,借记"长期借款——本金"账户,按所支付的利息,借记"应付利息"或"长期借款——应计利息"账户,按实际归还的本息贷记"银行存款"账户。采用实际利率计算借款利息,借款到期存在利息调整余额的,对该余额应注销"长期借款——利息调整"明细账户的记录,同时按借款费用资本化或费用化的原则进行处理。

---

① 例如,企业向银行借入 400 000 元,期限为 3 年,年利率为 10%,到期一次还本付息。该笔长期借款到期,企业应支付本息共计 520 000 元。设实际利率为 r,则借入日有:$400\ 000 = 520\ 000 \times PV(3,r)$。查复利现值表,当 $r = 9\%$ 时,$520\ 000 \times 0.7722 = 401\ 544 > 400\ 000$;当 $r = 10\%$ 时,$520\ 000 \times 0.7513 = 390\ 676 < 400\ 000$;采用插值法计算,$r = 9.14\%$ 为该笔借款的实际利率。采用实际利率计算长期借款的利息费用,具体做法可参照应付债券进行。

第三节 应付债券

公司债券是企业依照法定程序发行,约定在一定期限内还本付息的一种有价证券。企业发行的偿还期超过一年的债券,构成长期负债,会计上作为"应付债券"核算;发行的偿还期为一年或一年以内的债券,则为流动负债,会计上作为"短期应付债券"处理。本节讨论长期应付债券的会计问题。

一、公司债券的特点

公司债券实质上是企业的一种长期应付票据。发行债券作为企业筹措长期资金的一种重要方式,与举借长期借款或增发股票等均有区别。其中,债券筹资与股权筹资的差别已在本章第一节说明。与长期借款相比,发行债券具有以下特点:

(1) 债权对象不同。长期借款的债权人是银行和其他金融机构,而债券的债权人多是社会公众或其他企业。

(2) 债权人对债务企业的了解程度不同。提供长期贷款的主要是金融机构,而金融机构对企业的偿债能力比较了解;发行债券时,债券投资者一般对举债企业的偿债能力不太了解,所以债券发行时需有金融机构担保。

(3) 表现形式不同。债券是一种有价证券,可以自由流通和转让;长期借款只是证明债权关系的契约(合同或协议),不能自由流通和转让。

二、公司债券的分类

(一) 按有无抵押或担保分为两类

(1) 抵押债券或有担保债券,指以特定资产(如固定资产、流动资产等)作为抵押而发行的债券。

(2) 信用债券或无担保债券,指企业单凭自身的信用程度而发行的债券。由于没有特定财产做抵押,所以购买这种债券的风险比有担保债券的风险大。

(二) 按是否记名分为两类

(1) 记名债券,指债券发行时,债券票面上载有持有人姓名,并在企业债权人名册中进行登记的债券。债券到期时,持有人可凭本人证件和债券领取本息;或由发行企业将利息邮寄给持有人。若持有人在债券到期前转让债券,则须由原债券持有人背书,并到原登记处办理过户手续。

(2) 不记名债券,指发行债券时不记载持有人姓名的债券。这种债券一般附有息票,持有人可凭息票领取债券到期利息,凭到期债券取回本金,故又被称为息票债券。持有人转让此种债券时,无须背书。

(三) 按实际发行价格分为三类

(1) 平价债券,指按债券面值发行的债券。

(2) 溢价债券,指按高于债券面值发行的债券。

(3) 折价债券,指按低于债券面值发行的债券。

(四) 按还本方式分为两类

(1) 一次还本债券,指在将来某一固定日期一次偿付本金的债券。中国企业发行的债券大多属于此类。

(2) 分期还本债券,指在债券偿还期内分次偿付本金的债券。

此外,还有三种特殊债券,即可赎回债券、可转换债券和附认股权证债券。可赎回债券是指发行企业可在债券到期前,按特定价格提前赎回的债券。可转换债券是指发行一定期间后,持有人可按一定价格将其转换为发行企业普通股股票的债券。债券与股票同属有价证券,能为投资人带来收益;但债券毕竟不同于股票,发行可转换债券,主要是为了增加企业的筹资吸引力。出于同一目的,企业发行债券时,还可附送认股权证,这种债券被称为附认股权证债券。

三、公司债券的发行

(一) 公司债券发行的有关规定

在中国,公司发行债券由董事会制订方案,股东大会做出决议;国有独资企业发行债券,由国家授权投资的机构或部门做出决定。决定发行债券的,应向国务院证券监督管理机构提出申请。申请批准后,再公告公司债券的募集办法。①

公司发行债券有很多条件,要求严格。中国《证券法》(2014) 规定,公开发行公司债券,应当符合下列条件:

(1) 股份有限公司的净资产不低于人民币 3 000 万元,有限责任公司的净资产不低于人民币 6 000 万元;

(2) 累计债券余额不超过公司净资产的 40%;

(3) 最近三年平均可分配利润足以支付公司债券一年的利息;

(4) 筹集的资金投向符合国家产业政策,公司债券筹集的资金必须用于核定的用途,不得用于弥补亏损和非生产性支出;

(5) 债券的利率不得超过国务院限定的利率水平。

此外,公司发行可转换债券的,除应具备债券的发行条件外,还应符合《证券法》关于公开发行股票的条件,并报经国务院证券监督管理机构核准。

债券一般由银行及其他金融机构承销,也可由企业自己发行。发行的方式主要有包销、代销和直接发售三种。包销是由银行、其他金融机构或其他经纪人,按照一定价格承包全部债券,再将债券销售给投资人,包销者自负盈亏。代销则是由银行、其他金融机构或其他经纪人代为销售,从中抽取佣金,未售出部分归还发行企业。有时,发行企业也直接将债券售予投资人,这种做法称为债券的直接发售。

(二) 债券发行价格的确定

公司债券募集办法或实物券上载明的利率为票面利率,它是公司在筹划发行期内,根据拟发行债券的期限、筹集资金的用途、企业的支付能力及市场上同类债券的利率等因素

---

① 公司债券募集办法应载明下列主要事项:①公司名称;②债券募集资金的用途;③债券总额与票面金额;④债券利率的确定方式;⑤还本付息的期限与方式;⑥债券担保情况;⑦债券的发行价格、发行的起止日期;⑧公司净资产额;⑨已发行但尚未到期的公司债券总额;⑩公司债券的承销机构。

综合确定的。不管资金市场的行情如何,公司都必须按照这种利率支付债券持有人利息。债券发行日资金市场的利率则为市场利率(实际利率)。由于债券的筹划发行、印制到出售均需要一定时间,加之资金市场的情况多变,实务中,债券的票面利率与发行日的市场利率往往不一致,由此导致债券的实际发行价格与其面值不等。当然,影响债券实际发行价格的因素是多方面的,如证券市场上的供求关系、相对的风险与报酬差异、宏观经济状况等。债券面值及票面利率是已经确定的,那么债券发行时实际发行价格应如何确定?

一般来讲,债券发行价格的高低取决于债券的现值,即到期应付的债券面值和各期应付的票面利息按市场利率折算的现值总和。用公式表示为:

债券的发行价格=偿还的债券面值按市场利率折算的现值①+偿还的票面利息按市场利率折算的现值②

例 10-2 D公司于2017年1月1日发行一批5年期、一次还本的债券,总面值为100万元,年利率为6%;债券利息每半年支付一次。发行费用略。

(1)假设债券发行时市场利率为8%,则:

该批债券的发行价格=1 000 000×PV(10,4%)③+30 000×PA(10,4%)④
=1 000 000×0.6755+30 000×8.1108=918 824(元)

(2)假设债券发行时市场利率为4%,则:

该批债券的发行价格=1 000 000×PV(10,2%)+30 000×PA(10,2%)
=1 000 000×0.8203+30 000×8.9836=1 089 808(元)

(3)假设债券发行时市场利率同为6%,则:

该批债券的发行价格=1 000 000×PV(10,3%)+30 000×PA(10,3%)
=1 000 000×0.7441+30 000×8.53=1 000 000(元)

本例中,如果债券利息到期同本金一起偿付,其他条件不变,则该债券的实际发行价格有何变化?读者不妨一试。

债券发行价格与其面值的关系如表10-2所示。需要指出的是,公司债券不管按何种价格发行,一经发行,发行企业与债券持有人的利益关系就已量化确定,今后不管资金市场的利率如何变化,都不调整债券的票面利率。

表10-2 债券发行价格与市场利率的关系

利率	面值与现值	实际发行价格
市场利率=票面利率	现值=面值	面值
市场利率>票面利率	现值<面值	面值-折价
市场利率<票面利率	现值>面值	面值+溢价

四、一般公司债券的核算

由表10-2可知,当债券票面利率与市场利率一致时,企业债券应按其面值出售,这种

---

① 债券面值分期等额偿付的,各期偿付的面值按年金贴现;债券面值于债务到期一次偿付的,则按复利贴现。
② 债券利息分期偿付的,各期偿付的利息按年金贴现;债券利息于债务到期一次偿付的,则按复利贴现。
③ $n=10$、$r=4\%$时的复利现值系数,查复利现值表即可。
④ $n=10$、$r=4\%$时的年金现值系数,查年金现值表即可。

情况称为平价发行或按面值发行。当债券票面利率高于市场利率时,潜在的投资者势必乐于购买,这时债券应按高于面值的价格出售,称为溢价发行。当债券票面利率低于市场利率时,潜在的投资者势必犹豫观望,把资金投向高利率的地方,为了达到举债目的,发行企业一般只能按低于面值的价格发售债券,称为折价发行。所发生的溢价或折价是债券发行企业在债券存续期内对利息费用的一种调整。不管属于哪种情况,应付债券的会计核算,应提供债券面值、应计利息的发生与偿还、债券溢价或折价的发生以及对各期实际利息费用的调整情况。为此,在设置"应付债券"总账的基础上,企业应分设"面值""利息调整"明细账户进行核算。对于应付债券利息,如果约定分期支付,则可在"应付利息"账户核算,资产负债表上作为流动负债列示;如果到期同本金一起支付,则在"应付债券"总账下设置"应计利息"明细账户核算,资产负债表上作为长期负债列示。

(一) 发行债券

债券发行的核算,可分为发行期内发行债券、在两个付息日之间发行债券两种情况。

1. 发行期内发行债券的核算

在这种情况下,债券的发行日与开始计息日一致。会计上按实收金额,借记"银行存款"账户,按债券面值,贷记"应付债券——面值"账户。溢价发行的,还应按债券溢价,贷记"应付债券——利息调整"账户;折价发行的,则应借记"应付债券——利息调整"账户。

例 10-3 承例 10-2,D 公司将 5 年期、面值 100 万元的债券,按 1 089 808 元溢价发行。

借:银行存款　　　　　　　　　　　　　　　　1 089 808
　　贷:应付债券——面值　　　　　　　　　　　　　　1 000 000
　　　　应付债券——利息调整　　　　　　　　　　　　　89 808

例 10-2 中,假设市场利率为 8%,高于债券票面利率,此时该批债券应按 918 824 元折价发行。

借:银行存款　　　　　　　　　　　　　　　　918 824
　　应付债券——利息调整　　　　　　　　　　　81 176
　　贷:应付债券——面值　　　　　　　　　　　　　　1 000 000

2. 在两个付息日之间发行债券的核算

这种情况的发生,主要有两个原因:一是发行期满,企业对未售出债券延期出售;二是发行企业为了等待有利时机,使债券有一个比较高的发行价格,有意推迟债券的发行。不管属于哪种情况,投资者享受的债券利息收入应从购买日起计算;而发行企业向投资者支付的票面利息,则从既定的发行日起计算,发行日至实际出售日之间的利息应予扣回。此时,发行企业除要求投资者支付债券价格外,还要加收发行日至实际出售日的债券利息,这部分利息由发行企业在(第一个)付息日退还给投资者。

在两个付息日之间发行债券,发行企业对加收的债券利息,会计上作为应付利息处理,通过"应付利息"或"应付债券——应计利息"账户核算。其他内容的核算与发行期内发行债券的核算相同。

3. 债券发行费用的核算

债券发行费用主要包括委托他人代销债券支付的手续费或佣金、债券印刷费,以及相关的律师费、注册会计师审核财务报告的费用、广告费等。这些费用是企业发行债券所必需的开支,其金额往往较大。如何合理地核算债券发行费用,也是一个重要的会计问题。

委托券商代理发行债券应支付的费用,先用债券发行期间冻结资金所产生的利息收入抵扣。其中不够抵扣的金额,按照借款费用资本化或费用化的原则进行处理;抵扣后若有剩余的利息收入,视同发行债券的溢价收入处理。

(二) 存续期内,计提债券利息并进行利息调整

债券发行后,企业应按票面利率、面值及约定的付息时间,支付债权人利息。对当期应付未付的债券利息,会计上应按权责发生制原则,将其计提入账。溢价发行债券时,发行债券的实收款大于面值,差额称为溢价。对发行企业来说,以后要按高于市场利率的票面利率支付债权人利息,溢价收入只不过是发行企业对未来多付利息的一种事先扣回,是对债券票面利息费用的调整。折价发行债券的情况则相反,实际发行价格低于面值的差额称为折价。由于企业以后要按低于市场利率的票面利率支付债权人利息,债券折价实际上是发行企业对债权人今后少收利息的一种事先补偿(由债权人从本金中扣回),或是承付给债券持有人的一笔利息费用。债券存续期内,发行企业应将所发生的折价转为各期的利息费用。这种将发行债券所发生的溢价或折价逐期分摊、调整各期实际利息费用的程序,一般与计提应付债券利息同时进行。至于利息的核算期,可按会计中期或年度进行。分期付息债券,一般按付息期进行。付息日与企业年结日不一致的,年终结账时,企业还须将上一付息日至年末的应付债券利息调整入账。

利息调整应在债券存续期间采用实际利率法进行。实际利率法是将期初应付债券的摊余成本乘以实际利率,计算各期的实际利息费用;再与按面值及票面利率计算的各期应付利息比较,两者的差额即为各期应分摊的债券溢价或折价,亦即利息调整金额。有关计算如下:

每期应付债券利息=债券面值×票面利率

每期实际利息费用=债券期初摊余成本×实际利率

每期利息调整金额=各期应付债券利息-当期实际利息费用

例 10-4 承例 10-3,溢价发行债券时,采用实际利率法计算的利息费用如表 10-3 所示;折价发行债券时,采用实际利率计算的利息费用如表 10-4 所示。

表 10-3 利息费用计算表   单位:元

期数	应付利息 ①=面值×3%	实际利息费用 ②=上期⑤×2%	溢价摊销额 ③=①-②	未摊销溢价 ④=上期④-③	摊余成本⑤=面值+④ 或=上期⑤-③
				89 808	1 089 808
1	30 000	21 796	8 204	81 604	1 081 604
2	30 000	21 632	8 368	73 236	1 073 236
3	30 000	21 465	8 535	64 701	1 064 701
4	30 000	21 294	8 706	55 995	1 055 995
5	30 000	21 120	8 880	47 115	1 047 115
6	30 000	20 942	9 058	38 057	1 038 057

（续表）

期数	应付利息 ①＝面值×3%	实际利息费用 ②＝上期⑤×2%	溢价摊销额 ③＝①－②	未摊销溢价 ④＝上期④－③	摊余成本⑤＝面值＋④ 或＝上期⑤－③
7	30 000	20 761	9 239	28 818	1 028 818
8	30 000	20 576	9 424	19 394	1 019 394
9	30 000	20 388	9 612	9 782	1 009 782
10	30 000	20 218*	9 782	0	1 000 000
合计	300 000	210 192	89 808	0	

注：*因计算尾差，最后一期利息费用系倒挤求得。

表10-4　利息费用计算表　　　　　　　　　　　　　　　单位：元

期数	应付利息 ①＝面值×3%	实际利息费用 ②＝上期⑤×4%	折价摊销额 ③＝②－①	未摊销折价 ④＝上期④－③	摊余成本⑤＝面值－④ 或＝上期⑤＋③
				81 176	918 824
1	30 000	36 753	6 753	74 423	925 577
2	30 000	37 023	7 023	67 400	932 600
3	30 000	37 304	7 304	60 096	939 904
4	30 000	37 596	7 596	52 500	947 500
5	30 000	37 900	7 900	44 600	955 400
6	30 000	38 216	8 216	36 384	963 616
7	30 000	38 545	8 545	27 839	972 161
8	30 000	38 886	8 886	18 953	981 047
9	30 000	39 242	9 242	9 711	990 289
10	30 000	39 711*	9 711	0	1 000 000
合计	300 000	381 176	81 176	0	

注：*因计算尾差，最后一期利息费用系倒挤求得。

从表10-3、表10-4可以看出，采用实际利率法，应付债券各期的摊余成本不同，据此计算的各期实际利息费用也各异：它随各期应付债券摊余成本的减少而减少，也随各期应付债券摊余成本的增加而增加，从而能科学地反映负债与利息费用的关系。

以表10-3为例，溢价发行债券时，第一期期末，D公司应做如下会计分录：

借：财务费用等有关账户　　　　　　　　　　　　　　　　　21 796
　　应付债券——利息调整　　　　　　　　　　　　　　　　　8 204
　　贷：应付利息　　　　　　　　　　　　　　　　　　　　　30 000

到付息日，企业按规定向债券持有人支付当期债券利息时，做如下会计分录：

借：应付利息　　　　　　　　　　　　　　　　　　　　　　30 000
　　贷：银行存款或库存现金　　　　　　　　　　　　　　　　30 000

(三) 偿还债券

债券的偿还期限及付款方式在债券的募集公告中已经载明。债券到期时,发行企业应履行偿付责任,从而解除对债权人的义务。

无论债券当初以何种价格发行,到期时,其溢价或折价金额已分摊完毕,应付债券的摊余成本与其面值相等。债券利息分期支付时,到期同本金一起偿付的只是最后一期的票面利息。

承例 10-2,该批债券不管以何种价格发行,债券到期 D 公司付款后,应做如下会计分录:

借:应付债券——面值　　　　　　　　　　　　　　　1 000 000
　　应付利息　　　　　　　　　　　　　　　　　　　　30 000
　贷:银行存款　　　　　　　　　　　　　　　　　　　　　1 030 000

债券利息同本金一起偿付的,到期所付利息应为该债券自发行日至到期日的全部票面利息。假设例 10-2 中,D 公司发行的是到期一次还本付息债券。则该批债券到期时,应支付 5 年全部利息,计 30 万元。到期兑付债券时,应做如下会计分录:

借:应付债券——面值　　　　　　　　　　　　　　　1 000 000
　　　　　　——应计利息　　　　　　　　　　　　　　300 000
　贷:银行存款　　　　　　　　　　　　　　　　　　　　　1 300 000

五、可转换债券的核算

为了吸引投资者,发行企业允许债券持有人在将来一定日期后将其债券转换为普通股票,这种债券称为可转换债券。公司发行可转换债券的,除应具备《证券法》规定的发行条件外,还应符合《公司法》规定的股票发行条件,并报经国务院证券监督管理机构核准。具体的转换办法也应在公司债券募集办法中详细规定。

(一) 可转换债券的性质

可转换债券属于混合性证券,它兼有债券和股票双重性质:未转换前是债券,转换后是股票。转换期过后仍未转换的,发行企业对该种债券仍作为一般债券进行核算与管理,直至到期清偿。

事实上,可转换债券对筹资方、投资方都有好处:就发行企业而言,由于可转换债券的利率一般比普通债券的利率低,因而企业可用较低的利率筹措资本。对债券持有人而言,获利稳定且风险小,因为在企业经营初期,债券一般能够比股票获得更稳定的利息收入;而在企业经营有利时,将债券转换为股票,可以获得比利息收益更多的股利,还可享受股东的权利。目前,中国上市公司和重点国有企业经批准可发行可转换债券,采取记名式无纸化发行方式,债券最短期限为 3 年,最长期限为 5 年。

随着中国证券市场的不断发展和成熟,可转换债券这一具有独特魅力的金融工具正为越来越多的上市公司和投资者所追捧。特别是中国自 2001 年对可转换债券发行实行核准制后,可转换债券发行家数和融资规模迅速扩张。然而,任何一种金融创新工具都存在风险,特别是在中国目前证券市场还不成熟的情况下,发行可转换债券给发行企业带来种种好处的同时,势必也隐含相应的融资风险,包括发行失败的风险、利率风险、转换失败的风险等。对此,发行企业应有深刻的认识并予以足够的重视。

(二) 可转换债券售价的确定

理论上,可转换债券的售价由两部分组成:一是债券面值及应付的票面利息按市场利率计算的现值,二是转换权价值。这里的关键是确定转换权价值。转换权之所以有价值,主要是因为股票价格上涨时,债权人能将债券按规定的比率转换成股票,得到股票增值的利益。例如,按照规定,面值 1 000 元的债券可转换成 40 股普通股股票,当该种股票每股市价低于 25 元时,持有人一般不会转换;如果每股市价高于 25 元且成长潜力大,则持有人就会将债券转换为股票,市价越高,持有人获得的转换收益越大。此外,由于这种债券附有转换权利,在相同的票面利率下,可以较高的价格出售,给持有人带来经济利益。

转换权价值无单独市价可循,中国现行的确定方法是:企业发行可转换债券时,在初始确认时将其包含的负债成分和权益成分分拆,将负债成分确认为应付债券,将权益成分确认为其他权益工具。具体来讲,应先对负债成分的未来现金流量进行折现,确定负债成分的初始确认金额,再按发行价格总额扣除负债成分初始确认金额后的金额,确定权益成分的初始确认金额。发行可转换债券发生的交易费用,应当在负债成分和权益成分之间按各自的相对公允价值进行分摊。

例 10-5 2018 年 1 月 1 日,D 公司按面值发行 4 年期、年利率 4%的债券 500 000 元,款项已收存银行,债券利息按年支付。同时,规定债券发行 1 年后,持有人可将其转换为普通股票股票,初始转换价为每股 10 元,股票面值为每股 1 元。债券发行日,二级市场上与之类似的不附转换权的债券市场利率为 7%。

根据上述资料进行如下计算:

该批可转换债券负债成分的公允价值 = 500 000×PV(4,7%) + 500 000×4%×PA(4,7%) = 449 194(元)

该批可转换债券权益成分的公允价值(即转换权价值) = 500 000 - 449 194 = 50 806(元)

(三) 可转换债券的账务处理

1. 可转换债券的发行

这里应先明确一个问题,即会计上应否确认并单独核算转换权价值。答案不同,可转换债券发行的核算就有所差异。

(1) 将债券的售价作为债券本身的售价,不确认转换权价值。理由如下:一是该种债券能否如期转换,取决于持有人的意愿,发行企业对此无法预料;二是转换权无单独市价可循,价值很难确定;三是转换权与债券无法分割,持有人要行使转换权,就必须放弃债券。故不主张反映转换权价值,将可转换债券视同一般债券进行处理。

(2) 将债券本身的价值与转换权价值分别核算。考虑到转换权的经济价值是由公司债券能转换成普通股票引起的,现行会计准则将其作为其他权益工具处理。

中国目前采用了确认并核算转换权价值的方法,并在"应付债券"总账下设置"可转换公司债券"二级明细账户进行核算。

例10-5中,确定转换权价值,D公司发行该批债券后,应做如下会计分录:

借:银行存款　　　　　　　　　　　　　　　　　　500 000
　　应付债券——可转换公司债券(利息调整)　　　　50 806
　贷:应付债券——可转换公司债券(面值)　　　　　　　　500 000
　　　其他权益工具　　　　　　　　　　　　　　　　　　50 806

2. 计提利息并进行利息调整

可转换债券期末计提利息及摊销债券溢折价的方法与一般的公司债券相同。

例10-5中,2018年12月31日,D公司采用实际利率法确认利息费用。

可转换债券的实际利息费用 = 449 194×7% = 31 443.58(元)

可转换债券的应付利息 = 500 000×4% = 20 000(元)

本年利息调整金额 = 31 443.58 - 20 000 = 11 443.58(元)

借:财务费用　　　　　　　　　　　　　　　　　　31 443.58
　贷:应付利息　　　　　　　　　　　　　　　　　　　　20 000.00
　　　应付债券——可转换公司债券(利息调整)　　　　　11 443.58

3. 债券转换

可转换债券发行时,通常有约定的转换期、转换率和转换价格。债券持有人按照规定转换后,发行企业应将债券面值、未摊销的溢价或折价、应付利息及发行费用一并注销,同时反映股东权益。具体核算方法有两种:一是账面价值法,即以债券的账面价值或债券账面价值与转换权价值之和为股票的价值入账,其中,"股本"账户登记股票的面值,债券账面价值及转换权价值之和与可转换股份面值的差额减去支付的现金后的余额,作为资本公积处理。采用这种方法核算,会计上不确认转换损益。二是市价法,即股票的价值按转换日股票的市价反映,债券账面价值与股票市价的差额作为债券转换损益。中国目前采用第一种方法。

承例10-5,由于D公司的股票市价持续上涨,前景看好,2018年年初发行的可转换债券于2019年1月初全部按规定转换为普通股票股票。2019年1月1日,债券持有人行使转换权时:

该批债券的账面价值 = 500 000 + 20 000 - 39 362.42[①] = 480 637.58(元)

应转换的股份数 = 转换日债券的账面价值÷初始转换价
　　　　　　　 = 480 637.58÷10 = 48 063.758(股)

不足1股的部分由公司支付现金。据此,债券持有人行使转换权时,D公司应做如下会计分录:

借:应付债券——可转换公司债券(面值)　　　　　　500 000.00
　　应付利息　　　　　　　　　　　　　　　　　　　20 000.00
　　其他权益工具　　　　　　　　　　　　　　　　　50 806.00
　贷:股本　　　　　　　　　　　　　　　　　　　　　　48 063.00
　　　应付债券——可转换公司债券(利息调整)　　　　　39 362.42
　　　资本公积——股本溢价　　　　　　　　　　　　　483 373.00

---

① 发行时发生溢价总额50 806元 - 第一年按实际利率分摊的金额11 443.58元 = 未摊销溢价39 362.42元

|库存现金|7.58|

有两点需要说明：

第一，如果债券部分转换，则可按已转换债券面值占全部应转换债券面值的比例计算已转换债券的账面价值，并选择上述方法进行账务处理。

第二，转换期内，如果债券持有人未按规定转换，则发行企业可继续将其作为债券核算和管理，也可通知赎回或在市场上收购。后者涉及债券的提前收回，有关账务处理可参照提前偿付债券进行，不同之处在于对提前偿付损益的处理。因为此时提前收回的债券，性质上可转换为股票，现在转换期内收回（非债券持有人主动转换收回），客观上就存在一个究竟是债券收回还是股票收回的认识问题。无疑，若作为债券收回，则提前偿付损益应列作企业的营业外收支；若作为股票收回，则提前偿付损益应调整资本公积，不计入当期损益。理论上，这两种方法都可采用。实务中，企业可从减少收入、增加支出及保护投资者权益的角度选择使用。

如果企业发行的是附有赎回选择权的可转换债券，则其在赎回日可能支付的利息补偿金，即债券约定赎回期届满日应当支付的利息减去应付债券票面利息的差额，应当在债券发行日至债券约定赎回届满日期间计提应付利息。计提的应付利息，按借款费用的处理原则处理，即利息补偿金视为债券利息，于计提债券利息时计提，分别记入"在建工程""无形资产"或"财务费用"账户。

第四节　长期应付款

企业的长期负债除了长期借款和长期应付债券外，还包括长期应付款和专项应付款。其中，长期应付款主要包括补偿贸易引进设备应付款、融资租入固定资产应付款等。采用补偿贸易方式引进设备时，企业可先取得设备，设备投产后，用其生产的产品偿还设备价款；融资租入固定资产实质上是以分期付款的方式取得资产，也是资产使用在前，款项支付在后。因此，上述两种方式中，企业尚未支付的设备价款和尚未支付的融资租赁费，形成企业的一项长期负债，会计上称为长期应付款。

长期应付款除具有一般长期负债的特点外，还具有两个特点：一是长期应付款具有分期支付资产价款的性质，会计上应作为资本性支出核算，而不能作为收益性支出处理；二是长期应付款的计价经常涉及外币与人民币比价的变动。例如，应付引进设备款，引进时将其外币金额按规定的市场汇价折合为人民币记账，还款时如果市场汇价有变动，则会影响归还人民币的数额。

长期应付款的会计核算，单设"长期应付款"账户。它是负债类账户，与一般负债类账户的结构基本相同。

一、应付融资租赁费

固定资产租赁分为经营租赁与融资租赁两种。经营租赁一般是为了满足企业生产经营的临时需要而租入资产，会计核算上，承租企业只涉及租金的支付，所付租金作为收益性支出处理。融资租赁则不然，它是指实质上已转移与资产所有权有关的全部风险和报酬的租赁。其中，确认条件之一是租赁期占租赁资产尚可使用年限的大部分，因此而发生的应付融资租赁费,形成企业的一项长期负债。

应付融资租赁费即最低租赁付款额,是指在租赁期内,承租人应支付或可能被要求支付的各种款项(不包括或有租金和履约成本),加上由承租人或与其有关的第三方担保的资产余值。但是,如果承租人有购买租赁资产的选择权,所订立的购买价格预计将远低于行使选择权时租赁资产的公允价值,因而在租赁开始日就可以合理确定承租人将会行使这种选择权,则购买价格也应当包括在内。

根据实质重于形式的原则,企业对融资租入固定资产,会计上在反映负债的同时,确认一项资产。具体来讲,租赁期开始日,承租人应按租赁资产的公允价值与最低租赁付款额的现值两者孰低的金额作为固定资产的入账价值;按最低租赁付款额记录长期应付款;两者的差额,作为"未确认融资费用"核算。

有关融资租赁的会计核算,将留待《高级会计学》中阐释。

二、具有融资性质的延期付款购买资产

企业购买固定资产、无形资产等,可能延期支付相关价款。如果延期支付超过正常的信用条件(通常在3年以上),则实质上这种购买具有融资性质,所购资产的成本应以购买价款的现值为基础确定;实际支付价款与资产购买价款现值的差额,作为未确认融资费用核算,在信用期内按实际利率法摊销,计入相关资产成本(资本化)或当期损益(费用化);对应支付的价款总额,作为长期应付款处理。

相关举例,参见本书第七章例7-1。

三、应付引进设备款

应付引进设备款是指企业与外商进行补偿贸易引进国外设备而发生的应付款,此项应付款(包括应付利息)一般在设备投产后,用设备生产的产品分期偿付。事实上,企业引进设备及偿还设备款,一般不会引起现金的流入或流出。会计核算上,企业引进设备时,按引进设备及随同设备一起进口的专用工具、零备件等的价款及国外运杂费的外币金额折合为人民币计价,相应增加企业的固定资产及长期应付款;引进设备支付的进口税金、运杂费、安装费等以人民币支付的费用,不包括在应付引进设备款中。企业用产品偿还设备价款时,视同产品销售处理。从2009年1月1日起,中国对补偿贸易引进的国外设备征收增值税,并准予抵扣。

例10-6 A工业企业开展补偿贸易业务,从国外进口一台设备,价款为10万美元;随同设备进口工具及零备件一批,外币金额分别为5 000美元及1 000美元;设备已交付安装,工具及零备件已验收入库。该企业采用业务发生当日的市场汇价核算外币业务,当日美元对人民币的市场汇价为1∶6.20。

(1) 进口设备时:

借:在建工程　　　　　　　　　　　　620 000(100 000×6.20)
　　原材料　　　　　　　　　　　　　　6 200(1 000×6.20)
　　周转材料(低值易耗品)　　　　　31 000(5 000×6.20)
　贷:长期应付款——应付引进设备款　657 200(106 000×6.20)

（2）用人民币支付进口关税 51 300 元（其中，设备负担 50 000 元，工具负担 1 000 元，零备件负担 300 元）、进口设备及工具备件的增值税 105 152 元(657 200×16%)时：

借：在建工程　　　　　　　　　　　　　　　　　50 000
　　原材料　　　　　　　　　　　　　　　　　　　　300
　　周转材料（低值易耗品）　　　　　　　　　　1 000
　　应交税费——应交增值税（进项税额）　　105 152
　贷：银行存款　　　　　　　　　　　　　　　　　156 452

（3）支付设备安装费 10 000 元及 10% 的增值税时：

借：在建工程　　　　　　　　　　　　　　　　　10 000
　　应交税费——应交增值税（进项税额）　　　1 000
　贷：银行存款　　　　　　　　　　　　　　　　　11 000

（4）设备安装完毕，投入使用时：

借：固定资产　　　　　　　　　　　　　　　　680 000
　贷：在建工程　　　　　　　　　　　　　　　　680 000

（5）设备投产后，第一批生产的 400 件产品全部出口，每件售价 100 美元，全部用于还款（假设美元的市场汇价仍然是 1∶6.20）：

借：应收账款　　　　　　　　248 000(40 000×6.20)
　贷：主营业务收入　　　　　　248 000(40 000×6.20)

结转销售成本的会计分录略。

（6）用产品销售收入偿还设备价款时：

借：长期应付款——应付引进设备款　248 000(40 000×6.20)
　贷：应收账款　　　　　　　　248 000(40 000×6.20)

期末，美元市场汇价若有变化，应对"长期应付款"账户的外币余额按新的市场汇价折算，并调整账面原人民币的期末余额。补偿贸易合同规定应付款需支付利息的，企业还应按规定结算利息。有关外币业务的核算，将在《高级会计学》中阐释，这里且略。

第五节　预计负债

　　以上阐述的各项长期负债都是确定负债，即在资产负债表日确实已经发生并存在、金额能可靠计量的债务。经济生活中还有一种负债，它是由企业过去的交易或事项形成的潜在义务，其存在须通过未来不确定事项的发生或不发生予以证实；或是由过去的交易或事项形成的现时义务，履行该义务不是很可能导致经济利益流出企业或该义务的金额不能可靠地计量。会计上称之为或有负债。例如，企业现在涉及一宗经济诉讼纠纷，胜诉、败诉两种可能同时存在：一旦败诉，企业就需支付赔偿金；胜诉则无须承担这种责任。由于案情比较复杂，而且案件目前正在调查取证中，还不能可靠地估计赔偿损失金额。这对被告方企业来说就是或有负债。随着事态的发展，一定条件下或有负债可能转化为预计负债。

一、或有负债

或有负债与或有事项密切相关。中国《企业会计准则第 13 号——或有事项》规定,或有事项是指由过去的交易或事项形成的,其结果须由某些未来事项的发生或不发生才能决定的不确定事项。常见的或有事项有:贴现的商业承兑汇票、未决诉讼与仲裁、产品质量保证、债务重组附或有条件所发生的或有支出与或有收益等。或有事项与不确定性紧密联系,但会计处理过程中存在的不确定性,并不都形成或有事项。如固定资产折旧,虽然固定资产的使用年限与残值存在不确定性,但其原价是确定的,其价值最终转移到企业相关成本或费用中也是确定的。此外,计提各项资产减值准备也不属于或有事项。从内容上来看,或有事项包括或有负债、或有资产。或有资产是指过去的交易或事项形成的潜在资产,其存在需通过未来不确定事项的发生或不发生予以证实。或有资产只是企业潜在的资源,企业尚未拥有或控制,会计上不予确认,报表附注中一般也不披露。本节只阐释或有负债。

(一)或有负债的特点

或有负债具有以下特点:

(1)由过去的交易或事项形成。或有负债作为一种状况,是企业过去的交易或事项引起的,是现存的而非将来要存在的状况,是资产负债表日的一种客观存在。例如,产品质量保证是企业对已出售商品或已提供劳务的质量提供的保证,不是为尚未售出商品或尚未提供劳务的质量提供的保证。未决诉讼虽是正在进行中的诉讼,但它是因为企业"可能"违反某项经济法律的规定且已受到对方的起诉,这已是事实。

(2)其结果具有不确定性。首先,或有负债的结果是否发生具有不确定性。例如,提供债务担保,对担保企业而言,最终是否应履行连带责任,签订担保协议时是不确定的。再如,企业因经济纠纷被起诉,法院已立案但尚未审理。由于案情复杂,相关的法律法规尚不健全,诉讼的最后结果如何,即被告企业是否一定承担赔偿责任尚难确定。其次,或有负债的结果即使预料会发生,但发生的具体时间或金额也不确定。例如,企业因对排污治理不力给周围环境造成污染而被起诉,此种情况该企业很可能败诉。但诉讼成立时,企业需赔偿多少金额、何时支付,都是难以确知的。以上情形形成企业的或有负债。

(3)其结果只能由未来事项的发生或不发生来证实。影响或有负债结果的不确定性因素,企业无法控制。例如,未决诉讼的最终结果如何,提供债务担保的企业将来是否要履行连带责任,均非企业所能控制。或有负债的结果只能由未来事项的发生或不发生来证实。

或有负债包括两类义务:一类是潜在义务,另一类是特殊的现时义务。或有负债作为一种潜在义务(即可能义务),其潜在性主要是指负债结果的不确定性,该种负债最终能否转为现时义务,取决于事项未来的发展。现时义务是指企业在现行条件下已承担的义务。或有负债作为特殊的现时义务,其特殊之处在于:该现时义务的履行不是很可能[①]导致经

[①] 或有负债导致经济利益流出的可能性,通常按照一定的概率区间加以判断。中国企业会计准则将其分为四种情况:①基本确定,概率区间为大于 95% 但小于 100%;②很可能发生,概率区间为大于 50% 但小于或等于 95%;③可能发生,概率区间为大于 5% 但小于或等于 50%;④极小可能发生,概率区间为大于 0 但小于或等于 5%。

济利益流出企业,或者该现时义务的金额不能可靠地计量。

需要指出的是,或有负债不同于金额需要估计的负债,如各项预计费用,后者的应付金额需要采用估计的方法才能确定,而或有负债的金额可能是肯定的(如已贴现的商业承兑汇票),也可能需要估计(如产品质量保证)。或有负债也不同于一般负债,后者指企业"过去的交易或事项形成的现时义务,履行该义务预期会导致经济利益流出企业",其特点一是属于企业的现时义务,二是负债的清偿预期会导致经济利益流出企业。或有负债则不然,其中一类是潜在义务而非现时义务;另一类是特殊的现时义务:要么承担偿债的可能性不是很大,要么现时义务的金额很难预计。

(二)或有负债的内容

或有负债按其发生与企业自身行为的关系,可分为直接或有负债、间接或有负债两类。前者是指由企业自身行为导致的或有负债,如追加税款、未决诉讼、产品质量保证等;后者是指由与企业有密切关系的第三者行为导致的或有负债,如已贴现的商业承兑汇票、提供债务担保、应收账款抵借等。

下面详细说明常见或有负债的内容。

(1)已贴现的商业承兑汇票。由于急需资金使用,企业可持未到期的应收票据向银行贴现。就商业承兑汇票来说,承兑人为购货企业。该票据将来到期时,如果发生付款人不能按时付款的情况,则贴现企业就负有连带清偿责任,应将票据的到期价值付给贴现银行。银行承兑汇票则不同,应收票据向银行贴现后,票据到期即使付款人无力支付,承兑银行也需承担第一付款责任,贴现银行肯定能及时收到票款。对贴现企业来说,就不存在连带清偿责任。所以,只有将应收的商业承兑汇票贴现时,贴现企业才产生一项或有负债。

(2)未决诉讼、仲裁。正在涉讼而尚未判决的事项,可能会使企业败诉时承担赔偿责任。但因案情复杂,相关法律又无明确规定,结果尚难预料;或虽然败诉的可能性较大,但赔偿金额很难确定。这是典型的或有负债。未决诉讼引起的损失及负债金额,往往对企业威胁很大,以致关系企业的存亡,应特别引起注意。

(3)提供债务担保。提供债务担保是指企业应其他企业的请求,在其开出的融通票据上背书,以担保出票人的债务。实际上这是一种信用担保,如果出票人不能如期付款,背书的企业就应代为偿还。但企业最终是否履行连带责任,签订担保协议时并不能确定,由此构成担保企业的一种或有负债。

(4)产品质量保证。产品质量保证是指企业对已售出商品或已提供劳务的质量提供的保证。为了提高商品或劳务的售后服务质量,免除客户的后顾之忧,商家往往承诺在规定期限内,对已售商品或已提供劳务实行保修、包换、包退。但商品或劳务售出时,在规定期限内它们是否需要返修或退换,返修或退换率有多高,需要开支的费用是多少等都很难确定,故形成或有负债。

(5)追加税款。税务机关在审核企业申报的各项税款后,根据对企业掌握的情况,认为有些项目可能要追加课税,但情况复杂,尚未查实定案,这就形成了企业的一项或有负债。因为一旦税务机关查实并决定追加课税,企业就要承担纳税的经济责任。

(6)应收账款抵借。这是指企业以应收账款为担保,向有关金融机构借入现款。通常,贷款的金融机构对设定的应收账款拥有追索权。抵借期过后,若账款无法收回或不足以清偿借款本息,则金融机构有权向借款企业索回贷款,借款企业应如数偿付。同贴现的商业承兑汇票一样,对抵借的应收账款,企业负有连带偿还责任,从而产生或有负债。

(7) 环境污染整治。企业在生产经营过程中因排污治理不力对周围环境造成污染而被起诉,如无特殊情况,企业很可能败诉。但在诉讼成立时,企业因败诉将支出多少金额、具体在何时支付,一般难以确定,由此形成企业的或有负债。

(三) 或有负债的披露

或有负债无论是作为潜在义务还是现时义务,均不符合负债的确认条件,会计上不予确认,但或有负债如果符合某些条件,则应予披露。因为或有负债的内在风险和不确定性非常明显,将来可能对企业的财务状况和经营成果产生重大不利影响。从会计信息披露的充分性和完整性考虑,企业一般应对或有负债予以披露。

披露的原则是:极小可能导致经济利益流出企业的或有负债一般不予披露;而对经常发生或对企业的财务状况和经营成果有较大影响的或有负债,即使其导致经济利益流出企业的可能性极小,也应予以披露,以确保会计信息使用者获得足够、充分和详细的信息。这些或有负债包括已贴现的商业承兑汇票、未决诉讼、未决仲裁、为其他单位提供债务担保形成的或有负债等。或有负债披露的内容包括形成的原因、预计产生的财务影响(如无法预计,应说明理由)、获得补偿的可能性。

例外的情况是,在涉及未决诉讼、未决仲裁的情况下,如果披露全部或部分信息预期会对企业造成重大不利影响,则企业无须披露这些信息,但应披露未决诉讼、未决仲裁形成的原因。

二、预计负债

影响或有负债的因素是多方面的,而且这些因素在不断发展变化。随着事项的发展,如果或有负债对应的潜在义务转化为现时义务,作为现时义务的或有负债,又很可能导致经济利益流出企业,且该项负债的金额能可靠地计量,则企业应将该义务确认为一项负债,会计上称为预计负债。

(一) 预计负债的确认条件

与或有负债不同,预计负债应同时具备以下三个条件:

(1) 该义务是企业承担的现时义务,从而与作为潜在义务的或有负债相区别;

(2) 该义务的履行很可能导致经济利益流出企业;

(3) 该义务的金额能够可靠地计量。

与或有事项相关的义务,如果不同时符合上述三个条件,则确认为或有负债。

(二) 预计负债的计量

预计负债的初始计量应是履行相关现时义务所需支出的最佳估计数。具体来讲:

(1) 如果所需支出存在一个连续范围,且该范围内各种结果发生的可能性相同,则最佳估计数按该范围的上、下限金额的平均值确定。例如,企业因合同违约遭起诉,法院已取证完毕,最终的判决结果可能对企业很不利。企业虽未接到法院的判决,但法律顾问估计赔偿金额应在 60 万元至 80 万元之间,而且在这个区间内每个金额的可能性大致相同。据此计算的赔偿金额的最佳估计数为 70 万元。

（2）如果所需支出不存在一个连续范围，或虽存在一个连续范围，但该范围内各种结果发生的可能性不相同，那么，当或有负债只涉及单个项目时，最佳估计数按最可能发生的金额确定。上例中，如果企业尚未接到法院的裁决，企业估计胜诉的可能性为40%，败诉的可能性为60%；而且一旦败诉，需要赔偿80万元。在这种情况下，公司应确认预计负债80万元。或有负债涉及多个项目的，最佳估计数按各种可能发生额及发生概率计算确定。如第九章第二节述及的自愿接受裁减的辞退补偿金额，有时需要采用这种方法确定。

从内容上来看，前面所述各项或有负债，随着事项的发展，均有可能转化为预计负债。此外，实务中，商品销售企业还有一种常见的预计负债，即预计退货款。例如，附销货退货条款的商品销售，客户依照合同享有退货的权利。此时销货方企业应根据以往经验合理估计退货的可能性，按照预期销货退回的金额确认预计负债（应付退货款）；会计期末，企业再根据当前情况重新估计退货率，并调整原估计的预计退货款。对试销的新产品，因无法估计退货率，在退货期满前收到的价款，也应作为预计退货款核算。相关举例请参见第十二章例12-14、例12-15。

需要指出的是，企业清偿预计负债的支出还可能从第三方或其他方获得补偿。例如，因提供债务担保而产生的预计负债，担保企业在替被担保企业清偿债务后，可按规定向被担保企业提出追偿要求。不过，企业预期从第三方获得的补偿是一种潜在资产，企业最终能否收到这项补偿具有较大的不确定性。因此，补偿金额只有在基本确定能收到时才予以确认。根据资产、负债不能随意抵销的原则，预期可获得的补偿在基本确定能收到时，应作为一项资产单独确认，并通过"其他应收款"账户核算，而不能作为预计负债金额的抵减。

预计负债属于企业的负债。与一般负债不同的是，预计负债导致经济利益流出企业的可能性尚未达到基本确定的程度，金额也往往需要估计。既然如此，企业应当合理地预计或有事项可能产生的负债，对履行现时义务很可能导致经济利益流出企业的事项，应当按照估计的金额确认为预计负债，会计上单设"预计负债"账户核算，并在资产负债表上单独反映。其中，诉讼费用计入管理费用，诉讼赔偿、债务担保损失等计入营业外支出，产品售后服务费用则计入销售费用。

例10-7 2019年，A工厂将所产部分产品销售给D企业，售价为1 000万元，成本为800万元。购销合同约定，A工厂对所售出的产品保修2年。根据以往经验估计，如果发生较小的质量问题，修理费为产品销售额的1%；如果发生较大的质量问题，修理费则为产品销售额的3%。2019年A工厂销售给D企业的产品，估计85%不会出现问题，10%会发生较小的质量问题，5%将发生较大的质量问题。又假设当年保修所售产品实际发生人工费用8 000元，耗用原材料1 500元（增值税按16%另行计算）。

（1）2019年A工厂对销售产品应确认的预计负债计算如下：

预计负债=(10 000 000×1%)×10%+(10 000 000×3%)×5%=25 000(元)

借：销售费用　　　　　　　　　　　　　　　　　　　　　　　25 000
　　贷：预计负债——产品质量保证　　　　　　　　　　　　　　　　25 000

（2）实际发生产品保修费时：

借：预计负债　　　　　　　　　　　　　　　　　　　　　　　9 740
　　贷：应付职工薪酬　　　　　　　　　　　　　　　　　　　　　　8 000

原材料		1 500
应交税费——应交增值税(进项税额转出)		240

例 10-8 H 公司欠 M 公司货款 230 万元,由于经营困难等,逾期 2 年尚未偿付。为此,M 公司依法向当地人民法院起诉 H 公司。8 月初,法院一审判决 M 公司胜诉,责成 H 公司向 M 公司偿还货款本金 230 万元,另加利息 138 000 元;并支付诉讼费用 100 000 元,罚款 5 000 元。

本例中,H 公司因为败诉承担了一项现时义务,金额为 2 543 000 元。由于应付账款 230 万元已在当初业务发生时登记入账,这里,H 公司在执行法院裁决前,只应根据法院判决的结果,确认预计负债 243 000 元。

借:财务费用	138 000
管理费用	100 000
营业外支出	5 000
贷:预计负债	243 000

以后根据法院裁决支付上述款项并偿付 M 公司货款时,再减少"预计负债"与"应付账款"账户的记录。

（三）对预计负债账面价值的复核

预计负债的金额有时需要估计,并按最佳估计数计量。以后如果情况变化,并有确凿的证据表明预计负债的账面价值不能真实地反映当前的最佳估计数,企业应按当前的最佳估计数对预计负债的账面价值进行调整。例如,某化工企业的生产经营对环境造成了污染,按照当时的法律规定,企业只需对污染进行清理。随着国家对环境保护的重视,现行法律规定企业不但要对污染进行清理,还很可能要对周围居民进行赔偿。现行法律的这种变化,对该化工企业预计负债的计量无疑会产生重大影响。此时,企业需要根据现行法律的规定,对预计负债重新计算最佳估计数,并调整原账面价值。

还有,诉讼赔偿是一项常见的或有事项。如果实际发生的诉讼损失与原计提的相关预计负债之间存在差异,则应分别按不同情况进行处理:

（1）企业在前期资产负债表日,根据当初相关证据已合理预计诉讼损失的,则应将上述差额直接调整当期的营业外支出;

（2）企业在前期资产负债表日,根据当初相关证据本应合理预计诉讼损失,但企业的预计数与当时的事实严重不符的,则对上述差额应按调整前期重大会计差错的方法进行处理;

（3）企业在前期资产负债表日,根据当初相关证据确实无法合理预计诉讼损失,因而未确认预计负债的,则应在诉讼损失实际发生当期,直接计入营业外支出;

（4）属于资产负债表日后事项的,按《企业会计准则第 29 号——资产负债表日后事项》的规定处理。

本章提要

长期负债核算共同的会计问题是借款费用的处理。借款费用既可费用化,计入发生当期的有关费用,也可资本化,计入相关资产的购建或生产成本。中国现行会计实务中,根据长期债务的用途及费用的发生时间,采用部分资本化、部分费用化的处理方法。具体来讲:对符合资本化条件的固定资产、投资性房地产、存货、建造合同、开发阶段的无形资产等,在这些资产达到预定可使用或可销售状态前发生的借款费用,计入资产成本;除此以外的借款费用,则全部作为当期费用处理。

长期借款的核算包括借入、列支利息及偿还本息三项内容,比较简单。需要注意的是长期借款应付利息的核算:分期付息的,长期借款的应付利息通过"应付利息"账户核算;到期同本金一起偿付的,应付利息与本金一起在"长期借款"账户中核算。

应付债券的核算是本章的重点。由于债券的票面利率与发行时的市场利率不同,公司债券的实际发行价格与其面值往往不等,其差额称为债券溢价或折价。债券的溢价和折价应按债券的存续期分摊,作为各期实际利息费用的调整;对于分摊方法,中国企业会计准则要求采用实际利率法。公司发行一般债券,会计核算内容包括发行债券、存续期内预提利息并进行利息调整、到期偿付债券等。至于可转换债券,它与一般债券会计核算的差别在于发行与转换时的处理。中国现行的做法是:发行可转换债券,在初始确认时将其包含的负债成分和权益成分进行分拆,将负债成分确认为应付债券,将权益成分确认为其他权益工具;转换时,将债券的账面价值及转换权价值之和与可转换股份面值的差额减去支付的现金后的余额,作为资本公积处理,会计上不确认转换损益。

或有负债包括潜在义务、特殊的现时义务两种。不管哪种或有负债,会计上均不予确认,只需披露相关信息。预计负债是从或有负债发展而来的,学习时应熟悉其确认条件,掌握金额的最佳估计数如何确定及其账务处理。

❓ 练习与思考

1. 借款费用包括哪些内容?会计上应如何处理?
2. 应付债券溢价或折价的产生原因及其性质是什么?会计上如何核算?
3. 可转换债券有何特点?会计上如何核算?
4. 什么是或有负债?会计上为什么对或有负债不予确认但需披露相关信息?
5. 如何确认并计量预计负债?

小组讨论

2014年6月,山煤国际能源集团股份有限公司(以下简称"山煤国际")所属全资子公司山煤国际能源集团华南有限公司(以下简称"华南公司")为广州大优煤炭销售有限公司(以下简称"大优公司")2.2亿元的借款提供了连带保证责任担保。此后,大优公司经营亏损,华南公司因此承担担保责任。但华南公司并未披露上述事项,也未按规定履行董事会决策程序。2015年5月28日,山煤国际收到上海证券交易所出具的《关于对山煤国际能源集团股份有限公司及其有关责任人予以监管关注的决定》。

请查阅相关资料,并讨论:
1. 上市公司违规担保屡见不鲜,其成因及影响有哪些?
2. 上市公司对担保事项应如何履行相关决策程序?依据是什么?
3. 证监会对上市公司担保事项的披露有哪些规定?
4. 请从集团内部控制角度对本案做出评析,并提出相应的改进建议。

 辅助阅读资料

1.《企业会计准则第 13 号——或有事项》《企业会计准则第 17 号——借款费用》(财政部 2006 年颁布)。

2.《中华人民共和国证券法》(2014 年 8 月 31 日第十二届全国人民代表大会常务委员会第十次会议修订)。

3. 王冬年等,《可转换债券在公司连续融资中作用机理的研究》,《会计研究》,2007 年第 2 期。

4. 王一舒、邱晓瑞,《占用债券资金资本化金额的确定》,《财务与会计》,2010 年第 6 期。

5. 王博森、施丹,《市场特征下会计信息对债券定价的作用研究》,《会计研究》,2014 年第 4 期。

6. 程大涛,《可转换债券融资对我国上市公司价值的影响研究》,《商业经济与管理》,2016 年第 8 期。

21世纪经济与管理规划教材
会计学系列

第十一章

所有者权益

【知识要求】

通过本章的学习,熟悉所有者权益与债权人权益的区别,不同组织形式企业中所有者权益的构成与所有者权益的特征。

【技能要求】

通过本章的学习,应能够熟悉:
- 公司制企业实收资本(股本)、其他权益工具、资本公积、其他综合收益、盈余公积和未分配利润的核算;
- 独资企业业主权益的核算;
- 合伙企业业主权益的核算。

【关键术语】

所有者权益	股本	其他权益工具	盈余公积
资本公积	股本溢价	实收资本	未分配利润
其他综合收益			

第一节　所有者权益概述

一、所有者权益的性质

在资产负债表中,左边为资产,右边为权益。权益是指企业资产的资本来源或所有权归属,包括负债(即债权人权益)和所有者权益两部分。负债是债权人对企业资产的要求权,所有者权益则是企业所有者对企业净资产的拥有权。与负债相比,所有者权益具有以下特征:

(1) 所有者权益从数量上来看是企业资产减去负债后的净额,用公式表示为:资产-负债=所有者权益。

(2) 所有者权益产生于权益性投资行为。企业作为独立的经营实体所拥有的资产中,从所有权的角度来看,不外乎来自两个方面:举债和吸收权益资本。企业刚刚创建时,所有者权益直接产生于所有者的权益性投资。在企业运营过程中,随着利润的积累,所有者权益在数额上会随之增加,但企业盈余首先要扣除债务资本的成本后才归所有者拥有,而归所有者拥有的份额则取决于资本总额中权益性投资的规模。因此,所有者权益中无论是所有者最初的投资,还是投资积累都产生于权益性投资行为。由此不难看出,所有者权益产生于投资行为但并不一定等于原始投资额,它会因企业盈亏和其他事项而发生变化。

(3) 所有者权益置于债权人权益之后。所有者权益和债权人权益都是对企业资产的要求权,但所有者的要求权在法律顺序上排在债权人的要求权之后。对于正常经营的企业,息税前盈余只有按事前约定支付利息后,才可依法归所有者享有;对于处于清算状态的企业,企业的资产只有清偿各种形式的负债后,才能按规定在所有者之间进行分配。

(4) 所有者权益没有固定的偿还期限和偿还金额。企业的负债通常都有约定的偿还日期;所有者权益在企业的存续期内一般不存在抽回问题。出资者可以依法转让出资,但通常不得直接从被投资企业抽回投资。所有者权益是企业的一项可以长期使用的资金,只有在企业清算时才予以偿还。

(5) 所有者权益具有比债权人权益更大的风险。债权人对企业的投资通常以获取利息为目的,利息是按本金和事先确定的利率计算出的固定数额,一般不受企业盈亏的影响,风险较小;所有者对企业的投资能获得多少报酬则取决于企业的盈利水平和利润分配政策,风险较大。

二、企业组织形式及所有者权益的构成

所有者权益产生于权益性投资,由所有者投资和投资衍生价值两部分构成。投资衍生价值是指企业依法取得并按法律规定归所有者拥有的资产,主要包括企业接受的捐赠资产和盈利。目前,中国的企业组织形式有公司制、合伙制、个人独资等。由于企业特性和法律规范的不同,所有者权益的构成也有所不同。公司制企业是对其债务承担有限责任的营利性组织,为公平对待出资者和保护债权人利益,《公司法》规定了各类型公司的最低注册资本额,企业收到投资者的超出其在企业注册资本(或者股本)中所占份额的投资

作为资本公积。企业除可发行普通股获得投资外,还可发行按照金融负债和权益工具区分原则分类为权益工具的其他权益工具。企业综合收益应区分净利润和其他综合收益,税后净利润必须依法提取法定公积金、任意公积金后才能以股利的方式在股东间进行分配,分配后的剩余数额作为未分配利润留于以后年度分配。因此,公司制企业的所有者权益由实收资本(股本)、其他权益工具、资本公积、其他综合收益、盈余公积、未分配利润构成。个人独资企业的出资者和合伙企业的合伙人对企业债务承担无限连带责任(有限合伙企业的有限合伙人承担有限责任)。因为有这样的措施保护债权人权益,个人独资企业和合伙企业在分配利润前无须提取公积金。因此,个人独资企业和合伙企业的所有者权益表现为各业主的资本。

不同组织形式的企业,其资产、负债的核算大同小异,显著区别在于所有者权益的核算。下面对公司制企业、独资企业、合伙企业的所有者权益及其核算分别进行论述。

相关链接

有限责任合伙制在 20 世纪 90 年代中期首次出现,许多会计师事务所由原来的普通合伙制转变为有限责任合伙制以保护合伙人的财产。在有限责任合伙企业中,每一位合伙人的私人财产不必承担因其他合伙人工作疏忽和错误行为而带来的风险。但是,每位合伙人必须承担以下两类情况导致的风险:①该合伙人本身工作的疏忽和错误;②其他合伙人的工作在该合伙人指导、控制下出现的疏忽和错误。

第二节 公司制企业所有者权益

公司制企业是依法设立,依法独立享有权利并承担责任的经济组织。在公司这种企业组织形式中,投资者以其认缴的出资额对公司承担有限责任,公司以其全部资产对其债务承担责任。股东作为出资者按投入公司的资本额享有所有者的资产受益、参与重大决策和选择管理者的权利。公司的基本特征表现在它是与其所有者相分离的独立法律实体,能够依法以自己的名义从事业务活动,如签订协议、举借债务、拥有资产等。

公司制企业分为有限责任公司和股份有限公司两种。无论是有限责任公司,还是股份有限公司,所有者权益均由实收资本(股本)、其他权益工具、资本公积、其他综合收益、盈余公积和未分配利润六部分构成。

一、实收资本(股本)

具有一定数额的资本是企业从事生产经营活动的基础。股东可以用货币出资,也可以用实物、工业产权、非专利技术或土地使用权出资。为保证各位股东出资业务的真实性和合法性,股东的出资必须经法定的验资机构验资,并将所取得的验资证明作为投入资本的合法凭证之一。

(一)有限责任公司实收资本的核算

有限责任公司收到的投资通过"实收资本"账户核算,该账户按投资者设置明细账。

"实收资本"账户的贷方反映企业实际收到的投资者缴付的资本,借方反映企业按法定程序减资时所减少的注册资本数额,贷方余额为实收资本总额。企业除通过"实收资本"总账和明细账进行实收资本核算外,还需设置股东名册,详细登记股东姓名或名称、住所以及出资额等。

有限责任公司接受的投资可能是货币投资,也可能是实物资产或无形资产投资。收到的货币投资直接借记"银行存款"账户,贷记"实收资本"账户。接受的实物资产和无形资产投资应按非货币资产的公允价值及相关税金作为实收资本入账,同时借记"原材料""固定资产""无形资产"等账户。

例 11-1 A 公司由 B、C、D 三家公司于 2018 年 8 月共同投资设立,按出资协议,B 公司以现金出资 300 万元;C 公司以一套全新设备出资,价值为 400 万元,增值税为 64 万元;D 公司以现金出资 200 万元,同时以一项专有技术出资,评估确定的公允价值为 150 万元。A 公司接受投资时的会计分录为:

借:银行存款　　　　　　　　　　　　　　　　　　　5 000 000
　　固定资产　　　　　　　　　　　　　　　　　　　4 640 000
　　无形资产　　　　　　　　　　　　　　　　　　　1 500 000
　　贷:实收资本——B 公司　　　　　　　　　　　　 3 000 000
　　　　　　——C 公司　　　　　　　　　　　　　　 4 640 000
　　　　　　——D 公司　　　　　　　　　　　　　　 3 500 000

除接受投资外,有限责任公司还可以按规定以资本公积、盈余公积转增资本的方式增加实收资本,其会计核算分别在资本公积和盈余公积的核算中介绍。

(二) 股份有限公司股本的核算

股份有限公司设立时以发行股票的方式筹集股本。股票按持股人享受的权利不同分为普通股和优先股。普通股和优先股的区别主要体现在:①普通股股东拥有在股东大会上的投票权,而优先股股东则没有,但优先股股东拥有公司给予的某些优惠条件;②普通股股东承担的风险较大,投资回报的波动性大,而优先股股东承担的风险较小,投资回报较稳定。

股份有限公司以发行股票方式筹集的股本通过"股本"账户核算,对既发行普通股又发行优先股的企业,"股本"账户下应分设明细账,对普通股和不同类型的优先股分别登记。股份有限公司必须在核定的股份总额的范围内发行股票,公司因发行股票、可转换债券转换成股票、发放股票股利等取得股本时计入该账户的贷方,按法定程序报经批准减少注册资本的公司在实际发还股款时计入该账户的借方,"股本"账户的贷方余额表示公司所拥有的股本总额。

1. 股票发行的核算

公司发行股票时,在收到现金等资产时,按实际收到的金额,借记"库存现金""银行存款"账户,按股票面值和核定的股份总额的乘积计算的金额,贷记"股本"账户。股票的转让只变更股东,而不改变股本总额,因此,只需在股东名册中记载,而无须在"股本"账户中记录。公司发生的与发行股票相关的佣金、手续费等费用,从所发行的股票溢价中扣除。

例 11-2 F 公司获准增发股票 700 万股,每股面值为 1 元,发行价格为 17 元,与该股票发行直接有关的佣金、手续费等费用为 476 000 元。该股票发行的会计处理如下:

```
借:银行存款                                          118 524 000
    贷:股本                                             7 000 000
       资本公积——股本溢价                            111 524 000
```

2. 可转换债券转为股本的核算

对于公司发行的可转换债券,债券持有人有权依照约定条件将债券转换成公司的股票。与一般债券不同,发行可转换债券的公司赋予债券持有人两项权利:一是债券持有人具有定期取得利息和到期收回本金的权利;二是债券持有人有履约将债券转换成股票的权利。债券持有人行使转换权利实质上是将债权转换为股权,这种转换不改变公司的资产状况,但改变了公司的资本结构。

当债券持有人行使转换权利将债券转换成股票时,会计上应将应付债券的账面价值转换为股东权益。也就是说,将债券的账面价值(债券面值加应计利息,再加未摊销的溢价或减未摊销的折价)按股票面值转换为股本,债券账面价值与转换为股本间的差额作为资本公积。

例 11-3 N 公司 2018 年 7 月 1 日同意债券持有人将 20 万张一次还本付息的可转换债券转换成普通股,每张债券的面值为 100 元,每股的股票面值为 1 元。规定的转换比率为 1∶5(即 1 张债券转换 5 张股票)。该批债券的发行日为 2015 年 1 月 1 日,到期日为 2018 年 12 月 31 日,票面利率为 5%。转换日,可转换债券的面值、利息调整(贷方)、应计利息、转换权的价值分别为 20 000 000 元、210 000 元、3 500 000 元和 40 000 元。该批债券转换成股票时的会计处理为:

```
借:应付债券——可转换公司债券(面值)                20 000 000
            ——可转换公司债券(利息调整)               210 000
            ——可转换公司债券(应计利息)             3 500 000
   资本公积——其他资本公积                              40 000
   贷:股本——普通股                                  1 000 000
      资本公积——股本溢价                           22 750 000
```

3. 股本减少的核算

股份有限公司可以按法定程序报经批准后减少股本。公司采用收购本公司股票方式减资时按注销股票的面值总额减少股本,购回股票时支付的价款超过面值总额的部分依次减少资本公积、盈余公积和未分配利润;若购回股票时支付的价款低于面值总额,则差额增加资本公积。

例 11-4 M 公司按法定程序以收购本公司股票的方式减少注册资本 400 万元。股票面值为每股 1 元,共收回普通股 400 万股,收购价为每股 7.1 元。全部价款以银行存款支付。该笔减资业务的会计处理为:

```
借:股本——普通股                                    4 000 000
   资本公积——股本溢价                              24 400 000
   贷:银行存款                                      28 400 000
```

二、其他权益工具

其他权益工具是除企业发行的普通股以外,按照金融负债和权益工具区分原则分类为权益工具的一种金融工具。

金融工具可以分为权益工具与金融负债。对于归类为权益工具的金融工具,无论其名称中是否包含"债",其利息支出或股利分配都应当作为发行企业的利润分配处理,其回购、注销等作为权益的变动处理;对于归类为金融负债的金融工具,无论其名称中是否包含"股",其利息支出或股利分配原则上按照借款费用进行处理,其回购或赎回产生的利得或损失等计入当期损益。企业(发行方)发行金融工具,其发生的手续费、佣金等交易费用,如分类为债务工具且以摊余成本计量,则应当计入所发行工具的初始计量金额;如分类为权益工具,则应当从权益(其他权益工具)中扣除。

(一)其他权益工具的核算

企业在所有者权益类账户中设置"其他权益工具"账户,核算企业发行的除普通股以外的归类为权益工具的各种金融工具。"其他权益工具"账户按照发行金融工具的种类等进行明细核算。

1. 其他权益工具发行的核算

(1)企业发行的金融工具归类为其他权益工具的,应按实际收到的金额,借记"银行存款"等账户,贷记"其他权益工具——优先股""其他权益工具——永续债"等账户。

(2)企业发行的金融工具归类为既有负债成分又有权益成分的复合金融工具的,应按实际收到的金额,借记"银行存款"等账户,按金融工具的面值,贷记"应付债券——优先股、永续债(面值)"等账户,按负债成分的公允价值与金融工具的面值之间的差额,借记或贷记"应付债券——优先股、永续债(利息调整)"等账户,按实际收到的金额扣除负债成分的公允价值后的金额,贷记"其他权益工具——优先股、永续债"等账户。

发行复合金融工具发生的交易费用,应当在负债成分和权益成分之间,按照各自占总发行价款的比例进行分摊。与多项交易相关的共同交易费用,应当在合理的基础上,采用与其他类似交易一致的方法,在各项交易之间进行分摊。对于分摊至负债成分的交易费用,应当计入该负债成分的初始计量金额(若该负债成分按摊余成本进行后续计量)或计入当期损益(若该负债成分按公允价值进行后续计量且其变动计入当期损益);对于分摊至权益成分的交易费用,应当从权益中扣除。

例 11-5 M公司2017年1月1日按每份面值1 000元发行了2 000份可转换债券,取得总收入2 000 000元。该债券期限为3年,票面年利率为6%,利息按年支付;每份债券均可在债券发行1年后的任何时间转换为250股普通股。M公司发行该债券时,二级市场上与之类似但没有转换权的债券的市场利率为9%。M公司以摊余成本计量分类为金融负债的应付债券。该转换权中,权益成分的价值为151 878元。

借:银行存款 2 000 000
　　应付债券——利息调整 151 878
　贷:应付债券——面值 2 000 000
　　　其他权益工具 151 878

2. 其他权益工具分派股利的核算

归类为其他权益工具的金融工具,在存续期间分派股利(含归类为权益工具的金融工具所产生的"利息",下同)的,作为利润分配处理。发行方应根据经批准的股利分配方案,按应分配给金融工具持有方的股利金额,借记"利润分配——应付优先股股利、应付永续债利息"等账户,贷记"应付股利——应付优先股股利、应付永续债利息"等账户。

3. 重分类的核算

由于发行的金融工具原合同条款及约定的条件或事项随着时间的推移或经济环境的变化而发生改变，导致原归类为权益工具的金融工具重分类为金融负债的，应当于重分类日按该权益工具的账面价值，借记"其他权益工具——优先股""其他权益工具——永续债"等账户，按该权益工具的面值，贷记"应付债券——优先股""应付债券——永续债（面值）"等账户，按该权益工具的公允价值与面值之间的差额，借记或贷记"应付债券——优先股""应付债券——永续债（利息调整）"等账户，按该权益工具的公允价值与账面价值之间的差额，借记或贷记"资本公积——资本溢价（或股本溢价）"账户，资本公积不足冲减的，依次冲减盈余公积和未分配利润。发行方以重分类日计算的实际利率为应付债券后续计量利息调整等的基础。

由于发行的金融工具原合同条款及约定的条件或事项随着时间的推移或经济环境的变化而发生改变，导致原归类为金融负债的金融工具重分类为权益工具的，应当于重分类日按该金融负债的账面价值，贷记"其他权益工具——优先股""其他权益工具——永续债"等账户，按该金融负债的面值，借记"应付债券——优先股""应付债券——永续债（面值）"等账户，按其差额，借记或贷记"应付债券——优先股""应付债券——永续债（利息调整）"等账户。

4. 其他权益工具赎回的核算

发行方按合同条款约定赎回所发行的除普通股以外的分类为权益工具的金融工具，按赎回价格，借记"库存股——其他权益工具"账户，贷记"银行存款"或"存放中央银行款项"等账户；注销所购回的金融工具，按该工具对应的其他权益工具的账面价值，借记"其他权益工具"账户，按该工具的赎回价格，贷记"库存股——其他权益工具"账户，按其差额借记或贷记"资本公积——资本溢价（或股本溢价）"账户，资本公积不足冲减的，依次冲减盈余公积和未分配利润。

5. 转换为普通股的核算

发行方按合同条款约定将发行的除普通股以外的金融工具转换为普通股的，按该工具对应的其他权益工具或金融负债的账面价值，借记"其他权益工具""应付债券"等账户，按普通股的面值，贷记"实收资本（或股本）"等账户，按其差额，贷记"资本公积——资本溢价（股本溢价）"账户（如转股时金融工具的账面价值零头不足转换为1股普通股，发行方以现金或其他金融资产退还零头时，还需按支付的现金或其他金融资产的金额，贷记"银行存款"或"存放中央银行款项"等账户）。

例11-6 承例11-5,2018年12月31日，M公司股票上涨幅度较大，可转换债券持有方均于当日将持有的可转换债券转换为M公司股票，在转换日，转换前应付债券的摊余成本为1 944 954元，而权益成分的价值仍为151 878元。在转换日，M公司发行股票的数量为500 000股。M公司的会计处理如下：

借：应付债券——面值	2 000 000
其他权益工具	151 878
贷：应付债券——利息调整	55 046
股本	500 000
资本公积——股本溢价	1 596 832

相关链接

《企业会计准则第 37 号——金融工具列报》应用指南中,对区分金融负债和权益工具的基本原则做了说明:

1. 是否存在无条件地避免交付现金或其他金融资产的合同义务

(1) 如果企业不能无条件地避免以交付现金或其他金融资产来履行一项合同义务,则该合同义务符合金融负债的定义。常见的该类合同义务情形包括:① 不能无条件地避免的赎回,即金融工具发行方不能无条件地避免赎回此金融工具;② 强制付息,即金融工具发行方被要求强制支付利息。

(2) 如果企业能够无条件地避免交付现金或其他金融资产(例如能够根据相应的议事机制自主决定是否支付股息,即无支付股息的义务),同时所发行的金融工具没有到期日且合同对手没有回售权,或虽有固定期限但发行方有权无限期递延(即无支付本金的义务),则此类交付现金或其他金融资产的结算条款不构成金融负债。

(3) 判断一项金融工具是划分为权益工具还是金融负债,不受下列因素的影响:① 以前实施分配的情况;② 未来实施分配的意向;③ 相关金融工具如果没有发放股利对发行方普通股的价格可能产生的负面影响;④ 发行方的未分配利润等可供分配权益的金额;⑤ 发行方对一段时间内损益的预期;⑥ 发行方是否有能力影响其当期损益。

(4) 有些金融工具虽然没有明确包含交付现金或其他金融资产义务的条款和条件,但有可能通过其他条款和条件间接地形成合同义务。

2. 是否通过交付固定数量的自身权益工具结算

权益工具是证明拥有企业的资产扣除负债后剩余权益的合同。因此,对于将来需交付企业自身权益工具的金融工具,如果未来结算时数量可变,或者收到的对价金额可变,则该金融工具的结算将对其他权益工具所代表的剩余权益带来不确定性(通过影响剩余权益总额或者稀释其他权益工具),也就不能将其划为权益工具。

(1) 基于自身权益工具的非衍生工具。如果发行方未来有义务交付可变数量的自身权益工具进行结算,则该非衍生工具是金融负债,否则是权益工具。

(2) 基于自身权益工具的衍生工具。对于衍生工具,如果发行方只能通过以固定数量的自身权益工具交换固定金额的现金或其他金融资产进行结算("固定换固定"),则该衍生工具是权益工具;如果发行方以固定数量自身权益工具交换可变金额现金或其他金融资产,或以可变数量自身权益工具交换固定金额现金或其他金融资产,或在转换价格不固定的情况下以可变数量自身权益工具交换可变金额现金或其他金融资产,则该衍生工具应当确认为衍生金融负债或衍生金融资产。

三、资本公积

资本公积是指企业非盈利因素产生的积累,主要包括企业收到的投资者超出其在企业注册资本(或股本)中所占份额的投资以及其他资本公积。为反映资本公积的增减变动情况,会计上设"资本公积"账户,该账户下设"资本溢价(股本溢价)"和"其他资本公积"

两个明细账户,分别核算企业权益性筹资产生的资本溢价(股本溢价)以及其他原因产生的资本公积。

(一) 资本(或股本)溢价的核算

1. 资本(或股本)溢价的来源

(1) 资本溢价。资本溢价是指投资者出资额大于实收资本的差额。对于新成立的公司,投资者的投资一般全部作为实收资本入账,投资者按出资份额享有权利并承担义务。但改制为公司的企业或处于正常经营状态的公司在接受新投资者时,其缴付的出资额通常要大于作为实收资本入账的数额,原因有二:第一,公司创建时的资金投入和公司已走向经营正轨时期的资金投入,即使在数量上相等,其盈利能力也是不相同的;第二,接纳新投资者后,新投资者与原投资者一样有权参与原有留存收益的分配,只有新投资者的出资额大于其对应的实收资本,才能维护原投资者的已有权益。资本溢价在"资本公积——资本溢价"账户中核算。

承例 11-7 承例 11-1,A 公司经 B、C、D 三位股东协商同意 E 公司投资 300 万元,并占有 A 公司 20% 的股份。在 E 公司出资额中,279.5 万元为实收资本,另外 20.5 万元为资本公积。账务处理为:

借:银行存款　　　　　　　　　　　　　　　　　　　　3 000 000
　　贷:实收资本——E 公司　　　　　　　　　　　　　　　2 795 000
　　　　资本公积——资本溢价　　　　　　　　　　　　　　　205 000

(2) 股本溢价。对股份有限公司而言,在股票溢价发行的情况下,股东所缴股款超过所购股票面值总额的那部分数额为股本溢价。从理论上来讲,股票既可按面值发行,也可溢价或折价发行。在股票折价发行的情况下,公司所收股款低于股票面值的数额为股本折价。但股票能否折价发行,取决于某一国家或地区对股份有限公司的整体法律设计。例如,在美国,大部分州只能按面值或溢价发行股票,但有的州规定可以折价发行股票。中国《公司法》允许股票按面值或者超面值发行,但不得低于面值发行。也就是说,中国不存在股票折价发行的问题,不会出现股本折价。股份有限公司的法定股本由等额股份构成,其数额为每股面值与股份总数的乘积,因此,在股票溢价发行的情况下,作为股本入账的数额只能按面值计算;溢价部分在"资本公积"账户下设"股本溢价"明细账核算。

股份有限公司在股票融资中必然要发生相应的支出,如发行股票支付的手续费或佣金、股票印制成本等。该类支出分以下两种情况处理:①在溢价发行的情况下,上述支出应从溢价中抵扣,抵扣后剩余的溢价作为股本溢价入账;②无溢价或溢价不足以支付的部分作为长期待摊费用入账,并分期摊销。

股本溢价不仅来自股票的发行,还来自股票股利的分派和用盈余公积分派新股。股票股利的分派属于利润分配过程,通过"利润分配——转作股本的股利"账户核算。应分配的股票股利金额与所发放的股票面值总额的差额作为股本溢价。

例 11-8 T 公司经股东大会决议,分配股票股利总金额 400 万元,股票股利的面值总额为 150 万元。该笔业务的会计分录为:

借:利润分配——转作股本的普通股股利　　　　　　　　4 000 000
　　贷:股本　　　　　　　　　　　　　　　　　　　　　1 500 000
　　　　资本公积——股本溢价　　　　　　　　　　　　　2 500 000

2. 资本(或股本)溢价的运用

资本(或股本)溢价可以按规定转增资本。企业按法定程序和规定将资本公积转增资本属于所有者权益内部结构的变化,并未改变所有者权益总额,一般也不会改变每位投资者在所有者权益总额中所占的份额。资本公积转增资本应在借记"资本公积——资本溢价(或股本溢价)"账户的同时,贷记"实收资本"或"股本"账户及相应的明细账。

例 11-9 A公司将资本公积80万元转增资本。在原来的注册资本中,B、C、D、E四位投资者的投资比例分别为24%、30%、21%和25%。A公司按法定程序办完增资手续后做如下会计分录:

借:资本公积——资本溢价　　　　　　　　　　　　　　800 000
　　贷:实收资本——B公司　　　　　　　　　　　　　　192 000
　　　　　　　　——C公司　　　　　　　　　　　　　　240 000
　　　　　　　　——D公司　　　　　　　　　　　　　　168 000
　　　　　　　　——E公司　　　　　　　　　　　　　　200 000

(二)其他资本公积的核算

其他资本公积是指除资本溢价或股本溢价项目以外所形成的资本公积,主要包括权益结算的股份支付产生的资本公积,以及企业采取权益法核算长期股权投资情况下被投资企业增加的其他资本公积中投资企业按其持股比例或投资比例计算而增加的资本公积。

1. 以权益结算的股份支付

以权益结算的股份支付在换取职工或其他方提供的服务时,应在按照确定的金额作为成本费用入账的同时增加资本公积中的其他资本公积。在行权日,应按实际行权的权益工具数量计算确定的金额,将资本公积中其他资本公积转入"实收资本"或"股本"账户以及"资本公积——资本溢价(股本溢价)"账户。

例 11-10 K公司2018年7月1日采用授权后立即行权的方式授予高层管理人员股份100万股,每股价格9元,每股面值1元。

(1)授权时:

借:管理费用　　　　　　　　　　　　　　　　　　9 000 000
　　贷:资本公积——其他资本公积　　　　　　　　　　　9 000 000

(2)行权时:

借:资本公积——其他资本公积　　　　　　　　　　　9 000 000
　　贷:股本　　　　　　　　　　　　　　　　　　　　1 000 000
　　　　资本公积——股本溢价　　　　　　　　　　　　8 000 000

2. 权益法下被投资企业损益以外的原因引起的所有者权益变动

在权益法下,投资企业依据其出资比例将被投资企业的净资产变动视为自身的净资产变动。对于被投资企业除资本(股本)溢价、净损益、其他综合收益以外所有者权益的其他变动,投资企业应根据对方所有者权益变动额中属于本企业的份额作为"资本公积——其他资本公积"入账,同时调整"长期股权投资"账户下的"其他权益变动"明细账。投资处置时须将计入资本公积的其他权益变动转入投资收益。

四、其他综合收益

企业的综合收益由净利润和其他综合收益两部分构成,其他综合收益是未作为当期损益确认的那部分损益。该部分损益未作为当期损益确认的原因是未在当期实现。例如,采用权益法核算的长期股权投资,投资企业会按照被投资企业实现的其他综合收益及其持股比例计算应该享有或分担的金额,该投资收益在当期未实现,应计入其他综合收益。只有待该项股权投资处置时,才能确认投资损益,并将原先计入其他综合收益的金额转入当期损益。对于其他综合收益,企业应当设置"其他综合收益"账户核算。

(一)将重分类进损益的其他综合收益的核算

将重分类进损益的其他综合收益是指以后会计期间在满足损益确认条件时,需将其作为当期损益确认的其他综合收益。

(1)权益法核算下被投资企业将重分类进损益的其他综合收益数额中投资企业拥有的份额。在按权益法核算长期股权投资的情况下,对于被投资企业将重分类进损益的其他综合收益,投资企业应当按照应享有或应分担的被投资企业其他综合收益的份额,确认其他综合收益,同时调整长期股权投资的账面价值,借记或贷记"长期股权投资——其他综合收益"账户,贷记或借记"其他综合收益"账户,并在利润表中将该部分其他综合收益列示于"以后将重分类进损益的其他综合收益"大类中的"权益法下在被投资单位以后将重分类进损益的其他综合收益中享有的份额"项目内。

(2)以公允价值计量且其变动计入其他综合收益的金融资产的公允价值变动损益。符合金融工具准则规定,同时符合以下两个条件的金融资产应当分类为以公允价值计量且其变动计入其他综合收益的金融资产:①企业管理该金融资产的业务模式既以收取合同现金流量为目标又以出售该金融资产为目标;②该金融资产的合同条款规定,在特定日期产生的现金流量,仅为对本金和以未偿付本金金额为基础的利息的支付。当该类金融资产终止确认时,之前计入其他综合收益的公允价值变动损益应该从其他综合收益中转出,计入当期损益。

(3)按照金融工具准则规定,对金融资产重分类按规定可以将原计入其他综合收益的利得或损失转入当期损益的部分。①企业将一项以公允价值计量且其变动计入其他综合收益的金融资产重分类为以摊余成本计量的金融资产的,应当将之前计入其他综合收益的累计利得或损失转出,并调整金融资产在重分类日的公允价值,并以调整后的金额作为新的账面价值;②企业将一项以公允价值计量且其变动计入其他综合收益的金融资产重分类为以公允价值计量且其变动计入当期损益的金融资产的,应将之前计入其他综合收益的累计利得或损失从其他综合收益转入当期损益,且仍以公允价值计量该金融资产。

(4)存货或自用房地产转换为投资性房地产。①企业将作为存货的房地产转换为采用公允价值模式计量的投资性房地产的,应按房地产在转换日的公允价值,借记"投资性房地产——成本"账户,原已计提跌价准备的,借记"存货跌价准备"账户,按其账面余额,贷记"开发产品"等账户。同时,转换日的公允价值小于账面价值的,按差额借记"公允价值变动损益"账户;公允价值大于账面价值的,按差额贷记"其他综合收益"账户。②企业将自用的建筑物等转换为采用公允价值模式计量的投资性房地产的,应按该房地产在转换日的公允价值,借记"投资性房地产——成本"账户,原已计提减值准备的,借记"固定资产减值准备"账户,按以计提的累计折旧等,借记"累计折旧"等账户,按其账面余额,贷记"固定资产"等账户。同时,转换日的公允价值小于账面价值的,按差额借记"公允价值变动损益"账户;公允价值大于账面价值的,按差额贷记"其他综合收益"账户。

(5) 现金流量套期损益的有效部分与外币财务报表折算差额。现金流量套期利得或损失中属于有效套期的部分,直接确认为其他综合收益;属于无效套期的部分,应当计入当期损益。企业对境外经营的财务报表进行折算时,应当将外币财务报表折算差额借记或贷记"其他综合收益";企业在处置境外经营时,应当将该部分产生的其他综合收益转入处置当期损益。现金流量套期损益的核算与外币财务报表折算差额的处理,将在《高级财务会计》中详细阐述。

(二) 不能重分类进损益的其他综合收益的核算

以后会计期间不能重分类进损益的其他综合收益项目主要包括重新计量设定受益计划净负债或净资产导致的变动、权益法核算下被投资企业不能重分类进损益的其他综合收益数额中投资企业拥有的份额,以及在初始确认时被指定为以公允价值计量且其变动计入其他综合收益的金融资产的一些非交易性权益工具。

有设定受益计划的企业,重新计量设定受益计划净负债或净资产导致的变动计入其他综合收益,并且在后续会计期间不允许转回至损益。权益法核算下被投资企业不能重分类进损益的其他综合收益数额中投资企业拥有的份额,核算方法与将重分类进损益的其他综合收益数额中投资企业拥有的份额相同,但在利润表中要将其列示于"以后不能重分类进损益的其他综合收益"大类中的"权益法下在被投资单位不能重分类进损益的其他综合收益中享有的份额"项目内。在初始确认时,企业可以将非交易性权益工具指定为以公允价值计量且其变动计入其他综合收益的金融资产,指定后不得撤销,即当该非交易性权益工具终止确认时,原计入其他综合收益的公允价值变动损益不得重分类进损益。

五、盈余公积

盈余公积是企业来源于生产经营活动的那部分积累,属于具有特定用途的留存收益。企业的盈利首先必须按规定提取盈余公积,然后才能在出资者之间进行分配,这是公司制企业区别于非公司制企业的一个显著特征。因为对于对债务只承担有限责任的企业而言,只规定最低限度的出资额显然是不够的,还必须对盈利的分配做出限制,这迫使企业在向出资者支付利润之前,提取一定数额的盈余公积,以便为企业的扩大再生产提供积累资金,并为维护债权人权益、应付企业经营风险提供资金上的保证。

(一) 盈余公积的构成

中国《公司法》对企业盈余公积的计提和构成做出了明确的规定,按《公司法》的规定,盈余公积由以下两部分构成:

(1) 法定盈余公积。企业在分配当年盈利前,必须按税后利润的 10% 提取法定盈余公积。但法定盈余公积的累计数超过注册资本的 50% 以上时,可以不再提取。

(2) 任意盈余公积。企业提取法定盈余公积后,经股东大会或类似机构决定,可以提取任意盈余公积。

外资企业的盈余公积包括：

（1）储备基金，是指外商投资企业按照法律、行政法规规定从净利润中提取的、经批准用于弥补亏损和增加资本的储备基金。

（2）企业发展基金，是指外商投资企业按照法律、行政法规规定从净利润中提取的、用于企业生产发展和经批准用于增加资本的企业发展基金。

（3）利润归还投资，是指中外合作经营企业按照规定在合作期间以利润归还投资者的投资而形成的盈余公积。

（二）盈余公积的使用

1. 法定盈余公积和任意盈余公积的使用

（1）转增资本。与资本公积相同，企业按规定办理增资手续后，可将法定盈余公积和任意盈余公积转作实收资本或股本。有限责任公司按原有股东的投资比例结转，股份有限公司按原有股份比例派送新股或增加每股面值。但法定盈余公积转增资本后，此项留存的公积金不得少于注册资本的25%。

（2）弥补亏损。企业发生的亏损，可在盈利后的五年内用税前利润弥补。对按规定不能用税前利润弥补的亏损，则必须用以后的税后利润弥补或用盈余公积弥补。

2. 储备基金和企业发展基金的使用

储备基金和企业发展基金可用于转增资本，储备基金还可用于弥补亏损。

（三）盈余公积核算的账户设置

盈余公积的提取和使用通过"盈余公积"账户核算，该账户为所有者权益类账户。企业提取盈余公积时计入该账户的贷方，使用盈余公积时计入该账户的借方，贷方余额为企业盈余公积的实有数额。"盈余公积"账户按盈余公积的构成分别设置"法定盈余公积""任意盈余公积""储备基金""企业发展基金""利润归还投资"五个明细账，各明细账的核算内容如表11-1所示。

表11-1　盈余公积各明细账的核算内容

明细账户名称	核算内容
法定盈余公积	核算企业按照规定的比例从净利润中提取的盈余公积
任意盈余公积	核算企业经股东大会或类似机构批准按照规定的比例从净利润中提取的盈余公积
储备基金	核算外商投资企业按照法律、行政法规规定从净利润中提取的、经批准用于弥补亏损和增加资本的储备基金
企业发展基金	核算外商投资企业按照法律、行政法规规定从净利润中提取的、用于企业生产发展和经批准用于增加资本的企业发展基金
利润归还投资	核算中外合作经营企业按照规定在合作期间以利润归还投资者的投资

（四）盈余公积形成的核算

企业提取法定盈余公积和任意盈余公积时，通过"盈余公积"账户及其相关明细账的贷方核算。企业提取盈余公积的过程属于净收益的分配过程，同时还应通过"利润分配"账户及其相关明细账核算。因此，提取盈余公积时借记"利润分配"账户及相应明细账，贷记"盈余公积"账户及相应明细账。

例 11-11　A公司2018年的税后利润为1 200万元,分别按10%和8%的比例提取法定盈余公积和任意盈余公积。盈余公积的提取及账务处理如下:

法定盈余公积提取额=12 000 000×10%=1 200 000(元)

任意盈余公积提取额=12 000 000×8%=960 000(元)

借:利润分配——提取法定盈余公积	1 200 000
——提取任意盈余公积	960 000
贷:盈余公积——法定盈余公积	1 200 000
——任意盈余公积	960 000

例 11-12　某中外合作经营企业2018年年末用净利润350万元归还投资,账务处理如下:

借:实收资本	3 500 000
贷:银行存款	3 500 000
借:利润分配——利润归还投资	3 500 000
贷:盈余公积——利润归还投资	3 500 000

（五）盈余公积使用的核算

1. 盈余公积弥补亏损

企业未弥补的亏损表现为"利润分配——未分配利润"账户借方余额,因此,用盈余公积弥补亏损,应在借记"盈余公积"账户的同时,贷记"利润分配"账户。但在账务处理上并不直接贷记"利润分配"账户下的"未分配利润"明细账,而是记入"盈余公积补亏"明细账的贷方,结转"利润分配"账户时再从"盈余公积补亏"明细账的借方转入"未分配利润"明细账的贷方。

例 11-13　P公司用任意盈余公积97万元弥补以前年度亏损,账务处理如下:

(1) 用盈余公积补亏:

借:盈余公积——任意盈余公积	970 000
贷:利润分配——盈余公积补亏	970 000

(2) 结转"利润分配"账户:

借:利润分配——盈余公积补亏	970 000
贷:利润分配——未分配利润	970 000

2. 盈余公积转增资本

盈余公积转增资本对企业的资产、负债及所有者权益总额均不产生影响,只改变所有者权益内部的结构。盈余公积转增资本时,会计上直接将转增资本的数额从"盈余公积"账户转入"实收资本"账户;股份有限公司经股东大会决议,用盈余公积派送新股时,应按派送新股计算的金额减少盈余公积,按股票面值和派送新股总数计算的金额增加股本,两者的差额列作资本公积。

例 11-14　N公司按10送1的方案用盈余公积派送新股,参照股票市价确定的派送价格为每股15元,股票面值为1元,派送前的普通股总数为8 000万股,本次派送新股总数为800万股。在派送新股所需的资金中,7 000万元动用的是法定盈余公积,另外5 000万元动用的是任意盈余公积。会计处理如下:

借:盈余公积——法定盈余公积	70 000 000	
——任意盈余公积	50 000 000	
贷:股本——普通股		8 000 000
资本公积——股本溢价		112 000 000

六、未分配利润

未分配利润是指截至本年度累计未分配的利润,包括企业以前累计的尚未分配的利润以及本年未分配利润。这一数额表现为"利润分配——未分配利润"账户的贷方余额,若该账户为借方余额,则为历年累计的未弥补亏损。

国际视野

美国的会计实务中,所有者权益通常分为投入资本、留存收益和累计其他综合收益。投资者的投入资本包括股本和资本溢价两部分;留存收益是收益中未做股利分配的、再投入公司的部分,留存收益不得全部用于股利分配,其中一部分作为"特定用途"的留存收益,用于为长期债务提供保障、扩大再生产或弥补未来可能出现的损失;累计其他综合收益是累计综合收益中未计入净收益的部分(具体见第十三章的"国际视野")。美国公司所有者权益的基本框架如下:

所有者权益	
投入资本	××××美元
股本	××××美元
资本溢价	××××美元
留存收益	××××美元
累计其他综合收益	××××美元
所有者权益总额	××××美元

相关案例　　　　　权益工具还是金融负债?

小米科技责任有限公司(以下简称"小米")2017年年报披露,为了遵循IFRS(International Financial Reporting Standards,国际财务报告准则),小米将其可转换可赎回优先股(IFRS将之称为复合金融工具,同时包含负债和权益的成分)作为金融负债按公允价值计量,并将公允价值的变动计入损益,导致2017年小米亏损439亿元。实际上,小米公开招股受到热捧,该年报和小米的真实情况背道而驰。而按照GAAP(Generally Accepted Accounting Principles,美国公认会计原则),应将其划分为权益工具,后续的资产负债表日不需要重新计量,则小米2017年的利润将增加542亿元,符合企业获利能力强、财务实力雄厚的实际情况。

实际上,公允价值变动损益只是一种未实现的账面利得(Unrealized Paper Gains)或账面损失(Unrealized Losses),对企业的现金流量没有丝毫影响,本不应该引起企业利润的增减,更不应该对企业的利润分配产生影响。

为了真实反映企业的经营业绩和财务状况,企业可以按照 GAAP 的要求,将优先股划分为权益工具;也可以将划分为金融负债的优先股的公允价值变动计入 OCI(Other Comprehensive Income,其他综合收益),以避免对当期损益的影响,这既可以从根本上纠正优先股公允价值变动对经营业绩的歪曲,避免误导投资者,也可以避免企业人为调减利润,对利润分配政策造成不当干扰。

资料来源:小米科技责任有限公司 2017 年年报。

第三节　独资企业所有者权益

独资企业是由个人出资创办、完全由个人经营的企业。在西方国家,除公司制企业这种现代企业的主要组织形式外,还存在许多投资者独资或合伙兴办的小型企业。与公司制企业相比,独资企业的基本特征主要表现为:这类企业不是独立的法律实体,无独立行为能力,企业的资产全部归个人拥有,企业债务即个人债务,投资者个人对企业债务负有无限清偿责任。独资企业的认定在中国尚无明确的法律依据,但中国个人开办的私营企业以及城乡个体工商户具有与西方国家独资企业相似的特征。

一、独资企业所有者权益的特征

个人出资、非独立的法律实体、业主承担无限清偿责任、所有权与经营权合一决定了业主对企业拥有直接的经营管理权和净资产处置权,净资产归业主所有。因此,各国法律不要求独资企业必须从利润中提取各种公积金。独资企业所有者权益无须像公司制企业那样分为投入资本、资本公积、盈余公积和未分配利润。无论是业主向企业投入资本、从企业提款,还是在企业经营中获取利润,都可全部直接归于业主资本。

二、独资企业所有者权益的核算

独资企业所有者权益通过"业主资本"账户反映,业主向企业投入资本和盈利作为业主资本的增加,计入贷方;业主从企业提款和亏损作为业主资本的减少,计入借方,贷方余额为业主权益总额。对业主从企业提款的会计处理应明确以下两点:第一,独资企业非独立法律实体这一事实并不否认独资企业作为独立会计实体的存在,会计核算上必须明确区别独资企业与业主个人的经济活动,业主从企业提款表明企业经营资金的减少,应加以记载;第二,业主从企业提款虽最终减少企业净资产,但平时发生业主从企业提款业务应单设"业主提款"账户反映,年终再随损益一起转入"业主资本"账户,这样有利于对业主资本的变动状况进行分析。

例 11-15　益民食品厂是王军个人出资兴办的独资企业,2018 年所发生的有关所有者权益变动的经济事项及其会计处理如下:

(1) 2 月 17 日,王军从食品厂提款 8 500 元,用于家庭开支。食品厂虽然不是独立的法律实体,但它是独立的会计实体。会计核算中必须严格区分王军个人消费与企业的经营开支。业主从企业提款表明该笔资金已退出企业的经营过程,应单独设"业主提款"账户反映。

　　借：业主提款　　　　　　　　　　　　　　　　　　　　　　　　8 500
　　　　贷：库存现金　　　　　　　　　　　　　　　　　　　　　　　8 500

（2）6月13日,业主以一台设备向食品厂追加投资,该设备价值26 000元。

　　借：固定资产　　　　　　　　　　　　　　　　　　　　　　　　26 000
　　　　贷：业主资本　　　　　　　　　　　　　　　　　　　　　　　26 000

（3）2018年度食品厂的净收益为78 500元。该笔净收益直接转增资本,记入"业主资本"账户的贷方。

　　借：本年利润　　　　　　　　　　　　　　　　　　　　　　　　78 500
　　　　贷：业主资本　　　　　　　　　　　　　　　　　　　　　　　78 500

（4）将本年度累计的业主提款冲减业主资本。

　　借：业主资本　　　　　　　　　　　　　　　　　　　　　　　　8500
　　　　贷：业主提款　　　　　　　　　　　　　　　　　　　　　　　8500

第四节　合伙企业所有者权益

一、合伙企业的基本特征

　　合伙企业是由两个或两个以上的投资者订立合伙协议,共同出资、共同经营、共享收益、共担风险,并对企业债务承担无限连带责任的营利性组织(有限合伙企业的有限合伙人承担有限责任)。在西方国家,小型企业和提供专业服务的企业(如会计师事务所、律师事务所)通常采用这种组织形式。合伙企业这种组织形式,无论是在企业管理方面,还是在收益分享方面都比公司制企业有较大的灵活性。为规范合伙企业管理,明确各合伙人的权利和责任,设立合伙企业时各合伙人必须本着自愿、平等、公平和诚实信用原则订立合伙合同,作为各方共同遵守的依据。合伙合同中必须规定的条款包括合伙目的和合伙企业的经营范围、各合伙人的权利与责任、各方的出资额以及非现金出资的价值确定、利润分配和亏损分担方法、入伙与退伙的手续及办法等。合伙企业的特征表现为：

　　（1）共同执行合伙企业事务。合伙企业的所有权与经营管理权是密切结合的。各合伙人对执行合伙企业事务享有同等的权利。在合伙企业经营过程中,全体合伙人可以共同执行合伙企业事务,也可以由合伙协议约定或者全体合伙人决定委托一名或者数名合伙人执行合伙企业事务。不参加执行合伙企业事务的合伙人有权监督执行合伙企业事务的合伙人,检查其执行合伙企业事务的情况。合伙人依法或者按照合伙协议对合伙企业的有关事项做出决议时,通常采用一人一票的办法。

　　（2）无限连带清偿责任。对合伙企业承担的债务,首先以全部合伙财产清偿,合伙财产不足以清偿时,各合伙人无论对企业投资多少,都必须承担无限清偿责任。法律之所以规定各合伙人对企业债务承担无限连带责任,主要是基于以下三个原因：第一,法律对每一位合伙人的出资额和全体合伙人的出资总额都没有规定最低限度,因此,合伙人因出资而直接构成的共有财产可能极少。如果合伙人仅以出资直接构成的共有财产为履行债务的担保,则债权人将承担极大的风险。第二,合伙企业法对合伙人的出资形式没有限制,合伙人的出资本身不全是财产权利,出资额中的劳务、信誉等都具有不可转让性,无法折合成一定的价值来偿还企业的债务。第三,合伙企业没有共有财产规模的限制,企业不要求提取公积金,如果合伙人不以积累的方式进行扩大再生产,则债权人的利益将无法得到保证。

(3) 相互代理。除合伙合同中有明确规定外,每位合伙人都有权以企业的名义同外界发生经济关系、签订产品劳务购销协议。任何一位合伙人以企业名义办理的业务,其他合伙人均应负责。

(4) 共享财产和损益。合伙企业存续期间,合伙人的出资和所有以合伙企业名义取得的收益均为合伙企业的财产,归所有的合伙人共有。每位合伙人一旦将其财产投入企业,则失去个人对财产的拥有。合伙人拥有企业收益的分配权和承担企业经营损失的责任,但与公司制企业不同的是,合伙人不像股东那样以出资额为分享收益和承担损失的唯一依据。合伙企业的盈利和亏损,由合伙人根据合伙协议中约定的比例分配和分担,合伙协议未约定利润分配和亏损分担的,由各合伙人平均分配和分担。

(5) 有限生命。在公司制企业中,无论股东变换得多么频繁,企业仍然以原来的实体继续存在,但合伙企业不同,任何一位合伙人退伙,或者新合伙人入伙都表示原来的企业已被新的企业代替。

二、合伙企业所有者权益的特征

(一) 合伙企业权益最终体现为各合伙人的资本

合伙企业的性质决定了合伙企业可以自己决定企业积累、分配以及亏损分担的办法。由于法律未对合伙企业盈利分配做出限制,在向合伙人支付合伙利润前无须提取公积金,因此,合伙企业的所有者权益无须划分为实收资本、资本公积、盈余公积和未分配利润,权益总额直接从业主资本项目中体现出来。另外,合伙人对外承担无限连带责任,对内则仍要各自承担自己的部分责任。鉴于上述特点,合伙企业无论是资本投入,还是业主从企业提款或企业经营损益,最终都归于为每一位合伙人开设的"业主资本"账户。与独资企业不同的是,追加投资和从企业提款必须符合合伙合同或协议的规定,征得其他合伙人的同意。

(二) 资本形态广泛、灵活

公司制企业的本质是"资合",而合伙企业的性质是"人合"。合伙人对企业的资本投入不仅可以是货币、实物、土地使用权或者其他财产权利,还可以是合伙人的劳务和信誉等。因此,合伙企业的出资形式要比公司制企业灵活得多。

(三) 灵活的利润分配和亏损分担方法

合伙协议中通常要规定利润分配和亏损分担的方法与比例,与公司制企业不同的是,利润分配和亏损分担的比例不要求与各位合伙人的出资比例保持一致。例如,某位出资额占合伙企业实收资本40%的合伙人按协议规定可以享有60%的收益拥有权。合伙人既可直接按固定的比例分配净利润,也可先从净利润中扣除工资报酬或资本报酬,然后按固定的比例分配剩余净利润,等等。

三、投入资本的核算

合伙人既可以直接用现金、实物出资，也可以以土地使用权、知识产权、劳务、个人信誉入伙组建合伙企业。以货币以外的资产出资时，其作价可以由全体合伙人协商确定，也可以由全体合伙人委托法定评估机构评估确定。除两个或两个以上自然人可以直接发起成立合伙企业外，两个或两个以上独资企业也可以入伙成立合伙企业。对于独资企业联合成立的合伙企业，为每一位合伙人开设的资本账户应按投资确认的资产净值（即资产总值减去负债后的价值）入账。

合伙人投入的资本通过"业主资本"账户核算。该账户按合伙人设置明细账。"业主资本"账户明细账的贷方反映合伙时的出资、合伙人追加的投资以及按利润分配比例确定的各合伙人的利润，借方反映合伙人从企业提款、合伙人退伙以及由合伙人分担的损失，贷方余额反映各合伙人在企业中拥有的权益数额。

例 11-16 A、B、C 三人合伙组建合伙企业 ABC，三人所投现金、非现金资产的价值确认如表 11-2 所示。

表 11-2 合伙企业中各合伙人所投资产的价值确认　　　　　　　　　　单位：元

合伙人	现金	材料	全新厂房	信誉	合计
A	80 000	50 000			130 000
B	24 000		180 000		204 000
C	50 000	12 000		10 000	72 000
合计	154 000	62 000	180 000	10 000	406 000

根据上述资料编制如下会计分录：

借：银行存款　　　　　　　　　　　　　　　　　154 000
　　原材料　　　　　　　　　　　　　　　　　　 62 000
　　固定资产　　　　　　　　　　　　　　　　　180 000
　　无形资产　　　　　　　　　　　　　　　　　 10 000
　　贷：业主资本——合伙人 A　　　　　　　　　130 000
　　　　　　　　——合伙人 B　　　　　　　　　204 000
　　　　　　　　——合伙人 C　　　　　　　　　 72 000

四、新合伙人入伙

为吸收更多的资金、技术扩大企业规模或现有合伙人转让产权都会出现新合伙人入伙事项。新合伙人入伙通常采用以下两种方式：一是新合伙人购买现有合伙人的产权；二是新合伙人对合伙企业投资。接纳新合伙人入伙，将会对出资比例、利润分配和债务分担比例等产生重大影响，属于合伙协议的重大变更，必须经全体合伙人同意。只要有一人拒绝，新合伙人就不得入伙。新合伙人一旦入伙，就与原合伙人享有同等的权利，并对原合伙企业承担无限连带责任。因此，从公平、公正的角度来看，订立入伙协议前，原合伙人必须翔实提供有关企业经营状况和财务状况的信息。

(一)新合伙人购买现有合伙人产权

在采用新合伙人购买现有合伙人产权的方式接受新合伙人的情况下,企业的资产总额、负债总额和权益总额均不会变动。无论新合伙人是购买某一现有合伙人的全部产权还是部分产权,都应以协议的方式划分他们之间的债权债务,并取得现有合伙人、债权人、债务人的同意。从会计核算的角度来看,以这种方式入伙属于合伙人之间的个人交易,唯一的变动是更改"业主资本"明细账记录。无论交易价格是高于、等于还是低于所转让的产权,对合伙企业的资产权益都无影响。

例 11-17 征得合伙人 A 和 C 同意后,合伙人 B 将其中 60 000 元的产权以 73 000 元的价格转让给 D。

在这一项业务中,D 以 73 000 元的价格购买 B 60 000 元的产权纯属现有合伙人 B 和新合伙人 D 之间的个人交易,对合伙企业这一会计主体无实质影响,合伙企业的会计记录中只需对业主资本明细账做相应变动。会计分录为:

借:业主资本——合伙人 B   60 000
  贷:业主资本——合伙人 D   60 000

(二)新合伙人对合伙企业投资

采用对合伙企业投资的方式接受新合伙人,会引起资产和权益的同时增加。新合伙人向企业投资数额和从企业取得的产权份额由新合伙人和全体原合伙人共同协商确定。所投资数额可能等于从企业取得的产权份额,也可能高于或低于从企业取得的产权份额。在新合伙人的投资数额等于从企业取得的产权份额的情况下,会计核算中直接将接受的投资数额作为业主资本入账。由于合伙企业的权益全部集中体现于"业主资本"账户,而不存在"资本公积""盈余公积"等其他所有者权益项目,因此,当所投资数额高于或低于所取得的产权份额时,其差额按原合伙人损益分配比例直接调整原合伙人的资本数额。

例 11-18 J 和 R 联合创办的合伙企业具有很强的盈利能力,其资本账户余额各为 150 000 元。J 和 R 拥有的损益分配权分别为 60% 和 40%。经协商,同意接纳 T 为新合伙人,条件是 T 投资 200 000 元取得该企业 1/4 的产权和 1/4 的收益分配权。

在本例中,T 入伙后的权益总额为 500 000 元,T 所拥有的权益额为 125 000 元。在 T 所投入的 200 000 元中,75 000 元作为对原合伙人的回报,分别按 60% 和 40% 的比例归入原合伙人 J 和 R 的权益。会计分录为:

借:银行存款   200 000
  贷:业主资本——合伙人 T   125 000
      ——合伙人 J   45 000
      ——合伙人 R   30 000

T 入伙后,T、J、R 三位合伙人的资本账户余额分别为 125 000 元、195 000 元和 180 000 元。由于 T 拥有净收益的 25%,剩下的 75% 由 J 和 R 重新确定分配比例。

五、收益分配的核算

合伙企业建立的目的在于盈利。一般说来,合伙人可以按出资比例分配收益,也可以按合伙人数量平均分配,还可以同时兼顾出资比例、合伙人数量来进行分配。从理论上来讲,合伙企业的收益由合伙人的工资报酬、资本报酬和业主风险报酬三部分构成。分配损益的最佳方法是按固定比例分配,但是,在每位合伙人向企业提供服务量和资本量悬殊的情况下,直接按固定比例分配损益就很不合理,因此,合伙企业的损益分配有以下四种方法:

(1) 直接按固定比例分配;
(2) 先分配工资报酬,然后按固定比例分配剩余收益;
(3) 先分配资本报酬,然后按固定比例分配剩余收益;
(4) 先分配工资报酬和资本报酬,然后按固定比例分配剩余收益。

例 11-19 按合伙协议规定,合伙人 M 和 N 采用先分配工资报酬,然后按固定比例分配剩余收益的方法。M 和 N 的年工资报酬分别为 30 000 元和 42 000 元,剩余的损益平均分配。2018 年该企业实现净收益 120 000 元,其分配方法如表 11-3 所示。

表 11-3　2017 年企业净收益的分配　　　　　　　　　　　　　　　　单位:元

项目	合伙人 M	合伙人 N	净收益
可供分配的净收益			120 000
分配工资报酬	30 000	42 000	(72 000)
剩余收益			48 000
合伙人 M(50%)	24 000		
合伙人 N(50%)		24 000	(48 000)
每位合伙人的总收益	54 000	66 000	0

根据表 11-3 的结果编制如下会计分录:

借:本年利润　　　　　　　　　　　　　　　　　　120 000
　　贷:业主资本——合伙人 M　　　　　　　　　　　54 000
　　　　　　　——合伙人 N　　　　　　　　　　　66 000

经两合伙人协商,工资报酬以现款的方式支付给合伙人,会计上作为业主提款处理:

借:业主资本——合伙人 M　　　　　　　　　　　　30 000
　　　　　——合伙人 N　　　　　　　　　　　　42 000
　　贷:银行存款　　　　　　　　　　　　　　　　72 000

六、合伙人退伙的核算

合伙人退伙的方式主要有以下几种:经全体合伙人同意后将产权对外出售,经全体合伙人同意后将产权转让给某一现有合伙人,由合伙企业购买退伙人的产权。采用前两种方式退伙对企业的资产和负债无任何影响,会计上仅需改变业主资本明细账记录。在合伙企业购买退伙人所拥有的产权的情况下,按照所付价款是否等于退伙人产权数额可以分为以下三种情况:

(1) 企业购买退伙人产权所付价款与退伙人所拥有的产权数额相等。在这种情况下,按照实际支付的价款直接冲销退伙人的业主资本明细账。

例 11-20 在 E、F、G 三人组成的合伙企业中,每一位合伙人的资本数额和损益分配比例如表 11-4 所示。

表 11-4 每一合伙人的资本额和损益分配比例

	资本账户余额(元)	损益分配比例(%)
合伙人 E	150 000	20
合伙人 F	180 000	30
合伙人 G	250 000	50
资本总额	580 000	

征得其他两位合伙人同意后,G 决定退伙,企业按 G 所拥有的产权数额向 G 支付价款。会计分录如下:

借:业主资本——合伙人 G   250 000

    贷:银行存款   250 000

(2) 企业购买退伙人产权所付价款超过退伙人所拥有的产权数额。合伙人资本账户中所体现的产权数额往往与合伙人退伙时所拥有的净资产的当前市场价值不同,因此,退伙人要求按当前市场价值确定其所拥有的产权是合乎情理的。另外,经营成功的合伙企业存在未入账的商誉,这也客观决定着企业支付的退伙款应高于退伙人所拥有的产权数额。这一差额实际上是给予退伙人的额外补偿,应该在所剩的合伙人之间按损益分配比例分摊,并分别借记所剩合伙人的资本账户。值得注意的是,这一分配比例是退伙人撤资后的分配比例。

退伙人撤资后每一位剩余合伙人的损益分配比例可用下述公式重新计算:

$$每一位剩余合伙人损益分配比例 = \frac{每一位合伙人以前损益分配比例}{剩余合伙人以前损益分配比例合计}$$

在例 11-20 中,合伙人 G 撤资后合伙人 E、F 的损益分配比例计算如下:

合伙人 E 的损益分配比例 $= \dfrac{20\%}{20\%+30\%} = 40\%$

合伙人 F 的损益分配比例 $= \dfrac{30\%}{20\%+30\%} = 60\%$

例 11-21 承例 11-20,假设 G 退伙时实际收到价款 280 000 元。在给予 G 的 30 000 元的额外补偿中,合伙人 E 分配的数额为 12 000 元(30 000×40%),合伙人 F 分配的数额为 18 000 元(30 000×60%)。会计分录如下:

借:业主资本——合伙人 G   250 000

        ——合伙人 E   12 000

        ——合伙人 F   18 000

    贷:银行存款   280 000

(3) 企业购买退伙人产权所付价款低于退伙人所拥有的产权数额。在合伙企业存在未入账的损失的情况下,某一合伙人退伙时需要承担一定数额的损失,购买退伙人产权所付价款可能会低于退伙人所拥有的产权数额。这一差额应按相应的损益分配比例转入剩余合伙人的资本账户。

例 11-22 承例 11-20，假设 G 退伙时实际收到价款 200 000 元。少付的 50 000 元中给予 E 的补偿为 20 000 元（50 000×40%），给予 F 的补偿为 30 000 元（50 000×60%）。会计分录如下：

借：业主资本——合伙人 G　　　　　　　　　　　　250 000
　　贷：银行存款　　　　　　　　　　　　　　　　　　200 000
　　　　业主资本——合伙人 E　　　　　　　　　　　 20 000
　　　　　　　　——合伙人 F　　　　　　　　　　　 30 000

本章提要

资产负债表的左边为资产，右边为权益。权益是指企业资产的资本来源或所有权归属，包括负债（即债权人权益）和所有者权益两部分。所有者权益是企业所有者对企业净资产的拥有权。所有者权益产生于股权投资行为，从数量上来看是企业资产减去负债后的净额。所有者权益的规模及构成受多种因素的制约，如企业组织形式、经营状况、收益分配方案、筹资政策等。

本章阐述了公司制企业、独资企业和合伙企业三种企业组织形式中所有者权益的核算。从本章的阐述中不难看出：承担有限责任的企业与承担无限连带责任的企业，法律对所有者权益形成与运用的规定是不同的，这种不同直接从会计核算上体现出来。独资企业和合伙企业不是独立的法律实体以及承担无限连带责任的特点，使得这两类企业在分配盈余前不提取各种公积金，会计上不存在分项反映所有者权益构成的问题。但对承担有限责任的公司制企业而言，独立法律实体的特征以及法律基于对债权人权益的保护，对所有者权益的构成以及权益性资本的运用都做出了严格的规定，会计上必须清晰地反映所有者权益的构成，并提供各类权益形成与运用的信息，因此，会计核算上不仅要反映所有者权益总额，还要反映每类权益项目的增减变动情况。

练习与思考

1. 公司制企业与其他企业组织形式的所有者权益有何区别？会计上如何处理？
2. 与债权人权益相比，所有者权益有哪些特征？
3. 为何公司制企业必须按出资者的出资比例分享收益并承担损失，而合伙企业则不一定这样？
4. 盈余公积与资本公积在来源与运用上的区别是什么？
5. 公司制企业利润分配的顺序是什么？为什么必须遵循这一顺序？

小组讨论

《企业会计准则——基本准则》（2014 修订）第三十三条将费用定义为："企业在日常活动中发生的、会导致所有者权益减少的、与向所有者分配利润无关的经济利益的总流出。"第三十四条规定："费用只有在经济利益很可能流出从而导致企业资产减少或者负债增加,且经济利益的流出额能够可靠计量时才能予以确认。"也就是说,费用直接导致资产的减少或负债的增加,并最终导致所有者权益的减少。但例11-10中授权时的会计分录为借记"管理费用",贷记"资本公积",这笔分录意味着费用的产生直接导致所有者权益的增加,并非导致资产的减少或负债的增加。

当年,认为上述会计处理不符合费用的定义是美国会计准则制定过程中一部分人反对将股权激励作为费用在表内披露的原因之一。当然,这一理论认识问题在21世纪初已达成共识。

请读者:

1. 查阅有关美国《财务会计准则第123号——股票型报酬的会计处理》制定与颁布过程中围绕此问题进行辩论的资料,作为小组讨论的背景材料。

2. 围绕股份支付的经济实质对上述看似矛盾的问题进行讨论。

 辅助阅读资料

1. 李乐,《所有者权益的法学分析》,《法学博览》,2018年第21期。

2. 申岩岩,《对新会计准则"其他资本公积"核算变化引发的思考》,《现代商业》,2016年第17期。

3. 穆敏,《其他综合收益信息披露及会计核算问题探讨》,《财会学习》,2017年第14期。

4. 徐筱婷,《"其他资本公积"核算变化引发的思考》,《财会研究》,2015年第11期。

21世纪经济与管理规划教材

会 计 学 系 列

第十二章

收入、费用与利润

【知识要求】

通过本章的学习,理解收入确认的原则、前提条件与"五步法模型"的各项内容;掌握资产、负债的计税基础,暂时性差异及其类型;会计利润与纳税所得存在差异的原因及主要的差异内容;资产负债表债务法下所得税核算的一般程序;与企业日常活动相关或无关的政府补助的判断;利润分配程序。

【技能要求】

通过本章的学习,应能够熟悉:
- 合同及合同中单项履约义务的识别;
- 合同交易价格的确定及分摊至每一单项履约义务的具体操作;
- 特殊商品销售业务的核算;
- 资产、负债的计税基础与暂时性差异的计算;
- 将会计利润调整为纳税所得;
- 资产负债表债务法下所得税核算的具体操作;
- 政府补助的会计处理;
- 利润分配及年终利润结转的会计处理。

【关键术语】

交易价格	可变对价	合同折扣	销售折让
非现金对价	应付客户对价	政府补助	其他收益
纳税所得额	所得税费用	账面价值	计税基础
暂时性差异	资产负债表债务法	递延所得税资产	递延所得税负债

赚钱，是每家企业孜孜以求的事。在任何一天，不管企业是刚刚开张还是由来已久，它都在为获得收入而提供一系列的产品和服务。制造或拥有这些产品和服务需要一定的费用开支，其数额当然应在企业财力许可的范围内。企业的基本目标是通过销售产品和提供服务得到比生产或拥有它们所花费的成本更多的钱，从而占有两者的差额——利润。企业若能实现利润，就会壮大。否则，它所拥有的财力就会越来越少，早晚有一天，它将无力支付生产或拥有那些产品和服务的成本，其营业活动将不得不停止，最终宣告破产。这就是一家企业从生到死的全部故事。

　　追求利润是任何企业经营的基本目标，而正确确认与计量收入、费用，是如实反映企业各期经营成果的重要环节，也是正确进行纳税申报与利润分配的基础。本章主要阐释企业收入、费用的确认、计量与记录，净利润的分配程序及核算。对收入、费用的一般账务处理，前面各章(如第三章和第四章)已有述及，除收入确认、特殊销售业务的账务处理以及所得税费用外，本章更多的是进行归纳和总结，以便对企业的收入、费用、利润及其分配有整体的认识，为编制财务报表提供知识准备。

第一节　收　　入

相关链接

准则沿革

　　我们知道，2006年中国发布了38项具体会计准则，其中包括收入与建造合同两项准则，分别对商品销售收入、建造合同及劳务收入的确认、计量与相关信息披露进行了规范。但两项准则对收入的确认分别采用了不同的标准，企业销售商品，收入确认以"风险和报酬是否转移"为基础；建造合同或劳务收入，其确认需视合同结果是否能够可靠地计量而定。具体来讲：资产负债表日合同结果能够可靠计量的，按完工百分比法确认合同收入与费用；合同结果不能可靠计量的，再分合同成本能够收回的，合同收入根据收回的实际合同成本确认，否则不确认合同收入，只确认合同费用。上述销售商品与建造合同收入确认的不一致，造成准则实施过程中存在诸多问题。典型的例子是很多施工企业除主营建筑、安装业务外，还从事工程勘探、设计、工程咨询、技术服务、成套设备销售等相关业务。虽然这些业务与建筑施工有关，但并不具有建造合同的特征，不属于建造合同实施的内容，这类业务应按照收入准则进行收入的确认与计量。随着2014年5月国际会计准则理事会对收入准则的修订，2017年7月中国财政部对《企业会计准则——收入》也进行了全面修订，改变了过去以"风险和报酬是否转移"为基础确认收入的原则，建立了基于合同的收入确认模式，企业履行了合同中的履约义务，以商品或服务的"控制权转移"为基础确认收入，确认金额则是企业因交付该商品或服务而预期有权获得的金额。原建造合同相关业务的核算也遵循修订后的收入准则，统一了一般销售收入与建造合同收入的确认原则。

一、收入的定义及分类

收入既是一个会计要素,也是形成企业利润的主要来源。对收入的界定,有狭义和广义之分。一般来讲,狭义的收入是指企业在日常活动中所形成的经济利益的总流入,利得被排除在外。2018 年 3 月国际会计准则理事会在其《财务报告概念框架》中指出,收益是指会计期间内经济利益的增加,其形式表现为由资产流入、资产增值或负债减少而引起的权益的增加。收入属于收益的一部分。中国在现行的《企业会计准则——基本准则》中指出,收入是指"企业在日常活动中形成的、会导致所有者权益增加的、与所有者投入资本无关的经济利益的总流入"。作为会计要素的收入,其流入的经济利益产生于企业的日常活动。这里,日常活动是指企业为了完成其经营目标而从事的经常性活动及与之相关的其他活动。例如,工业企业制造并销售产品、商业企业销售商品、商业银行提供贷款服务、咨询公司提供咨询服务、软件公司为客户开发软件、安装公司提供安装服务、建筑企业提供建筑服务,以及企业出租资产等,均属于企业的日常活动。经济利益则是指现金或最终能转化为现金的非现金资产。

收入是企业在日常活动中形成的,利得源于企业日常活动以外的活动,收入和利得共同构成收益。实务中,区分收入和利得需要注意以下三点:

(1)利得是企业边缘性或偶发性交易或事项的结果,如固定资产报废清理所产生的收益。

(2)利得属于那种不经过经营过程就能取得或不曾期望获得的收益,如与企业日常活动无关的政府补贴、接受捐赠净收入、因其他单位违约所收取的违约金等。

(3)利得在利润表中通常以净额反映。

收入有不同的分类。按性质,收入可分为销售商品收入、提供劳务收入和让渡资产使用权等取得的收入。销售商品收入主要包括工业企业制造并销售产品、商业企业销售商品等实现的收入。提供劳务收入是指企业通过提供劳务而实现的收入,如咨询公司提供咨询服务、广告公司提供广告服务、软件开发公司为客户开发软件等实现的收入。让渡资产使用权等取得的收入,常见的如商业银行对外贷款、租赁公司出租资产等所实现的收入等。

按重要性,收入可分为基本业务收入与其他业务收入两类。基本业务收入是指企业主体业务活动产生的收入,又称主营业务收入,如工业企业的产品销售收入、商业企业的商品销售收入、商业银行的利息收入、安装公司的安装收入等。基本业务收入在企业的营业收入中占有较大比重,对企业损益的形成有较大影响。其他业务收入是指主营业务以外,企业附带经营的业务(副业)或与日常活动相关的活动所产生的收入,包括附营业务收入(如工商企业出租资产的租金收入,提供运输、修理等的服务收入等)、与企业营业活动相关的正常理财活动所产生的投资收益(如企业对外进行债权投资等所获得的净收益)、与企业日常活动相关的政府补助等。附营业务收入在企业的营业收入中所占比重一般不大,相对居于次要地位。但在目前企业多种经营并存的情况下,附营业务收入所占营业收入的比重逐渐增加。

二、收入的确认与计量

会计确认是将某个项目作为一项资产、负债、收入、费用等正式地记录并列入企业财务报表的过程。具体到收入来说,其确认是将某个项目作为收入要素记账,并在利润表中反映。收入确认应当遵循一定的标准。中国现行收入准则规定了收入确认的原则:"企业应当在履行了合同中的履约义务,即在客户取得有关商品控制权时确认收入。"这不仅解决了之前中国收入准则实施过程中存在的问题,也保持了中国企业会计准则与国际财务报告准则的持续趋同。

(一) 收入确认的基本关键点

理解收入确认,核心是准确把握履约义务与商品控制权。按照可靠性原则,企业确认收入应满足两个基本条件,即商品已经发出或劳务已经提供,并已收取货款或取得收取相应款项的权利。现行收入准则为什么仅规定了履约义务而没有明确是否已收取货款或已取得收取相应款项的权利?这是因为收入确认的基本条件是基于合同而言的,合同中已明确规定了双方或多方有法律约束力的权利与义务,只有作为销售合同的主动方或主导方的销售方履行合同义务,才能构成合同的执行。只要合同受法律保护,销售方先履行合同约定义务,就在法律上取得了收取合同规定相应款项的权利。所以,销售方应按合同履行相应义务,使客户取得商品控制权。

1. 履约义务

履约义务是指合同中企业向客户转让可明确区分商品的承诺。除合同中明确的承诺外,它还包括企业已公开宣布的政策、特定声明或以往的习惯做法等导致合同订立时,客户合理预期企业将履行的承诺。例如,企业在销售推广中对所售商品的安装调试甚至使用培训等项目的承诺,并声明不再收取费用的相关特定声明,尽管这些特定服务项目可能没有单独写进具体的合同条款中,但也应视同商品销售合同的组成部分。

销售合同的履约义务除在某一时点履行外,有时可能需要在某一时段内完成。企业向客户转让一系列实质相同且转让模式相同①的、可明确区分商品的承诺,应当作为单项义务。这主要是因为现行收入准则将原建造合同准则合并而引起的针对建造合同等特殊销售业务的特殊规定。

2. 商品控制权

收入确认的性质标志为是否转移了商品的控制权,若已转移了商品的控制权,也就表明销售方履行了履约义务。从这点来看,商品控制权转移与履行履约义务是一个意思。理解把握商品控制权,应正确理解商品所有权与主要风险及报酬转移的关系。理论上,所有权是所有权人依法对自己财产享有的占有、使用、收益和处分的权利,又称财产所有权。控制权一般相对于所有权而言,是指对某些资源的支配权,它并不一定对资产拥有所有

---

① 转让模式相同是指应满足如下三个条件的合约:①客户在企业履约的同时,即取得并消耗企业履约所带来的经济利益,如建造工程开始后所建造的部分建筑的收益权已归客户而非建造工程的承包方;②客户能够控制企业履约过程中的在建商品,如建造工程开始后所建造的部分建筑的控制权就已经归客户,建造商无权对建造工程进行继续建造以外的处置、使用等权利;③企业履约过程中所产出的商品具有不可替代用途,且在整个合同期内有权就累计至报告日已完成的履约部分收取款项,表明履约成本已发生且即使原约定的整个合同不能继续完成,也取得了收取相应款项的权利,已经符合收入确认的基本标准。

权。所有权包括控制权,如果销售方转移了商品的所有权,自然也就失去了控制权。可见,所有权比较复杂,控制权则相对比较简单,就是商品的支配权。将其作为收入确认的标志比较容易分辨,与直接使用所有权相比,其性质标志更加具体明确。所以,现行收入准则采用控制权作为收入确认的基本标志。取得商品的支配权也就意味着获得了商品的使用权,取得使用权也就自然享有相应的收益权,同时也意味着享有商品控制权上的报酬权,享有报酬权必然要承担相应商品控制权上的风险。所以,商品所有权上主要风险与报酬的转移,也就说明商品的控制权甚至所有权发生了转移。

对商品控制权的判断,以客户即购买方取得控制权为准,而非销售方失去控制权的时点。前者应比后者稍晚,例如企业已将所售商品的风险和报酬转移给客户,但仍保留对售出商品的实质控制。此时若按商品所有权上的主要风险与报酬转移确认收入,就会导致企业提前确认收入。究竟如何判断企业对售出商品的控制权是否转移,应视企业的履约义务是属于在某一时点履行还是属于在某一时段内履行而定。这将在后面详细阐释。

采用从客户取得商品控制权的角度确认收入,对客户采购商品的确认时点也更加清晰,使企业与客户在商品确认时点上保持一致。这不仅提高了会计判断的准确性,挤压了收入确认过程中不同企业以及不同会计人员对确认时点不同职业判断的自由裁量权,提高了收入信息一致性特征的质量,而且还可避免因交易双方判断不一致而产生的账外商品问题,提高了全社会的收入与采购会计信息质量。

(二)收入的确认条件与计量

收入的确认与计量应遵循五步法模型:第一步,识别与客户订立的合同;第二步,识别合同中的单项履约义务;第三步,确定交易价格;第四步,将交易价格分摊至各单项履约义务;第五步,履行各单项履约义务时确认收入。其中第一、二、五步主要与收入的确认有关,第三、四步主要与收入的计量有关。

1. 识别与客户订立的合同

既然收入的确认是基于合同,那么首先要解决的问题是如何识别与客户订立的合同。这里的合同,是指双方或多方之间订立有法律约束力的权利、义务的协议,包括书面形式、口头形式及其他可验证的形式(隐含于商业惯例或企业以往的习惯做法中,如前面所述企业在推销过程中所做的各种承诺)。当企业与客户之间的合同同时满足下列条件时,企业应当在客户取得相关商品控制权时确认收入,这是收入确认的前提条件。包括:

(1)合同各方已批准该合同并承诺将履行各自的义务;

(2)该合同明确了合同各方与所转让商品或提供劳务相关的权利和义务;

(3)该合同有明确的与所转让商品相关的支付条款;

(4)该合同具有商业实质,及履行该合同将改变企业未来现金流量的风险、时间分布或金额;

(5)企业因向客户转让商品而有权取得的对价很可能收回。

进行合同识别时,应重点关注以下三个方面:

第一,对确认收入的合同增加了"合同各方已批准"的要求,这表明收入确认必须以各方签订并批准的合同为前提。会计部门在确认收入时,应取得合同批准的相应条款或有效凭证。从会计监督角度,企业要按照财政部等五部委颁布的企业内部控制应用指引关于合同管理的要求加强合同管理;要强化合同的审批管理,尤其是一些口头等形式的销售协议必须履行合同审批程序。

第二,在对上述五项条件进行判断时,应注意:①合同约定的权利与义务是否具有法律约束力。这需要根据企业当时所处的法律环境和实务操作进行判断,包括合同订立的方式与流程、具有法律约束力的权利与义务的时间等。对于合同各方均有权单方面终止完全未执行的合同,且无须对合同其他方面做出补偿的,企业应视为该合同不存在。②合同应具有商业实质,即履行该合同将改变企业未来现金流量的风险、时间分布或金额。具体根据非货币性资产交换中有关商业实质的规定进行判断。③评估企业因向客户转让商品而有权取得的对价是否很可能收回时,仅应考虑客户到期时支付对价的能力和意图(即客户的信用风险)。存在价格折让的,应当在估计交易价格时进行考虑。企业预期很可能无法收回全部合同对价的,应当判断其是因为客户的信用风险还是因为企业向客户提供了价格折让所致。

对不能同时满足上述五项条件的合同,企业只有在不再负有向客户转让商品的剩余义务(例如合同已完成或撤销),且已向客户收取的对价(包括全部或部分对价)无须退回时,才能将已收取的对价确认为收入;否则,应当将已收取的对价作为负债进行处理。其中,企业向客户收取无须退回的对价,应当在已将该部分对价所对应的商品控制权转移给客户,并且已不再向客户转让额外的商品且不再负有此类义务时,将该部分对价确认为收入;或者在相关合同终止时,将该部分对价确认为收入。

在合同的后续期间,若有迹象表明相关事实和情况已经发生重大变化,尤其是客户的信用风险显著上升,则企业应对合同进行持续评估,判断在未来向客户转让剩余商品而有权取得的对价款是否很可能收回。如果不能满足很可能收回的条件,则该合同应停止确认收入,并且只有当后续合同条款再次全部满足或企业不再负有向客户转让商品的剩余义务、已向客户收取的对价无须退回时,才能将已收取的对价确认为收入。

第三,对单个合同的识别应分三种情况进行:①企业与某一客户签订的单一合同,按规定条件识别就行,比较简单。②企业与同一客户(或该客户的关联方)同时订立或在相近时间内先后订立两份或多份合同,在满足相应的条件①时,应合并为一份合同进行会计处理。③对涉及合同变更的,指经合同各方同意对原合同范围或价格做出变更,应根据具体情况进一步区分三种情形进行收入确认:一是对合同变更内容增加了可明确区分的商品和价格,且新增合同价款反映了新增商品单独售价的,应当将该合同变更作为一份单独的合同进行处理;二是在合同变更日已转让商品与未转让商品之间可明确区分的,应当视为原合同终止,同时将原合同未履约部分与合同变更部分合并为新合同进行会计处理(详见例12-1);三是在合同变更日已转让商品与未转让商品之间不可明确区分的,应将该合同变更部分作为原合同的组成部分,在合同变更日重新计算履约进度,并调整当期收入与相应成本等(详见例12-2)。

例12-1 D公司与客户签订合同,为客户提供安保服务,合同期限为3年,客户每年向D公司支付服务费30万元(该价格反映了合同开始日安保服务的单独售价),第二年年

---

① 包括三个条件:一是该两份或多份合同基于同一商业目的而订立并构成一揽子交易,如一份合同在不考虑另一份合同的对价的情况下将会发生亏损;二是该两份或多份合同中的一份合同的对价金额取决于其他合同的定价或履行情况,若一份合同发生违约,将会影响另一份合同的对价金额;三是该两份或多份合同中所承诺的商品构成单项履约义务。

末,合同双方对合同进行了变更,将第三年的服务费调整为 25 万元(假设该价格反映了合同变更日安保服务的单独售价);同时以 81 万元的总价格再延长服务期限 3 年(假设该价格反映了合同变更日该 3 年服务的单独售价)。请问:如何对本例的合同进行识别?

分析:合同开始日,指合同开始赋予各方具有法律约束力的权利与义务的日期,通常指合同生效日。本例中,D 公司为客户提供的安保服务是可明确区分的,且属于转让一系列实质相同且转让模式相同的服务,因此作为单项履约服务。合同开始前两年,D 公司每年确认收入 30 万元。合同变更日,因延长 3 年安保服务的价格能够反映该项服务的单独售价,故属于上述合同变更的第一种情形,D 公司应将变更的合同作为单独的合同进行会计处理,第三年确认收入 25 万元;延长期内的 3 年,A 公司每年应确认收入 27 万元。

本例中,如果延长期内客户所支付的 81 万元对价不能反映合同变更日该 3 年服务的单独售价,其他条件不变,则该合同变更部分不能作为单独的合同进行会计处理。由于合同剩余期间需提供的服务与已提供的服务是可明确区分的,D 公司应将该合同变更作为原合同终止;同时,将原合同中未履行的第三年服务与所延长的 3 年服务合并为一份新合同进行会计处理。该新合同期限 4 年,总对价 106 万元(即原合同尚未确认收入的 25 万元+新增 3 年服务的对价 81 万元),新合同中 D 公司每年应确认收入 26.5 万元。

例 12-2 2018 年 7 月 1 日,A 建筑公司与客户签订一份总额为 2 000 万元的合同,在客户的自有土地上建造一栋办公楼,工期 18 个月,预计合同总成本 1 500 万元。至 2018 年 12 月 31 日,A 公司累计已发生成本 525 万元。2019 年 3 月初,双方同意将办公楼原设计的总共 10 层再增加 2 层,合同价格和预计总成本也分别增加 400 万元及 250 万元。此种情况的合同如何识别?

分析:本例中的建造服务属于在某一时段内履行的履约义务,根据累计发生的合同成本占合同预计总成本的比例确定履约进度。至 2018 年年末,A 公司的履约进度为 35%(525/1 500×100%),确认收入 700 万元(2 000×35%)。由于合同变更后拟提供的剩余服务与合同变更日或之前已提供的服务不可明确区分,因此 A 建筑公司应将该合同变更作为原合同的组成部分进行会计处理。本例中,合同变更后的总价格为 2 400 万元,合同变更日重新计算的履约进度为 30%[525/(1 500+250)×100%],据此计算的收入为 720 万元,比原确认的收入 700 万元增加 20 万元,合同变更日 A 公司应补提收入 20 万元。

2. 识别合同中的单项履约义务

前面讲到,收入确认的标志为是否转移了商品的控制权,若已转移了商品的控制权,也就表明销售方履行了履约义务。所以合同开始日,企业应对合同进行评估,识别各该合同所包含的单项履约义务,进而为其后履行单项履约义务时确认收入提供基础。下列情况下,企业应将向客户转让商品的承诺作为单项履约义务:一是企业向客户转让可明确区分商品(或商品的组合)的承诺;二是企业向客户转让一系列实质相同且转让模式相同的、可明确区分商品的承诺。

实务中,企业向客户承诺的商品是多方面的,包括企业为销售而生产的产品、为转售而购进的商品或使用某商品的权利(如机票等)、向客户提供的各种服务、授权使用许可等,它们一般都可明确区分。所谓可明确区分,应同时满足两个条件:一是客户能够从该商品本身或从该商品与其他易于获得资源一起使用中受益,意即商品是有用的,能直接给客户带来好处,例如直接销售该商品。二是企业向客户转让商品的承诺与合同中其他承诺可单独区分,换言之,不存在需提供重大服务、重大修改或定制、高度关联其他商品的承诺;即使有这些承诺,也是可以单独区分的。①

例 12-3 企业向客户(某宾馆)销售一批空调并提供安装服务,空调的安装也可由客户从市场上另找安装公司安装。请问:本合同中的销售空调及其安装服务是否属于单项履约义务?

分析:空调是宾馆日常活动必不可少的设备,客户通过空调的安装及其使用获益,显然,销售空调及其安装服务能够明确区分。本例中,销售方企业对客户的承诺是交付设备再安装,且空调的安装非常简单,无须对空调做出重大修改或定制。虽然客户只有获得空调的控制权后才能从安装服务中受益,但企业履行其向客户转让空调的承诺独立于其提供安装服务的承诺,或者说销售空调与安装服务彼此间不会产生重大影响,两者不具有高度的关联性,在合同中彼此可明确区分。因此,该合同包括两项履约义务:销售空调与安装服务。

本例中,若合同规定只能由销售方企业提供空调的安装服务。此时,合同限制并未改变空调的特征,也没有改变企业对客户的承诺。虽然客户只能选择销售方企业提供安装服务,但销售空调与安装空调仍符合可明确区分的条件,仍属于两项履约义务。

实务中,若设备的安装很复杂(如电梯的安装),该安装服务可能对销售的设备进行定制化的重大修改,则即使市场上有其他供应商能够提供此项服务,销售方企业也不能将该项安装服务作为单项履约义务,而应将设备及其安装合并为单项履约义务。

上述规定主要属于在某一时点履行的履约义务,有时一项销售合同的履约义务可能需要在某一时段内完成,因此企业向客户转让一系列实质相同且转让模式相同的、可明确区分商品的承诺,也应当作为单项履约义务。如前述例 12-2 中,在整个 18 个月的工期内,建筑公司每天都在施工,每天所提供的服务都是可明确区分且实质相同。根据控制权转移的判别标准,每天的服务都属于在某一时段内履行的履约义务。建筑公司应将每天的施工服务合并,将本合同作为单项履约义务进行会计处理。

需要注意两点:一是实务中企业向客户销售商品,往往约定需要将商品运送至客户指定的地点。通常情况下,商品控制权转移给客户之前发生的运输活动不构成单项履约义务;相反,商品控制权转移后发生的运输活动,可能表明企业向客户同时提供了运输服务,此时企业应考虑该项运输服务是否构成单项履约义务。二是企业为履行合同而进行的初始活动,通常不构成履约义务,除非该活动向客户转让了承诺的商品。例如,俱乐部为注册会员建立档案,并未向会员转让承诺的商品,故不构成单项履约义务。

3. 确定交易价格

合同交易价格的确定,涉及收入的计量。

交易价格是指企业因向客户转让商品而预期有权收取的对价金额。企业代第三方收取的款项(如增值税)以及企业预期将退还给客户的款项作为负债处理,不计入交易价格。企业在确定交易价格时,应考虑可变对价、合同中存在的重大融资成分、非现金对价以及应付客户对价等因素的影响,并应当假定将按照现有合同的约定向客户转让商品,且该合

---

① 下列情形通常表明企业向客户转让商品的承诺与合同中的其他承诺不可明确区分:①企业需提供重大服务以将该商品与合同中承诺的其他商品进行整合,形成合同约定的某个或某些组合产出转让给客户;②该商品将对合同中承诺的其他商品予以重大修改或定制;③该商品与合同中承诺的其他商品具有高度的关联性,即合同中承诺的每一单项商品均受到合同中其他商品的重大影响。

同不会被取消、续约或变更。

(1) 可变对价。企业与客户的合同中约定的对价金额可能是固定的,也可能会因折扣、价格折让、返利、退款、奖励积分、激励措施、业绩奖励、索赔等因素而发生变化,后者称为可变对价。此外,根据一项或多项或有事项的发生而收取不同对价金额的合同,也属于可变对价的情形。例如,企业售出商品的同时允许客户退货,此时企业收取的对价金额将视客户是否退货而定,因此该合同的交易价格是可变的。企业在进行判断时,不仅要考虑合同条款的约定,还要考虑下列情况:一是根据企业已公开宣布的政策、特定声明或以往的习惯做法等,客户能够合理预期企业将会接受低于合同约定的对价金额,例如企业会以折扣、返利等形式提供价格折让;二是其他相关事实和情况表明企业在与客户签订合同时,就打算向客户提供价格折让,例如企业与一新客户签订合同,虽然之前企业没有对该客户销售给予折扣的历史记录,但根据企业拓展客户关系的战略安排,企业会给予新客户相应的价格优惠,愿意接受低于合同约定的价格。

合同中存在可变对价的,企业应对其进行合理估计。这涉及可变对价最佳估计数的确定,原则是按照企业期望值或最有可能发生金额确定。这里,期望值是指按照各种可能发生的对价金额及相关概率计算确定的金额。当企业拥有大量具有类似特征的合同,并估计可能产生多个结果时,通常按照期望值估计可变对价金额。最可能发生金额是一系列可能发生的对价金额中最可能发生的单一金额,即合同最可能产生的单一结果。当合同仅有两个可能结果(如工期能按期完工或不能按期完工)时,通常按照最可能发生金额估计可变对价。

例12-4 G公司生产并销售空调,2018年6月与家电零售商S公司签订合同,约定销售空调5 000台,每台售价2 800元(不含增值税,下同)。同时,向S公司提供价格保护,约定在未来6个月内,若同款空调价格下降,则G公司将按合同价与最低售价的差额向S公司支付差价。G公司根据以往的销售经验,同类合同预计降价可能发生的概率如表12-1所示。请计算确定本合同中空调的交易价格。

表12-1 G公司同类空调6个月内降价的历史统计

未来6个月内的降价金额(元/台)	概率
0	40%
200	30%
400	20%
800	10%

分析:本合同因有所售商品的价格保护条款,交易价格属于可变对价,G公司认为期望值能更好地预测其有权收取的对价金额。不考虑交易价格的限制要求,本合同的交易价格为每台2 580元(2 800×40%+2 600×30%+2 400×20%+2 000×10%)。

例12-5 H公司与客户签订制作某品牌广告的合同,约定价款200万元。该广告拟在央视一套黄金时段播出,要求自合同签订日起45天内完成,否则将承担违约金30万元,并直接从合同价款中扣除。不考虑增值税。请问:H公司应如何确定本合同的交易价格?

分析:本例中,合同的对价金额实际上包括两部分:一是固定对价170万元,二是可变对价30万元。虽然本合同的执行可能面临两种结果,但是H公司认为按照最可能发生金额来预测其有权收取的对价金额比较恰当,且根据公司实际,最有可能发生的单一金额为200万元,这也是本合同估计的交易价格。

需要注意两点:

一是对可变对价最佳估计数的确定,企业所选用的方法应当能够更好地预测其有权收取的对价金额,并且对于类似的合同,应选用相同的方法进行估计。对于某一事项的不确定性对可变对价金额的影响,企业应在整个合同期间一致地选用同一种方法进行估计。但当存在多个不确定性事项均会影响可变对价金额时,企业可以选用不同的方法进行估计。

二是企业在按照期望值或最可能发生金额确定可变对价金额后,作为交易价格的可变对价还应满足限制条件,即包含可变对价的交易价格,应当不超过在相关不确定性消除时累计已确认的收入极可能[1]不会发生重大转回的金额。企业在评估是否极可能不会发生重大转回时,应同时考虑收入转回的可能性及其比重(同时考虑合同中包含固定对价与可变对价时所计算的可能发生的收入转回金额占合同总对价的比重)。限制条件的目的是避免因一些不确定性因素的发生而导致之前已确认收入的转回,防止收入或利润的操纵。满足上述限制条件的可变对价,作为交易价格。

(2) 合同中存在的重大融资成分。当合同各方以在合同中(或者以隐含的方式)约定的付款时间为客户或企业就该交易提供了重大融资利益时,称合同中包含了重大融资成分。[2] 典型的例子是采用分期收款或预收货款方式销售商品。在这种情况下,企业应当按照假定客户在取得商品控制权时即以现金支付的应付金额(即现销价格)确定交易价格,交易价格与合同承诺的对价金额之间的差额,在合同期内按实际利率法摊销。相关举例请参见本章例12-10与例12-11。

(3) 非现金对价。非现金对价包括实物资产、无形资产、股权、客户提供的广告服务等。客户支付非现金对价的,企业应当按照其在合同开始日的公允价值确定交易价格。非现金对价公允价值不能合理确定的,则参照其承诺向客户转让商品的单独售价间接确定交易价格。合同开始日后,非现金对价的公允价值因对价以外的原因发生变动的,应当作为可变对价,按照与前述可变对价金额的限制条件的规定进行处理;合同开始日后,非现金对价的公允价值因对价形式发生变动的,该变动金额不计入交易价格。

(4) 应付客户对价。企业在向客户转让商品的同时,可能需要向客户或第三方支付对价(包括优惠券、兑换券等),称为应付客户对价。存在应付客户对价的,除支付目的是向客户取得可明确区分的商品外,企业应将该应付对价冲减交易价格(相关举例详见本章

---

[1] "极可能"发生的概率远高于"很可能"(可能性超过50%),但不要求达到"基本确定"(可能性超过95%)的程度。

[2] 下列情况下,企业与客户之间的合同不包含重大融资成分:一是客户就商品支付了预付款,且可以自行决定这些商品的转让时间(例如企业向客户出售其发行的储值卡,客户可随时到该企业持卡购物;企业向客户授予奖励积分,客户可随时到企业兑换等);二是客户承诺支付的对价中有相当大的部分是可变的,该对价金额或付款时间取决于某一未来事项是否发生,且该事项事实上不受客户或企业控制(例如按照实际销量收取的特许权使用费);三是合同承诺的对价金额与现销价格之间的差额是由客户或企业提供融资利益以外的其他原因所致,且这一差额与产生差额的原因是相称的(例如合同约定的支付条款,目的是向企业或客户提供保护,以防另一方未能依照合同充分履行其部分或全部义务)。

例 12-16)。应付客户对价是为了向客户取得其他可明确区分商品的,应采用与企业其他采购相一致的方式确认所购买的商品,其中应付对价超过该部分商品公允价值的,差额冲减交易价格。向客户取得的可明确区分商品的公允价值不能合理估计的,将应付客户的对价全额冲减交易价格。具体处理时,应当在确认相关收入与支付(或承诺支付)客户对价两者孰晚的时点冲减当期收入。

4. 将交易价格分摊至各单项履约义务

当合同中包含两项或多项履约义务时,为了使企业分摊至每一单项义务的交易能够反映其因向客户转让已承诺的相关商品(或提供已承诺的相关服务)而预期有权收取的对价金额,合同开始日,需要对交易价格进行分摊。原则是:按照各单项履约义务所承诺商品的单独售价的比例,将交易价格分摊至各单项履约义务。

这里,单独售价是指向客户单独销售商品的价格,一般情况下,从合同或企业价目表上即可取得。单独售价无法直接取得的,应综合考虑其能够合理取得的全部相关信息,采用市场调整法、成本加成法、余值法等进行合理估计,且对类似的情况要求采用一致的估计方法。其中,商品近期售价波动幅度较大,或因未定价且未曾单独销售而使售价无法可靠确定的,一般采用余值法估计单独售价。

上述估价方法的具体操作如表 12-2 所示。

表 12-2 销售合同中单独售价的估计方法

市场调整法	根据某商品或类似商品的市场售价,考虑本企业的成本和毛利等进行适当调整后确定
成本加成法	根据某商品的预计成本加上其合理毛利后的价格确定
余值法	根据合同交易价格减去合同中其他商品可观察的单独售价后的余值确定

例 12-6 B 公司与某零售商客户签订合同,向其销售甲、乙两种商品,其中,甲商品的单独售价为 20 000 元,乙商品的单独售价为 12 000 元,合同价款为 30 000 元。同时合同约定,合同开始日先交付乙商品,甲商品在一个月后交付,只有当两项商品全部交付后,B 公司才有权收取 30 000 元的合同对价。本例中,甲、乙商品分别构成单项履约义务,其控制权在商品交付时转移给客户。不考虑增值税及其他相关税费。

本例中,甲、乙两种商品各自的单独售价是已知的,按照其单独售价占比确定各自的交易价格,计算如下:

甲商品应分摊合同价款 = 20 000÷(20 000+12 000)×30 000 = 18 750(元)

乙商品应分摊合同价款 = 12 000÷(20 000+12 000)×30 000 = 11 250(元)

交易价格的分摊主要关注以下三个方面:

(1)合同折扣。合同折扣指单项履约义务所承诺商品的单独售价之和高于合同交易价格的金额。如上述例 12-6 中,甲、乙两种商品的单独售价之和为 32 000 元,高于合同交易价格 30 000 元,差额即为合同折扣。对所发生的合同折扣,应在各单项履约义务之间按比例分配,有关计算如上。若有确凿证据表明,合同折扣仅与合同中某一项或某几项(而非全部)履约义务相关,则应将该合同折扣分摊至相关的那一项或多项履约义务,据此再确定各单项履约义务的交易价格。

(2)可变对价。合同中包含可变对价的,应按不同情况进行分摊。分摊原则:一是可变对价与整个合同相关,按照上述分摊交易价格的一般原则,将可变对价分摊至合同中的各单项履约义务;二是可变对价仅与合同中的某一项或多项(而非全部)履约义务相关,将可变对价分摊至相关的那一项或多项履约义务;三是可变对价与企业向客户转让的构成单项履约义务的一系列可明确区分商品中的一项或多项(而非全部)商品有关,同样按各单项履约义务的单独售价占可明确区分商品单独售价的比例,分摊至各该可明确区分商品中。

对可变对价的后续变动额,也需按上述原则分摊。对已经履行的履约义务所分摊的可变对价后续变动额,直接调整变动当期的收入。

(3)交易价格的后续变动。交易价格发生后续变动的,企业应按照在合同开始日所采用的基础将该后续变动金额分摊至合同中的履约义务。不得因合同开始日后单独售价的变动而重新分配交易价格。对合同变更导致的交易价格后续变动,应按照前述合同变更的要求进行处理。

5. 履行每一单项履约义务时确认收入

前面讲到,收入确认的原则是当企业履行了合同中规定的履约义务,即客户取得相关商品控制权时确认收入。据此,企业应当判断其履约义务是属于在某一时点履行还是属于在某一时段内履行。对在某一时点履行的履约义务,企业应当综合分析商品控制权转移的迹象,判断其具体转移时点;对在某一时段内履行的履约义务,则需要选用适当的方法,包括产出法、投入法等确定履约进度。具体如图12-1所示。

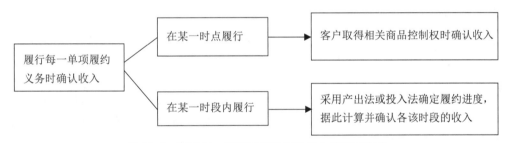

图 12-1　履行每一单项履约义务时收入的确认方法

(1)对在某一时点履行的履约义务,企业需从以下五个方面进行判断,只要满足其中一项即可:

一是销售方企业享有现时的收款权利,即客户就所购商品已负有现时的付款义务。判断标志可概括为收取货款的权利,即先收款后付货。企业按照销售合同已经获得客户负有现时付款义务的相关确凿证据,这表明客户已获得相应商品的控制权,无论所售商品的存放地点是否改变,销售方也已失去对这部分商品的支配权。

二是企业已将所售商品的法定所有权转移给客户,即客户已拥有所购商品的法定所有权。判断标志可概括为法定所有权转移。企业按照合同约定为客户专门定制、特制等无法在合同有效期内转售给其他客户的商品,应以法定所有权转移为标准。

三是企业已将所售商品实物转移给客户,即客户已占有所购商品。判断标志可概括为商品实物转移。按照销售合同,若客户事实上已实际控制了所购商品实物,也就取得了该商品的支配权。但客户占有了某项商品实物,并不意味着其一定取得了商品的控制权,例如委托代销商品(正因为如此,它通常在受托方销售时再确认收入)。还有实务中常见的售后代管商品,必须同时满足相应条件①,才表明客户取得了该商品的控制权。对这部分尚未发出商品确认了收入的,还应考虑是否同时承担了其他履约义务,如提供保管服务等,并将该部分交易价格分摊至该其他履约义务。

四是企业已将商品所有权上的主要风险与报酬转移给客户,即客户已取得所购商品所有权上的主要风险与报酬。判断标志可概括为主要风险与报酬转移。

五是客户已接受所购商品,即客户已享受企业提供的劳务或服务。判断标志可概括为劳务已接受。

此外,可能还有其他已表明客户取得商品控制权的迹象,企业应根据销售合同规定的具体条款进行如实判断。

例 12-7 H 公司生产并销售彩电,2018 年年初与某零售商客户签订合同,约定 7 月向其销售 5 000 台彩电。因客户的仓储能力有限,无法在 7 月前接受全部彩电,双方约定在 7 月按客户的指令发货,并代客户将彩电发送到指定地点。2018 年 6 月 30 日,H 公司库存上述彩电共计 10 000 台,其中包括上述已签约客户的 5 000 台。请问:合同涉及的 5 000 台彩电 6 月底应否确认收入?

分析:情况一:假设 6 月底 H 公司库存彩电中对已签约的 5 000 台单独存放,且 H 公司可随时发货,也不再将其销售给其他客户。据此,这 5 000 台彩电符合售后代管商品安排下客户取得商品控制权的条件,该批彩电的控制权已转移给客户,6 月底 H 公司应确认相关收入。

情况二:假设 6 月底 H 公司对所有库存彩电统一存放与管理,且彼此之间可相互替换。据此,由于对已签约的 5 000 台可与其他彩电相互替换,且未能单独存放。这样,在向签约客户提供商品前,H 公司可将任一库存彩电销售给其他客户,不满足售后代管商品的相关条件。6 月底,H 公司不能确认相关收入。

(2)对在某一时段内履行的履约义务,判别条件包括三项,同样只需满足其中一项即可:一是客户在企业履约的同时即取得并消耗企业履约所带来的经济利益;二是客户能够控制企业履约过程中的在建商品,包括在建产品、在建工程、尚未完成的研发项目、正在进行的服务等;三是企业履约过程中所产出的商品具有不可替代用途,且该企业在整个合同期间内有权就累计至今已完成的履约部分收取款项。

属于在某一时段内履行的履约义务,应根据履约进度分期确认收入。履约进度的确定方法包括产出法或投入法,具体应根据商品的性质选用。其中,产出法是根据已转移给客户的商品对于客户的价值确定履约进度,主要包括按照实际测量的完工程度、评估已实现的结果、已达到的里程碑、时间进度、已完工或交付的产品等产出指标确定履约进度的方法。企业在评估是否采用产出法确定履约进度时,应考虑所选用的产出指标是否能够如实地反映向客户转移商品的进度。详见例 12-8。投入法是根据企业为履行履约义务的投入确定履约进度,主要包括以投入的材料数量、花费的人工工时或机器工时、发生的成本和时间进度等投入指标确定履约进度的方法。相关举例请参见本章例 12-2。

例 12-8 2018 年 9 月 T 公司与客户签订合同,为客户铺设 800 公里的燃气管道,合同

---

① 这些条件包括:①该安排必须具有商业实质,例如是应客户要求而订立的;②属于客户的商品必须能够单独识别,例如单独存放;③该商品可以随时交付给客户;④企业不能自行使用该商品或将该商品提供给其他客户。

价格为1 000万元,要求在2019年年底前完成。截至2018年年末,已完成管道铺设300公里。不考虑相关税费。

分析:在本合同中,T公司提供的服务属于在某一时段内履行的履约义务,按照已完成的工作量确定履约进度。根据上述资料,截至2018年年末,该合同的履约进度为37.5%(300÷800×100%),2018年T公司应确认收入375万元(1 000×37.5%)。

需要注意的是:①对每一项履约义务,企业只能采取一种方法确定履约进度,并加以一贯运用。对类似情况下的类似履约义务,企业应采用相同的方法确定履约进度。②当履约进度不能合理确定但其已经发生的成本预计能够得到补偿时,应按照已发生的成本金额确认收入,直到履约进度能够合理确定。③期末,企业应对履约进度进行重新估计。当客观环境发生变化时,也要重新评估履约进度是否发生变化,以确保履约进度能够反映履约情况的变化,该变化作为会计估计变更处理。

国际视野

IASB关于收入确认的新变化

2014年5月,IASB(国际会计准则理事会)发布了《国际财务报告准则第15号——客户合同收入》(IFRS 15),取代原《国际会计准则第11号——建造合同》《国际会计准则第18号——收入》,为确定客户合同收入提供了一个综合框架。IFRS 15的核心原则是:主体确认收入的方式应当反映向客户转让商品或劳务的模式,而确认的金额应当反映主体预计因交付这些商品或服务而有权获取的对价。主体应运用下列步骤按照该核心原则确认收入:步骤一,识别客户合同;步骤二,识别合同中的履约义务;步骤三,确定交易价格;步骤四,将交易价格分摊至合同中的履约义务;步骤五,在主体履行履约义务时(或履约过程中)确认收入。

其实,2002年6月IASB就已经启动收入确认项目,并由IASB和FASB(美国财务会计准则委员会)联合进行。主要因为:①现行IFRS关于一般销售收入的确认原则(IAS 18)与建造合同收入的确认原则(IAS 11)不一致;②IAS 18对收入的定义以及确认的基本标准与IASB《编制财务报表的框架》中对资产与负债的定义不一致;③全球概念框架趋同的重要性。此外,美国会计准则体系中包括广泛的收入确认原则,存在上百项特殊行业、特殊情况的收入确认准则规范。作为IASB与FASB的联合项目,收入确认项目的目的是建立单一(全面)的收入确认模式,以消除现存权威文献与公认会计实务之间的不一致。目前,双方建立了基于合同的收入确认模型。

本次收入确认准则的修订,主要变化是引入了"控制"概念,以"控制权是否转移"为基础确认收入,改变了以"风险和报酬是否转移"为基础确认收入的原则。核心是,主体确认收入的方式应当反映其向客户转让商品或服务的模式,确认的金额应当反映主体因交付该商品或服务而预期有权获得的对价金额。在此基础上,统一了一般销售收入与建造合同收入的确认原则。根据新的模型,要求辨认合同中的履约义务,将交易价格分配给合同中的每一项履约义务,当企业通过转移商品或劳务的控制权实现某项履约义务时确认收入。

IFRS 15自2017年1月1日起生效。与此同时,FASB亦将《主题606——客户合同收入》(Topic 606)引入其会计准则汇编(Accounting Standards Codificaion),这标志

着 IASB 与 FASB 通过制定国际财务报告准则与美国公认会计原则下通用的收入确认准则达成上述目标并改进财务报告的联合工作已经完成。

三、收入核算的会计处理

企业销售商品一般业务的核算、出租或出售非流动资产的核算,已在前面相关章节述及,这里主要说明特殊商品销售与提供劳务收入的核算。

(一)商品销售收入的会计处理

企业销售商品,其收入的确认与计量已在前面详细说明。会计上确认收入,要反映收款或已向客户转让商品而有权收取对价的权利,要核算已收客户对价而应向客户转让商品的义务,要考虑合同中可能存在的、企业为客户提供的或客户为企业提供的重大融资利益;对于可能发生的销货退回,还需估算退货款与应收退货成本等。此外,要根据配比原则结转销售成本,按规定交纳各种税金及附加等。销售商品是大多数企业的主营业务,上述内容的核算,需专设"主营业务收入""合同资产""合同负债""未实现融资收益""主营业务成本""预计负债——应付退货款""应收退货成本"以及"税金及附加"等账户。

1. 销售商品但不能确认收入

销售商品但不能确认收入,这是指销售商品但合同对价收回存在不确定性的情况,即不符合收入确认中"企业因向客户转让商品而有权取得的对价很可能收回"的前提条件。但合同并未终止执行,此时企业不应确认收入,对发出的商品应通过"发出商品"账户核算;已开具增值税发票的,应同时反映销项增值税。

例 12-9 2018 年 5 月 9 日,A 公司向 K 企业销售一批商品,属于单项履约义务,增值税发票上列示价款 80 万元、增值税 12.8 万元,该批商品的成本为 50 万元。商品发出时得知 K 企业财务困难,何时付款尚难估计。但为了减少存货积压,同时维护与 K 企业长期以来建立的商业关系,A 公司将商品销售给了 K 企业。A 公司已经发出商品,并向客户转移了控制权,同时办理了委托收款手续。

本例中,由于购货方财务困难,A 公司认为本合同货款的收回存在不确定性,对发出的商品不确认收入。A 公司的有关会计分录如下:

① 发出商品时:

借:发出商品	500 000
贷:库存商品	500 000

同时,将增值税专用发票上注明的增值税税额转入应收账款:

借:应收账款	128 000
贷:应交税费——应交增值税(销项税额)	128 000

② 以后 K 企业经营情况好转,承诺近期付款时,A 公司再确认收入:

借:应收账款	800 000
贷:主营业务收入	800 000

同时结转成本:

借:主营业务成本	500 000	
贷:发出商品		500 000

③ A 公司实际收到货款时:

借:银行存款	928 000	
贷:应收账款		928 000

若 K 企业的财务状况继续恶化,A 公司收款无望,可要求 K 企业退货。若 K 企业既无法付款,也不能退货,则 A 公司应对发出商品报损,并对所发生的应收销项增值税确认坏账损失。

2. 合同存在重大融资利益的商品销售

合同存在重大融资利益的商品销售包括两种情况:一是合同中存在企业为客户提供重大融资利益,如分期收款销售;二是合同中存在客户为企业提供重大融资利益,如预收账款销售。企业在判断合同中是否存在融资成分以及该融资成分对该合同而言是否重大时,应考虑所有相关的事实和情况,包括:①已承诺的对价金额与已承诺商品的现销价格之间的差额;②下列两项的共同影响:一是企业将承诺的商品转让给客户与客户支付相关款项之间的预计时间间隔,二是相关市场的现行利率。对合同存在重大融资利益的商品销售,会计处理原则是:按照假定客户在取得商品控制权时即以现金支付的应付金额(即现销价格)作为交易价格确认收入,交易价格与合同承诺的对价金额之间的差额,在合同期内采用实际利率法摊销。

(1) 分期收款销售。指商品一次交付、货款分期收回的一种销售方式。其特点是所售的商品价值较大,如房产、汽车、重型设备等,收款期较长(通常超过 3 年);相应地,货款收回的风险也较大。分期收款销售,实质上是销货方企业向购货方提供免息的信贷。

例 12-10 2018 年年初,D 公司与 M 公司签订合同,向 M 公司销售一批商品,合同约定该批商品的售价为 200 万元,其时增值税税率为 17%,双方商议货款自 2018 年年初起的 2 年内、每半年、分 4 次平均支付,付款日为各期期末。合同签订日,该批商品的售价为 170 万元。商品发出时已开具增值税发票,销项增值税 34 万元已收妥并存入银行,该批商品的销售成本为 140 万元。

分析:本例属于在某一时点履行的单项履约义务,商品的控制权在交货时转移。合同开始日销项增值税已收现款,分期收款只涉及销售商品的价款。D 公司应确认销售收入 170 万元,与合同价款 200 万元的差额 30 万元作为合同期内的融资收入处理。采用实际利率法分摊,有关计算如下:

D 公司应确认销售收入 170 万元,因分 4 次平均收取,于是有:

$500\ 000 \times PA(4, r) = 1\ 700\ 000$(元)

经过多次测试,当 $r=6\%$ 时,$500\ 000 \times PA(4, 6\%) = 500\ 000 \times 3.4651 = 1\ 732\ 550$(元)

当 $r=7\%$ 时,$500\ 000 \times PA(4, 7\%) = 500\ 000 \times 3.3872 = 1\ 693\ 600$(元)

因此,$6\% < r < 7\%$。采用插值法计算,$r = 6.84\%$。

本例中,D 公司采用实际利率法分摊未实现融资收益 30 万元。有关计算如表 12-3 所示。

表 12-3 D 公司分期收款销售未实现融资收益计算表   单位：元

期数	各期收款 ①	确认的融资收入 ②＝上期④×6.84%	收回价款（本金） ③＝①-②	摊余金额 ④＝上期④-本期③
				1 700 000
1	500 000	116 280	383 720	1 316 280
2	500 000	90 033	409 967	906 313
3	500 000	61 992	438 008	468 305
4	500 000	31 695*	468 305	0
合计	2 000 000	300 000	1 700 000	

注：* 倒挤求得。

根据上述资料，D 公司的会计处理如下：

① 2018 年年初交货时确认收入：

借：长期应收款　　　　　　　　　　　　　　　　　　2 000 000
　　银行存款　　　　　　　　　　　　　　　　　　　　340 000
　　贷：主营业务收入　　　　　　　　　　　　　　　　1 700 000
　　　　应交税费——应交增值税（销项税额）　　　　　　340 000
　　　　未实现融资收益　　　　　　　　　　　　　　　300 000

同时结转销售成本：

借：主营业务成本　　　　　　　　　　　　　　　　　1 400 000
　　贷：库存商品　　　　　　　　　　　　　　　　　　1 400 000

② 2018 年 6 月末，收到本期货款 50 万元，同时分摊融资收益 116 280 元：

借：银行存款　　　　　　　　　　　　　　　　　　　500 000
　　贷：长期应收款　　　　　　　　　　　　　　　　　500 000

同时：

借：未实现融资收益　　　　　　　　　　　　　　　　116 280
　　贷：财务费用　　　　　　　　　　　　　　　　　　116 280

以后各期的账务处理可参照上述进行。

（2）预收货款销售。指企业在商品尚未交货前按合同约定提前收取客户货款的销售业务。对于预收货款销售方式，企业首先要判断是否属于客户向企业提供重大融资成分。如果是，则需要确定该重大融资成分的金额，并在合同期内采用实际利率法摊销。

例 12-11　2018 年 1 月 1 日，A 公司与 B 公司签订合同，向其销售一批产品，当日市价为 100 万元。合同约定，该批产品于 2019 年年末交货；B 公司对货款的支付有两种方式可供选择：①在合同签订时支付货款 100 万元；②在 2019 年年末 A 公司交付产品时支付货款 112.36 万元（增值税 16% 另行计算）。B 公司选择在合同签订时支付货款。该批产品的控制权在交货时转移，A 公司于 2018 年 1 月 1 日收到 B 公司支付的货款。不考虑其他相关税费。

分析：本例中，按照两种付款方式计算的内含利率为 6%。考虑到 B 公司付款时间与

产品交付时间的间隔及现行市场利率水平,可以认为该合同存在重大融资利益。A 公司的会计处理如下:

① 2018 年 1 月 1 日收到货款:

借:银行存款   1 000 000
　　未确认融资费用   123 600
　　贷:合同负债   1 123 600

② 2018 年 12 月 31 日分摊融资费用 6 万元(100 万元×6%):

借:财务费用   60 000
　　贷:未确认融资费用   60 000

③ 2019 年 12 月 31 日交付产品,开具增值税发票,同时收取增值税 179 776 元。

确认产品销售收入:

借:合同负债   1 123 600
　　银行存款   179 776
　　贷:主营业务收入   1 123 600
　　　　应交税费——应交增值税(销项税额)   179 776

结转销售成本的会计分录略。

2019 年应分摊融资费用 63 600 元[(1 000 000+60 000)×6%]。当年年末应做如下会计处理:

借:财务费用   63 600
　　贷:未确认融资费用   63 600

为简化实务操作,如果在合同开始日,企业预计客户取得商品控制权与客户支付价款间隔的时间不超过一年,则可以不考虑合同中存在的重大融资成分,不核算未确认融资费用(或未确认融资收益),且将这一简化处理方法一致地应用于本情形下的类似合同。

3. 存在合同折让的商品销售

存在合同折扣的商品销售,交易价格属于可变对价。当合同包含两项或以上履约义务时,需要将交易价格分摊至各单项履约义务,具体已在前面说明。

例 12-12　承例 12-6,B 公司与某零售商客户签订合同,向其销售甲、乙两种商品,其中,甲商品的单独售价为 20 000 元,乙商品的单独售价为 12 000 元,合同价款为 30 000 元。同时合同约定,合同开始日先交付乙商品,甲商品在一个月后交付,只有当两项商品全部交付后,B 公司才有权收取 30 000 元的合同对价。本例中,甲、乙商品分别构成单项履约义务,商品控制权在交货时转移。上述价格均不含增值税,增值税按 16% 的税率另行计算。

本例中,甲、乙两种商品的单独售价之和为 32 000 元,高于合同交易价格 30 000 元,差额即为合同折扣。所发生的合同折扣,按照甲、乙各单项履约义务所承诺商品的单独售价的比例分摊,确定各自的交易价格。其中,甲商品分摊合同价款 18 750 元,乙商品分摊合同价款 11 250 元。有关计算见例 12-6。B 公司的会计处理如下:

① 交付乙商品时,发生销项增值税 1 920 元(12 000×16%):

借:合同资产   13 170
　　贷:主营业务收入   11 250

应交税费——应交增值税（销项税额）	1 920

② 交付甲商品时，发生销项增值税 3 200 元（20 000×16%）：

借：应收账款	33 200
贷：合同资产	11 250
主营业务收入	18 750
应交税费——应交增值税（销项税额）	3 200

这里需要注意合同资产与应收账款的关系。虽然两者均因销售业务而产生，内容上也均属于销售商品应收的对价款，但它们是有差别的。一是定义上：应收账款是指企业无条件收取合同对价的权利；合同资产是指企业已向客户转让商品而有收取对价的权利，该权利取决于时间流逝之外的其他因素，如履行合同中的其他履约义务。二是收取合同对价的权利条件上：应收账款具有无条件收取合同对价的权利，即随着时间的流逝企业即可收款；合同资产则不然，它不是一项无条件收取合同对价的权利，该权利除时间因素外，还取决于其他条件才能收取合同对价，或者说它是一项有条件限制的收款权。三是风险上：应收账款除信用风险外，还可能承担履约风险等；合同资产则仅承担信用风险。

4. 合同涉及销售折让的销售商品

销售折让是企业由于售出商品的质量、品种或规格等与所订合同不符而在价格上给予客户的减让。通常情况下，销售折让发生在销售收入确认之后，属于交易价格的后续变动，折让发生时，应直接冲减当期的商品销售收入。若销售折让在合同签订时就有约定，则应在确定交易价格时作为可变对价影响因素考虑。

例 12—13　2018 年 6 月，Z 公司向 H 公司赊销一批商品，开出的增值税专用发票上注明售价 60 000 元，增值税 9 600 元，商品控制权在交货时转移。H 公司在验货过程中发现商品质量不合格，经双方协商不退货，由 Z 公司在价格上给予 5% 的折让。本合同属于单项履约义务，商品发出控制权转移时，Z 公司已确认销售收入。发生的销售折让所涉及的增值税允许在当期扣减，不考虑其他因素。

分析：本例属于在某一时点履行的单项履约合同，且只涉及单项履约义务，所发生的销售折让合同签订时并未约定，属于交易价格的后续变动，应全部冲减当期的商品销售收入。Z 公司的会计处理如下：

① 销售实现时：

借：应收账款	69 600
贷：主营业务收入	60 000
应交税费——应交增值税（销项税额）	9 600

② 发生销售折让时：

借：主营业务收入	3 000
贷：应收账款	3 480
应交税费——应交增值税（销项税额）	480

③ 实际收到款项时：

借：银行存款	66 120
贷：应收账款	66 120

5. 附有销售退回条款的商品销售

采用这种销售方式,客户依照合同享有退货的权利。企业收取对价的金额取决于客户是否退货,因此其合同交易价格是可变的。企业在确认销售收入时,应充分考虑退货因素,并根据以往经验合理估计退货的可能性;否则,可能会高估预计的现金流入。对附有销售退回条款的商品销售,企业应在客户取得相关商品控制权时,按照因向客户转让商品而预期有权收取的对价金额(包括有权向客户收取的退货费,不包括预期因销货退回将退还的金额)确认收入,按照预期销货退回的金额确认预计负债;同时,按照预期将退回商品转让时的账面价值,扣除收回该商品预计发生的成本(包括退回商品的价值减损)后的余额,确认为一项资产;按所转让商品转让时的账面价值,扣除上述资产成本后的净额结转成本。资产负债表日,企业应重新估计未来销售退回情况,若有变化,则作为会计估计变更处理。

例 12-14 2018年5月3日,A公司与S公司签订合同,向其销售空调1 000台,单位售价2 000元,单位成本1 200元,增值税税率16%。合同约定,S公司应于2018年6月1日之前支付全部货款,在7月31日之前有权退货。合同签订日商品即发出,款项尚未收到。合同签订日,A公司根据过去的经验,估计空调的退货率约为5%。2018年6月30日,A公司对本合同的退货率进行重新评估,认为只有2%的空调可能被退回。A公司为一般纳税人,实际发生销售退回时取得税务机关开具的红字增值税发票,相关增值税允许冲减。空调发出时控制权转移给S公司,合同只涉及单项履约义务。

根据上述资料,A公司的会计处理如下:

① 5月3日发出空调时,确认950台的收入并结转相应成本;对预计退回的50台按售价计入预计负债,其账面价值作为应收退货成本处理:

借:应收账款	2 320 000
贷:主营业务收入	1 900 000
预计负债——应付退货款	100 000
应交税费——应交增值税(销项税额)	320 000

同时:

借:主营业务成本	1 140 000
应收退货成本	60 000
贷:库存商品	1 200 000

② 6月1日前收到全部货款时:

借:银行存款	2 320 000
贷:应收账款	2 320 000

③ 6月30日根据公司重新估计的退货率,对原多计的退货率3%、计30台空调,确认收入60 000元与成本36 000元,并相应减少原入账的预计负债与退货成本:

借:预计负债——应付退货款	60 000
贷:主营业务收入	60 000

同时:

借:主营业务成本	36 000
贷:应收退货成本	36 000

④ 7月31日发生销售退回,客户实际退回20台空调,与A公司6月末的估计一致,A公司随即以银行存款支付S公司退货款。

将退回的20台空调入库时:

借:库存商品	24 000	
贷:应收退货成本	24 000	

退还客户20台空调的价款与相应的增值税时:

借:预计负债——应付退货款	40 000	
贷:银行存款	46 400	
应交税费——应交增值税(销项税额)	6 400	

本例中,如果7月31日客户实际退回15台空调。则A公司在将退回的15台空调入库的同时,对6月底估计退货的20台空调按售价总额注销预计负债,其中未退回的5台重新确认收入并结转成本,已退回的15台则退还客户价款与相应的增值税。据此,A公司7月31日的会计分录应改为:

将退回的15台空调入库:

借:库存商品	30 000	
贷:应收退货成本	30 000	

对未退回的5台空调重新确认收入,对退回的15台空调支付退货款:

借:预计负债——应付退货款	40 000	
贷:主营业务收入	10 000	
银行存款	34 800	
应交税费——应交增值税(销项税额)	4 800	

同时:

借:主营业务成本	6 000	
贷:应收退货成本	6 000	

本例中,如果客户实际退货25台,A公司收到退货时的会计处理又该如何进行?读者不妨一试。

实务中,如果商品控制权转移,企业不能合理估计退货的可能性,例如试销的新产品,则对发出商品作为一项资产,全部计入应收退货成本;退货期满时,再根据实际情况,按照预期有权收取的对价金额确定交易价格,并确认相应收入。

例12-15 承例12-14,假定A公司所售空调是最新推出的产品,公司尚无有关该产品退货率的历史记录,也没有其他可以参考的市场信息。其他条件不变。A公司对所售空调的会计处理又有何不同?

分析:本例中,A公司销售的空调是新产品,合同附退货条款,该合同的对价是可变的。但该产品缺乏有关退货情况的历史数据,考虑将可变对价计入交易价格的限制要求,在合同开始日不能将可变对价计入交易价格。因此,A公司在空调控制权转移时确认的收入为0。退货期满时,再根据实际情况,对未退商品、退货商品分别进行会计处理。

A公司的会计处理如下:

① 5月3日发出空调时,按所售1 000台空调的账面价值:

借:应收退货成本	1 200 000
贷:库存商品	1 200 000

若当日已开具增值税发票,则对销项增值税:

借:应收账款	320 000
贷:应交税费——应交增值税(销项税额)	320 000

② 6月1日前收到全部货款时:

借:银行存款	2 320 000
贷:应收账款	320 000
预计负债——应付退货款	2 000 000

③ 7月31日即退货期满,未发生退货:

借:预计负债——应付退货款	2 000 000
贷:主营业务收入	2 000 000

同时:

借:主营业务成本	1 200 000
贷:应收退货成本	1 200 000

退货期满如果发生退货,则会计处理上一方面要对退回商品验收入库,计算应减少的销项增值税;另一方面要对未退商品确认收入、结转成本。本例中,若7月31日发生退货20台,则7月31日A公司上项会计分录应改为:

① 将退回的20台空调入库:

借:库存商品	24 000
贷:应收退货成本	24 000

② 确认980台已售空调的收入,并结转相应的成本。会计分录可比照本例中上面③进行。

③ 退还客户20台空调的价款与相应的增值税:

借:预计负债——应付退货款	40 000
贷:银行存款	46 400
应交税费——应交增值税(销项税额)	6 400

6. 奖励积分或有奖销售

这是指企业在销售商品的同时,允许客户凭规定积分免费领取或以折扣价格购买额外商品。作为企业的一种营销手段,这种做法实务中普遍存在。对于附有客户额外购买选择权的销售,企业通过评估,确认该选择权向客户提供了重大权利的,应作为单项履约义务。此时,客户在该合同下支付的价款实际上购买了两项单独的商品:其一是原购买的商品,其二是可免费领取或以折扣价购买的额外商品。因此,应将客户支付的交易价格在上述两种商品之间进行分摊。其中,分摊至后者的交易价格与未来的商品相关,应在客户未来行使该项选择权并取得相关商品的控制权,或在选择权失效时,再确认收入。

例12-16 2018年7月1日,L公司推出一项奖励积分计划,规定客户在L公司每消费1元即可获得1个积分,每10个积分在次月开始购物时可以抵减1元。截至2018年12月31日,客户共消费232 000元(含增值税16%,下同),可获得232 000个积分、计23 200元。根据历史经验,L公司估计该积分的兑换率为98%。据此,L公司应如何确认收入?

分析:本例中,L公司授予客户的积分为客户提供了一项重大利益,应作为单项履约义务。因公司商品销售额含增值税,而增值税是要上缴的,故应将其换算为不含税金额,计200 000元(232 000÷1.16),这也是客户购买商品的单独售价。从客户角度来看,其实际消费金额不论是否含税,均可兑换积分;同时,考虑积分的兑换率,公司估计积分的单独售价为22 540元(23 200×98%)。按所售商品和积分单独售价的比例分摊交易价格200 000元,计算如下:

商品分摊交易价格 = 200 000×[200 000÷(200 000+22 540)] = 179 743(元)

积分分摊交易价格 = 200 000×[22 540÷(200 000+22 540)] = 20 257(元)

据此,L公司对销售的232 000元含税商品在商品控制权转移时确认收入179 743元,同时确认合同负债20 257元,应做如下会计处理:

借:银行存款　　　　　　　　　　　　　　　　　　　　232 000
　　贷:主营业务收入　　　　　　　　　　　　　　　　179 743
　　　　应交税费——应交增值税(销项税额)　　　　　32 000
　　　　合同负债　　　　　　　　　　　　　　　　　　20 257

以后随着积分的兑换,将各期实际兑换积分占预期兑换总积分的比例,计算当期兑换积分应确认的收入,进而将合同负债分期确认为收入;未兑换积分的金额表现为合同负债的期末余额。上例中,假设至2018年12月底,客户已兑换积分100 000分,12月末应确认兑换积分收入8 731元(100 000÷232 000×20 257)。12月末L公司应做如下会计处理:

借:合同负债　　　　　　　　　　　　　　　　　　　　8 731
　　贷:主营业务收入　　　　　　　　　　　　　　　　8 731

积分兑换的商品对客户而言是"免费"的,但企业用于该种用途的商品却是"有费"的,即商品的成本。此外,积分兑换的商品须视同销售缴纳增值税,再加上相关的其他税费,均由企业负担。可见采取奖励积分的营销方式,企业的付出也不小。

7. 销货退回

销货退回是指企业售出的商品因质量、品种不符合要求等而发生的退货。销货退回可能发生在收入确认之前,也可能发生在收入确认之后。对此应当分情况予以处理:

(1) 未确认收入的销货退回。处理此种销货退回,只需将已记入"发出商品"账户的商品成本转回"库存商品"账户。如果销货方采用计划成本或售价核算,则应按计划成本或售价借记"库存商品"账户,并转回成本差异或商品进销差价。

(2) 已确认收入的销货退回。此时,不管商品是何时售出的,一般可直接冲减退货业务发生当月的销售收入与销售成本;销售退回所涉及的销项税税额按规定允许在当期扣减的,应同时冲减"应交税费——应交增值税(销项税额)"账户。

例外情况是:在资产负债表日及之前售出的商品在资产负债表日至财务报告批准报出日之间发生销货退回,由于该类销货退回实质上是对报告年度已发生事项的重新确认,同时为了防止企业利用先销售、后退回的手法操纵利润,国际上普遍将其作为资产负债表日后事项的调整事项处理,调整报告年度的收入、成本等项目。

例12-17　2018年8月15日,M公司向E公司销售一批商品,增值税专用发票上注明售价50 000元,增值税8 000元。该批商品的实际成本为26 000元。合同规定的现金折扣条件为2/10,1/20,n/30。根据以往与E公司交往的经验,M公司估计E公司会在10

天内付款。当日已发货并转移商品控制权,合同只涉及单项履约义务。E公司于8月22日付款。2018年9月20日该批商品因质量存在严重缺陷被全部退回。

分析:本合同属于采用现金折扣的商品销售,对销货方企业而言,提供现金折扣的目的在于提前收款,加速资金周转。会计核算上应注意以下三点:①合同存在现金折扣时,交易价格属于可变对价,其确定要考虑现金折扣的影响。企业根据以往与客户交往的经验,若能判断客户会在最短的折扣期内付款,并能获得最优惠的折扣,且存在多个现金折扣,则应按扣除最大的现金折扣估计可变对价,据此确认收入。对估计的现金折扣支出,则作为负债处理。②现金折扣的实际发生情况,需待客户实际付款时才能确定。若客户未能享受到最大的现金折扣,甚至因未能在折扣期内付款而完全丧失了获得现金折扣的资格,则对原预计的现金折扣直接增加当期的销售收入。③企业已将商品交付客户,就取得了无条件按商品全价及相应增值税向客户收款的权利。

本例中,M公司根据以往与E公司交往的经验,估计E公司会在10天付款,根据可变对价计入交易价格的限制要求,应按最大的现金折扣2%估计该可变对价,计49 000元(50 000-50 000×2%),并据此确认收入;估计的现金折扣作为负债处理,销项增值税以专用发票所载明的金额为准。M公司的会计处理如下:

① 2018年8月15日发出商品并转移控制权时确认收入:

借:应收账款　　　　　　　　　　　　　　　　　　58 000
　　贷:主营业务收入　　　　　　　　　　　　　　　　49 000
　　　　应交税费——应交增值税(销项税额)　　　　　8 000
　　　　预计负债——应付退货款　　　　　　　　　　　1 000

同时结转成本:

借:主营业务成本　　　　　　　　　　　　　　　　26 000
　　贷:库存商品　　　　　　　　　　　　　　　　　　26 000

② 2018年8月22日收回货款,客户享受了2%的现金折扣,实际付款57 000元:

借:银行存款　　　　　　　　　　　　　　　　　　57 000
　　预计负债——应付退货款　　　　　　　　　　　　1 000
　　贷:应收账款　　　　　　　　　　　　　　　　　　58 000

客户付款时,若不能享受原预计的最大现金折扣2%,甚至因未能在折扣期内付款而丧失获得现金折扣的资格,则销货方企业对原估计的现金折扣,直接增加收款当期的销售收入。本例中,假设客户在2018年9月5日及以后才付款,则M公司应按原合同对价全额收款。M公司收到客户支付的50 000元价款及相应的增值税时:

借:银行存款　　　　　　　　　　　　　　　　　　58000
　　贷:应收账款　　　　　　　　　　　　　　　　　　58 000

同时:

借:预计负债——应付退货款　　　　　　　　　　　1 000
　　贷:主营业务收入　　　　　　　　　　　　　　　　1 000

③ 2018年9月20日发生销货退回时,应冲减之前已确认的收入与所结转的成本,并支付退货款:

借:主营业务收入　　　　　　　　　　　　　　　　49 000

贷：银行存款	57 000
应交税费——应交增值税（销项税额）	8 000

同时：

借：库存商品	26 000
贷：主营业务成本	26 000

（二）劳务收入的会计处理

这里讨论的劳务是指一般服务企业提供的劳务，不含建筑施工企业。与商品销售不同，劳务合同大多属于在某一时段内履行的履约义务，各期的收入一般根据合同的履约进度确认，具体选用的方法包括产出法或投入法等。

一般服务企业对外提供劳务实现的收入，通过"主营业务收入"账户核算。对所发生的成本费用，有两种处理方法：对于在某一时点履行的履约义务（即一次就能完成的劳务），如理发、饮食等，费用发生时，直接计入"主营业务成本"账户。对于在某一时段内履行的履约义务（即需要持续一段时间才能完成的劳务），如安装、培训、旅游等，费用发生时，先计入"合同履约成本"账户；待确认收入时，再将其转入"主营业务成本"账户。

例 12-18 2018 年 5 月 2 日，H 公司与 T 公司签订了一项咨询合同，合同约定 H 公司为 T 公司担任常年法律顾问，期限 2 年，价款总计 450 000 元，分 3 次平均支付，付款时间分别为 2018 年 12 月末、2019 年 8 月末以及项目完工时；本合同的增值税（税率为 6%）在分期支付价款时一并结付。合同估计总成本为 270 000 元（用银行存款支付），各年成本发生的实际情况如表 12-4 所示。H 咨询公司按时间进度计算履约进度，并据此确认各年的收入。

表 12-4　T 公司咨询项目各年成本发生额

年度	2018	2019	2020	合计
发生的成本（元）	100 000	140 000	30 000	270 000

分析：本合同属于在某一时段内履行的单项履约义务。H 公司的会计处理如下：

（1）2018 年度：

① 年内实际发生各项成本时：

借：合同履约成本	100 000
贷：银行存款（应付职工薪酬等）	100 000

② 12 月 31 日按时间进度确认收入，并结转成本：

合同履约进度 = 8（个月）÷24（个月） = 33.33%

确认合同收入 = 450 000×33.33% − 0 = 149 985（元）

借：合同结算——收入结转	149 985
贷：主营业务收入	149 985

同时：

借：主营业务成本	100 000
贷：合同履约成本	100 000

③ 对第一期合同价款及相应的增值税：

借:应收账款 240 000
　　贷:合同结算——价款结算 150 000
　　　　应交税费——应交增值税(销项税额) 9 000
④ 年末实际收到第一期合同价款及相应的增值税时:
借:银行存款 240 000
　　贷:应收账款 240 000

年末,"合同结算"账户有贷方余额 15 元(150 000-149 985),表明 H 公司已与客户结算但尚未履行履约义务的金额。该部分履约义务将在 2019 年内完成,在年末 H 公司的资产负债表中作为合同负债列示。

(2) 2019 年度:
① 实际发生成本时:
借:合同履约成本 140 000
　　贷:银行存款(应付职工薪酬等) 140 000
② 8 月末收到第二期合同价款及相应的增值税时:
借:银行存款 240 000
　　贷:合同结算——价款结算 150 000
　　　　应交税费——应交增值税(销项税额) 9 000
③ 12 月 31 日按时间进度确认收入,并结转成本:
合同履约进度 = 20(个月) ÷ 24(个月) = 83.33%
确认合同收入 = 450 000×83.33% - 149 985 = 225 000(元)
借:合同结算——收入结转 225 000
　　贷:主营业务收入 225 000
同时:
借:主营业务成本 140 000
　　贷:合同履约成本 140 000

年末,"合同结算"账户有借方余额 74 985 元,表明 H 公司已履行履约义务但尚未与客户结算的金额。该部分金额在 2020 年 4 月底结算,在年末 H 公司在资产负债表中作为合同资产列示。

(3) 2020 年度:
① 1—4 月实际发生成本时:
借:合同履约成本 30 000
　　贷:银行存款(应付职工薪酬等) 30 000
② 2020 年 4 月末履约进度为 100%。
确认合同收入 = 450 000 - 149 985 - 225 000 = 75 015(元)
借:合同结算——收入结转 75 015
　　贷:主营业务收入 75 015
同时:
借:主营业务成本 30 000
　　贷:合同履约成本 30 000

③ 对第三期合同价款及相应的增值税：

借：应收账款　　　　　　　　　　　　　　　　　　240 000
　　贷：合同结算——价款结算　　　　　　　　　　　150 000
　　　　应交税费——应交增值税（销项税额）　　　　　9 000

④ 4月末实际收到第三期合同价款及相应的增值税时：

借：银行存款　　　　　　　　　　　　　　　　　　240 000
　　贷：应收账款　　　　　　　　　　　　　　　　　240 000

至此，本合同结束，对T公司"合同结算"账户的余额为0。

相关案例　　天能科技：招股书虚增收入数千万元，上市申请未获通过

提前确认收入是拟上市企业操纵利润的惯用手法。山西天能科技股份有限公司（以下简称"天能科技"）是一家集科研、开发、制造、销售为一体的大型太阳能光伏高新技术企业，2012年2月1日，其招股说明书（申报稿）在证监会网站上预先披露。据此，天能科技拟发行3 700万股，发行后总股本1.48亿股，拟于深圳证券交易所上市。

但在招股说明书预先披露的第三天，就有媒体对其财务数据的真实性提出质疑。其中说明，金沙植物园二期所需光伏系统产品，在2011年1—9月就已被天能科技确认为收入。而在此期间，金沙植物园二期尚未招标。招标还未开始，公司就已未卜先知，并在2011年9月前确认收入和利润，甚至以此为盈利依据募资，属于明显的造假行为。同时，截至2012年2月中旬，金沙植物园二期太阳能路灯安装工作并未完工，且还未验收。这与天能科技招股说明书中"该产品已完成验收，确认销售收入"形成直接矛盾。经不住媒体铺天盖地的质疑，2012年4月，天能科技主动撤回了首发申请。4月23日，证监会停止对其行政许可申请的审查。为天能科技提供上市审计的是大信会计师事务所。上海专员办随后对该所进行检查，发现事务所给天能科技做的一些相关业务数据存在可疑的地方，如审计底稿中多处针对同一销售收入收集的证据存在不一致，且问题很严重。正是这些严重的问题，暴露了天能科技造假的事实。据查，天能科技仅三个项目就虚增了8 000多万元的收入和3 000多万元的利润。5月31日，证监会公布对天能科技财务造假一案的查处情况。天能科技为此成为国内首家因财务造假，在IPO（首次公开募股）申报阶段撤回材料仍被证监会处罚的未上市公司。

公司上市后涉嫌收入造假的也屡见不鲜，近期如万福生科、海联讯、中联重科等数家上市公司就因此被证监会立案调查。请查阅这些案件发生的始末，并思考其在哪些方面违法。

资料来源：《证券日报》，2013年6月3日。

第二节　费　　用

一、费用的定义与特征

按照配比原则，要正确计算企业的利润，不仅要合理确认、计量和记录企业在会计期

间内取得的各项收入,而且要合理确认、计量和记录为取得收入而支出的各种费用。

费用是与收入相对的一个概念。既然收入的界定有广义、狭义之分,费用也不例外。作为会计要素的费用是狭义的,中国将其定义为"企业在日常活动中发生的、会导致所有者权益减少的、与向所有者分配利润无关的经济利益的总流出"。而作为利润的扣减内容,或会计等式"收入－费用＝利润"中的费用,则属于广义范畴。本节讨论的费用仅指前者。

费用具有以下特点:

(1) 费用导致企业资源的减少。例如,生产产品领用原材料会减少存货,企业支付水电费等会减少银行存款或库存现金等。可见,费用本质上是企业资源的流出,与资源流入企业所形成的收入相反。

(2) 费用导致企业所有者权益的减少。根据"资产－负债＝所有者权益"的公式,企业在日常经营活动中发生的费用必然减少所有者权益。

二、费用的内容与分类

为了合理地确认和计量费用,应恰当地对费用进行分类。考虑到费用与收入的关系,可将费用按经济用途划分为营业成本和期间费用。

(一) 营业成本

营业成本包括主营业务成本(产品或商品销售成本、提供劳务成本)和其他业务成本。

主营业务成本是指企业在销售商品、提供劳务及让渡资产使用权等日常活动中所发生的各种耗费。以制造业为例,主营业务成本即所售产品完工时的制造成本,一般包括以下几项内容:

(1) 直接材料。它是指企业在生产产品和提供劳务过程中所消耗的,直接用于产品生产,构成产品实体的原料及主要材料、外购半成品、修理用备件、包装物、有助于产品形成的辅助材料以及其他直接材料费用。

(2) 直接人工。它是指企业在生产产品和提供劳务过程中发生的,直接从事产品生产的工人工资以及按生产工人工资总额和规定的比例计算提取的职工福利费。

(3) 其他直接费用。它是指企业发生的除直接材料费用和直接人工费用以外的,与生产产品或提供劳务有直接关系的费用。直接费用应当根据实际发生数进行核算,并按照成本计算对象进行归集,直接计入产品的生产成本。

(4) 制造费用。它是指企业为生产产品和提供劳务而发生的各项间接费用,包括工资和福利费、折旧费、修理费、办公费、水电费、机物料消耗、劳动保护费、季节性和修理期间的停工损失等,但不包括企业行政管理部门为组织和管理生产经营活动而发生的管理费用。

有关主营业务成本核算的相关举例,第四章存货销售的核算以及本章第一节均有实例,这里不再重复。

其他业务成本是指为取得其他业务收入而发生的相应支出,包括销售材料、提供劳务、出租资产等而发生的相关成本、费用。

例 12-19 H公司将暂时闲置的一台设备出租给Y公司,期限为8个月,每月租金为1 500元,各月末支付,增值税税率为16%。H公司对出租的设备每月计提折旧800元。

① 出租期内，H 公司每月末收到租金时：

借：银行存款　　　　　　　　　　　　　　　　　　　1 500
　　贷：其他业务收入　　　　　　　　　　　　　　　　1 500
　　　　应交税费——应交增值税（销项税额）　　　　　240

② 出租期内，H 公司在确认租金收入的同时，应确认相关的成本：

借：其他业务成本　　　　　　　　　　　　　　　　　　800
　　贷：累计折旧　　　　　　　　　　　　　　　　　　800

（二）期间费用

期间费用包括销售费用、管理费用和财务费用。

销售费用是指企业在销售商品、提供劳务和让渡资产使用权过程中发生的各项费用及专设销售机构的各项经费，包括运输费、装卸费、包装费、保险费、展览费、广告费、租赁费（不包括融资租赁费）以及为销售本企业商品而专设的销售机构（含销售网点、售后服务网点等）的职工薪酬、业务费等经营费用。

管理费用是指企业为组织和管理生产经营活动所发生的费用，包括企业在筹建期间的开办费、董事会和行政管理部门在企业经营管理过程中发生的或者应由企业统一负担的公司经费（包括行政管理部门职工薪酬、修理费、物料消耗、办公费和差旅费等）、聘请中介机构费、咨询费（含顾问费）、诉讼费、业务招待费、技术转让费、矿产资源补偿费、无形资产摊销、研究与开发费、排污费、存货盘亏或盘盈（不包括应计入营业外支出的存货损失）。

财务费用是指企业为筹集生产经营所需资金等而发生的费用，包括应作为期间费用的利息支出（减利息收入）、汇兑损失（减汇兑收益）、金融机构手续费以及筹集生产经营所需资金发生的其他费用等。

三、费用的确认原则

由于确认费用的同时也确认了资产的减少或负债的增加，因此合理地确认费用对于如实反映企业的财务状况和经营成果具有重要意义。根据费用与收入之间的相互关系，费用确认应遵循三条原则，即划分资本性支出与收益性支出原则、权责发生制原则、配比原则。三者的关系是：划分收益性支出与资本性支出原则，只是为费用的确认做出时间上的大致区分；权责发生制原则规定了具体在什么时点确认费用；配比原则在本期费用确认的基础上，进一步正确确认了企业的本期损益。

一般来说，对构成营业成本的各项费用，因与其收入存在明显的因果关系，可以采用直接配比的方法，在收入成立时，直接计算并结转相应的成本。对于期间费用，因无直接的因果关系可循，又无预期未来经济利益可作为分配的依据，从谨慎性原则出发并考虑简化核算，它们只与所发生的会计期间配比，于发生时立即确认为当期费用，计入当期损益。

有关费用的会计处理已在前面相关章节（如第三、四、九、十章）述及，这里不再赘述。

第三节　所　得　税

企业所得税是国家对企业生产、经营所得和其他所得依法征收的一种税。它既体现国家对企业的管理，也体现企业对国家应承担的社会义务。

企业作为独立的经营实体,不仅直接消耗了物化劳动和活劳动,还间接地消耗了社会资源和对社会资源造成了影响,因此国家要以社会管理者的身份通过课征所得税的形式向企业收费。交纳所得税是企业的一项义务和责任,企业应将此支出作为费用从收益中得到补偿。可见,税收实际上是纳税人有偿使用国家提供的公共服务而支付的"报酬",尽管企业得到的直接效益不与其税金的数额成正比。

一、企业所得税核算的有关规定

(一)课征对象为企业的纳税所得

企业所得税是根据企业的纳税所得额计征的一种收益税。这里,"纳税所得额"(也称"纳税所得")是从税法角度来讲的一个概念,具体是指企业每一纳税年度的收入总额,减去不征税收入、免税收入、各项扣除以及允许弥补以前年度亏损后的余额。不过,哪些收入应该纳税或可获得减免优惠,哪些费用或支出可以扣除,应视所得税法的具体规定。实际工作中,纳税所得额一般在会计税前利润的基础上,加(减)按税法规定应予调整的项目金额后计算求得。

(二)亏损准予向后结转

企业纳税年度发生的亏损准予向以后年度结转,用以后年度的纳税所得弥补,但结转年限最长不得超过5年。5年内的纳税所得弥补亏损后若有剩余,再按剩余金额纳税;5年期满后,若有尚未弥补的亏损,企业实现的利润应先纳税,之后再用税后利润补亏。

(三)所得税税率

根据中国现行《企业所得税法》的规定,企业所得税税率为25%;符合条件的小型微利企业[①],减按20%的税率征收企业所得税;国家需要重点扶持的高新技术企业,所得税税率为15%。此外,非居民企业[②]有来自中国境内的所得,适用税率为20%。

(四)所得税的核算方法

中外会计中,企业现行所得税的核算大多采用资产负债表债务法。中国《企业会计准则第18号——所得税》,对此做出了相应规定。资产负债表债务法实质上是"资产负债表观"的体现:企业取得资产和负债时,应确定其计税基础;期末资产、负债项目按企业会计准则规定确定的账面价值与按税法规定确定的计税基础之间的差异作为暂时性差异,根据暂时性差异确认递延所得税资产或递延所得税负债;同时,按税法规定计算当期应交的所得税;在此基础上确认每一期间利润表上的所得税费用。从本质上来看,资产负债表债务法涉及两张资产负债表:一张是按照企业会计准则进行确认、计量后编制的,有关资产、负债项目的期末资产、负债项目的余额以其账面价值反映;另一张是假定按照税法规定进行确认、计量后编制的,其中列示的资产、负债项目的期末余额即为计税基础,即从税法的角度来看,企业持有的有关资产、负债在期末的应有金额。

[①] 指从事国家非限制和禁止行业,并符合下列条件的企业:①工业企业,年度纳税所得额不超过30万元,从业人数不超过100人,资产总额不超过3 000万元;②其他企业,年度纳税所得额不超过30万元,从业人数不超过80人,资产总额不超过1 000万元。

[②] 指依照外国(地区)法律成立且实际管理机构不在中国境内,但在中国境内设立机构、场所的,或在中国境内未设立机构、场所,但有来自中国境内所得的企业。

这种方法从资产负债表出发，收益的计量从属于资产计价，通过定期对期末资产进行估价来求得一定时期内资产的净增量，并以此为当期收益。目的是保证资产负债表上各项资产和负债的真实性，更好地满足决策有用性的会计目标。

二、所得税核算的一般程序

采用资产负债表债务法核算所得税，企业应于每一资产负债表日进行所得税的核算。发生特殊交易或事项，如企业合并，在确认交易或事项产生的资产、负债时，即应确认相关的所得税影响。资产负债表债务法下，企业核算所得税一般应遵循以下程序：

（1）确定资产负债表中除递延所得税资产和递延所得税负债以外的其他资产、负债项目的账面价值。这里，"资产、负债项目的账面价值"是指企业按照会计准则的规定进行核算后在资产负债表中列示的期末资产、负债项目的金额。例如，企业固定资产原价为100万元，累计折旧为50万元，减值准备期末余额为8万元，则该项资产的账面价值为42万元，这也是固定资产在资产负债表期末余额栏中的列示金额。

（2）按照资产和负债计税基础的确定方法，以适用税法为基础，确定资产负债表中有关资产、负债项目的计税基础。

（3）比较资产、负债项目的账面价值与其计税基础，对两者之间存在差异的，分析其性质，分别确认为应纳税暂时性差异与可抵扣暂时性差异（特殊情况除外）；确定本资产负债表日与暂时性差异相关的递延所得税负债或递延所得税资产的余额，并将其与期初余额相比，确定当期递延所得税资产或递延所得税负债的增加金额或减少（应予转销的）金额。

（4）将会计利润调整为纳税所得额，按照适用税率，计算确定当期的应交所得税。

（5）确定当期利润表中的所得税费用。利润表中的所得税费用由当期的应交所得税和递延所得税两部分组成。

三、资产、负债项目的暂时性差异与计税基础

（一）暂时性差异

要正确计算所得税，关键是要正确计算暂时性差异。暂时性差异是指资产、负债项目的账面价值与其计税基础之间的差额。这里，账面价值是指资产、负债项目按照企业会计准则规定核算的结果，即资产负债表中的期末余额；计税基础则是指资产、负债项目按照税法规定核算的结果，即从税法的角度来看，企业持有的有关资产、负债在期末的应有金额。中国现行《企业所得税法实施条例》规定，企业的各项资产，包括固定资产、生物资产、无形资产、长期待摊费用、投资资产、存货等，以历史成本为计税基础；未经核定的准备金支出不得扣除。可见，资产的账面价值与计税基础存在大量差异。例如，年初购进一批存货，成本为10万元，年末计提跌价准备2万元，年末该项存货的账面价值为8万元。按照税法规定，存货的计税基础是其历史成本，计提的跌价准备是预计的、非实际损失金额，不能在税前扣除，该项存货在未来销售时可在税前扣除的金额仍为10万元，即计税基础为10万元；本期该项存货产生暂时性差异2万元。又如，企业本期预收货款20万元，会计上因不符合收入的确认条件，将其作为负债核算。由于税法采用收付实现制确认纳税所得，预收货款应在收款当期增加纳税所得、计算交纳所得税，以后在会计确认收入的期间不再

征税,这样预收账款本期的计税基础为 0,从而产生暂时性差异 20 万元。对同一项资产或负债,会计、税法的核算结果之所以存在差异,主要是因为会计、税法的目的不同,各自对资产、负债、收入、费用等的确认口径、计量标准以及入账时间存在差异。

暂时性差异的存在,意味着企业在未来收回资产或清偿负债期间应纳税所得额增加或减少,并相应导致未来期间应交所得税增加或减少。在暂时性差异发生的当期,应确认相应的递延所得税资产与递延所得税负债。

资产、负债项目的暂时性差异＝资产、负债各项目的(账面价值−计税基础)

暂时性差异分为可抵扣暂时性差异和应纳税暂时性差异两种。

1. 可抵扣暂时性差异

这是指在确定未来收回资产或清偿负债期间的纳税所得额时,将产生可抵扣金额的暂时性差异,从而减少未来期间的纳税所得额与应交所得税。它产生于两种情况:一是资产项目的账面价值小于其计税基础;二是负债项目的账面价值大于其计税基础。例如,某项固定资产期末账面价值为 50 万元,计税基础为 60 万元,则该项固定资产在未来使用期间可获得税前扣除的金额为 60 万元,换言之,从本期期末情况来看,该项固定资产在未来使用期间不仅账面价值 50 万元可全部获得税前扣除,而且以前期间使用该项固定资产所发生的价值减损还有 10 万元可转至以后期间从税前扣除,从而减少以后期间的纳税所得额与应交所得税,故产生可抵扣暂时性差异 10 万元。

2. 应纳税暂时性差异

这是指在确定未来收回资产或清偿负债期间的纳税所得额时,将产生应税金额的暂时性差异,该差异会增加未来期间的纳税所得额与应交所得税。当资产的账面价值大于其计税基础,或负债的账面价值小于其计税基础时,会产生应纳税暂时性差异。上段举例中,固定资产期末账面价值为 50 万元,如果计税基础为 30 万元,则意味着该项固定资产未来使用期间能在税前扣除的金额只有 30 万元,差额 20 万元需要增加以后使用期间的纳税所得额及应交所得税,故产生应纳税暂时性差异 20 万元。

可见,要正确计算暂时性差异,关键是正确确定资产、负债项目的计税基础。

(二) 资产项目的计税基础

资产项目的计税基础是指未来期间企业在收回资产账面价值的过程中,计算纳税所得额时按照税法规定可予抵扣的金额。前面讲到,计税基础是从纳税角度考虑的一个概念,是假设企业按照税法规定进行核算所提供的资产负债表中资产、负债项目在期末应有的金额。就资产而言,初始确认时,其计税基础一般为取得成本。资产在未来使用期间可获得税前扣除的金额是指资产的取得成本减去以前期间按照税法规定已在税前扣除的累计金额后的余额。由此可得:

资产项目的暂时性差异＝账面价值−未来使用期间可在税前扣除的金额

上式中的计算结果,正数为应纳税暂时性差异,负数为可抵扣暂时性差异。

下面以中国现行《企业所得税法实施条例》为依据,说明主要资产项目的计税基础及可能产生的暂时性差异。对特殊项目(如企业合并等)可能产生的暂时性差异,本书将不涉及。

1. 存货

企业的存货主要来自外购或自制,也有接受投资者投入、债权重组受让或通过非货币性交换取得的。不管存货的来源如何,会计上均按取得时的成本进行初始计量。期末,当存货的成本低于可变现净值时,应按规定计提存货跌价准备;期末存货的结存成本减去存货跌价准备后的余额,即为存货的账面价值。但税法规定存货以历史成本为计税基础,估计的存货跌价准备不得扣除,只有实际发生的损失才可从税前列支,由此产生暂时性差异。计提跌价准备的存货,其账面价值一定小于计税基础,故产生可抵扣暂时性差异。

其他提取减值损失的各项资产,也都存在上述类似情况,均产生可抵扣暂时性差异。

2. 交易性金融资产

会计上,交易性金融资产的期末价值为公允价值,公允价值变动净损益计入当期损益。但税法规定,公允价值变动损益是未实现的,计税时不予确认,该项资产的计税基础仍为其历史成本。由此造成该项资产的账面价值与计税基础产生差异:本纳税年度,交易性金融资产发生公允价值变动净损失的,为可抵扣暂时性差异;否则,形成应纳税暂时性差异。

例 12-20 2018 年 9 月,K 公司从上海证券交易所买入一批 A 公司股票作为交易性金融资产核算和管理,成本为 30 万元。年末,该批股票的市价为 40 万元。

本例中,年末 K 公司确认公允价值变动收益 10 万元,计入当年利润表;2018 年 12 月 31 日,该项资产的账面价值为 40 万元。从税法的角度来看,本年确认的公允价值变动收益不计入纳税所得,交易性金融资产的损益在其出售时确认并计入当期的纳税所得额,故该项资产的计税基础仍为其成本 30 万元。两者的差额 10 万元留待未来该项资产变现期间纳税,属于应纳税暂时性差异。

采用公允价值计量的其他债权投资,期末公允价值变动计入其他综合收益,由此产生的暂时性差异可参照上面确定。

3. 长期股权投资

会计上对长期股权投资采用成本法或权益法核算,期末当长期股权投资的账面价值低于可收回金额时,需要计提减值准备。在投资收益的确认上,成本法下以被投资企业宣告分配现金股利或利润为准;权益法下则以被投资企业当年实现的净损益为依据,且该损益以投资时被投资企业各项可辨认净资产的公允价值为基础计量其成本费用;此外,被投资企业发生亏损时,权益法下还需确认投资损失,同时调减长期股权投资账面价值。就税法而言,投资企业以货币或非货币形式取得的股息或红利等权益性投资收益,属于应税收入,具体在被投资企业做出利润分配决定时确认收入实现;被投资企业分配的股票股利应按面值确认投资收益,不确认投资损失,等等。因此,①采用权益法核算的长期股权投资,会计确认的投资收益与税法规定的入账时间、金额均有差异;②权益法下,投资企业需要根据被投资企业当年资本公积(其他综合收益)的变动调整长期股权投资的价值,同时调整资本公积(其他综合收益),这与会计利润或纳税所得额均无关;③会计需要核算投资亏损及减值损失,税法则不予扣除;④被投资企业分配的股票股利,投资企业会计不做账务处理,税法则要求按面值确认投资收益,同时增加计税投资成本。由于上述原因,长期股权投资的账面价值与计税基础会存在差异。被投资企业属于盈利企业的,长期股权投资的账面价值一般大于计税基础,会产生应纳税暂时性差异;否则,可能形成可抵扣暂时性差异。

4. 投资性房地产

对于采用公允价值模式进行后续计量的投资性房地产,期末账面价值即为公允价值,公允价值变动损益计入当期利润表。与上述交易性金融资产相同,税法对资产在持有期间因公允价值变动产生的利得或损失不确认为收入,其计税基础仍按取得时的历史成本确定,从而使该类资产的账面价值与计税基础产生差异。本纳税年度,投资性房地产发生公允价值变动净损失的,形成可抵扣暂时性差异;否则,形成应纳税暂时性差异。

对采用成本模式计量的投资性房地产,会计期末需要核算减值损失,账面价值为投资性房地产的期末可收回金额。但税法对资产预计的减值损失不予扣除,此时,投资性房地产的期末账面价值与计税基础存在可抵扣暂时性差异。

5. 固定资产

企业以各种方式取得的固定资产,取得时的入账价值一般等于计税基础。在固定资产使用期间进行后续计量时,会计上的基本计量模式是"成本-累计折旧-减值准备"。但由于以下原因导致固定资产的期末账面价值与计税基础产生暂时性差异:①会计上采用的折旧方法与税法规定的不一致;②会计估计的折旧年限与税法规定的折旧年限不相同;③会计上需要对固定资产核算减值,税法则不认可;④会计上对所取得的固定资产,不管是否使用,一律计提折旧,而税法规定除房屋、建筑物以外,对未使用固定资产计提的折旧不得扣除。由上述原因产生的暂时性差异,有时表现为可抵扣暂时性差异,有时则表现为应纳税暂时性差异。

例 12-21 2016 年年底 Y 公司购进价值 10 000 元的 A 设备并投入使用,使用期限为 4 年,期满无残值,采用年数总和法计提折旧,未计提减值;税法规定采用直线法计提折旧。

根据上述资料计算 D 公司该项设备各年年末的账面价值、计税基础及暂时性差异,如表 12-5 所示。

表 12-5　A 设备各年年末的账面价值、计税基础及暂时性差异计算表　　　单位:元

项目 年份	会计折旧 ①	税法折旧 ②	账面价值 ③=原价-会计累计折旧	计税基础 ④=原价-税法累计折旧	期末暂时性差异 ⑤=③-④
2017	4 000	2 500	6 000	7 500	-1 500
2018	3 000	2 500	3 000	5 000	-2 000
2019	2 000	2 500	1 000	2 500	-1 500
2020	1 000	2 500	0	0	0
合计	10 000	10 000			

上表中,2017—2020 年 A 设备各年均产生可抵扣暂时性差异。以 2017 年为例,公司对 A 设备计提折旧 4 000 元,但按税法规定只能扣除 2 500 元,另外的 1 500 元留待以后年度抵扣。相关分析见例 12-24 和例 12-25。

6. 无形资产

无形资产的账面价值与计税基础存在差异,包括两种情况:

(1) 内部研究开发形成的无形资产。会计上对研究阶段的支出采用费用化处理,直接计入当期损益;而开发阶段符合资本化条件的支出采用资本化处理,计入无形资产成

本。从税法的角度来看,企业发生的无形资产研究开发支出可税前加计扣除,具体做法是:未形成无形资产,研发支出计入当期损益的,在按规定据实扣除的基础上,再按研发费用的50%加计扣除;形成无形资产的,按其成本的150%摊销。而会计上是按无形资产的初始成本进行摊销。

(2)无形资产在后续计量时,会计上需要区分使用寿命有限的无形资产与使用寿命不确定的无形资产。其中,对使用寿命有限的无形资产既要摊销且摊销方法多种多样,又要进行减值测试,对期末账面价值低于可收回金额的差额计提减值准备;对使用寿命不确定的无形资产不核算摊销,但在会计期末应进行减值测试。税法规定,企业取得的无形资产,应在一定期限内采用直线法摊销,法律规定或合同约定有使用年限的,可按规定或约定的使用年限摊销;除此以外,无形资产的摊销期限不得低于10年。在这种情况下,使用寿命有限的无形资产,会计、税法采用的摊销方法可能不同;对使用寿命不确定的无形资产,在持有期间,会计、税法对应否摊销规定也不一致;会计需要核算无形资产减值,税法则不认可。这些都会造成无形资产的账面价值与计税基础产生差异。

例 12-22 2018年6月底,H公司以60万元购入一项专有技术,根据各方面情况判断,无法合理预计其为公司带来经济利益的年限,公司将其作为使用寿命不确定的无形资产进行核算和管理。2018年12月31日,公司对该项无形资产进行减值测试,未发生减值。

分析:2018年12月31日,该项专有技术的账面价值仍为取得成本60万元。但按税法规定,2018年度H公司在计算纳税所得额时,该项无形资产有3万元(60÷10÷2)可在本年税前扣除,本年年末的计税基础为57万元。两者的差额3万元计入未来期间的纳税所得额,故形成应纳税暂时性差异。

(三)负债项目的计税基础

一般情况下,负债的确认与偿还不影响企业的损益,也不影响其纳税所得额,未来期间计算纳税所得额时按照税法规定可予抵扣的金额为0,如短期借款、应付账款等。但某些负债的确认则可能影响企业的损益,进而影响不同期间的纳税所得额,使得其计税基础与账面价值产生差额。

负债项目的计税基础=账面价值-未来清偿期间可在税前扣除的金额

又由于:

负债项目的暂时性差异=该负债项目的(账面价值-计税基础)

故:

负债项目的暂时性差异=该项目未来清偿期间可在税前扣除的金额

可见,负债项目产生的暂时性差异实质上是税法规定该项目可在未来清偿期间税前扣除的金额。而且,当负债的账面价值大于计税基础时,意味着未来期间按照税法规定该项负债金额可从未来期间的纳税所得额中扣除,从而减少未来期间的应交所得税;此时负债账面价值大于计税基础的差异,属于可抵扣暂时性差异。

当负债的账面价值小于计税基础时,意味着该项负债在未来期间可以税前抵扣的金额为负数,即应在未来期间增加纳税所得和应交所得税,从而产生应纳税暂时性差异。

下面举例说明主要负债项目计税基础与暂时性差异的确定。

预收账款与合同负债因不符合收入的确认条件,会计上将其作为负债核算;税法规定应将其计入收款当期的纳税所得额、计算交纳所得税,以后在会计上确认收入的期间不再征税。就是说,未来收入确认期间预收账款可在税前全额扣除,据此,预收账款的计税基础为0;本期预收账款的账面价值与计税基础的差异,属于可抵扣暂时性差异,本期根据预收金额交纳的所得税可减少未来收入确认期间的应交所得税。此种情况,前面已举例说明。

预计负债是由或有负债产生的、很可能导致经济利益流出企业且金额能够合理计量的一种现时义务。其中,根据产品或商品的质量保证,会计上对本期销售的商品应预计售后服务费用,增加销售费用,同时确认预计负债。但税法规定产品或商品保修的相关费用在支出实际发生时才允许扣除,即该项预计负债在支出实际发生当期可全部从税前抵扣,计税基础为0,账面价值与计税基础的差额形成可抵扣暂时性差异。对未决诉讼、追加税款等所涉及的赔偿、罚款或滞纳金,会计上增加营业外支出,同时确认预计负债。但税法对这类支出均不允许从税前扣除,故该项负债的计税基础等于账面价值,不存在暂时性差异。

还有交易性金融负债,期末公允价值变动所产生的暂时性差异,与前述交易性金融资产相同,可比照进行确定。

四、递延所得税资产与递延所得税负债

递延所得税资产是根据可抵扣暂时性差异及适用税率计算的,影响(减少)未来期间应交所得税的金额;根据应纳税暂时性差异及适用税率计算的,影响(增加)未来期间应交所得税的金额,则称为递延所得税负债。计算公式如下:

递延所得税资产＝可抵扣暂时性差异×预计转回期间的所得税税率
递延所得税负债＝应纳税暂时性差异×预计转回期间的所得税税率

对递延所得税资产、负债的确认与计量,需要注意以下四点:

(1)递延所得税资产的确认应以未来期间可能取得的纳税所得额为限。企业在可抵扣暂时性差异转回的未来期间无法产生足够的纳税所得额用以抵减可抵扣暂时性差异的影响,使得与递延所得税资产相关的经济利益无法实现的,该部分递延所得税资产就不应确认;企业有明确的证据表明在可抵扣暂时性差异转回的未来期间能够产生足够的纳税所得额,进而利用可抵扣暂时性差异的,则应以可能取得的纳税所得额为限,确认相关的递延所得税资产。这就要求资产负债表日,企业应对递延所得税资产的账面价值进行复核。如果未来期间很可能无法取得足够的纳税所得额以利用递延所得税资产的利益,则应当减记递延所得税资产的账面价值。以后根据新的环境与情况判断,能够产生足够的纳税所得额时,再将减记的金额转回,恢复递延所得税资产的账面价值。

(2)特殊情况下产生的暂时性差异。包括:①未作为资产、负债确认的项目产生的暂时性差异。如符合条件的广告费和业务宣传费支出,企业作为销售费用处理直接计入当期损益;除另有规定外,税法规定的扣除额不得超过当年销售收入的15%,超过部分可在以后纳税年度结转扣除,从而产生可抵扣暂时性差异。②企业发生的、按照税法规定可用以后年度利润弥补的亏损及税款抵减,虽不是因资产、负债项目的账面价值与计税基础不同而产生的,但本质上可抵扣亏损及税款抵减与可抵扣暂时性差异具有同样的作用,均能减少未来期间的纳税所得额,进而减少未来期间的应交所得税,在会计处理上,与可抵扣

暂时性差异的处理相同,符合条件的情况下,应确认与其相关的递延所得税资产。

（3）与直接计入所有者权益的交易或事项相关的暂时性差异,相关的当期所得税及递延所得税应计入所有者权益(资本公积或其他综合收益)。例如,其他权益投资中,购入股票被指定为以公允价值计量且其变动计入其他综合收益的交易性金融资产,以及其他债券投资中,购入债券被规定为以公允价值计量且其变动计入其他综合收益的金融资产,持有期内会计上确认的公允价值变动收益,会产生递延所得税负债,年末进行纳税调整时,应借记"其他综合收益"账户,贷记"递延所得税负债"账户。

（4）递延所得税资产、负债的计量,不要求折现。

五、当期所得税费用与应交所得税

所得税会计的目的之一是确定当期应交所得税以及利润表中的所得税费用,而应交所得税根据企业当年的纳税所得额及适用的所得税税率计算。所以,要正确计量当年的应交所得税,首先要解决纳税所得额的问题。

（一）会计利润与纳税所得额

会计利润是指根据会计准则规定核算的、企业在一定期间内实现的未扣除所得税费用且包括非常项目的总收益,即利润表上的税前利润总额。纳税所得额又称应税收益或计税利润,是指根据所得税法规定的企业应税收入减去可扣减费用及有关减免额后的金额。现阶段,中国实行财务会计与纳税会计有限度分离的所得税会计模式,即企业未单独设置纳税会计对应税收入及准予扣除的成本、费用等进行专门核算;纳税时,一般是在会计利润的基础上,根据税法的规定进行相应的调整,确定纳税所得额,再计算应交所得税。

纳税所得额＝应税收入总额－免税收入－可扣除成本费用－允许弥补的以前年度亏损

或　　　　＝会计利润＋税法规定的调整增加额－税法规定的调整减少额

应交所得税＝纳税所得额×适用税率

为什么计算应交所得税时,不能直接以会计利润为依据?我们知道,财务会计与税法分别遵循不同的原则,服务于不同的目的。财务会计的目标是向信息使用者提供"决策有用"的信息,包括财务信息和非财务信息。为确保会计信息质量,财务会计核算必须遵循会计规范,包括对收入、费用的确认采用权责发生制原则,将谨慎性原则贯穿财务会计核算的整个过程等,以真实反映企业的财务状况、经营成果及资金变动情况。税法则以课税为目的,满足国家政治权利和国民经济发展的需要,根据经济合理、公平税负、促进发展的原则,合理调节经济活动,为宏观经济服务。为了实现各自的目的,会计、税法分别规定企业资产、负债、收入、费用等的确认与计量标准。企业进行会计核算,当然以会计准则和会计制度为主要依据;而交纳所得税则必须以税法为准。出于上述原因,会计、税法对资产、负债、收入、费用等的确认时间、范围或计量标准存在差异,从而导致税前会计利润与纳税所得额不一致。故企业交纳所得税时,不能直接以会计利润为纳税依据,应将其调整为纳税所得额,并据此计算应交所得税。

1. 税法规定应予调整增加的内容

（1）某些费用或支出,会计上已从利润总额中扣除,但税法规定不可扣除。这种情况比较多。一是企业因违反法律、行政法规而交付的罚金、罚款、被没收财物的损失以及税款滞纳金,非广告性质的赞助支出,非公益性的捐赠支出等,会计上已计入当期损益、减少会计利润,但税法规定这些支出一律不得从税前扣除。二是会计上核算的某些费用,税法按规定标准列支,超过部分不得从纳税所得额中扣除。例如:①与企业生产经营活动有关的业务招待费,按照实际发生额的60%扣除,且最高不得超过当年销售(营业)收入的5‰[①];②企业(指非金融企业)向非金融企业借款的利息支出,按照金融企业同期同类贷款利率计算;③职工福利费、工会经费和职工教育经费,分别按照工资薪金总额的14%、2%、8%提取;④广告费和业务宣传,按照当年销售(营业)收入的15%扣除;⑤公益性捐赠支出,按照企业年度利润总额的12%计列,等等。除广告费和业务宣传费的超支部分可在以后纳税年度结转扣除外,上述各项的超支金额均不允许扣除。

(2)某些收入,会计上不予确认,但属于应税收入。例如,对不具有商业实质的非货币性交易,会计上按账面价值计量,对换出资产无论是否支付补价,均不确认损益。但税法规定对换出资产应视同销售确认纳税所得。再如,长期股权投资分到的股票股利,投资方不做账务处理;税法则要求按面值确认投资收益。

2. 税法规定应予调整减少的内容

(1)免税收入,即某些收入会计上已计入当期利润,但税法规定免征所得税。典型的例子是企业购买国债的利息收入以及取得的股息、红利等权益性投资收益。为鼓励企业购买国债,对利息收入免征所得税。企业进行股权投资从被投资企业分得的现金股利,因属于税后利润,为避免重复纳税,投资企业不再交纳所得税。只有当投资企业的所得税税率高于被投资企业时,才需补交差额。进行长期股权投资时投资成本小于被投资企业可辨认净资产公允价值份额的差额,会计上确认为营业外收入,税法则不计入纳税所得。

(2)企业发生的经营亏损,税法规定可以递转后期,即可用以后盈利年度的税前利润弥补。中国规定连续弥补期限不得超过5年。

需要注意的是,按照《国家税务总局关于企业的免税所得弥补亏损问题的通知》(国税发〔1999〕34号),如果一家企业既有应税项目又有免税项目,则其应税项目发生亏损时,按照税收法规规定可结转以后年度弥补的亏损,应是冲抵免税项目所得的余额。此外,应税项目虽有所得但不够弥补以前年度亏损的,免税项目的所得也可用于弥补以前年度的亏损。

3. 税法规定应予调整的其他内容

某些收支,会计与税法规定的入账时间不一致,调整时,有时应增加纳税所得额,有时应减少纳税所得额。主要有:①对各项资产计提的减值准备,会计上作为资产减值损失计入当期损益;税法则规定任何预计的资产减值准备一律不做扣除。②对交易性金融资产、采用公允价值模式计量的投资性房地产,资产持有期内确认的公允价值变动损益,会计上直接计入当期利润表;税法则规定于投资处置时按所实现的总收益一并纳税。③对固定资产折旧,会计上采用的方法或折旧年限与税法规定的不一致,从而使会计折旧额与税法折旧额产生差异。④对无形资产摊销,会计和税法上也存在差异,这已在前面说明。

例12-23 2018年度H公司实现税前利润120万元。经查,本年度确认的损益中,有

[①] 业务招待是正常的商业做法,但商业招待又不可避免地包括个人消费的成分,在许多情况下,无法将两者区分开。因此,国际上许多国家对企业业务招待费支出采取在税前"打折"扣除的做法。例如意大利,企业业务招待费的30%作为商业招待在税前扣除;加拿大为80%;美国、新西兰为50%。中国的扣除比例为60%,既借鉴了国际做法,又结合了原按企业营业收入的一定比例限制扣除的经验,同时坚持从严控制。

公允价值变动净收益15万元,投资收益中有购买国债确认的利息收入5万元;另外,本年度公司经营因对环境污染整治不力被罚款2万元,计提存货减值准备8万元;无其他纳税调整事项。公司适用的所得税税率为25%。

根据上述资料,2018年度H公司有关所得税的计算如下:

纳税所得额 = 1 200 000+20 000+80 000-150 000-50 000 = 1 100 000(元)

应交所得税 = 1 100 000×25% = 275 000(元)

(二)当期所得税费用

利润表中的当期所得税费用,包括当期的应交所得税与递延所得税两部分内容。计算公式如下:

当期所得税费用 = 当期应交所得税 + 当期递延所得税

= 当期应交所得税 - 递延所得税资产本期增加额 + 递延所得税负债本期增加额

= 当期应交所得税 + 递延所得税负债(期末余额 - 期初余额) - 递延所得税资产(期末余额 - 期初余额)

例12-24 2016年年底Y公司购进价值10 000元的A设备并随即投入使用,使用期限为4年,期满无残值,采用年数总和法计提折旧,未计提减值;税法规定采用直线法计提折旧。假设该公司每年税前会计利润为8 000元,采用资产负债表债务法核算所得税,适用的所得税税率为25%。年初公司递延所得税余额为零,本年无其他纳税调整事项。

据此,Y公司2017—2020年各年递延所得税与所得税费用的计算如表12-6所示。

表12-6 Y公司递延所得税与所得税费用计算 单位:元

项目		年度	2017	2018	2019	2020
会计折旧			4 000	3 000	2 000	1 000
累计会计折旧①			4 000	7 000	9 000	10 000
税法折旧			2 500	2 500	2 500	2 500
累计税法折旧②			2 500	5 000	7 500	10 000
账面价值③=原价-①			6 000	3 000	1 000	0
计税基础④=原价-②			7 500	5 000	2 500	0
期末暂时性差异⑤=③-④			-1 500	-2 000	-1 500	0
纳税所得额⑥			9 500	8 500	7 500	6 500
适用税率⑦			25%	25%	25%	25%
应交所得税⑧=⑥×⑦			2 375	2 125	1 875	1 625
递延所得税资产	期初余额⑨=上期⑩		0	375	500	375
	期末余额⑩=本期⑤×25%		375	500	375	0
	本期增加(减少)		375	125	(125)	(375)
所得税费用=⑧-(⑩-⑨)			2 000	2 000	2 000	2 000

六、所得税核算的会计处理

采用资产负债表债务法,所得税的核算内容包括递延所得税、应交所得税与所得税费用。会计上,分设"递延所得税资产""递延所得税负债""应交税费——应交所得税"以及"所得税费用"账户进行核算。其中,"所得税费用"属于损益类账户,采用账结法结算利润的企业,期末应将本账户余额结转至"利润分配——未分配利润"账户;结转后,该账户无余额。

例 12-25 承例 12-24,Y 公司 2017—2020 年有关所得税核算的会计处理如下:

(1) 2017 年度因设备的账面价值 6 000 元小于计税基础 7 500 元,差额 1 500 元应减少未来期间的纳税所得额与应交所得税,属于可抵扣暂时性差异,应确认递延所得税资产 375 元。年末,公司应做如下会计分录:

借:所得税费用	2 000
递延所得税资产	375
贷:应交税费——应交所得税	2 375

(2) 2018 年度设备账面价值 3 000 元小于计税基础 5 000 元,产生的可抵扣暂时性差异 2 000 元可减少未来期间的纳税所得额与应交所得税,据此确认递延所得税资产 500 元。但"递延所得税资产"账户已有期初余额 375 元,本期应增加递延所得税资产 125 元。年末,公司应做如下会计分录:

借:所得税费用	2 000
递延所得税资产	125
贷:应交税费——应交所得税	2 125

(3) 2019 年度设备账面价值 1 000 元小于计税基础 2 500 元,产生可抵扣暂时性差异 1 500 元,应确认递延所得税资产 375 元。但"递延所得税资产"账户已有期初余额 500 元,故本期应转回原已确认的递延所得税资产 125 元。年末,公司应做如下会计分录:

借:所得税费用	2 000
贷:应交税费——应交所得税	1 875
递延所得税资产	125

(4) 2020 年设备使用期满,其账面价值与计税基础均为零,原已确认的与该项资产相关的递延所得税资产余额应全额转回,至此,年末"递延所得税资产"账户无余额。年末,公司应做如下会计分录:

借:所得税费用	2 000
贷:应交税费——应交所得税	1 625
递延所得税资产	375

根据各年度的上述会计分录,"递延所得税资产"账户的记录如下:

递延所得税资产

2017 年:375	2019 年:125
2018 年:125	2020 年:375

上面举例仅涉及个别的暂时性差异项目。实务中,可抵扣或应纳税暂时性差异往往同时存在。会计上,不得将两者相互抵销,而应分别核算相应的递延所得税资产与递延所得税负债。

例 12-26 A 公司的所得税费用采用资产负债表债务法核算,适用税率为 25%。2015

年年初,公司递延所得税资产与递延所得税负债均为 0。有关资料如下:

(1) 2015 年年底购入环保设备一台,原价 10 万元,预计使用 4 年,期满无残值,采用直线法计提折旧;按照税法规定,该种设备可采用年数总和法计提折旧。

(2) 2016 年 9 月购入一批商品,成本 40 万元,当年年底可变现净值为 35 万元。2017 年年底可变现净值为 32 万元。2018 年 5 月将该批商品全部出售,收入 33 万元。

(3) 2016—2019 年度公司实现的税前利润分别为 100 万元、120 万元、110 万元、130 万元。

(4) 2016 年公司发生罚款支出 1 万元,2017 年购买国债确认利息收入 8 万元。

无其他纳税调整事项。

根据上述资料,如何计算 A 公司 2016—2019 年度的应交所得税及所得税费用?

分析:本例中,A 公司环保设备的账面价值与计税基础存在应纳税暂时性差异,产生递延所得税负债;存货的账面价值与计税基础存在可抵扣暂时性差异,产生递延所得税资产。2016—2019 年度 A 公司递延所得税与所得税费用的计算如表 12-7 所示。

表 12-7 A 公司递延所得税与所得税费用计算　　　　　　　单位:元

项目		年度	2016	2017	2018	2019
适用税率①			25%	25%	25%	25%
设备	会计折旧②		25 000	25 000	25 000	25 000
	税法折旧③		40 000	30 000	20 000	10 000
	账面价值④=原价-∑②		75 000	50 000	25 000	0
	计税基础⑤=原价-∑③		60 000	30 000	10 000	0
	期末暂时性差异⑥=④-⑤		15 000	20 000	15 000	0
递延所得税负债	期初余额⑦=上期⑧		0	3 750	5 000	3 750
	期末余额⑧=本期⑥×25%		3 750	5 000	3 750	0
	本期增加(减少)		3 750	1 250	(1 250)	(3 750)
存货	账面价值⑨		350 000	320 000	0	0
	计税基础⑩		400 000	400 000	0	0
	暂时性差异⑪=⑨-⑩		(50 000)	(80 000)	0	0
递延所得税资产	期初余额⑫=上期⑬		0	12 500	20 000	0
	期末余额⑬=本期⑪×25%		12 500	20 000	0	0
	本期增加(减少)		12 500	7 500	(20 000)	0
纳税所得额⑭			1 045 000	1 145 000	1 025 000	1 315 000
应交所得税⑮=⑭×①			261 250	286 250	256 250	328 750
所得税费用⑯=⑮+(⑧-⑦)-(⑬-⑫)			252 500	280 000	275 000	325 000

各年纳税所得额的计算如下：

2016年：调整前利润总额1 000 000+会计折旧25 000-税法折旧40 000+存货跌价准备50 000+罚款支出10 000=1 045 000（元）

2017年：调整前利润总额1 200 000+会计折旧25 000-税法折旧30 000+存货跌价准备30 000-国债利息收入80 000=1 145 000（元）

2018年：调整前利润总额1 100 000+会计折旧25 000-税法折旧20 000-售出存货允许抵扣的跌价准备80 000=1 025 000（元）

2019年：调整前利润总额1 300 000+会计折旧25 000-税法折旧10 000=1 315 000（元）

根据表12-7，编制A公司各年所得税核算的会计分录，具体如表12-8所示。

表12-8　A公司各年所得税核算的会计分录

年份	会计分录	金额
2016年	借：所得税费用	252 500
	递延所得税资产	12 500
	贷：应交税费——应交所得税	261 250
	递延所得税负债	3 750
2017年	借：所得税费用	280 000
	递延所得税资产	7 500
	贷：应交税费——应交所得税	286 250
	递延所得税负债	1 250
2018年	借：所得税费用	275 000
	递延所得税负债	1 250
	贷：应交税费——应交所得税	256 250
	递延所得税资产	20 000
2019年	借：所得税费用	325 000
	递延所得税负债	3 750
	贷：应交税费——应交所得税	328 750

七、经营亏损的所得税问题

各国所得税法一般规定企业本期发生的经营亏损即应税亏损可以前溯或转后。这就给所得税的会计处理带来了影响。

（一）亏损前溯

前溯是指企业发生亏损时，可以向前追抵应税收益，从税法规定的过去期限内已交纳的所得税税款中申请退税。例如，美国税法规定，如果企业发生亏损，则可抵销前3年的应税利润；如果企业亏损不能被前3年的应税利润全部抵销，则剩余亏损额可转后15年，抵销以后年度的纳税所得；英国的前溯年限为1年，转后年限无限制；法国的前溯年限为3年，转后年限为5年；等等。经营亏损允许前溯时，退税是从规定前溯年度的第一年开始，前溯的应税收益追抵额与亏损额相同；退税率为纳税当年的税率而非亏损年度的税率。

对申请的退税款,会计上作为其他应收款处理,同时减少当年的所得税费用。

相关案例　　　　所得税的减税收入在财务报表中应如何反映

2012年企业所得税政策中关于西部大开发的税收优惠政策有所变化。《国家税务总局关于深入实施西部大开发战略有关企业所得税问题的公告》(国家税务总局公告2012年第12号),明确了对设在西部地区以《西部地区鼓励类产业目录》中规定的产业项目为主营业务,且其当年主营业务收入占企业收入总额70%以上的企业,经企业申请,主管税务机关审核确认后,可减按15%的税率交纳企业所得税。

四川路桥(600039)2013年6月4日发布公告,公司《关于申请减免2012年企业所得税的报告》经四川省地方税务局直属税务分局批准,认为公司2012年国家高速公路网和西部开发公路干线工程建设收入符合《产业结构调整指导目录(2011年本)》第24类第1项"西部开发公路干线、国家高速公路网项目建设"内容,且占公司总收入70%以上,同意公司2012年享受西部大开发企业所得税优惠政策,企业所得税减按15%的税率征收。

公司2012年企业所得税原按25%的税率计提,根据上述优惠政策,应享受减税2 799.75万元。对于减税金额,公司将在2013年进行会计核算的同时减少"所得税费用"以及"应交税费——企业所得税"账户2 799.75万元,由此2013年净利润增加2 799.75万元。

蹊跷的是:国家税务总局公告2012年第12号于当年4月6日发布,四川路桥为何不在当年申请减税优惠,从而将所得到的减税收入反映在2012年的财务报表中?2013年收到的2012年的所得税优惠金额,是调整2013年有关财务报表的期初余额,还是直接作为2013年的事项进行确认计量?哪个更合理?

资料来源:根据2012年上市公司年报整理。

前溯的好处是可以消除公司账上的应付未付税款。理论上,亏损前溯可申请退还前溯年度的已纳税款。实务中这是非常困难的,于是产生了经营亏损的转后。

(二) 亏损转后

转后是指企业发生的亏损,用以后年度的应税收益抵补,在未来规定的期限内抵销应交纳的所得税税款。对发生巨额亏损的企业来说,亏损转后的结果可为企业未来节省金额可观的所得税。这也可能诱使有实力的企业兼并亏损企业,以期抵销兼并方企业应交纳的所得税。不过,在中国,企业发生的亏损只能由企业以后盈利年度的税前利润弥补,且连续补亏期限最长不超过5年。

至于亏损转后的会计处理,出于谨慎性原则,一般在发生亏损当期的利润表中不确认转后带来的所得税利益。因为这种收益不能预先估计,亏损转后发生的税款抵免能否实现,取决于以后年度是否有纳税所得额。如果过早确认,会导致资产和收益的高估。不过,从本质上看,经营亏损转后与可抵扣的时间性差异并无实质差别,两者可采用相同的会计处理方法。

第四节 利润及其分配

一、利润的构成

利润是企业一定会计期间的经营成果,包括营业利润、利润总额、净利润三个层次。有关计算如下:

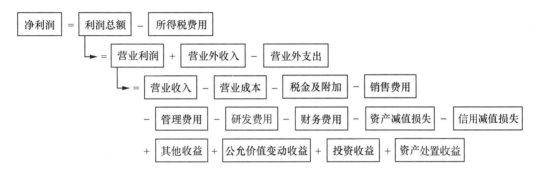

二、与企业日常活动相关的政府补助

与企业日常活动相关的政府补助影响企业营业利润中的收入或费用项目,由于前面未予阐释,故在这里说明。

政府补助是指企业从政府无偿取得货币性资产或非货币性资产。例如,享受税收优惠政策的企业,政府给予先征后退或即征即退的税费返还;政府无偿给予的土地使用权等。政府补助的特点,一是无偿性,从而将政府作为出资人对企业出资以及政府购买企业服务等与企业的互惠性交易相区别;二是属于政府的经济资源,企业直接取得。其实,政府向企业提供经济支持,以鼓励或扶持特定行业、地区或领域的发展,是政府进行宏观调控的重要手段,也是国际上通行的做法。中国当然也不例外。中国现行政府补助准则规定,与企业日常活动相关的政府补助,应当按照经济业务的实质,计入其他收益或冲减相关成本费用;与企业日常活动无关的政府补助,则计入营业外收支,从而使报表信息能够更加真实地反映企业的经营活动及其营业利润的构成。

1. 政府补助与企业日常活动相关的判断条件

政府补助的主要形式包括财政拨款、财政贴息、税费返还、无偿划拨非货币性资产等。根据现行准则对政府补助进行会计核算,首先要判断其是否与企业的日常活动相关,进而采用不同的会计处理方法。政府补助主要是对企业成本费用或损失的补偿,或是对企业某些行为的奖励。判断其是否与企业的日常活动相关,一般有两项标准:一是政府补助所补偿的成本费用是否属于营业利润中的项目,如政府拨款给制药厂作为购买环保设备的补贴、政府拨款给高新技术企业作为引进人才的奖励等;二是该补助与日常销售等经营行为是否密切相关,典型的例子是软件公司(或开发区企业或残疾人福利企业)享受增值税即征即退或先征后退的税收优惠,它们不仅有国家税法支持,还具有持续性的特点。若符合上述两项标准中的任何一项,则该项政府补助与企业日常活动相关。

政府补助分为与资产相关及与收益相关的补助两类,前者是指企业取得的、用于购建或以其他方式形成长期资产的政府补助。除此之外的,则称为与收益相关的政府补助。不论属于哪一类,政府补助只有同时满足以下两个条件才可予以确认:一是企业能够满足政府补助所附条件,二是企业能够收到政府补助。

2. 与企业日常活动相关的政府补助的核算

政府补助的会计处理方法有两种:总额法和净额法,具体如表12-9所示。企业应根据经济业务的实质,判断某一类政府补助业务应当采用总额法还是净额法进行核算。一般而言,同类或类似政府补助业务只能选用一种方法,且一贯运用,不得随意变更,这也是会计信息一致性特征的质量要求。

表12-9 政府补助会计处理方法

会计处理方法	总额法:将政府补助全额一次或分期确认为收益
	一般纳税人增值税的即征即退只能采用总额法进行会计处理。按期确认政府补助时,借记"其他应收款"账户,贷记"其他收益"账户;实际收到政府补助款时,再借记"银行存款"账户,贷记"其他应收款"账户
	净额法:将政府补助作为相关资产账面价值或所补偿成本费用的扣减
入账原则	与企业日常活动相关的政府补助:按照经济业务实质,计入其他收益或冲减相关成本费用
	与企业日常活动无关的政府补助:计入营业外收入或冲减相关损失

(1) 与资产相关的政府补助的会计处理。

例12-27 按照国家政策,企业购买环保设备可以申请政府补助。K公司属于制药企业,因购置环保设备,于2017年9月向当地政府有关部门申请60万元补助。11月初如数收到政府补助款,12月20日购入不需要安装的环保设备一台并立即投入使用,原价240万元,使用期限5年,利用直线法计提折旧,无残值。增值税略。

本例中,K公司对政府补助分别采用总额法、净额法进行会计处理,具体如表12-10所示。

表12-10 与资产相关的政府补助:总额法与净额法的比较

		总额法	净额法
2017年11月初收到财政拨款,确认政府补助		借:银行存款 600 000 贷:递延收益 600 000	同左
2017年12月20日购入设备		借:固定资产 2 400 000 贷:银行存款 2 400 000	借:固定资产 2 400 000 贷:银行存款 2 400 000 同时: 借:递延收益 600 000 贷:固定资产 600 000
自2018年1月1日起的5年,按月计提折旧,同时分摊递延收益	月末计提折旧	借:制造费用 40 000 贷:累计折旧 40 000	借:制造费用 30 000 贷:累计折旧 30 000
	月末分摊递延收益	借:递延收益 10 000 贷:其他收益 10 000	/

(续表)

		总额法	净额法
使用期满正常报废,取得变价收入5 000元	注销账面价值	借:累计折旧　　　2 400 000 　贷:固定资产　　　2 400 000	借:累计折旧　　　360 000 　贷:固定资产　　　360 000
	取得变价收入	借:银行存款　　　5 000 　贷:营业外收入　　5 000	同左
	分摊递延收益	借:递延收益　　　10 000 　贷:其他收益　　　10 000	/
假设因设备更新,K公司于2022年年初将该设备出售,价款40万元	结转账面价值	借:固定资产清理　480 000 　累计折旧　　　1 920 000 　贷:固定资产　　2 400 000	借:固定资产清理　360 000 　累计折旧　　　1 440 000 　贷:固定资产　　1 800 000
	核算出售收入	借:银行存款　　　400 000 　贷:固定资产清理　400 000	同左
	结转出售净收益	借:资产处置损益　80 000 　贷:固定资产清理　80 000	借:固定资产清理　40 000 　贷:资产处置损益　40 000
	转销递延收益余额	借:递延收益　　　120 000 　贷:资产处置损益　120 000	/

上例中,两种方法对政府补助的核算,在设备使用期内对企业各期损益的影响是不同的。总额法下,政府补助每月分摊10 000元,计入其他收益,直接增加当期利润;净额法下,政府补助款60万元一次冲减设备购置成本,虽然设备使用期内各期计提的折旧比总额法少,但设备的折旧费计入制造费用,制造费用计入产品成本,它不直接影响当期损益,只有产品销售,制造费用与其他生产费用一起最终转化为销售成本,才影响企业的利润表。企业对总额法、净额法进行选择时,这也是需要考虑的一个方面。当然,如果设备的折旧费计入管理费用,则两种方法核算的结果对企业各期的营业利润总额没有影响。

（2）与收益相关的政府补助的会计处理。分两种情况:一是用于补偿企业以后期间相关成本费用或损失的,先确认为递延收益,之后在相关成本费用或损失发生期间,再计入当期损益或冲减相关成本;二是用于补偿企业已发生的相关成本费用或损失的,直接计入当期损益或冲减相关成本。

例12-28 Y公司属于高新技术企业,为了引进并激励高级科研人员,与地方政府签订合同,由政府向Y公司提供500万元的奖励资金。合同约定,Y公司应对奖金的使用编报详细的计划并专款专用,同时自获得补助起10年内公司不得迁离本注册地。否则,政府有权追回奖励资金。2017年10月Y公司收到500万元政府补助,2017年、2018年已分别使用200万元、150万元。不考虑相关税费。

本例中,Y公司对所收到的政府补助分别采用总额法、净额法核算,结果如表12-11所示。

表 12-11　与收益相关的政府补助：总额法与净额法的比较

	总额法	净额法
2017年10月收到补助款	借：银行存款　5 000 000 　贷：递延收益　5 000 000	同左
2017年使用补助款	借：递延收益　2 000 000 　贷：其他收益　2 000 000	借：递延收益　2 000 000 　贷：管理费用　2 000 000
2018年使用补助款	借：递延收益　1 500 000 　贷：其他收益　1 500 000	借：递延收益　1 500 000 　贷：管理费用　1 500 000

以后相关期间使用奖励资金的会计处理，比照上面进行。

若收到补助款时，暂时无法确定是否满足所附条件，则将其作为预收款记入"其他应付款"账户，待客观情况表明企业能够满足政府补助的相关条件后，再转入"递延收益"账户核算。

以后期间，若Y公司不再符合申请补助的条件，政府则需按剩余期间追回补助款。公司退款时，应借记"递延收益"账户，贷记"银行存款"账户。

本例中，因其他收益、管理费用均属于利润表项目，故两种方法核算的结果，对企业当期的营业利润总额没有影响。

三、营业外收支

（一）营业外收支的内容

营业外收支是企业发生的与日常活动没有直接关系的各项收支。虽然它们与企业的生产经营活动没有多大的关系，但从企业主体考虑，同样带来收入或形成支出，也是增加或减少利润不可忽视的因素。

营业外收入是指与企业的生产经营活动无直接关系的各项利得，包括盘盈固定资产的净收益、债务重组利得、与企业日常活动无关的政府补助、接受捐赠利得等。

营业外支出是指与企业的生产经营活动无直接关系的各项支出，包括固定资产盘亏、处置固定资产或无形资产的净损失、债权重组损失、罚款支出、对外捐赠支出和非常损失等。

尽管利得或损失的发生既不存在因果关系亦无须配比，也不是由企业的经营资金耗费所产生的，但利得是一种纯粹的收入且增加了利润，损失则应从企业实现的利润总额中扣除。所以，在确认利得或损失时，遵循稳健性原则就显得十分重要。

营业外收支主要内容的核算已在前面各章述及，下面就政府补助涉及的营业外收入进行说明。

（二）与企业日常活动无关的政府补助

与企业日常活动无关的政府补助，通常由企业常规活动之外的原因产生，具有偶发性的特征。例如，政府对企业因受不可抗力的影响发生停工、停产损失等而给予的补助。既然如此，这类补助属于企业营业活动外的利得，计入营业外收支。

例 12-29 2018 年 8 月，E 公司因遭受水灾无法正常营业，收到政府补助 50 万元，用以弥补其停工损失。E 公司收到补助款时，应做如下会计分录：

借：银行存款　　　　　　　　　　　　　　　　　　　　　　　　500 000
　　贷：营业外收入　　　　　　　　　　　　　　　　　　　　　　500 000

四、利润的合成

利润是企业在一定会计期间的经营成果，包括营业利润、利润总额和净利润，这已在前面有所说明。构成利润的收入、费用，平时发生时都登记在相应的损益类账户中，比较分散。企业如何归集收入、费用，以确定最终的经营结果：盈或亏？这涉及利润的合成。企业利润合成的会计处理方法有表结法和账结法两种。

（一）表结法

表结法是指企业在年终决算以外的会计期末，将全部损益类账户的本期净发生额按利润表的填制要求，填入利润表的各项目中，在表中计算出本期利润和本年累计利润的方法。平时各月采用这种方法结算利润，期末不需要将损益类账户的期末余额转入"本年利润"账户，因而各损益类账户有期末余额，反映自年初至本月末止的本年累计发生额。

采用表结法，无须编制结转收支的会计分录，因而利润的合成非常简单。为了简化核算，企业平时可采用这种方法结算利润，但年终决算必须采用账结法。

（二）账结法

账结法是指企业在期末将全部损益类账户（"以前年度损益调整"账户除外）的本期净发生额转入"本年利润"账户，通过"本年利润"账户结出当期利润和本年累计利润的方法。平时各月采用账结法结算利润的企业，损益类账户期末均无余额。账结法下，有关结账分录如下：

（1）结转本期收入时：
借：主营业务收入
　　其他业务收入
　　其他收益
　　投资收益
　　资产处置损益
　　公允价值变动损益
　　营业外收入
　　贷：本年利润

（2）结转本期成本、费用与损失时：
借：本年利润
　　贷：主营业务成本
　　　　税金及附加
　　　　其他业务成本
　　　　销售费用
　　　　管理费用

研发费用

财务费用

资产减值损失

信用减值损失

营业外支出

所得税费用

五、利润分配及其核算

企业实现的净利润,应根据国家有关法规及公司章程的规定进行分配。利润分配的过程和结果是否合理,不仅关系到所有者的合法权益能否得到保护,而且关系到企业能否长期稳定地发展。

（一）利润分配的一般程序

按照《公司法》等相关法律的规定,企业当年实现的净利润应按下列顺序分配:

(1) 弥补企业以前年度亏损。这是指企业的盈余公积不足以弥补以前年度亏损的,在提取本年度法定盈余公积之前,应当先用当年利润弥补亏损。

(2) 提取法定盈余公积。根据规定,公司制企业一般按当年实现净利润的10%提取法定盈余公积,非公司制企业根据需要按不低于10%的比例提取。企业提取的法定盈余公积累积额达到企业注册资本的50%时,可以不再提取。

(3) 支付优先股股利。

(4) 提取任意盈余公积。企业从税后利润中提取法定盈余公积后,经股东大会决议,还可从税后利润中提取任意盈余公积。非公司制企业经类似权力机构批准,也可提取任意盈余公积。

(5) 支付普通股股利。企业弥补亏损和提取盈余公积后所余税后利润,加上年初未分配利润,为本年可供投资者分配的利润。有限责任公司按照股东实缴的出资比例分配,股份有限公司按照股东持有的股份比例分配（公司章程规定不按持股比例分配的除外）。

股东大会或董事会违反规定,在企业弥补亏损和提取盈余公积之前向股东分配利润的,股东必须将违反规定分配的利润退还企业。企业持有的本企业股份,不得分配利润。

这里需要强调企业亏损的弥补与其他利润分配内容的关系。在中国,企业发生亏损,一般可用以后盈利年度的税前利润、税后利润以及企业的盈余公积弥补。如果企业存在以前年度发生的尚未弥补的亏损,则本年实现的利润应先补亏(亏损发生后第一个盈利年度起连续5年,可用税前利润弥补;超过5年的,用税后利润弥补);也可用企业以前年度提存的盈余公积补亏。以前年度亏损未弥补完之前,不得提取法定盈余公积;未提取法定盈余公积之前,不得向投资者分配利润。补亏之后的剩余利润可按正常情况进行分配。

经过上述分配后,"利润分配"账户若有余额,形成未分配利润（或未弥补的亏损）。其中,未分配利润可留待以后年度进行分配;未弥补的亏损,则按规定途径弥补。企业未分配的利润（或未弥补的亏损）应在资产负债表的所有者权益项目中单独反映。

（二）利润分配的会计处理

利润分配一般于年终进行。企业的利润分配通过"利润分配"账户进行,它是"本年利润"的调整账户,也是连接利润表与资产负债表的中间账户。该账户按利润分配的具体内容设置"提取法定盈余公积""提取任意盈余公积""应付现金股利或利润""转作股本的股利""盈余公积补亏"和"未分配利润"等明细账户进行明细核算。

1. 净利润分配的会计处理

企业的利润分配方案一般由董事会或类似机构决议,提交股东大会或类似机构批准。在股东大会或类似机构召开会议前,会计上应以董事会或类似机构决议的利润分配初步方案为依据,对利润分配进行账务处理,并将其列入报告年度的所有者权益变动表。其后,股东大会或类似机构批准的利润分配方案若与董事会或类似机构确定的方案不一致,则差额应当调整报告年度财务报表有关项目的年初数。

例 12-30 2018 年度,D 公司实现净利润 90 万元,并按规定进行利润分配。

有关会计处理如下:

(1) 年终净利润的结转:

借:本年利润	900 000
贷:利润分配——未分配利润	900 000

(2) 按税后利润的 10% 提取法定盈余公积:

借:利润分配——提取法定盈余公积	90 000
贷:盈余公积——法定盈余公积	90 000

(3) 根据股东大会决议,提取任意盈余公积 50 000 元,分派普通股现金股利 400 000 元:

借:利润分配——提取任意盈余公积	50 000
利润分配——应付现金股利	400 000
贷:盈余公积——任意盈余公积	50 000
应付股利	400 000

企业按股东大会或类似机构批准的应分配的股票股利或转增的资本金额,在办理增资手续后,再借记"利润分配——转作股本的股利"账户,贷记"实收资本(或股本)"和"资本公积"账户。

2. 亏损弥补的会计处理

企业发生亏损,年末应将亏损金额转入"利润分配——未分配利润"账户,会计上应借记"利润分配——未分配利润"账户,贷记"本年利润"账户。

亏损需要由企业自行"消化"。在中国,企业亏损弥补的途径大致有三种:①用以后年度的税前利润弥补。具体从亏损发生后的第一个盈利年度计算,连续弥补期限不得超过 5 年。②用以后年度的税后利润弥补。这是指企业亏损超过了规定的税前利润弥补期限,其未弥补完的金额可用税后利润弥补。③用盈余公积弥补。其实,亏损弥补的这三种途径主要与计算应交所得税时的纳税所得额有关,会计上并不一定按上述顺序进行补亏。尤其是遇有未弥补亏损、企业又须向投资者分配利润的情况,企业应先用公积金将全部亏损补上,之后方可按规定进行利润分配。企业亏损未弥补之前,不得提取法定盈余公积;法定盈余公积未提取之前,不得向投资者分配利润。

由上可知,企业的亏损额已通过年终结转,反映在"未分配利润"明细账户的借方;在以后盈利年度采用上述第一、二种途径弥补时,无须单独做会计处理。因为在年终,企业将当年实现的利润转至"利润分配——未分配利润"账户的贷方,贷方结转的利润与借方结转的亏损自动抵销;当贷方结转的利润小于借方结转的亏损时,差额为未弥补金额,在以后盈利年度继续弥补。但动用盈余公积补亏时,为了反映公积金的减少,必须专门做补亏的会计处理。根据董事会或类似机构批准补亏的盈余公积数额,借记"盈余公积——法定盈余公积(或任意盈余公积)"账户,贷记"利润分配——盈余公积补亏"账户。年终,再将上述金额从"利润分配——盈余公积补亏"账户转至"未分配利润"明细账户贷方,最终完成亏损的账面弥补。

3. 年终未分配利润的结转

年终,企业实际分配的利润或弥补的亏损已记入"利润分配"所属的各明细账户。利润分配完毕,应将本年实际分配的利润或弥补的亏损全部转入"未分配利润"明细账户。会计分录如下:

借:利润分配——未分配利润
　　贷:利润分配——提取法定盈余公积
　　　　　　　——提取任意盈余公积
　　　　　　　——应付现金股利
　　　　　　　……

本年若发生用盈余公积弥补亏损的情况,则年终转入"未分配利润"明细账户时,应编制如下会计分录:

借:利润分配——盈余公积补亏
　　贷:利润分配——未分配利润

年终经过上述结转后,除"未分配利润"明细账户外,其他各明细账户均无余额。对不存在未弥补亏损的企业,年末"未分配利润"明细账户的余额在贷方,表示至本年年末止的累积未分配利润。对存在未弥补亏损的企业,年末"未分配利润"明细账户的余额可能在贷方抑或借方,不管账户的余额方向如何,此时该明细账户的余额性质比较复杂,它是企业以前年度积累的未分配利润与未弥补亏损相抵后的余额。当亏损全部补完时,该明细账户的贷方余额才是企业真正意义上的未分配利润:它未限定用途,可留待以后年度分配给投资者。

本章提要

利润是企业在一定会计期间的经营成果,是反映企业经济效益的一个重要指标。正确核算利润的关键,是正确核算企业的各项收入和费用。本章的重点与难点是收入的确认与计量、特殊销售业务的会计处理、所得税费用以及政府补助的核算。

收入是形成企业利润的主要来源。在中国,作为会计要素的收入属于狭义的内容;构成利润的收入则是指广义的收益,包括利得。收入核算的关键是确认与计量,中国现行的收入准则建立了基于合同的收入确认模式,规定企业与客户之间的合同,企业履行了合同中的履约义务,以商品或服务的"控制权转移"为基础确认收入,确认金额则是企业因交付该商品或服务而预期有权获得的金额。由此统一了一般销售收入与建造合同收入确认的原则。这里应理解中国收入确认与计量的五步法模型的各项内容,掌握特殊销售业务核算的会计处理。一般业务的会计处理可结合第三章和第四章的内容学习。

费用是与收入相对的一个概念。中国费用要素的定义属于狭义的范畴。企业的费用包括营业成本、销售费用、管理费用、研发费用、财务费用和所得税费用,其确认必须遵循划分资本性支出与收益性支出原则、权责发生制原则和配比原则。

所得税的核算是本章的重点与难点。由于现行企业会计准则、企业所得税法对某些收入和费用的确认范围、入账时间或计量标准存在差异,税前会计利润与纳税所得额存在差异,交纳所得税必须以纳税所得额及适用的税率为依据计算确定。纳税所得额是从税法角度规定的概念,与会计利润不同,应熟练掌握如何将会计利润调整为纳税所得额。现行实务中,企业所得税的核算采用资产负债表债务法,这就需要正确确定资产及负债项目的账面价值、计税基础,将两者的差额按性质分为可抵扣暂时性差异、应纳税暂时性差异,据此进一步确认递延所得税资产与递延所得税负债。利润表中的所得税费用由当期应交所得税与递延所得税两部分构成。

就政府补助而言,首先要区分与企业日常活动相关或无关的政府补助;在此基础上,按总额法、净额法分别掌握与资产相关的政府补助、与收益相关的政府补助的会计处理。

利润的合成有表结法和账结法两种方法。利润分配是一项政策性很强的工作,必须严格按照国家法律和公司章程的规定进行。年终决算时,还应正确组织利润及净利润分配的结转。

练习与思考

1. 企业与客户订立的合同如何识别?
2. 如何识别合同中的单项履约义务?
3. 如何确定合同中的交易价格?
4. 对某一时段内履行的履约义务,如何确定其履约进度?
5. 企业计算应交所得税时,为什么不能直接以会计利润为依据?
6. 如何确定资产、负债项目的计税基础?
7. 如何理解暂时性差异及其类型?
8. 如何将会计利润调整为纳税所得额?
9. 与企业日常活动相关或无关的政府补助如何区分?

小组讨论

2017年度AB公司亏损1 000万元,2018年度有扭亏的压力。2018年年初公司的各项减值准备余额合计1 636万元,财务总监要求会计部门至少转回减值准备1 400万元;同时,将公司出租大楼的后续计量由成本模式改为公允价值模式,并将该项资产期末的公允价值变动收益计入当期利润表,以实现公司账面利润超过1 000万元,弥补上年亏损后,可进行正常的利润分配。

1. 跨年度计提与冲回资产减值准备对财务报表有什么影响?在中国,各项资产减值准备的冲回有何规定?
2. 冲回资产减值准备对企业纳税有何影响?
3. 投资性房地产后续计量的模式如何选择?由成本模式改为公允价值模式,能增加变更当年的利润吗?

4. 如果本年度公司冲回巨额资产减值准备或变更投资性房地产后续计量的会计政策依据不足,作为财务部经理,你打算如何处理?

 辅助阅读资料

1.《企业会计准则第 14 号——收入》(财政部 2017 年修订)、《企业会计准则第 18 号——所得税》(财政部 2006 年颁布)。

2. 谢志华,《会计利润与经营者业绩评价:缺陷与改进》,《会计之友》,2016 年第 1 期。

3. 张俊民,《关于执行新收入准则会计确认的几个问题》,《商业会计》,2017 年第 20 期。

4. 时军,《浅析新收入准则的变化及其对会计核算的影响》,《财会月刊》,2018 年第 5 期。

21世纪经济与管理规划教材

会计学系列

第十三章

会计调整

【知识要求】

通过本章的学习,了解会计政策变更的基本类型、会计估计应考虑的因素、会计差错的类型和相应的会计处理要求,熟悉调整事项与非调整事项的判断标准和信息披露要求。

【技能要求】

通过本章的学习,应能够熟悉:
- 追溯调整法的步骤以及每一步骤的技能,熟练运用未来适用法;
- 会计估计及其变更的处理方法;
- 不同类型会计差错的更正;
- 调整事项的会计处理。

【关键术语】

会计调整	会计政策变更	追溯调整法	未来适用法
会计估计	会计差错	资产负债表日后事项	
调整事项	非调整事项		

会计调整是指企业按照国家法律、行政法规和会计制度的要求，或者在特定情况下按照会计制度及准则规定对企业原采用的会计政策、会计估计以及发现的会计差错或资产负债表日后事项等所做的调整。

第一节　会计政策及其变更

会计政策是指企业在会计核算时所遵循的原则、基础以及企业所采纳的具体会计处理方法。企业会计政策的确定过程实际上是依据会计法规以及企业的具体情况对具体会计原则、基础和会计处理方法的选择过程。原则是指企业按照统一会计制度和准则选用的、适合本企业的会计原则。基础是指将会计原则运用于交易与事项而采用的基础。例如，会计核算应当以权责发生制为基础；有些交易或事项的计量可以以成本为计量基础，也可以以公允价值为计量基础。具体会计处理方法是指企业按照统一会计准则选用的适合本企业生产经营及管理特点的会计处理方法。例如，企业根据对被投资企业的影响程度选择成本法或权益法核算长期股权投资，企业根据自身特点选择投资性房地产的计量模式。

企业对会计政策的选择不得超出会计法规和准则允许的范围。例如，坏账的核算只能选用备抵法，不得采用直接转销法；发出存货成本的计量可以采用先进先出法、加权平均法、个别计价法，但不得采用后进先出法。再如，企业的投资性房地产可以选择成本或公允价值进行后续计量，但不得随意在成本模式和公允价值模式间转换。

一、主要会计政策类型

企业会计政策的涉及面很广，典型的会计政策通常包括：

（一）发出存货的计价方法

发出存货的计价方法是指企业采用的确定发出存货成本的方法。可供选择的发出存货的计价方法有先进先出法、加权平均法、个别计价法，企业应根据本单位存货流转情况选择合理的计价方法。

（二）长期股权投资的核算方法

企业对被投资企业的股权投资应根据是否对被投资企业形成控制、共同控制、重大影响、无重大影响以及无重大影响情况下股权是否有公允价值市价而选择成本法或权益法核算。

（三）投资性房地产的计量模式

对投资性房地产的后续计量是采用成本模式，还是采用公允价值模式。

（四）固定资产的初始计量

企业如何确定固定资产的入账价值，也就是说，企业是采用购买价作为固定资产的初始成本，还是以购买价的现值为基础进行初始计量。

（五）无形资产的确认

企业对无形资产项目的支出是否确认为无形资产。例如，企业内部研究开发项目，开发阶段的支出是确认为无形资产,还是在发生时计入当期费用。

(六)非货币性资产交换的计量

企业非货币性资产交易中对换入资产是以换出资产的公允价值计量,还是以换出资产的账面价值计量。

(七)借款费用的处理

企业发生的借款费用是采用资本化的方法,还是采用费用化的方法。

(八)收入的确认

企业收入确认应采用哪些具体的原则。例如,建造合同是按产出法确认收入,还是按投入法或其他方法确认收入。

(九)合并政策

合并政策是指编制合并财务报表所采纳的原则。例如,母公司与子公司的会计年度不一致的处理原则,合并范围的确定原则,母公司和子公司所采用的会计政策是否一致,等等。

二、会计政策变更的条件

会计政策变更是指企业对相同的交易或事项由原来采用的会计政策改用另一种会计政策的行为。为保证会计信息的可比性,使财务报告使用者在比较企业一个以上期间的财务报表时,能够正确判断企业的财务状况、经营成果和现金流量的趋势,一般情况下,企业应在每期采用相同的会计政策,不应也不能随意变更会计政策。如果允许企业随意变更会计政策,一是容易造成企业利用会计政策随意操纵利润,使会计信息缺乏可靠性;二是势必削弱会计信息的可比性,使财务报表使用者在比较企业的经营业绩时发生困难。但是,也不能认为会计政策不能变更,企业在符合下列条件之一时,应改变原采用的会计政策:

(一)法律或会计准则等行政法规、规章要求会计政策变更

按照国家统一的会计准则以及其他法规、规章的规定,企业采用新的会计政策时,应按照会计准则、相应法规或规章的规定改变原会计政策。例如,按《企业会计准则第14号——收入》(2006)的规定,企业因转让商品而有权收取的对价确认为应收账款,但《企业会计准则第14号——收入》(2017)要求企业区分是否取得无条件收款权并分别确认为应收账款和合同资产。再如,固定资产处置利得或损失以往确认为营业外收支,而按照财政部2017年发布的《关于修订印发一般企业财务报表格式的通知》应单独确认为"资产处置收益"。

(二)变更会计政策能够提供更可靠、更相关的会计信息

如果会计政策变更能够提供有关财务状况、经营成果和现金流量等更可靠、更相关的会计信息,则企业可以按规定自行变更会计政策。由于经济环境、客观情况的改变,企业采用原来的会计政策所提供的会计信息,已不能恰当地反映企业的财务状况、经营成果和现金流量等情况。因此,企业应改变原有的会计政策,采用新的会计政策进行核算,以对外提供更可靠、更相关的会计信息。例如,E公司对F公司的一项长期股权投资占F公司

18%的股权,没有重大影响,且该项投资在公开的证券市场上无报价,故采用成本法核算,但由于股权结构的变化,E公司尽管在F公司所占股权比例未发生变化,但能够对F公司实施重大影响,因此,E公司应对此项投资改为权益法核算。

三、不属于会计政策变更的行为

(一)本期发生的交易或事项与以前相比具有本质差别而采用新的会计政策

在会计核算对象的性质没有发生变化的情况下改变会计核算具体原则或方法,属于会计政策变更;如果作为某一会计核算对象的交易或事项的性质发生变化而相应改变会计核算原则或方法,则不属于会计政策变更。例如,E公司对F公司的股权投资占F公司有表决权股份的比例没有发生变化的情况下,对F公司的投资由成本法改为权益法属于会计政策变更。如果不是由于F公司股权结构的变化,而是E公司对F公司减少投资致使占F公司有表决权的股份由原来的51%降至36%,则将成本法改为权益法就不属于会计政策变更。再如,某企业以往租入的设备均为临时需要而租入的,企业按经营租赁会计处理方法核算,但自本年度起租入的设备均采用融资租赁方式,则该企业自本年度起对新租赁的设备采用融资租赁会计处理方法核算。由于经营租赁和融资租赁有着本质的差别,因此改变会计政策不属于会计政策变更。

(二)对初次发生的或不重要的交易或事项采用新的会计政策

对初次发生的交易或事项采用新的会计政策不属于会计政策变更。例如,某企业第一次签订一项建造合同,为另一家企业建造三栋厂房,该企业对该项建造合同采用产出法确认收入。由于该企业初次发生该项交易,采用产出法确认该项交易的收入,不属于会计政策变更。

对不重要的交易或事项采用新的会计政策也不属于会计政策变更。例如,某企业原在生产经营过程中使用少量的周转材料,并且价值较低,故企业于领用周转材料时一次计入费用,但该企业于近期转产,生产新的产品,所需周转材料比较多,且价值较大,企业对领用周转材料的处理方法改为五五摊销法,分摊计入费用。该企业改变周转材料的会计处理方法后,对损益的影响并不大,并且周转材料通常在企业生产经营费用中所占的比例并不大,属于不重要的事项,由此改变会计政策不属于会计政策变更。

四、会计政策变更的处理方法

会计政策变更后,新的会计政策是从变更日起开始实施,还是需要对以前相关的交易或事项进行追溯调整。也就是说,对于会计政策变更,会计处理上首先要解决的问题是实施新会计政策的起始时间。会计政策变更的处理方法有追溯调整法和未来适用法两种。

(一)追溯调整法

追溯调整法是指对某项交易或事项变更会计政策时,如同该交易或事项初次发生时就开始采用新的会计政策,并以此对以前的相关项目进行调整。追溯调整法下,对以前的交易或事项采用追溯调整应分以下几个步骤进行:

1. 计算确定会计政策变更的累积影响数

会计政策变更的累积影响数是指按照变更后的会计政策对以前各期追溯计算的变更

年度期初留存收益应有金额与现有金额之间的差额。它是假设与会计政策变更相关的交易或事项在初次发生时即采用新的会计政策而得出的变更年度期初留存收益应有金额与现有金额之间的差额。累积影响数通常通过以下步骤计算获得:①根据新的会计政策重新计算受影响的前期交易或事项;②计算两种会计政策下的差异;③计算差异的所得税影响金额;④确定前期中每一期的税后差异;⑤计算会计政策变更的累积影响数。

例 13-1 A 公司 2015 年 1 月 1 日对 B 公司(股份有限公司)投资,其投资占 B 公司有表决权股份的 35%,由于 B 公司股权十分分散,对 B 公司能够实施控制,故采用成本法核算。后因 B 公司股权结构发生变化,从 2018 年起 A 公司对 B 公司失去控制权但仍具有重大影响,A 公司从当年开始将 B 公司的投资由成本法改为权益法。按成本法核算该项长期股权投资,初始投资成本为 800 万元。假设 B 公司 2015 年、2016 年和 2017 年分别实现净利润 300 万元、500 万元和 600 万元。A 公司 2016 年和 2017 年分别取得现金股利 30 万元和 50 万元。A 公司适用的所得税税率为 25%,B 公司由于享受税收优惠,其税率为 15%。A 公司按净利润的 10% 提取法定盈余公积,按净利润的 5% 提取任意盈余公积。A 公司应计算的会计政策累积影响数如表 13-1 所示(为简化计算,本例中的计算结果均四舍五入)。

表 13-1 会计政策变更累积影响数的计算 单位:元

年度	权益法下投资收益	成本法下投资收益	税前差异	所得税影响	税后差异
2015	1 050 000	0	1 050 000	123 529①	926 471
2016	1 750 000	300 000	1 450 000	170 588	1 279 412
2017	2 100 000	500 000	1 600 000	188 235	1 411 765
小计	4 900 000	800 000	4 100 000	482 352	3 617 648

2. 进行账务处理

(1) 调整会计政策变更累积影响数:

借:长期股权投资——对 B 公司投资(损益调整)　　　　4 100 000
　　贷:应交税费——应交所得税　　　　　　　　　　　　　482 352
　　　　利润分配——未分配利润　　　　　　　　　　　　3 617 648

(2) 调整利润分配:

借:利润分配——未分配利润　　　　　　　　　　　　　542 647
　　贷:盈余公积——法定盈余公积　　　　　　　　　　　　361 765
　　　　　　　　——任意盈余公积　　　　　　　　　　　　180 882

3. 调整报表有关项目

企业在会计政策变更当年,应当调整资产负债表年初留存收益数以及利润表上年数有关项目。A 公司 2018 年所调整的资产负债表、利润表有关项目如表 13-2 和表 13-3 所示。

---

① 计算过程如下:首先,将税前差异 1 050 000 元按 15% 的税率换算成 B 公司的税前利润:1 050 000÷(1-15%)= 1 235 294(元)。然后,计算所得税影响额:1 235 294×(25%-15%)= 123 529(元)。

表 13-2　资产负债表相关项目的调整　　　　　　　　　　　　　　单位：元

资产	年初数			负债和所有者权益	年初数		
	调整前	调整数	调整后		调整前	调整数	调整后
……	……	—	……	……	……	—	……
				应交税费		482 352	
长期股权投资	8 000 000	4 100 000	12 100 000	盈余公积		542 647	
				未分配利润		3 075 001	
……	……	—	……	……	……	—	……

表 13-3　利润表相关项目的调整　　　　　　　　　　　　　　单位：元

项目	上年数		
	调整前	调整数	调整后
……	……	—	……
一、营业收入			
……	……	……	……
加：投资收益		1 600 000	
……			
三、利润总额		1 600 000	
减：所得税费用		188 235	
四、净利润		1 411 765	

4. 会计政策变更的报表附注披露

对于会计政策变更，企业应当在财务报表附注中披露变更的理由和内容以及会计政策变更的累积影响数；如果企业无法合理确定会计政策变更的累积影响数，则需在报表附注中披露累积影响数不能合理确定的理由。仍以例 13-1 为例，A 公司应当在报表附注中披露以下内容：A 公司 2015 年 1 月 1 日对 B 公司的投资额占 B 公司有表决权股份的 35%，由于 B 公司股权十分分散，对 B 公司能够实施控制，采用成本法核算。因 B 公司股权结构发生变化，从 2018 年起 A 公司对 B 公司失去控制权但仍具有重大影响，A 公司从 2018 年开始将 B 公司的投资由成本法核算改为权益法核算，并对此会计政策变更采用追溯调整法处理。该项会计政策变更的累积影响数为 3 617 648 元，分别调增 2017 年净利润 1 411 765 元和 2018 年年初盈余公积 542 647 元、年初未分配利润 3 075 001 元。

(二) 未来适用法

未来适用法是指对某项交易或事项变更会计政策时，新的会计政策适用于变更当期及未来期间发生的交易或事项，即不必用新的会计政策追溯以前的交易或事项，不必计算会计政策变更的累积影响数，也不必调整变更当年期初的留存收益，只在变更当年采用新的会计政策。

五、选用会计政策变更处理方法应遵循的基本要求

企业会计政策变更时,应根据具体情况,分别按以下要求处理:

(1) 法律法规要求的会计政策变更,按照法律法规的要求处理。对于法律法规要求会计政策变更的,通常会对新旧会计政策的衔接做出规定,这种有关新旧会计政策衔接的规定是企业选择会计政策变更处理方法的依据。例如,《企业会计准则第38号——首次执行企业会计准则》(2006)规定,在首次执行《企业会计准则》(2006)时,企业应当对所有资产、负债和所有者权益按照《企业会计准则》(2006)的规定进行重新分类、确认和计量,并编制期初资产负债表。

(2) 企业自行变更会计政策应采用追溯调整法进行会计处理。由于经济环境、客观情况的改变而变更会计政策,以便提供有关企业财务状况、经营成果和现金流量等更可靠、更相关的会计信息,应采用追溯调整法进行会计处理。

(3) 如果会计政策变更的累积影响数不能合理确定,则无论是因法规、规章要求变更会计政策,还是因经济环境、客观情况的改变而变更会计政策,均采用未来适用法进行会计处理。

国 际 视 野

1993年12月修订的《国际会计准则第8号——本期净损益、重要前期差错和会计政策变更》对自行变更会计政策规定了基准处理方法和备选处理方法。基准处理方法是对会计政策的自行变更采用追溯调整法,除非产生的与以前期间相关的调整金额无法合理确定,产生的任何调整均应作为对留存收益期初余额的调整,并应当按照调整后的情况重新表述比较信息(除非无法做到这一点)。备选处理方法是要求计算会计政策自行变更的累积影响,除非产生的与以前期间相关的累积影响金额无法合理确定,产生的累积影响金额应计入变更当期净损益,比较信息应根据前期财务报表的情况列报,即不需要重新表述,但是要披露按照基准处理方法匡算出来的比较信息(除非无法做到这一点)。IASB认为,会计政策变更允许备选处理方法存在的一个主要问题是:变更当期财务报表中包含了变更后的会计政策的累积影响,比较信息却是按照前期财务报表中变更前的信息列报的,信息列报基础不一致。IASB在改进后的《国际会计准则第8号——会计政策、会计估计的变更和差错》中取消了会计政策自行变更下的备选处理方法。改进后的《国际会计准则第8号》实质上要求采用改进前的基准处理方法,所有的会计政策变更(准则或解释公告中有过渡性规定的除外)都应采用追溯调整法,会计主体应当调整最早列报期间受影响的权益的每一项组成部分的期初余额,以及每一列报前期披露的其他比较金额,如同新的会计政策一直在采用一样。根据改进后准则的要求处理会计政策变更,变更当期的损益中不再包括前期会计政策变更的影响数,列报的前期比较信息与变更当期的列报基础是一致的,从而为财务报表使用者进行有关收益和费用的趋势分析提供了更为有用的信息。

第二节　会计估计及其变更

一、会计估计的含义

会计估计是指企业对其结果不确定的交易或事项以最近可利用的信息为基础所做的判断。企业为了定期、及时地提供有用的会计信息，从而将企业延续不断的营业活动人为地划分为各个阶段，如年度、季度、月度，并在权责发生制的基础上对企业的财务状况和经营成果进行定期确认和计量。在确认、计量的过程中，当记录的交易或事项涉及未来不确定性时，必须予以估计入账。

常见的会计估计包括：①存货可变现净值的确定；②金融资产公允价值的确定；③采用公允价值模式计量的投资性房地产公允价值的确定；④固定资产预计使用寿命、预计净残值以及折旧方法的确定；⑤生物资产预计使用寿命、预计净残值以及各类生产性生物资产折旧方法的确定；⑥合同完工进度的确定；⑦权益工具公允价值的确定；⑧债务重组中非现金资产以及其他偿债条件公允价值的确定；⑨预计负债初始计量的最佳估计数的确定。

二、会计估计的特点

（一）会计估计的存在是由于经济活动中内在不确定性因素的影响

在会计核算中，企业总是力求保持会计核算的准确性，但有些交易或事项本身具有不确定性，因而需要根据经验做出估计；同时，以权责发生制为基础编制财务报表这一事项本身也使得有必要充分估计未来交易或事项的影响。可以说，在会计核算和信息披露过程中，会计估计是不可避免的。例如，企业计提坏账准备时，需要根据债务人的财务状况、经营成果、现金流量以及经验等具体情况对可能发生的坏账做出估计；企业计提固定资产减值准备时，需要对固定资产性能、当前技术状况、可收回金额等进行估计；等等。会计估计的存在是由经济活动中内在不确定性因素的影响造成的。

（二）会计估计应当以最近可利用的信息或资料为基础

由于经营活动内在的不确定性，企业在会计核算中，不得不经常进行估计。企业在进行会计估计时，通常应根据当时的情况和经验，以最近可利用的信息或资料为基础。例如，如果某一种产品具有保修期，则企业就必须于该种产品出厂时预提保修费。但某一特定批次产品出厂时，无法知道企业应负担多少保修费，企业应当依据以往产品返修率及修理费用支出的资料对该批产品可能负担的保修费进行估计。当然，随着时间的推移、环境的变化，进行会计估计的基础可能发生变化。因此，企业应以最近可利用的信息或资料为基础进行估计。

（三）进行会计估计并不会削弱会计核算的可靠性

进行会计估计是企业经济活动中不可避免的，进行合理的会计估计是会计核算中必不可少的部分，它不仅不会削弱会计核算的可靠性，还能提高会计信息的可靠性。例如，在对固定资产、长期投资、无形资产等非货币性资产的可收回金额进行估计的基础上计提减值准备,能够真实地反映资产的价值和盈利能力,提供可靠的会计信息。

三、进行会计估计时应当考虑的因素

会计估计是会计核算中不可避免的,合理的会计估计是保证会计信息可靠和相关的前提。企业在进行会计估计时应当考虑如下因素:

(一) 资产质量

资产是企业用以进行生产经营的必备条件,也是企业赖以生存的基础,原因在于资产是预期能够给企业带来经济利益的资源。企业使用了该资源,不仅能够收回原投入的成本,还能够获得收益。因此,资产能否给企业带来未来经济利益的衡量标准主要是资产的质量,即在不考虑管理等其他因素的情况下,企业所拥有或者控制的各项资产的获利能力和带来现金流入的能力。在对各项资产的价值进行估计时,应当关注以下几个方面:

(1) 企业所拥有或者控制的某项资产是否带有先进性,该类资产技术更新、技术发展的速度如何,近期内是否面临被更新的技术替代的可能性。

(2) 各项资产的价值磨损程度,包括企业的生产方式、使用方式对某项资产价值损耗的影响。例如,企业对某项固定资产进行使用时,是作为周转用的固定资产使用,还是作为日常生产用的固定资产使用,作为周转使用的固定资产和作为日常生产使用的固定资产在预计使用年限方面可能存在一定的差异。

(3) 各项资产预期带来经济利益的期限。某些资产有一定的受益期,超过该受益期的资产通常不能再继续使用,因此,在预计某项资产的受益期时,应当结合该项资产的技术性能、根据技术测定预计可达到的使用期限、技术进步等因素予以综合考虑。

(二) 经济和法律环境

不同企业所处的经济、政治和法律环境不同,所做出的会计估计也可能不同。例如,A企业的某一债务单位在国外,该国家正爆发内战,则 A 企业在对该债务单位的应收账款估计可收回性时,应当考虑该国正经历战争这一因素。

(三) 历史资料和经验

企业在进行会计估计时,通常情况下需要根据历史资料及经验加以估计。例如,对于应收账款的可收回性,往往要考虑历史上应收账款收回的情况、某一债务单位历史上是否存在无法支付债务的情况或近期内是否有不良记录、目前某一债务单位发生的财务困难与过去已发生坏账的债务单位财务状况是否存在类似的情形等因素。再如,对某种产品计提保修费时,需要参考以往该产品的销售量或销售额与实际支付的保修费、以往产品质量状况以及最近该产品质量变化情况等资料。

四、会计政策变更与会计估计变更的区分

为提供客观、准确的会计信息,会计核算中必须准确界定会计政策变更和会计估计变更。区分会计政策变更和会计估计变更的基础是:会计确认基础、列报项目和计量属性是否发生变化。

(1) 会计确认基础是否发生变化。会计确认基础发生变化通常都会引起列报项目发生变化。如果一项会计变更引起会计确认基础发生变化,则属于会计政策变更。例如,企

业金融资产原来按管理意图分别确认为贷款和应收款项、交易性金融资产、可供出售金融资产、持有至到期投资,现行《企业会计准则第 22 号——金融工具确认与计量》要求按照业务模式和合同现金流量特征分类分别确认为以摊余成本计量的金融资产、以公允价值计量且其变动计入当期损益的金融资产、以公允价值计量且其变动计入其他综合收益的金融资产,这一会计变更就属于会计政策变更。

(2) 列报项目是否发生变化。企业的交易和事项必须按规定在财务报表中列报。按《企业会计制度》(2001) 的规定,投资收益直接作为利润总额的构成项目列报,但按《企业会计准则第 30 号——财务报表列报》的规定,投资收益应作为营业利润的构成项目列报,这种列报方式的变更就属于会计政策变更。

(3) 计量属性是否发生变化。《企业会计准则——基本准则》规定了历史成本、重置成本、可变现净值、现值和公允价值五种计量属性。如果一项会计变更引起计量属性的变化,则属于会计政策变更。例如,《企业会计准则第 3 号——投资性房地产》允许企业对投资性房地产按公允价值计量,如果将投资性房地产由原来的成本模式改为公允价值模式就属于会计政策变更。再如,企业将原来按工作量法计提折旧改为按使用年限法计提折旧,该事项前后采用的两种计提折旧的方法都是以历史成本为基础,对该事项的会计确认和列报项目也未发生变化,只是固定资产折旧、固定资产净值等相关金额发生了变化,这种会计变更则属于会计估计变更。

如果未改变会计确认基础、计量属性和列报项目,仅仅是为了取得更可靠的数值(例如,为了使固定资产折旧更准确地反映固定资产的磨损状况而将使用年限法改为双倍余额递减法),则这类会计变更则不属于会计政策变更,而应将其归为会计估计变更。

五、会计估计变更的会计处理

会计估计毕竟是就现有资料对未来所做的判断,随着时间的推移,如果赖以进行估计的基础发生了变化,或者由于取得了新的信息、积累了更多的经验以及事项后来有所发展变化,则可能需要对会计估计进行修订。这就出现了会计估计变更问题。对会计估计进行修订并不表明原来的估计方法有问题或不是最适当的,只表明会计估计已经不能适应当前的实际情况,目前已经失去继续沿用的依据。会计估计变更应采用未来适用法,其处理方法为:

(1) 如果会计估计变更仅影响变更当期,则有关估计变更的影响应于当期确认。例如,企业原按应收账款余额的 5% 提取坏账准备,由于企业估计不能收回的应收账款的比例已达 8%,则企业改按应收账款余额的 8% 提取坏账准备,这类会计估计变更只影响变更当期,因此,应于变更当期确认。

(2) 如果会计估计变更既影响变更当期又影响未来期间,则有关会计估计变更的影响在当期及以后各期确认。例如,正在计提折旧的固定资产,其有效使用年限或预计净残值的估计发生变更,常常影响变更当期及资产以后使用年限内各个期间的折旧费用。因此,这类会计估计变更应于变更当期及以后各期确认。

会计估计变更的影响数应计入变更当期与前期相同的项目中。为了保证不同期间的财务报表具有可比性,如果会计估计变更的影响以前包括在企业日常经营活动的损益类项目中,则以后也应包括在相应的损益类项目中;如果会计估计变更的影响以前包括在特殊项目中,则以后也相应作为特殊项目反映。

正确划分会计政策变更和会计估计变更,并采用相应的方法是保证会计信息可靠性的基础,但有时很难区分会计政策变更和会计估计变更。在会计政策变更和会计估计变更很难区分的情况下,应当按照会计估计变更的处理方法进行处理。对于会计估计变更,财务报表附注中应披露以下事项:会计估计变更的内容和理由、会计估计变更的影响数、会计估计变更的影响数不能确定的理由。

例 13-2 M 公司于 2015 年 1 月 1 日对一台车间用设备计提折旧,价值为 420 000 元,估计使用年限为 10 年,净残值为 20 000 元,按直线法计提折旧。至 2019 年年初,由于新技术的发展等,需要对原估计的使用年限和净残值做出修正,修正后该设备的预计使用年限为 8 年,净残值为 40 000 元。

M 公司对于该项会计估计变更,不调整以前各年折旧额,只是变更后按新的预计使用年限和净残值计算年折旧额。因为该设备已提 4 年折旧,以前每年折旧额为 40 000 元,则累计已计提折旧 160 000 元,固定资产净值为 260 000 元。改变预计使用年限后,剩余折旧年限为 4 年,每年折旧额为 55 000 元[(260 000-40 000)÷4]。2019 年计提折旧的会计分录如下:

借:制造费用　　　　　　　　　　　　　　　　　　　　55 000
　　贷:累计折旧　　　　　　　　　　　　　　　　　　　　　　55 000

案例分析与会计职业道德

某上市公司 2015 年、2016 年已连续两年亏损,若 2017 年仍然亏损,则面临退市危险。2017 年编制的年报草案显示当年仍亏损 1 000 万元。有些高管人员建议,若能通过以下两项修改,则可实现当年盈利:①采用成本与可变现净值孰低法对期末存货计价时,将单项比较改为分类比较,从而减少当年存货跌价损失 700 万元;②延长某设备的预计使用年限并提高设备的净残值,从而使当年减提折旧 400 万元。如果你是该上市公司的财务负责人,从会计准则的要求和会计职业判断的角度来看,你认为上述修改是十分不恰当的,你会做出怎样的选择?如何向其他高管人员阐述你的观点?

第三节　会计差错及其更正

一、会计差错的原因

会计差错是指在会计核算时,在确认、计量、记录、列报等方面出现的错误。尽管企业建立严格的内部控制制度来保证会计信息的完整与可靠,但在日常工作中还会由于各种因素导致会计差错。产生会计差错的常见原因有:

（一）采用会计准则不允许的会计政策

由于对准则理解错误或者未能及时掌握准则的变更等,企业可能会出现超出准则的允许应用会计政策的现象。例如,会计准则要求会计核算中严格区分研究费用与开发支出,并允许符合条件的开发支出资本化为无形资产,但是如果企业将研究费用也资本化,则属于采用了法律法规所不允许的会计政策。

(二) 会计确认错误

会计确认错误包括会计要素确认错误和报表项目确认错误。例如,企业将应作为负债确认的预收账款错误地作为收入确认就属于会计要素确认错误;再如,企业购入五年期国债并准备持有至到期且有能力持有至到期,但会计上作为交易性金融资产确认,尽管债权投资和交易性金融资产都属于资产要素,但前者属于非流动资产,后者属于流动资产,这类错误就属于报表项目确认错误。

(三) 计量属性选择错误

每一种计量属性均有各自的运用环境和条件,对各种计量属性运用环境和条件的错误理解将会导致计量属性选择的错误。例如,企业将超过正常信用条件延期付款购入的固定资产以实际购买价款为基础入账而不是以购买价款的现值为基础入账就属于计量属性选择错误。

(四) 期末应计项目未予调整

权责发生制核算基础要求企业对应计提折旧或摊销的资产、应提减值的项目、预计负债按准则要求进行相应处理,不恰当的忽略或错误的调整将导致错报。

(五) 漏记已完成的交易

凭证传递或工作衔接方面的问题可能导致漏记已发生的收入、费用。例如,企业销售一批商品,商品已经发出且开出增值税专用发票,商品销售收入确认条件均已满足,但企业在期末未将已实现的销售收入入账。

(六) 对事实的忽视和误用

会计人员对生产经营业务缺乏了解会造成对交易或事项做出错误的判断以及对准则的误用。例如,企业对融资租入固定资产按经营租入固定资产处理等。

(七) 列报错误

报表项目的列报以账簿记录为基础,但它们之间不是一一对应的关系,报表项目的填列需要对有关的账簿记录进行充分分析和适当调整。例如,"长期借款"账户期末余额反映企业至期末尚未归还的长期借款,但在编制资产负债表时,应将"长期借款"账户期末余额中一年内到期的借款额填入"一年内到期的非流动负债"项目。

二、会计差错更正的会计处理方法

会计差错按照差错所属期与发现期之间的关系分为本期发现本期差错和本期发现以前年度差错。

(一) 本期发现本期差错

本期发现的属于本期的会计差错只有在年报编制日前及时发现并纠正才不会影响年报数据的可靠性,因此,对于本期发现的属于本期的会计差错,直接调整本期相关项目。

例 13-3 T 公司 2018 年 6 月 30 日发现本季度将一批办公设备的折旧费 50 000 元误

计入了制造费用。对该笔差错更正的会计分录为：

借：管理费用　　　　　　　　　　　　　　　　　　　　　　50 000
　　贷：制造费用　　　　　　　　　　　　　　　　　　　　　50 000

（二）本期发现以前年度差错

本期发现的属于以前年度的会计差错，应区分非重要前期差错和重要前期差错，采用不同的处理方法。非重要前期差错是指不足以影响财务报表使用者对企业财务状况、经营成果和现金流量做出正确判断的会计差错。重要前期差错是指企业发现的使公布的财务报表不再具有可靠性的会计差错。重要前期差错的金额一般比较大（通常某项交易或事项的金额占该类交易或事项金额的10%及以上，则认为金额比较大），如某企业提前确认未实现的营业收入占全部营业收入的10%及以上，则认为是重要前期差错。企业发现的重要前期差错，如不加以调整，则会使公布的财务报表所反映的信息不可靠，并有可能误导投资者、债权人及其他财务报表使用者的决策或判断。非重要前期差错和重要前期差错的处理方法如下：

1. 非重要前期差错

对于本期发现的属于与前期相关的非重要前期差错，不调整财务报表相关项目的期初数，只调整发现当期与前期相同的相关项目。影响损益的，应直接计入本期与前期相同的净损益项目；不影响损益的，应调整本期与前期相同的相关项目。例如，某企业2018年发现2017年管理用设备的折旧费用少提了1 000元，对于这一非重要前期差错，企业应将少提的1 000元折旧费用计入2018年的管理费用，同时，调整累计折旧的账面余额。

例13-4　P公司在2018年12月31日发现，2017年6月投入使用的一台管理用设备价值为10 000元，当时误作为低值易耗品入账，并采用分期摊销法，到发现时已摊销7 500元。该公司固定资产折旧采用年限平均法，该设备估计使用年限为4年，预计净残值为400元。2018年12月31日更正此差错的会计分录为：

借：固定资产　　　　　　　　　　　　　　　　　　　　　　10 000
　　贷：累计折旧　　　　　　　　　　　　　　　　　　　　　3 600
　　　　周转材料　　　　　　　　　　　　　　　　　　　　　2 500
　　　　管理费用　　　　　　　　　　　　　　　　　　　　　3 900

2. 重要前期差错

对于发现的重要前期差错，如不影响损益，应调整财务报表相关项目的期初数；如影响损益，应按其对损益的影响数调整发现当期的期初留存收益，财务报表其他相关项目的期初数也应一并调整。对于影响损益的差错更正，会计上应通过"以前年度损益调整"账户核算。

例13-5　E公司于2018年年终决算时发现2017年将应计入工程成本的利息费用400 000元（该工程尚未达到预定可使用状态）计入了2017年的损益。该项差错属于重要前期差错。E公司2017年所得税税率为25%，同时该公司按净利润的10%提取法定盈余公积，按净利润的5%提取任意盈余公积。

（1）分析应调整的项目：

增加工程成本　　　　　　　　　　　　　　　　　　　　　　400 000元
增加2017年利润总额　　　　　　　　　　　　　　　　　　　400 000元

增加应交税费	100 000 元
增加 2017 年净利润	300 000 元
补提法定盈余公积	30 000 元
补提任意盈余公积	15 000 元
增加 2017 年未分配利润	255 000 元

(2) 账务处理:

借:在建工程　　　　　　　　　　　　　　　400 000
　　贷:以前年度损益调整　　　　　　　　　　　　400 000
借:以前年度损益调整　　　　　　　　　　　100 000
　　贷:应交税费——应交所得税　　　　　　　　　100 000
借:以前年度损益调整　　　　　　　　　　　 45 000
　　贷:盈余公积——法定盈余公积　　　　　　　　 30 000
　　　　　　　——任意盈余公积　　　　　　　　 15 000
借:以前年度损益调整　　　　　　　　　　　255 000
　　贷:利润分配——未分配利润　　　　　　　　　255 000

(3) 调整报表项目:

根据以上账务处理,E 公司应相应调整 2018 年资产负债表的年初数、利润表和股东权益变动表的上年数,并在财务报表附注中披露差错的内容以及更正的金额。

国际视野

　　IASB 在改进后的《国际会计准则第 8 号——会计政策、会计估计变更和差错》中取消了原《国际会计准则第 8 号》关于重要前期差错和其他差错的区分,统一采用前期差错的概念。前期差错是指在一个或多个以前期间,因未使用或错误使用下列可靠信息,而导致主体的财务报表有遗漏或错误表述:①财务报表批准发布时可获得的可靠信息;②在编报这些财务报表时能够合理预期可以取得并加以考虑的可靠信息。这种差错包括计算错误、应用会计政策错误、疏忽或曲解事实以及欺诈产生的影响。前期差错采用追溯法更正,与前期相关的重要前期差错更正的金额调整留存收益的期初余额,发现差错当期的损益中不再包括与更正前期差错相关的影响,发现差错当期与列报的前期比较信息都基于同一基础,提供的信息将更加可比和有用。

第四节　资产负债表日后事项

一、资产负债表日后事项的定义

　　资产负债表日后事项是指资产负债表日至财务报告批准报出日之间发生的需要调整或说明的有利或不利事项。财务报告批准报出日是指董事会或类似机构批准财务报告报出的日期。资产负债表日后事项包括调整事项和非调整事项两类。

二、调整事项

调整事项是指资产负债表日至财务报告批准报出日之间发生的、能对资产负债表日已存在情况提供进一步证据的事项。这类事项的特点是:在资产负债表日或以前就已显示了某种征兆,但最终结果需要在资产负债表日后予以证实。资产负债表日后获得新的或进一步的证据有助于对资产负债表日存在的状况和有关金额做出重新估计,应当作为调整事项,据此对资产负债表日所反映的收入、费用、资产、负债及所有者权益进行调整。

(一) 调整事项的类型

调整事项通常包括自资产负债表日至财务报告批准报出日之间发生的如下事项:

(1) 已被证实的某项资产在资产负债表日已发生了减值或损失,或者该项资产已确认的减值损失需要调整。

(2) 表明应将资产负债表日存在的某项现时义务予以确认,或已对某项义务确认的负债需要调整,如税法变动改变了对资产负债表日以及之前的收益适用的税率。

(3) 公司董事会或类似机构通过的利润分配方案(但不包括利润分配方案中的股票股利或以利润转增资本)。

(4) 资产负债表所属期间或以前期间发生的销货退回。

(5) 发现的资产负债表日或之前发生的错误或舞弊,如会计政策运用错误或会计估计错误。

(6) 能够为资产负债表日已存在的情况提供证据的其他事项。

(二) 调整事项的会计处理

资产负债表日后发生的调整事项,应当如同资产负债表所属期间发生的事项一样,做出相关账务处理,并对资产负债表日已编制的财务报表做出相应的调整。资产负债表日后发生的调整事项,应当区分以下情况进行账务处理:

(1) 涉及损益的事项,通过"以前年度损益调整"账户核算。调整增加以前年度收益或调整减少以前年度亏损的事项以及调整减少的所得税,计入"以前年度损益调整"账户的贷方;调整减少以前年度收益或调整增加以前年度亏损的事项以及调整增加的所得税,计入"以前年度损益调整"账户的借方。"以前年度损益调整"账户的贷方或借方余额,转入"利润分配——未分配利润"账户。

(2) 涉及利润分配的事项,直接通过"利润分配——未分配利润"账户核算。

(3) 不涉及损益以及利润分配的事项,调整相关账户。

通过上述账务处理后,还应同时调整财务报表相关项目的数字,如果涉及财务报表附注内容,还应调整财务报表附注相关项目的数字。

三、非调整事项

非调整事项是指资产负债表日至财务报告批准报出日之间发生的、不影响资产负债表日已存在状况,但不加以说明将影响财务报告使用者做出正确估计和决策的事项。非调整事项通常包括自资产负债表日至财务报告批准报出日之间发生的如下事项:重大诉讼、仲裁、承诺、资产价格、税收政策、外汇汇率发生重大变化，因自然灾害导致资产发生重大损失，发行股票和债券以及其他巨额举债，资本公积转增资本，发生巨额亏损，发生企业合并或处置子公司。

对于非调整事项，需要在财务报表附注中披露其性质、内容及其对财务状况和经营成果的影响；如果无法做出估计，应说明其原因。

四、股利

资产负债表日至财务报告批准报出日之间由董事会或类似机构所制定的利润分配方案中分配的股利或利润属于分配预案，最终的利润分配方案需经股东大会或类似机构审核批准后才能确定。现金股利分配预案不构成正式的负债，因此不作为资产负债表日的负债调整有关表内项目，但需要在资产负债表所有者权益中单独列示；股票股利则应在财务报表附注中单独披露。

本章提要

会计调整是指企业按照国家法律法规或会计准则的规定，或者因特定情况按照会计准则规定对企业原采用的会计政策、会计估计以及发现的会计差错或资产负债表日后事项等所做的调整。

会计政策是指企业在会计确认、计量和报告过程中所采用的原则、基础和会计处理方法。会计政策变更既可能是企业依据法律法规或会计准则的规定进行变更，也可能是企业为了提供更相关、更可靠的会计信息而自行进行变更。按照法律法规或会计准则的规定变更会计政策时，企业应按照规定改变原会计政策，按新的会计政策执行；企业自行变更会计政策应采用追溯调整法进行会计处理；如果会计政策变更的累积影响数不能合理确定，则无论是因法律法规或会计准则要求变更会计政策，还是因经济环境、客观情况的改变而变更会计政策，均采用未来适用法进行会计处理，但需在财务报表附注中详细披露累积影响数不能合理确定的原因。

会计估计是指企业对其结果不确定的交易或事项以最近可利用的信息为基础所做的判断。会计估计变更通常采用未来适用法。判断会计政策变更和会计估计变更的标准是：会计确认基础、列报项目、计量属性是否发生变化。

会计差错是指在会计核算时，由于确认、计量、记录等出现的错误。会计差错应区分本期发现本期差错、本期发现以前年度非重要前期差错、本期发现以前年度重要前期差错，并采用相应的处理方法。

资产负债表日后事项是指资产负债表日至财务报告批准报出日之间发生的需要调整或说明的有利或不利事项，分为调整事项和非调整事项。调整事项是指资产负债表日至财务报告批准报出日之间发生的、能对资产负债表日已存在情况提供进一步证据的事项。调整事项需要通过账务处理相应调整财务报表相关项目的数字以及报表附注中的相关内容。非调整事项是指资产负债表日至财务报告批准报出日之间发生的、不影响资产负债表日已存在状况，但不加以说明将影响财务报告使用者做出正确估计和决策的事项。非调整事项只需在财务报表附注中披露。

练习与思考

1. 什么是会计政策变更？追溯调整法和未来适用法各适用于什么情况？
2. 当会计政策变更与会计估计变更很难区分时，应如何处理？为什么？
3. 本期发现以前年度差错应区分哪些情况处理？
4. 资产负债表日后的调整事项和非调整事项的区分标准是什么？这两种事项的会计处理方法有何不同？

小组讨论

CS公司于2013年企业所得税汇算清缴期间向主管税务机关申请认定某项担保损失，金额共计3.82亿元。2013年度，CS公司未扣除该项担保损失的纳税所得额为12 857万元，相应的所得税费用约为3 200万元。2013年年报披露时，CS公司因未能取得税务机关对该项担保损失的认定，故根据当期（未扣除申请的担保损失）的纳税所得额确认了一项负债——应交所得税3 200万元，同时借方计入当期所得税费用。2014年12月30日，CS公司收到《××市地方企业财产损失税前扣除审批表》，核定该公司税前扣除财产损失金额3.82亿元，并认定该项损失可用于抵扣2013年纳税所得额，除用于抵扣2013年纳税所得额，剩余未抵扣损失可用于抵扣截止到2017年的纳税所得额。在编制2014年年报时，CS公司将无须交纳的2013年应交所得税3 200万元作为营业外收入处理，即：

借：应交税费——应交所得税　　　　　　　　　　　　　32 000 000
　贷：营业外收入　　　　　　　　　　　　　　　　　　　32 000 000

由于CS公司为上市公司，2015年3月，独立董事兼审计委员会主任严先生在审查2014年年报草案时，对上述业务提出了异议。严先生认为，按照国家税务总局发布的《企业资产损失税前扣除管理办法》以及财政部发布的《企业会计准则第28号——会计政策、会计估计变更和差错更正》的规定，此项业务应采用追溯调整法。但CS公司认为：按照《企业会计准则第22号——金融工具确认与计量》的规定，负债的现时义务全部或部分已经解除的，应终止确认相关负债，并于终止确认时将产生的利得和损失记入当期损益，按照《企业会计准则第28号——会计政策、会计估计变更和差错更正》的规定，此项业务属于会计估计变更，所以上述会计处理是符合会计准则要求的。

要求：

1. 根据《企业资产损失税前扣除管理办法》和《企业会计准则第28号——会计政策、会计估计变更和差错更正》，分析独立董事兼审计委员会主任严先生与CS公司产生分歧的原因。
2. 你们是同意严先生的观点，还是同意CS公司的观点？为什么？
3. 根据讨论的结果，做出上述业务的会计处理。

辅助阅读资料

1.《企业会计准则第 28 号——会计政策、会计估计变更和差错更正》(财政部 2006 年颁布)。

2.《企业会计准则第 29 号——资产负债表日后事项》(财政部 2006 年颁布)。

3. 杨有红、张丽丽,《关于完善〈或有事项〉和〈资产负债表日后事项〉准则的几点建议》,《北京工商大学学报》(社科版),2012 年第 1 期。

4. 中国证监会会计部,《会计政策、会计估计变更以及会计差错更正情况分析》,《财务与会计》,2013 年第 12 期。

5. 刘红军,《我国企业会计政策选择问题探讨》,《财经界》,2018 年第 8 期。

21世纪经济与管理规划教材
会 计 学 系 列

第十四章

财务报表

【知识要求】

通过本章的学习,了解企业财务报表的种类,各类报表的作用、结构原理,财务报表附注的基本内容,各种报表的编制基础。

【技能要求】

通过本章的学习,应能够掌握:
- 资产负债表的编制;
- 利润表的编制;
- 现金流量表的编制;
- 所有者权益变动表的编制;
- 报表附注的编制。

【关键术语】

| 财务报表 | 资产负债表 | 利润表 | 现金流量表 |
| 所有者权益变动表 | 本期损益观 | 损益满计观 | 现金流量 |

第一节 财务报表概述

一、财务报表的概念

财务报表是企业对外提供的反映企业某一特定日期财务状况和某一会计期间经营成果、现金流量的表式报告。财务报表至少应当包括资产负债表、利润表、现金流量表、所有者权益(或股东权益,下同)变动表和报表附注。财务报表的上述组成部分(简称"四表一注")具有同等的重要程度。

在日常的会计核算中,企业所发生的各项经济业务都已按照一定的会计程序,在有关账簿中进行了连续、系统的记录和计算。账簿既能提供企业经营中某一方面的总括指标,也能提供某一方面的明细指标。但是,每一本账簿只能提供某一方面的指标,不能集中、概括地反映企业的财务状况和经营成果。财务报表的使用者不能直接运用这些分散的账簿中的会计资料来分析、评价企业的财务状况和经营成果。因此,企业必须定期地将日常会计核算资料加以分类、调整、汇总,进而编制财务报表,从而总括、综合地反映企业的经济活动过程和结果,为投资者、债权人、企业管理层、政府有关部门以及其他与企业有利害关系的单位和个人提供他们所需的财务信息。

按编制时间,财务报表分为中期财务报表和年度财务报表。中期财务报表又分为月度财务报表、季度财务报表、半年度财务报表。中期财务报表至少应包括资产负债表、利润表、现金流量表和报表附注,而年度财务报表应同时包括资产负债表、利润表、现金流量表、所有者权益变动表和报表附注。为反映企业各地区、各业务群的经营情况及经营效果,还应编制分部报告。

二、财务报表的编制基础

持续经营是重要的会计假设,也是企业编制财务报表的前提。在编制财务报表的过程中,企业管理层应当利用所有可获得的信息来评价企业自报告期期末起至少12个月的持续经营能力。如果企业正式决定或被迫在当期或将在下一个会计期间进行清算或停止营业,则表明以持续经营为基础编制的财务报表不再合理,企业必须采取其他基础编制财务报表。为确保会计信息的可靠性和相关性,正常经营的企业财务报表的编制还必须以下列条件为基础:

(一)真实的交易和事项

财务报表所提供的资料及数据必须以企业实际发生的经济业务为基础,不得弄虚作假。真实性既是会计工作的基本要求,也是法律赋予会计工作的强制要求。按《刑法》第一百六十一条的规定,在财务报表中提供虚假信息或者隐瞒重要事实属于违法行为。

(二)完整的记录

会计信息的完整性同样是法律赋予会计工作的强制性要求。完整的记录是指将属于会计核算范围的交易和事项都纳入会计核算系统,不得遗漏。只有这样,才能保证财务报表能够依法提供给信息使用者决策所需的全部会计信息。

(三) 选用规定的方法

为了使会计信息具有可比性、一致性,并力求使会计核算体现企业自身的经营特点和管理要求,会计准则对交易和事项的会计处理规定了可选方法的范围。企业必须按会计准则规定计算报表中的每一项指标,各期报表数字所采用的计算方法和口径应该一致(如存货计价方法、固定资产折旧方法等),不得任意更改。

(四) 编报前的准备工作

(1) 资产清查。编制财务报表之前,企业应按照规定清查盘点企业的财产物资,主要检查现金账面数是否与库存现金实有额一致;银行存款账面数是否与银行对账单一致;原材料、在产品、自制半成品、库存商品等各项存货的实存数量与账面数量是否一致,是否有报废损失和积压物资等;各项投资是否存在,投资收益是否按照国家统一的会计制度规定进行确认和计量;房屋建筑物、机器设备、运输工具等各项固定资产的实存数量与账面数量是否一致;在建工程的实际发生额与账面记录是否一致。对于出现的不一致的情况,应按规定处理、调账,做到账实相符。

(2) 债权债务核实。将债权债务与对方单位核实,确保应付应收款项与对方单位的债权债务金额相一致。

(3) 账证核对。将账簿记录与原始凭证、记账凭证核对,保证凭证记录与账簿记录一致。

(4) 账账核对。将总账与明细账、会计账与保管账、会计账与业务账核对,保证账簿之间的记录一致。

(5) 按规定结账日结账。在结账之前,企业必须将本期发生的全部经济业务和转账业务都登记入账,按规定的时间结账编表。不得为赶编财务报表提前结账,也不得先编财务报表后结账。

国际视野

按照 2011 年修订发布的《国际会计准则第 1 号——财务报表列报》的规定,财务报表编制的总体要求是:公允列报和遵循国际财务报告准则。财务报表应公允列报主体的财务状况、财务业绩和现金流量。公允列报要求按照《财务报告概念框架》规定的资产、负债、收益和费用的定义和确认标准,如实反映交易、其他事项和情况的影响。运用国际财务报告准则,并在必要时提供附加披露,则被认为会形成公允列报的财务报表。在极少数情况下,管理层断定遵循某项准则或解释公告的要求将导致误导,从而与《财务报告概念框架》中规定的财务报表的目标相矛盾,则主体应按规定的方式背离该要求,前提是相关的监管体制要求或不禁止这种背离。

第二节 资产负债表

一、资产负债表的作用

资产负债表是总括反映企业某一特定日期(月末、季末、年末)全部资产、负债和所有

者权益情况的报表。由于该表反映企业某一特定日期的财务状况,故也称为财务状况表。其作用主要体现在以下几个方面:

(1) 从整体上反映企业的资产总额以及这些资产的来源;

(2) 揭示企业的资产构成和负债构成,通过资产和负债的对比分析,反映企业的偿债能力;

(3) 反映所有者在企业中持有的权益以及权益的构成情况;

(4) 通过对前后连续的各期资产负债表进行比较分析,可以反映企业财务状况的变化趋势。

二、资产负债表的结构

资产负债表由资产、负债、所有者权益三大会计要素构成,并根据三大要素间的内在关系进行报表项目的设计。资产负债表有账户式和报告式两种基本格式。账户式资产负债表依据"资产=负债+所有者权益"的公式,报表左边列示资产项目,右边列示负债和所有者权益项目,其基本格式如表14-3所示。

报告式资产负债表可采用多种形式,通常可按照"资产-负债=所有者权益"的等式设计,其基本格式如表14-1所示。

表14-1 资产负债表

编制单位:　　　　　　　　　　　　年　月　日　　　　　　　　　　　　金额单位:

项目	金额
资产	
流动资产	
……	
非流动资产	
……	
减:负债	
流动负债	
……	
非流动负债	
……	
所有者权益	
……	

从两种格式可以看出,账户式资产负债表着重反映企业的全部资产及其来源;报告式资产负债表则着重通过资产与负债的比较来体现所有者对企业资产的要求权。账户式资产负债表中资产、负债、所有者权益项目的排列方法有利于报表使用者通过左右双方的对比分析来了解企业的财务状况,因此,中国企业的资产负债表通常采用账户式。为便于报表项目期初数与期末数的比较,并为编制现金流量表提供方便,资产负债表采用前后两期对比的方式(即比较资产负债表)。

三、资产负债表的项目排列

资产负债表中的项目从总体上分为资产、负债、所有者权益三大类,每一类中包括若

干个项目:

(1) 资产类。在资产类中,按资产的构成及其流动性大小分为流动资产、非流动资产两大项,每一大项中又按其内容构成或流动性大小分为若干具体项目排列。例如,流动资产大项内依据流动性(即变现能力)大小将具体项目按货币资金、交易性金融资产、衍生金融资产、应收款项、预付款项、存货、合同资产、被划分为持有待售的非流动资产及被划分为持有待售的处置组中的资产的顺序排列;非流动资产大项依次分为债权投资、其他债权投资、长期应收款、长期股权投资、其他权益工具投资、其他非流动金融资产、投资性房地产、固定资产等项目。

(2) 负债类。在负债类中,先按其流动性大小分为流动负债和非流动负债两大项,每一大项中又按其内容构成及流动性大小分为若干具体项目排列。

(3) 所有者权益类。所有者权益类按其内容构成分为实收资本(股本)、其他权益工具(其中包括优先股和永续债)、资本公积、其他综合收益、盈余公积、未分配利润六项排列。

四、资产负债表的编制方法

资产负债表反映期末全部资产、负债和所有者权益情况,表中金额包括"期末余额"和"年初余额"两栏。"年初余额"栏中各项目根据上年年末资产负债表"期末余额"栏中相应项目的数字填列。如果本年度资产负债表中的项目设计与上年不一致,则应对上年年末资产负债表中有关项目及数字按本年度口径进行调整后填入本表的"年初余额"栏。资产负债表"期末余额"栏中各项目按其对账簿数据的处理方式不同,有以下两种填列方法:

(1) 直接填列,即将总分类账或明细分类账的期末余额直接填入报表中的相应项目。资产负债表中相当部分的项目都是采用这种方法填列的。例如,表中的"交易性金融资产""短期借款""实收资本""资本公积"等项目都是直接根据相应账户的期末余额填列的。

(2) 分析计算填列,即对有关账户记录经过分析、调整和重新计算后填入表中有关项目。例如,表中的"货币资金""应收款项""存货""固定资产""一年内到期的非流动资产""应付账款""长期借款""一年内到期的非流动负债"等项目均需对有关账簿记录进行分析、调整和重新计算后填列。

例 14-1 假设 A 公司 2017 年 12 月 31 日结账后有关账户余额及相关资料如表 14-2 所示,据此编制资产负债表。

表 14-2 A 公司账户余额及相关资料　　　　　　　　　单位:元

账户	借方余额	贷方余额	备注
库存现金	355.00		
银行存款	3 356 617.00		
交易性金融资产	750 000.00		
应收票据	20 000.00		
应收账款	730 300.00	168 600.00	"应收账款"账户同时核算应收账款和预收账款
坏账准备		9 060.00	只有应收账款计提了坏账准备

（续表）

账户	借方余额	贷方余额	备注
其他应收款	146 027.00		包含"应收利息"借方余额 10 000 元与"应收股利"借方余额 95 000 元
在途物资			
原材料	110 425.00		
包装物	5 840.00		
低值易耗品	1 000.00		
库存商品	687 550.00		
存货跌价准备		39 356.00	
分期收款发出商品			
合同资产	12 800.00		
持有待售资产	250 000.00		
长期股权投资	498 000.00		
其他权益工具投资	12 000.00		
长期股权投资减值准备		10 000.00	长期股权投资提取的减值准备
债权投资	140 000.00		
其他债权投资	1 070 000.00		
固定资产	6 131 800.00		融资租入固定资产 210 000 元
累计折旧		982 901.00	
在建工程	2 476 000.00		
无形资产	173 000.00		
累计摊销		122 000.00	
无形资产减值准备		4 000.00	
长期待摊费用	80 000.00		
递延所得税资产	48 500.00		
短期借款		5 000.00	
应付票据		240 000.00	
应付账款	120 000.00	1 310 600.00	
预收账款		168 600.00	
合同负债		6 400.00	
应付职工薪酬		105 680.00	
应交税费		309 020.25	
其他应付款		213 000.00	包含"应付股利"贷方余额 135 000 元、"应付利息"贷方余额 0 元
递延所得税负债		42 500.00	
长期借款		973 000.00	一年内到期的长期借款为 120 000 元
应付债券		8 833.00	A 公司发行可转换债券中的负债成分
长期应付款		537 000.00	

（续表）

账户	借方余额	贷方余额	备注
预计负债		119 000.00	
实收资本		6 800 000.00	
其他权益工具		1 167.00	A公司发行可转换债券中的权益成分
资本公积		1 530 000.00	
其他综合收益		170 000.00	
盈余公积		1 769 766.08	
未分配利润		1 343 330.67	
合计	16 820 214.00	16 820 214.00	

根据上列资料编制 A 公司 2017 年 12 月 31 日资产负债表，如表 14-3 所示。

表 14-3　资产负债表

编制单位：A 公司　　　　　　2017 年 12 月 31 日　　　　　　金额单位：元

资产	期末余额	年初余额	负债和所有者权益	期末余额	年初余额
流动资产：			流动负债：		
货币资金	3 356 972.00	673 560.00	短期借款	5 000.00	180 000.00
交易性金融资产	750 000.00	368 000.00	交易性金融负债		
衍生金融资产			衍生金融负债		
应收票据及应收账款	741 240.00	201 000.00	应付票据及应付账款	1 550 600.00	395 600.00
预付款项	120 000.00	29 200.00	预收款项	168 600.00	175 000.00
其他应收款	146 027.00	146 027.00	合同负债	6 400.00	
存货	765 459.00	1 666 830.00	应付职工薪酬	105 680.00	49 680.00
合同资产	12 800.00		应交税费	309 020.25	123 800.00
持有待售资产	250 000.00		其他应付款	213 000.00	213 000.00
一年内到期的非流动资产			持有待售负债		
其他流动资产			一年内到期的非流动负债	120 000.00	
流动资产合计	6 142 498.00	3 084 617.00	其他流动负债		
非流动资产：			流动负债合计	2 478 300.25	1 137 080.00
债权投资	140 000.00	80 000.00	非流动负债：		
其他债权投资	1 070 000.00	1 600 000.00	长期借款	853 000.00	2 100 000.00
长期应收款			应付债券	8 833.00	
长期股权投资	488 000.00	630 000.00	其中：优先股		
其他权益工具投资	12 000.00		永续债		

(续表)

资产	期末余额	年初余额	负债和所有者权益	期末余额	年初余额
其他非流动金融资产			长期应付款	537 000.00	537 000.00
投资性房地产			预计负债	119 000.00	25 000.00
固定资产	5 148 899.00	4 106 899.00	递延收益		
在建工程	2 476 000.00	3 490 000.00	递延所得税负债	42 500.00	
生产性生物资产			其他非流动负债		
油气资产			非流动负债合计	1 560 333.00	2 662 000.00
无形资产	47 000.00	173 000.00	负债合计	4 038 633.25	3 799 080.00
开发支出			所有者权益（或股东权益）		
商誉			实收资本（或股本）	6 800 000.00	5 800 000.00
长期待摊费用	80 000.00	120 000.00	其他权益工具	1 167.00	
递延所得税资产	48 500.00	25 000.00	其中：优先股		
其他非流动资产			永续债		
非流动资产合计	9 510 399.00	10 224 899.00	资本公积	1 530 000.00	1 530 000.00
			减：库存股		
			其他综合收益	170 000.00	
			盈余公积	1 769 766.08	1 676 500.00
			未分配利润	1 343 330.67	503 936.00
			所有者权益（或股东权益）合计	11 614 263.75	9 510 436.00
资产总计	15 652 897.00	13 309 516.00	负债和所有者权益（或股东权益）总计	15 652 897.00	13 309 516.00

表 14-3 中，"年初余额"栏中各项目根据上年年末资产负债表"期末余额"栏中相应的数字直接填列。表中"期末余额"栏中各项目的内容和填列方法如下：

（1）"货币资金"项目，反映企业库存现金、银行结算户存款、外埠存款、银行汇票存款、银行本票存款、信用卡存款、信用证保证金存款等的合计数。本项目应根据"库存现金""银行存款"和"其他货币资金"三个账户的期末余额合计填列。在本例中为 3 356 972 元（库存现金 355 元、银行存款 3 356 617 元）。

（2）"交易性金融资产"项目，反映资产负债表日企业分类为以公允价值计量且其变动计入当期损益的金融资产，以及企业持有的直接指定为以公允价值计量且其变动计入当期损益的金融资产的期末账面价值。本项目应根据"交易性金融资产"账户相关明细账户的期末余额分析填列。在本例中为 750 000 元。

（3）"应收票据及应收账款"项目，反映资产负债表日以摊余成本计量的，企业因销售商品、提供服务等经营活动应收取的款项,以及收到的商业汇票,包括银行承兑汇票和商业承兑汇票。本项目应根据"应收票据"和"应收账款"账户的期末余额,减去"坏账准备"账户中相关坏账准备期末余额后的金额填列。其中,"应收票据"反映企业收到的尚未到期收款也未向银行贴现的应收票据,包括银行承兑汇票和商业承兑汇票。本例中,应收票据未计提坏账准备,故直接根据"应收票据"项目的期末余额 20 000 元填列。"应收账款"反映企业因销售商品、产品和提供劳务等而应向购买单位收取的各种款项,减去已计提的坏账准备后的余额,根据"应收账款"账户所属各明细账户的期末借方余款合计 730 300 元,减去"坏账准备"账户有关应收账款计提的坏账准备期末余额 9 060 元后的金额 721 240项列,"应收账款"账户所属明细账户期末贷方余额 175 000 元,应在"预收账款"项目内填列。在本例中"应收票据及应收账款"项目合计金额为 741 240 元。

(4)"预付款项"项目,反映企业按合同规定预付的款项。本项目应根据"预付账款"账户所属各明细账户的期末借方余额合计填列。如果"预付账款"账户所属有关明细账户期末有贷方余额,则应在本表"应付账款"项目内填列。在本例中"预付款项"的期末余额为 120 000 元。

(5)"其他应收款"项目,反映企业除存出保证金、买入返售金融资产、应收票据、应收账款、预付账款、应收代位追偿款、应收分保账款、长期应收款等以外的其他各种应收及暂付的款项,减去已计提的坏账准备后的净额。本项目应根据"应收股利""应收利息""其他应收款"账户的期末余额,减去"坏账准备"账户中有关其他应收款计提的坏账准备期末余额后的金额填列。在本例中其他应收款未计提坏账准备,故直接根据"其他应收款"账户期末借方余额 146 027 元填列。

(6)"存货"项目,反映企业在日常活动中持有以备出售的产成品或商品、处在生产过程中的在产品、在生产过程或提供劳务过程中耗用的材料和物料等,包括各类材料、在产品、半成品、产成品、商品以及包装物、低值易耗品、委托代销商品等。本项目应根据"在途物资""原材料""包装物""低值易耗品""库存商品""发出商品""委托加工物资""委托代销商品""受托代销商品"账户的期末余额合计,减去"代销商品款""存货跌价准备"账户的期末余额后的金额填列。材料采用计划成本核算,以及库存商品采用计划成本核算或售价金额核算的企业,还应按加或减材料成本差异、商品进销差价后的金额填列。此外,还应根据"合同履约成本"账户的明细账初始确认时摊销期限是否超过一年或一个正常营业周期,在"存货"或"其他非流动资产"账户中填列,已计提减值准备的,还应减去"合同履约成本减值准备"账户中相关的期末余额后的金额填列。A 公司采用实际成本核算,在本例中"原材料""包装物""低值易耗品""库存商品"账户期末余额分别为 110 425 元、5 840 元、1 000 元、687 550 元,其合计数为 804 815 元,"存货跌价准备"账户期末贷方余额为 39 356 元,故"存货"项目所填金额为 765 459 元。

(7)"合同资产"项目,反映企业已向客户转让商品而有权收取对价的权利。本项目应根据"合同资产"账户相关明细账的期末余额分析填列,同一合同下的合同资产应当以净额列示,根据其流动性在"合同资产"或"其他非流动资产"项目中填列,已计提减值准备的,还应减去"合同资产减值准备"账户中相关的期末余额后的金额填列。在本例中"合同资产"按借方余额 1 280 元填列。

(8)"持有待售资产"项目,反映被划分为持有待售的非流动资产及被划分为持有待售的处置组中的资产。本项目应根据账户期末余额填列。本例中本项目金额为250 000元。

（9）"一年内到期的非流动资产"项目，反映自资产负债表日起一年内到期的长期债券投资的期末账面价值。在本例中A公司该项目无金额。

（10）"其他流动资产"项目，反映企业购入的以摊余成本计量的一年内到期的债权投资的期末账面价值、以公允价值计量且其变动计入其他综合收益的年内到期的债权投资的期末账面价值、企业确认为资产的合同取得成本（若"合同取得成本"账户初始确认时摊销期限未超过一年或一个正常营业周期，则在"其他流动资产"项目中填列），以及按照上述规定确认为资产的应收退货成本（若"应收退货成本"账户在一年或一个正常营业周期内出售，则在"其他流动资产"项目中填列）。在本例中A公司该项目无余额。

（11）"债权投资"项目，反映资产负债表日企业以摊余成本计量的长期债权投资的期末账面价值。本项目应根据"债权投资"账户相关明细账的期末余额，减去"债权投资减值准备"账户中相关减值准备的期末余额后的金额分析填列。在本例中"债权投资"账户的期末余额为140 000元，"债权投资减值准备"账户无余额，故该项目填列的金额为140 000元。

（12）"其他债权投资"项目，反映资产负债表日企业分类为以公允价值计量且其变动计入其他综合收益的长期债权投资的期末账面价值。本项目应根据"其他债权投资"账户相关明细账的期末余额分析填列。在本例中为1 070 000元。

（13）"长期应收款"项目，反映企业长期应收款项，包括融资租赁产生的应收款项、采用递延方式具有融资租赁性质的销售商品和提供劳务等产生的应收款项，以及实质上构成对被投资单位净投资的长期权益。本项目应根据"长期应收款"账户的期末余额填列。在本例中A公司该项目无余额。

（14）"其他权益工具投资"项目，反映资产负债表日企业指定为以公允价值计量且其变动计入其他综合收益的非交易性权益工具投资的期末账面价值。本项目应根据"其他权益工具投资"账户的期末余额填列。在本例中为12 000元。

（15）"长期股权投资"项目，反映企业持有的采用成本法和权益法核算的长期股权投资。本项目应根据"长期股权投资"账户的期末余额，减去"长期股权投资减值准备"账户的期末余额后的金额填列。在本例中"长期股权投资"账户的期末余额为498 000元，"长期股权投资减值准备"账户的期末余额为10 000元，故该项目填列的金额为488 000元。

（16）"固定资产"项目，反映资产负债表日企业固定资产的期末账面价值和企业尚未清理完毕的固定资产清理净损益。本项目应根据"固定资产"账户的期末余额，减去"累计折旧"和"固定资产减值准备"账户的期末余额后的金额，以及"固定资产清理"账户的期末余额分析填列。在本例中"固定资产减值准备"无余额，故得出"固定资产"项目填列的金额为5 148 899元。

（17）"在建工程"项目，反映资产负债表日企业尚未达到预定可使用状态的在建工程的期末账面价值和企业为在建工程准备的各种物资的期末账面价值。本项目应根据"在建工程"账户的期末余额减去"在建工程减值准备"账户的期末余额后的金额，以及"工程物资"账户的期末余额减去"工程物资减值准备"账户的期末余额后的金额分析填列。在本例中为2 476 000元。

（18）"无形资产"项目，反映企业各项无形资产的期末可收回金额。本项目应根据

"无形资产"账户的期末余额,减去"累计摊销""无形资产减值准备"账户的期末余额后填列。在本例中"无形资产"账户期末借方金额为 173 000 元,"累计摊销"账户贷方余额为 122 000 元,"无形资产减值准备"账户贷方余额为 4 000 元,故本项目应填列的金额为 47 000 元。

(19)"长期待摊费用"项目,反映企业尚未摊销的摊销期限在一年以上(不含一年)的各种费用,如租入固定资产改良支出、大修理支出以及摊销期限在一年以上(不含一年)的其他待摊费用。本项目应根据"长期待摊费用"账户的期末余额填列。在本例中为 80 000 元。

(20)"递延所得税资产"项目,反映因可抵扣暂时性差异产生的递延所得税资产,以未来期间可能取得的应纳税额为限。本项目应根据"递延所得税资产"账户的期末余额填列。在本例中为 48 500 元。

(21)"短期借款"项目,反映企业向银行或其他金融机构等借入尚未归还的、期限在一年以下(含一年)的各种借款。本项目应根据"短期借款"账户的期末余额填列。在本例中为 5 000 元。

(22)"应付票据及应付账款"项目,其中"应付票据"项目反映企业为了抵付贷款等而开出、承兑的尚未到期付款的应付票据,包括银行承兑汇票和商业承兑汇票。"应付账款"项目反映企业因购买材料、商品和接受劳务供应等而应付给供应单位的款项。本项目应根据"应付票据"账户的期末余额以及"应付账款"账户所属各有关明细账户的期末贷方余额合计填列。在本例中合计为 1 550 600 元。

(23)"预收款项"项目,反映企业预收购买单位的账款。本项目应根据"预收款项"账户所属各有关明细账户的期末贷方余额合计填列。如果"预收款项"账户所属明细账户有借方余额,则应在本表"应收账款"项目内填列。在本例中为 168 600 元。

(24)"合同负债"项目,反映企业已收或应收客户对价而应向客户转让商品的义务。"合同负债"项目应根据"合同负债"账户相关明细账的期末余额分析填列,同一合同下的合同负债应当以净额列示,根据其流动性在"合同负债"或"其他非流动负债"项目中填列。在本例中为 6 400 元。

(25)"应付职工薪酬"项目,反映企业根据有关规定应付而未付给职工的各种薪酬。本项目应根据"应付职工薪酬"账户所属明细账户(包括"工资""职工福利""社会保险费""住房公积金""工会经费""职工教育经费""非货币性福利""辞退福利""股份支付"等)贷方余额合计填列。在本例中为 105 680 元。

(26)"应交税费"项目,反映企业按照税法等规定计算应交而未交纳的各种税费。本项目应根据"应交税费"账户所属明细账户(包括"应交增值税""应交消费税""应交营业税""应交所得税""应交资源税""应交土地增值税""应交城市维护建设税""应交房产税""应交土地使用税""应交教育费附加"等)贷方余额合计填列。在本例中为 309 020.25 元。

(27)"其他应付款"项目,反映企业除应付票据、应付账款、预收账款、应付职工薪酬、应交税费、长期应付款等以外的其他各项应付、暂收的款项。本项目应根据"其他应付款"账户的期末余额填列。在本例中为 213 000 元。

(28)"一年内到期的非流动负债"项目,反映企业应付而未付的一年内(含一年)需归还的长期负债部分。本项目应根据"一年内到期的非流动负债"账户的期末余额填列。在本例中为120 000元。

(29)"长期借款"项目,反映企业借入尚未归还的一年期以上(不含一年)的借款本息。本项目应根据"长期借款"账户的期末余额减去一年内需归还的那部分借款后的差额填列。在本例中,A公司"长期借款"账户期末贷方余额为973 000元,其中一年内需归还的借款为120 000元,所以"长期借款"项目应填列的金额为853 000元。

(30)"应付债券"项目,反映核算企业为筹集(长期)资金而发行债券的本金和利息。当企业发行可转换债券时,应将负债和权益成分进行分拆,分拆后形成的负债成分在本项目核算。本项目可按"面值""利息调整""应计利息"等进行明细核算。A公司按面值发行五年期一次还本按年付息的可转换债券10 000元,发行一年后可转换为普通股股票,本期确认"应付债券"贷方发生额为8 833元,该项目应填列的金额为8 833元。

(31)"长期应付款"项目,反映企业除长期借款和应付债券以外的其他各种长期应付款,本项目应根据"长期应付款"账户的期末余额,减去"未实现融资费用"账户的期末余额后的金额填列。在本例中,A公司"长期应付款"账户的期末余额为537 000元,偿还期均在一年以上,所以该项目金额为537 000元。

(32)"预计负债"项目,反映与或有事项如债务担保、产品质量保证、亏损合同、重组义务等有关的义务符合负债确认条件的负债。本项目应根据"预计负债"账户期末余额填列。在本例中为119 000元。

(33)"递延所得税负债"项目,反映因应纳税暂时性差异产生的递延所得税负债。本项目应根据"递延所得税负债"账户的期末余额填列。在本例中为42 500元。

(34)"实收资本(或股本)"项目,反映企业各投资者实际投入的资本(或股本)总额。本项目应根据"实收资本(或股本)"账户的期末余额填列。在本例中为6 800 000元。

(35)"其他权益工具"项目,反映企业发行的除普通股以外的归类为权益工具的各种金融工具。当企业发行可转换债券时,分拆后形成的权益成分在本项目核算。在本例中,A公司本期确认"其他权益工具"贷方发生额为1 167元,该项目应根据"其他权益工具"账户的期末余额1 167元填列。

(36)"资本公积"项目,反映企业资本公积的期末余额。本项目应根据"资本公积"账户的期末余额填列。在本例中为1 530 000元。

(37)"其他综合收益"项目,反映企业其他综合收益的期末余额。本项目应根据"其他综合收益"账户的期末余额填列。在本例中为170 000元。

(38)"盈余公积"项目,反映企业盈余公积的期末余额。本项目应根据"盈余公积"账户的期末余额填列。在本例中为1 769 766.08元。

(39)"未分配利润"项目,反映企业尚未分配的利润。本项目应根据"本年利润"和"利润分配"账户的余额计算填列。未弥补的亏损,在本项目内以"-"填列。在本例中,A公司最终决算时"本年利润"和"利润分配"账户其他明细账余额转入"利润分配——未分配利润"账户,计算出未分配利润1 343 330.67元,填入"未分配利润"项目。

第三节 利 润 表

利润表是反映企业特定时期收支情况及财务成果的报表。通过阅读利润表,报表使用者能够全面了解企业收入、费用、利润以及综合收益的构成情况。

一、有关利润表编制的两种观点

利润表是基于收入、费用、利润三个会计要素设置的,并通过一定时期的收入与相关费用的配比来确定特定会计期间的利润。但在利润表的编制过程中,不可避免地会涉及一些特殊问题,如非经常性损益、前期损益调整等。对上述特殊事项的不同处理方法体现了利润表编制中的两种观点。

（一）本期损益观

所谓本期损益观,是指主张在利润表中仅反映与当期经营有关的正常性经营损益,非经常性损益和前期损益调整作为全面收益的一部分直接列入所有者权益变动表。这种观点的支持者认为：①财务报表的使用者通常关心的是企业当期的经营成果,并以此考核企业的管理成效；②非常损益不具有信息含量,按照本期损益观编制的利润表在业绩评价和预测未来收益方面更具有用性,也便于将企业各期经营成果进行比较。反之,如果在利润表中同时列入非经常性损益和前期损益调整项目,则不利于对企业经营成果的直观表达,有时报表中所提供的损益信息甚至与实际的经营业绩相差甚远。

（二）损益满计观

所谓损益满计观(也称全面收益观),是指一切收入、费用,以及非经常性损益、前期损益调整等项目都在利润表中计列。这种观点的支持者认为：①正常项目与特殊项目的区分是人为的,如果不采用损益满计观,企业管理者可能会任意确定标准,从而使报表的客观性受到极大的损害；②非常项目与前期损益项目也是企业获取收益的一部分,如果利润表中不反映这些项目,则考察各期经营成果时,这些内容就可能被忽视。

在会计实务中,通常并不是绝对按照某一种观点设计利润表的。例如,中国现行的利润表为了总括反映一定时期的财务成果,虽然将能够在当期损益中确认的各项利得和损失包括在利润表的"净利润"中,将根据会计准则规定未在当期损益中确认的各项利得和损失包括在利润表的"其他综合收益"中,但为了避免通过前期损益调整操纵利润,以前年度损益净额直接并入资产负债表中的"未分配利润",而并非在利润表中予以反映。

二、利润表的结构

利润表常见的结构有单步式和多步式两种。单步式利润表用各项收入总额减去成本、费用和支出总额,从而计算出本期损益。单步式利润表计算简单,但不能直观反映经营性收益和非经营性收益对利润总额的影响,也不能直观反映主营业务收益和其他业务收益对利润总额的影响。

多步式利润表依据利润构成因素,将收入与相关的成本、费用、支出在表中分别对应列示,从而计算出相关的利润指标,最后计算出当期净损益。为便于分层次提供财务成果形成的数据,便于报表使用者了解各利润构成因素对财务成果的影响,中国现行准则要求利润表采用多步式(具体格式如表14-5所示)。为了能够向报表使用者提供具有结构性的信息,更清晰地提示企业经营业绩的主要来源和构成,多步式利润表采用功能法列报费用,即按照费用在企业中所发挥的不同功能分为从事经营业务发生的成本、管理费用、销售费用和财务费用等。《企业会计准则第 30 号——财务报表列报》(2014)要求企业的利润表在列报净利润的基础上列报综合收益总额。多步式利润表通过以下五个步骤计算本期净利润指标、每股收益指标和综合收益总额指标：

第一步,从营业收入出发,减去营业成本、税金及附加、销售费用、管理费用、财务费用、资产减值损失,加上公允价值变动收益(减去公允价值变动损失)和投资收益(减去投资损失),得出营业利润；

第二步,从营业利润出发,加上营业外收入,减去营业外支出,得出利润总额；

第三步,从利润总额出发,减去所得税费用,得出本期净利润；

第四步,以净利润为基础,加上其他综合收益税后净额,得出综合收益总额；

第五步,以净利润为基础,按规定的口径计算基本每股收益和稀释每股收益。

三、利润表的编制方法

利润表金额栏分为"本月数"和"本年累计数"两栏。"本月数"反映各项目本月实际发生额,"本年累计数"反映各项目本年累计发生额。年报利润表金额栏分为"本期金额"和"上期金额"两栏。除"其他综合收益"项目及其各组成部分根据"其他综合收益"账户明细账的本期发生额分析填列外,其他项目"本期金额"根据损益类账户的发生额分析填列。"上期金额"栏应根据上年度该利润表"本期金额"栏内所列数字填列。如果上年度利润表项目的名称及内容与本年度不一致,则应对上年度利润表项目的名称及内容按本年度利润表的格式进行调整,填入利润表的"上期金额"栏。

例 14-2 A 公司编制 2017 年度利润表所需的资料如表 14-4 所示。

表 14-4　2017 年 A 公司的部分会计信息　　　　　　　　　　　单位:元

账户名称	借方	贷方
主营业务收入		4 000 000.00
其他收益		10 000.00
投资收益		530 000.00
公允价值变动损益		82 000.00
资产处置收益		60 600.00
其他综合收益		170 000.00
主营业务成本	2 930 000.00	
销售费用	114 000.00	
管理费用	222 000.00	
研发费用	10 000.00	
财务费用	43 000.00	
资产减值损失	16 331.00	
所得税费用	364 220.25	
税金及附加	50 388.00	

根据上述资料编制 2018 年度 A 公司利润表,如表 14-5 所示。

表 14-5 2017 年度 A 公司利润表

编制单位:A 公司　　　　　　2017 年度　　　　　　金额单位:元　　　　　　币种:人民币

项目	本期金额	上期金额(略)
一、营业收入	4 000 000.00	
减:营业成本	2 930 000.00	
税金及附加	50 388.00	
销售费用	114 000.00	
管理费用	222 000.00	
研发费用	10 000.00	
财务费用		
其中:利息费用	43 000.00	
利息收入		
资产减值损失	16 331.00	
信用减值损失		
加:其他收益	10 000.00	
投资收益(损失以"-"号填列)	530 000.00	
其中:对联营企业和合营企业的投资收益	0.00	
净敞口套期收益(损失以"-"号填列)		
公允价值变动收益(损失以"-"号填列)	82 000.00	
资产处置收益(损失以"-"号填列)	60 600.00	
二、营业利润(亏损以"-"号填列)	1 296 881.00	
加:营业外收入		
减:营业外支出		
三、利润总额(亏损以"-"号填列)	1 296 881.00	
减:所得税费用	364 220.25	
四、净利润(净亏损以"-"号填列)	932 660.75	
(一)持续经营净利润(净亏损以"-"号填列)		
(二)终止经营净利润(净亏损以"-"号填列)		
五、其他综合收益的税后净额:	170 000.00	
(一)不能重分类进损益的其他综合收益		
1.重新计量设定受益计划变动额	0.00	
2.权益法下不能转损益的其他综合收益	0.00	
3.其他权益工具投资公允价值变动	2 000.00	

(续表)

项目	本期金额	上期金额(略)
4. 企业自身信用风险公允价值变动	0.00	
……		
(二)将重分类进损益的其他综合收益		
1. 权益法下可转损益的其他综合收益	-2 000.00	
2. 其他债权投资公允价值变动	170 000.00	
3. 金融资产重分类计入其他综合收益的金额		
4. 其他债权投资信用减值准备	0.00	
5. 现金流量套期储备	0.00	
6. 外币财务报表折算差额	0.00	
……		
六、综合收益总额	1 102 660.75	
七、每股收益	(略)	
(一)基本每股收益		
(二)稀释每股收益		

表14-5所示利润表中各项目内容及"本期金额"栏的填列方法如下：

（1）"营业收入"项目，反映企业经营主要业务和其他业务所确认的收入总额。本项目根据"主营业务收入"和"其他业务收入"两账户的发生额分析填列。在本例中，"主营业务收入"和"其他业务收入"两账户的净发生额分列为4 000 000元和0元，因此本项目的填列金额为4 000 000元。

（2）"营业成本"项目，反映企业经营主要业务和其他业务发生的实际成本总额。本项目根据"主营业务成本"和"其他业务成本"两账户的发生额分析填列。在本例中，"主营业务成本"和"其他业务成本"两账户的净发生额分列为2 930 000元和0元，因此本项目的填列金额为2 930 000元。

（3）"税金及附加"项目，反映企业经营业务应负担的消费税、城市维护建设税、资源税、土地增值税和教育费附加等。本项目根据"税金及附加"账户的发生额分析填列。在本例中，"税金及附加"账户的净发生额为50 388元，因此本项目的填列金额为50 388元。

（4）"销售费用"项目，反映企业在销售商品过程中发生的包装费、广告费等费用和为销售本企业商品而专设的销售机构的职工薪酬、业务费等经营费用。本项目根据"销售费用"账户的发生额分析填列。在本例中，"销售费用"账户的净发生额为114 000元，因此本项目的填列金额为114 000元。

（5）"管理费用"项目，反映企业为组织和管理生产经营而发生的费用。本项目根据"管理费用"账户的相关明细账的发生额分析填列，本例为222 000元。

（6）"研发费用"项目，反映企业进行研究与开发过程中发生的费用化支出。本项目根据"管理费用"账户下"研发费用"明细账的发生额分析填列，本例为10 000元。

（7）"财务费用"项目，反映企业发生的财务费用。其中，"利息费用"项目反映企业为筹集生产经营所需资金等而发生的应予费用化的利息支出,根据"财务费用"账户相关明细账的发生额分析填列,本例为 43 000 元。"利息收入"项目反映企业确认的利息收入,根据"财务费用"账户相关明细账的发生额分析填列,本例为 0 元,因此本项目的填列金额为 0 元。

(8)"资产减值损失"项目,反映企业各项资产发生的减值损失。本项目根据"资产减值损失"账户的发生额分析填列。在本例中,"资产减值损失"账户的净发生额为 16 331 元,因此本项目的填列金额为 16 331 元。

(9)"信用减值损失"项目,反映企业按照会计准则要求计提的各项金融工具减值准备所形成的预期信用损失。本项目根据"信用减值损失"账户的发生额分析填列。在本例中,"信用减值损失"账户的净发生额为 0 元,因此本项目的填列金额为 0 元。

(10)"其他收益"项目,反映计入其他收益的政府补助等。本项目根据"其他收益"账户的发生额分析填列。在本例中,"其他收益"账户的净发生额为 10 000 元,因此本项目的填列金额为 10 000 元。

(11)"投资收益"项目,反映企业以各种方式对外投资所取得的收益;若为投资损失,则以"-"号填列。本项目根据"投资收益"账户的发生额分析填列。在本例中,"投资收益"账户为贷方发生额 530 000 元,因此本项目的填列金额为 530 000 元。

(12)"公允价值变动收益"项目,反映企业按照相关准则规定应当计入当期损益的资产或负债公允价值变动净收益,如交易性金融资产当期公允价值的变动额;若为净损失,则以"-"号填列。本项目根据"公允价值变动损益"账户的发生额分析填列。在本例中,"公允价值变动损益"账户为贷方发生额 82 000 元,因此本项目的填列金额为 82 000 元。

(13)"资产处置收益"项目,反映企业出售划分为持有待售的非流动资产(金融工具、长期股权投资和投资性房地产除外)或处置组时确认的处置利得或损失,以及处置未划分为持有待售的固定资产、在建工程、生产性生物资产及无形资产而产生的利得或损失;债务重组中因处置非流动资产而产生的利得或损失和非货币性交换而产生的利得或损失也包含在内;若为处置损失,则以"-"号填列。本项目根据"资产处置损益"账户的发生额分析填列。在本例中,"资产处置损益"账户为借方发生额 60 600 元,因此本项目的填列金额为 60 600 元。

(14)"营业利润"项目,反映企业实现的营业利润。本项目根据本表中上述项目金额计算填列。在本例中,A 公司的营业利润为 1 296 881 元。

(15)"营业外收入""营业外支出"项目,反映企业发生的与其经营活动无直接关系的各项收入和支出,分别根据"营业外收入""营业外支出"账户的发生额填列,其中处置非流动资产净损失,应当单独列示。在本例中,"营业外收入""营业外支出"项目的填列金额均为 0。

(16)"利润总额"项目,反映企业实现的利润总额;若为亏损,则以"-"号填列。本项目根据营业利润加营业外收入减营业外支出后的金额填列。在本例中,A 公司的利润总额为 1 296 881 元。

(17)"所得税费用"项目,反映企业根据所得税准则确认的应从当期利润总额中扣除的所得税费用。本项目根据"所得税费用"账户的发生额分析填列。在本例中,"所得税费用"账户的净发生额为 364 220.25 元,因此本项目的填列金额为 364 220.25 元。

（18）"净利润"项目，反映本期所取得的税后净利润数额，用表中的利润总额减去所得税费用即为净利润；若为亏损总额，则以"-"号填列。在本例中，A公司本年净利润为932 660.75元。

（19）"其他综合收益的税后净额"项目，反映企业根据其他会计准则规定未在当期损益中确认的各项利得和损失，具体分为"以后会计期间不能重分类进损益的其他综合收益"项目和"以后会计期间在满足规定条件时将重分类进损益的其他综合收益"项目两类，并以扣除相关所得税影响后的净额列报。在本例中，其他综合收益的税后净额项目为170 000元。

（20）"其他权益工具投资公允价值变动"项目，反映企业指定为以公允价值计量且其变动计入其他综合收益的非交易性权益工具投资发生的公允价值变动。本项目根据"其他综合收益"账户相关明细账的发生额分析填列。在本例中，A公司本项目本期余额为2 000元。

（21）"企业自身信用风险公允价值变动"项目，反映企业指定为以公允价值计量且其变动计入当期损益的金融负债，由企业自身信用风险变动引起的公允价值变动而计入其他综合收益的金额。本项目根据"其他综合收益"账户相关明细账的发生额分析填列。在本例中，A公司本项目本期余额为0元。

（22）"权益法下可转损益的其他综合收益"项目，反映被投资企业其他综合收益发生变动的，投资企业应按照属于本企业的部分，相应调整长期股权投资的账面价值，同时增加或减少其他综合收益。本项目根据"其他综合收益"账户相关明细账的发生额分析填列。在本例中，A公司本项目本期余额为-2 000元。

（23）"其他债权投资公允价值变动"项目，反映企业分类为以公允价值计量且其变动计入其他综合收益的债权投资发生的公允价值变动。企业将一项以公允价值计量且其变动计入其他综合收益的金融资产重分类为以摊余成本计量的金融资产，或重分类为以公允价值计量且其变动计入当期损益的金融资产时，之前计入其他综合收益的累计利得或损失从其他综合收益中转出的金额作为本项目的减项。本项目应根据"其他综合收益"账户相关明细账的发生额分析填列。在本例中，A公司本项目本期余额为170 000元。

（24）"其他债权投资信用减值准备"项目，反映企业分类为以公允价值计量且其变动计入其他综合收益的金融资产的损失准备。本项目根据"其他综合收益"账户下"信用减值准备"明细账的发生额分析填列。在本例中，A公司本项目本期余额为0元。

（25）"综合收益总额"项目，反映企业在某一期间除与所有者以其所有者身份进行的交易之外的其他交易或事项所引起的所有者权益变动，用表中的净利润加上其他综合收益税后净额的金额合计填列。在本例中，A公司的综合收益总额为1 102 660.75元。

（26）"基本每股收益""稀释每股收益"项目，根据每股收益准则的规定计算的金额填列。

第四节 现金流量表

一、有关现金的几个概念

现金流量表是综合反映企业一定会计期间内现金来源和运用及其增减变动情况的报

表。现金流量表中的现金有其特定的含义,通常包括现金和现金等价物。

(1) 现金。现金是指企业库存现金以及可以随时用于支付的存款,如银行活期存款及具有银行活期存款性质可以随时存取而不受任何限制的其他项目。具体包括"库存现金"账户核算的现金,"银行存款"账户核算的存入金融企业、随时可以用于支付的存款,以及"其他货币资金"账户核算的外埠存款、银行汇票存款、银行本票存款和在途货币资金等其他货币资金。

(2) 现金等价物。现金等价物是指企业持有的期限短、流动性强、易于转换为已知金额现金、价值变动风险很小的投资。现金等价物虽然不是现金,但其支付能力与现金的差别不大,可视为现金。一项投资被确认为现金等价物必须同时具备四个条件:期限短(一般指从购买日起3个月内到期)、流动性强、易于转换为已知金额现金、价值变动风险很小。

(3) 现金流量。现金流量是企业一定时期的现金及现金等价物(以下简称"现金")流入和流出的金额,具体表现为现金流入量和流出量两个方面。现金流入量与流出量的差额为现金净流量。如果一定时期现金流入量大于流出量,则差额为现金净流入量;如果一定时期现金流入量小于流出量,则差额为现金净流出量。需要指出的是,企业现金形式的转换不会产生现金的流入和流出,如企业从银行提取现金;同样,现金与现金等价物之间的转换也不会产生现金流量,如企业用现金购买将于3个月内到期的国库券。

二、现金流量表的作用

现金流量表从经营活动、投资活动和筹资活动三个方面反映企业一定会计期间内现金的流入、流出情况以及现金总额的增减变动情况。报表使用者通过对现金流量表的分析,能够:

(1) 反映企业的现金流量,评价企业产生未来现金净流量的能力;
(2) 评价企业偿还债务、支付投资利润的能力,谨慎判断企业的财务状况;
(3) 分析净收益与现金流量间的差异,并解释差异产生的原因;
(4) 通过对现金投资与融资、非现金投资与融资的分析,全面了解企业的财务状况。

三、现金流量表的结构

编制现金流量表,首先要对现金流量进行分类。通常,根据企业业务活动的性质和现金流量的来源将现金流量分为经营活动现金流量、投资活动现金流量和筹资活动现金流量三大类。其中,经营活动现金流量有两种列示方法:直接法和间接法。直接法是通过现金收入减现金支出的方法反映经营活动现金流量;间接法是以本期净利润为起点,调整不涉及现金的收入、费用、营业外支出以及应收应付等项目的增减变动,据此计算并列示经营活动现金流量。按照中国《企业会计准则第31号——现金流量表》的规定,现金流量表的主表采用直接法,同时在补充资料中采用间接法将净利润调整为经营活动现金流量。另外,为了全面反映企业的财务状况,补充资料中还列示了不涉及现金收支的筹资和投资活动。现金流量表的基本结构如表14-6所示。

表 14-6 现金流量表

编制单位:A 公司　　　　　　　　　2017 年度　　　　　　　　　　金额单位:元

项目	本期金额	上期金额(略)
一、经营活动产生的现金流量		
销售商品、提供劳务收到的现金	4 126 000.00	
收到的税费返还		
收到的其他与经营活动有关的现金	10 000.00	
经营活动现金流入小计	4 136 000.00	
购买商品、接受劳务支付的现金	495 900.00	
支付给职工以及为职工支付的现金	600 000.00	
支付的各项税费	630 288.00	
支付的其他与经营活动有关的现金	20 000.00	
经营活动现金流出小计	1 746 188.00	
经营活动产生的现金流量净额	2 389 812.00	
二、投资活动产生的现金流量		
收回投资所收到的现金	830 000.00	
取得投资收益所收到的现金	530 000.00	
处置固定资产、无形资产和其他长期资产所收回的现金净额	600 600.00	
处置子公司及其他营业单位收到的现金		
收到的其他与投资活动有关的现金		
投资活动现金流入小计	1 960 600.00	
购建固定资产、无形资产和其他长期资产所支付的现金	932 000.00	
投资支付的现金	370 000.00	
取得子公司及其他营业单位支付的现金净额		
支付的其他与投资活动有关的现金		
投资活动现金流出小计	1 302 000.00	
投资活动产生的现金流量净额	658 600.00	
三、筹资活动产生的现金流量		
吸收投资所收到的现金	1 010 000.00	
取得借款所收到的现金	800 000.00	
收到的其他与筹资活动有关的现金		
筹资活动现金流入小计	1 810 000.00	
偿还债务所支付的现金	2 175 000.00	

(续表)

项目	本期金额	上期金额(略)
分配股利、利润或偿付利息所支付的现金		
支付的其他与筹资活动有关的现金		
筹资活动现金流出小计	2 175 000.00	
筹资活动产生的现金流量净额	-365 000.00	
四、汇率变动对现金及现金等价物的影响		
五、现金及现金等价物净增加额	2 683 412.00	
加:期初现金及现金等价物余额	673 560.00	
六、期末现金及现金等价物余额	3 356 972.00	

补充材料

项目	本期金额	上期金额(略)
1. 将净利润调节为经营活动现金流量		
净利润	932 660.75	
加:计提的资产减值准备	16 331.00	
固定资产折旧	200 000.00	
无形资产摊销	122 000.00	
长期待摊费用摊销	40 000.00	
处置固定资产、无形资产和其他长期资产的损失(减:收益)	-100 000.00	
固定资产报废损失	39 400.00	
公允价值变动损益	-82 000.00	
财务费用	43 000.00	
预计负债增加	94 000.00	
投资损失(减:收益)	-530 000.00	
递延税款贷项(减:借项)	19 000.00	
存货的减少(减:增加)	900 000.00	
经营性应收项目的减少(减:增加)	-554 000.00	
经营性应付项目的增加(减:减少)	1 249 420.25	
其他		
经营活动产生的现金流量净额	2 389 812.00	
2. 不涉及现金收支的投资和筹资活动		
债务转为资本		
一年内到期的可转换公司债券		
融资租入固定资产		

（续表）

项目	本期金额	上期金额（略）
3. 现金及现金等价物净增加情况		
现金的期末余额	3 356 972.00	
减：现金的期初余额	673 560.00	
加：现金等价物的期末余额		
减：现金等价物的期初余额		
现金及现金等价物净增加额	2 683 412.00	

四、现金流量表的编制

现金流量表金额栏分为"本期金额"和"上期金额"两栏，"上期金额"栏根据上期现金流量表填列，"本期金额"栏的填列方法如下：

1. 主表的填列

从上述现金流量表的结构可以看出，现金流量表就是将企业的全部业务活动划分为经营活动、投资活动和筹资活动三大类。表中分段揭示三大类活动所提供的现金净额，三项现金净额的合计数与汇率折算差额之和，就是企业年度内的现金增减净额。若合计数为正数，则说明企业期末的现金比期初增加，为本期现金净流入量；若合计数为负数，则说明企业期末的现金比期初减少，为本期现金净流出量。这一增加或减少的金额，应与资产负债表上现金及现金等价物的期末数与期初数的差额相等。在主表中，各具体项目的填列有以下两种方法：

（1）在分析现金日记账、银行存款日记账和其他货币资金明细账记录的基础上填列。采用这种方法，就是直接根据现金日记账、银行存款日记账和其他货币资金明细账的记录，逐笔确定现金收入和支出的性质，分别计入现金流量表的有关项目。这种方法适用于经济业务较少的小型企业，对于经济业务较多但已实行会计电算化的企业也可以采用这种方法。

（2）在分析非现金账户记录的基础上填列。这种方法是以复式记账的基本原理为依据，根据本期的利润表以及期末资产负债表中非现金项目的变动来编制现金流量表。按照复式记账的原理，任何影响现金的交易也一定同时影响某些非现金资产、负债、所有者权益（包括收入、费用）的变动。非现金账户的变动可以明确地反映现金交易的性质，通过对非现金账户变动的分析，可以计算出各类性质的现金流入量和流出量。大部分企业通常采用这种方法编制现金流量表。

例如，"销售商品、提供劳务收到的现金"项目在企业本期销售收入全部属于现销和没有预收账款，且年初无应收账款和应收票据的情况下，本年的销售收入净额就是销售商品或提供劳务所取得的全部现金收入。但是，在企业有赊销业务和预收账款的情况下，两者则可能出现差异。这两者的差异会通过"应收账款""应收票据""预收账款""合同资产""合同负债"账户余额的变动反映出来：

第一，"应收账款"账户的年末余额大于年初余额时，即本年度应收账款增加，说明当年的赊销金额大于收回的应收账款金额,所以应从销售收入中减去应收账款的增加数,以确定销售商品所取得的现金收入;相反,"应收账款"账户的年末余额小于年初余额时,即本年度应收账款减少,说明当年的赊销金额小于收回的应收账款金额,所以应在销售收入中加上应收账款的减少数,以确定销售商品所取得的现金收入。当然,如果因非销售及收款因素引起应收账款增减变动(如核销坏账),则应在分析调整时剔除。

第二,"应收票据"账户与"应收账款"账户相同。

第三,"预收账款"账户的年末余额大于年初余额时,即本年度预收账款增加,说明当年的预收金额大于应收取的金额,所以应在销售收入中加上预收账款的增加数,以确定销售商品所取得的现金收入;相反,"预收账款"账户的年末余额小于年初余额时,即本年度预收账款减少,说明当年的预收金额小于应收取的金额,所以应从销售收入中减去预收账款的减少数,以确定销售商品所取得的现金收入。

第四,"合同资产"账户对经营现金流的影响与"应收票据""应收账款"账户相同,"合同负债"账户对经营现金流的影响与"预收账款"账户相同。

因此,销售商品、提供劳务收到的现金,可以通过分析"主营业务收入""应收账款""应收票据"和"预收账款"账户的记录来填列。用公式表示为:

销售商品、提供劳务收到的现金=含税商品销售收入、劳务收入+应收账款减少数-应收账款增加数+应收票据减少数-应收票据增加数+预收账款增加数-预收账款减少数+合同资产减少数-合同增产增加数+合同负债增加数-合同负债减少数

如前所述,A公司2017年的含税主营业务收入为4 680 000元[利润表中显示的营业收入为4 000 000,增值税税率为17%,则含税收入为4 000 000×(1+17%)=4 680 000(元)];应收账款账户年初数为191 100元(资产负债中应收账款181 000元为应收账款191 100元减去坏账准备10 100元后的余额)、年末数为730 300元(资产负债中应收账款721 240元为应收账款730 300元减去坏账准备9 060元后的余额),应收账款本年增加539 200元(其中本年度核销坏账2 000元);应收票据和预收账款年初数与年末数相同。则A公司:

销售商品、提供劳务收到的现金=4 680 000-(552 000+2 000)=4 126 000(元)

对于经济业务较多且较复杂的企业来说,为保证上述分析的正确性,通常是通过编制调整分录的方式进行账户分析,并在工作底稿中计算和审核无误后才将数字抄入正式的现金流量表中。

2. 补充资料的填列

在补充资料的三大部分中,"不涉及现金收支的投资和筹资活动"部分的各项目发生的频率并不高,可直接根据有关账户分析填列。

"将净利润调节为经营活动的现金流量"部分以净利润为基础,通过以下三个步骤的调整计算出经营活动产生的现金流量净额:①加不减少经营活动现金流量的费用和损失,如计提的坏账准备或转销的坏账、固定资产折旧、无形资产摊销、长期待摊费用摊销、公允价值变动损益等;②调整与净利润有关但与经营活动现金流量无关的项目的金额,如因投资和筹资活动引起的财务费用、投资损益等;③调整与净利润无关但与经营活动现金流量有关的项目的金额,如存货、经营性应收及应付项目的增减变动。

"现金及现金等价物净增加情况"部分各项目根据资产负债表中"货币资金"项目期

初、期末余额和"短期投资"项目中现金等价物期初、期末余额填列。

五、现金流量表编制举例

例14-3 A公司2017年年末编制的资产负债表和利润表如表14-3和表14-5所示。假设A公司2017年发生如下经济业务：

（1）收到银行付款通知，用银行存款支付到期的商业承兑汇票15 000元。

（2）购入原材料一批，货款300 000元和增值税51 000元，扣除原来已预付的29 200元货款，余款已用银行存款支付，材料已入库。

（3）购买原材料一批，货款1 000 000元和增值税170 000元，材料已验收入库，款项未付。

（4）基本生产领用原材料，成本为1 200 000元，领用低值易耗品，成本为50 000元，均采用一次摊销法摊销。

（5）销售产品一批，不含税售价为800 000元，增值税销项税额为136 000元，款项已收到并存入银行。产品实际成本为540 000元。

（6）2017年11月支付价款10 000元购入C公司股票2 000股，并将其指定为以公允价值计量且其变动计入其他综合收益的非交易性权益工具，12月31日该股票市价为12 000元。

（7）购入不需要安装的设备一台，以银行存款支付价款230 000元、增值税39 100元、包装费2 000元。设备已交付使用。

（8）购入工程物资一批，价税合计300 000元，已用银行存款支付。

（9）在建工程应负担应付工资400 000元，应付福利费56 000元，工程领用材料200 000元。

（10）计提在建工程应负担的长期借款利息30 000元。

（11）一项价值为1 800 000元的在建工程完工，已办理竣工手续并交付生产使用。

（12）基本生产车间报废一台机床，其原始价值为400 000元，已计提折旧360 000元。发生清理费用1 000元，残值收入1 600元，全部款项均通过银行收付。清理工作已结束。

（13）为购建固定资产，从银行借入3年期借款800 000元存入银行。

（14）收到股利60 000元（该项投资采用成本法核算），已存入银行。

（15）出售一台不需用设备，其原始价值为800 000元，已计提折旧300 000元，该设备已由购入单位运走。收到价款600 000元存入银行。

（16）归还短期借款本金175 000元。

（17）提取现金1 000 000元，准备发放工资。

（18）支付工资1 000 000元（包括在建工程人员工资400 000元）。

（19）结转分配应付工资600 000元（不包括在建工程人员工资），其中生产人员工资550 000元，车间管理人员工资20 000元，行政管理部门人员工资30 000元。

（20）企业10月28日将作为其他债权工具的金融资产出售一半，售价为1 100 000元（该工具于2017年6月购入，成本为1 400 000元。2017年12月31日，其公允价值为1 600 000元）。编表日，该工具的公允价值为970 000元。

（21）提取应计入本期损益的长期借款利息43 000元。

（22）摊销无形资产 122 000 元，摊销长期待摊费用 40 000 元。

（23）计提固定资产折旧 200 000 元，其中，计入制造费用 160 000 元，管理费用 40 000 元。

（24）收到应收账款 102 000 元存入银行。

（25）以银行存款支付产品展览费 20 000 元。

（26）销售产品一批，不含税售价为 1 800 000 元，增值税销项税额为 306 000 元。当时收到货款 1 450 000 元，剩余款项双方约定于 2018 年 1 月 20 日支付，该批产品成本为 1 350 000 元。

（27）计算并结转本期完工产品成本 1 980 000 元。

（28）销售产品一批，不含税售价为 1 400 000 元，增值税销项税额为 238 000 元，款项已存入银行。该产品的实际成本为 1 040 000 元。

（29）转让某公司的股权（公司采用成本法核算该股权），转让收入为 200 000 元，款项收妥入账，该批股权的账面价值为 130 000 元。

（30）采用权益法核算持有的某公司股权，该公司其他综合收益减少，A 公司按照应享有被投资单位其他综合收益的份额，确认其他综合收益减少 2 000 元。

（31）用现金 60 000 元购买某公司 3 年期债券一批，款项以银行存款支付。

（32）按面值发行 5 年期一次还本付息的可转换债券 10 000 元，发行 1 年后可转换成普通股股票，分拆后形成的权益成分确认"其他权益工具"贷方发生额为 1 167 元，形成的负债成分确认"应付债券"贷方发生额为 8 833 元，收到银行存款 10 000 元。

（33）本期产品销售应交纳的城市维护建设税为 29 393 元，教育费附加为 12 597 元，地方教育费附加为 8 398 元。

（34）以银行存款交纳增值税 419 900 元及城市维护建设税、教育费附加、地方教育费附加共 50 388 元。

（35）有 2 000 元的应收账款确认无法收回，予以核销。

（36）本期计提坏账准备 960 元，计提存货跌价准备 1 371 元，计提长期股权投资减值准备 10 000 元，计提无形资产减值准备 4 000 元。

（37）按销售收入中设备类收入总额 2 350 000 元的 4%预提保修费 94 000 元（会计分录为借记销售费用，贷记预计负债。注意：此笔分录将会产生可抵扣暂时性差异，导致递延所得税资产增加）。

（38）将各损益类账户结转至本年利润账户。

（39）计算并结转应交所得税，所得税税率为 25%（注意：本期纳税所得额为利润总额加上预计保修费减去其他债权工具期末产生的应纳税暂时性差异。会计分录为借记所得税费用、递延所得税资产，贷记应交税费、递延所得税负债）。

（40）按净利润的 10%计提法定盈余公积，不计提任意盈余公积。

（41）结转本年利润，并将利润分配账户除"未分配利润"之外的各明细账户的余额转入"未分配利润"明细账户。

（42）偿还长期借款 2 000 000 元。

（43）以银行存款交纳所得税 160 000 元。

（44）吸收现金出资 1 000 000 元，款项已存入银行。

(45) 预付进货款 120 000 元,款项以银行存款支付。

（一）主表的编制

主表的具体编制步骤如下：

(1) 将资产负债表的期初数和期末数过入表 14-7 所示的现金流量表工作底稿的"年初数"栏和"期末数"栏。

(2) 编制调整分录。调整分录主要包括以下四类：①涉及利润表中的收入、成本和费用项目以及资产负债表中的资产、负债及所有者权益项目，通过调整，将权责发生制下的收入、费用转换为现金基础；②涉及资产负债表和现金流量表中的投资、筹资项目，通过调整，将资产负债表中有关投资和筹资活动列入现金流量表投资、筹资现金流量中；③涉及利润表和现金流量表中的投资和筹资项目，通过调整，将利润表中有关投资和筹资的收入和费用列入现金流量表投资和筹资现金流量中；④除上述三种调整分录外，还有一些调整分录并不涉及现金收支，只是为了核对资产负债表项目的期末、期初变动而编制。

这四类调整分录有时是综合编制的，即一笔调整分录中包含两种或两种以上的类型。在上述调整分录中，涉及现金和现金等价物账户的，并不直接借记或贷记现金或现金等价物，而是分别记入"经营活动现金流量""投资活动现金流量""筹资活动现金流量"有关项目。借记表明现金流入，贷记表明现金流出。

① 调整收入。根据前例资料可知，A公司本期含税营业收入为 4 680 000 元（营业收入 4 000 000 元+增值税销项税额 680 000 元），应收账款增加 552 000 元（其中包括核销坏账 2 000 元）。调整分录如下：

借：经营活动现金流量——销售商品、提供劳务收到的现金　　4 126 000
　　坏账准备　　　　　　　　　　　　　　　　　　　　　　　　 2 000
　　应收账款　　　　　　　　　　　　　　　　　　　　　　　　 539 200
　　合同资产　　　　　　　　　　　　　　　　　　　　　　　　　12 800
　　预收账款　　　　　　　　　　　　　　　　　　　　　　　　　 6 400
　贷：主营业务收入　　　　　　　　　　　　　　　　　　　　　4 000 000
　　　应交税费　　　　　　　　　　　　　　　　　　　　　　　　680 000
　　　合同负债　　　　　　　　　　　　　　　　　　　　　　　　　6 400

② 调整成本。A公司主营业务成本为 2 930 000 元，本期购入存货 1 300 000 元而发生增值税进项税额 221 000 元；购入固定资产 232 000 元而发生增值税进项税额 39 100 元；应付票据减少 15 000 元，表明用于购买存货的现金支出增加 15 000 元；应付账款增加 1 170 000 元，表明该部分商品采购尚未支付现金；存货项目减少 929 200 元，表明本期消耗的存货中有 929 200 元是上年的存货，也就是使购买商品支付的现金减少 929 200 元。调整分录如下：

借：主营业务成本　　　　　　　　　　　　　　　　　　　　　 2 930 000
　　应交税费　　　　　　　　　　　　　　　　　　　　　　　　 260 100
　　应付票据　　　　　　　　　　　　　　　　　　　　　　　　　15 000
　贷：存货　　　　　　　　　　　　　　　　　　　　　　　　　　929 200
　　　应付账款　　　　　　　　　　　　　　　　　　　　　　　1 170 000
　　　经营活动现金流量——购买商品、接受劳务支付的现金　　　1 105 900

③ 分析调整税金及附加。A公司本年利润表中所列的税金及附加与以现金支付的数额相同。调整分录如下：

借：税金及附加——主营业务税金及附加　　　　　　　　50 388
　　贷：经营活动现金流量——支付的各项税费　　　　　　　　　50 388

④ 分析调整销售费用。A公司本年利润表中所列的销售费用与按收付实现制确认的数额相同。调整分录如下：

借：销售费用　　　　　　　　　　　　　　　　　　　114 000
　　贷：经营活动现金流量——支付的其他与经营活动有关的现金　 20 000
　　　　预计负债　　　　　　　　　　　　　　　　　　　　　　94 000

⑤ 分析调整管理费用以及计提的坏账准备和存货跌价准备。先将管理费用全额以及列支的坏账准备和存货跌价准备转入"经营活动现金流量——支付的其他与经营活动有关的现金"，然后再对不涉及现金支出的项目分别进行调整。调整分录如下：

借：管理费用　　　　　　　　　　　　　　　　　　　222 000
　　研发费用　　　　　　　　　　　　　　　　　　　 10 000
　　资产减值损失　　　　　　　　　　　　　　　　　 2 331
　　贷：经营活动现金流量——支付的其他与经营活动有关的现金　234 331

⑥ 分析调整财务费用。A公司财务费用为43 000元，为此编制调整分录如下：

借：财务费用　　　　　　　　　　　　　　　　　　　 43 000
　　贷：长期借款　　　　　　　　　　　　　　　　　　　　　 43 000

⑦ 分析调整其他收益、投资收益以及计提的减值准备，为此编制调整分录如下：

借：投资活动现金流量——收回投资所收到的现金　　　130 000
　　　　　　　　　　——取得投资收益所收到的现金　130 000
　　经营活动现金流量——收到的其他与经营活动有关的现金　10 000
　　资产减值损失　　　　　　　　　　　　　　　　　 10 000
　　贷：投资收益　　　　　　　　　　　　　　　　　　　　　130 000
　　　　其他收益　　　　　　　　　　　　　　　　　　　　　 10 000
　　　　长期股权投资　　　　　　　　　　　　　　　　　　　130 000
　　　　长期股权投资减值准备　　　　　　　　　　　　　　　 10 000

⑧ 分析调整资产处置收益。A公司本期处置固定资产的收益为100 000元，处置固定资产的损失为39 400元。所收到的现金应列入投资活动现金流量。调整分录如下：

借：投资活动现金流量——处置固定资产、无形资产和其他长期资产
　　　　　　　　　　　　而收到的现金净额　　　　　600 600
　　累计折旧　　　　　　　　　　　　　　　　　　　660 000
　　资产减值损失　　　　　　　　　　　　　　　　　 4 000
　　贷：固定资产　　　　　　　　　　　　　　　　　　　　1 200 000
　　　　资产处置收益　　　　　　　　　　　　　　　　　　 60 600
　　　　无形资产减值准备　　　　　　　　　　　　　　　　 4 000

⑨ 分析调整所得税。调整分录如下：

借：所得税费用　　　　　　　　　　　　　　　　　364 220.25

　　　　递延所得税资产　　　　　　　　　　　　　　　　　23 500.00
　　　贷:应交税费　　　　　　　　　　　　　　　　　　　　345 220.25
　　　　　递延所得税负债　　　　　　　　　　　　　　　　　42 500.00
　　⑩ 分析调整坏账准备和存货跌价准备。计提的坏账准备和存货跌价准备已列入资产减值损失,在⑤中全部调整到"经营活动现金流量——支付的其他与经营活动有关的现金"中,所以需要补充调整。调整分录如下:
　　　借:经营活动现金流量——支付的其他与经营活动有关的现金　　960
　　　　贷:坏账准备　　　　　　　　　　　　　　　　　　　　　　960
　　　借:经营活动现金流量——支付的其他与经营活动有关的现金　　1 371
　　　　贷:存货跌价准备　　　　　　　　　　　　　　　　　　　　1 371
　　⑪ 分析调整长期待摊费用。因为在⑤中管理费用已全额作为付现费用调整,但长期待摊费用摊销计入的管理费用为非付现的费用,所以需要补充调整。调整分录如下:
　　　借:经营活动现金流量——支付的其他与经营活动有关的现金　　40 000
　　　　贷:长期待摊费用　　　　　　　　　　　　　　　　　　　　40 000
　　⑫ 分析调整购买的交易性金融资产、债权投资以及非交易性权益工具投资。调整分录如下:
　　　借:债权投资　　　　　　　　　　　　　　　　　　　　　60 000
　　　　交易性金融资产　　　　　　　　　　　　　　　　　　300 000
　　　　其他权益工具投资　　　　　　　　　　　　　　　　　 10 000
　　　　贷:投资活动现金流量——投资所支付的现金　　　　　　　370 000
　　⑬ 分析调整固定资产。A公司本期固定资产增加包括以现金购入设备1 782 000元,购入划分为持有待售的固定资产250 000元,以及在建工程完工转入1 800 000元。调整分录如下:
　　　借:固定资产　　　　　　　　　　　　　　　　　　　　1 782 000
　　　　持有待售资产　　　　　　　　　　　　　　　　　　　250 000
　　　　贷:在建工程　　　　　　　　　　　　　　　　　　　　1 800 000
　　　　　投资活动现金流量——购建固定资产、无形资产和其他
　　　　　　长期资产所支付的现金　　　　　　　　　　　　　　232 000
　　⑭ 分析调整累计折旧。A公司本期计提的200 000元折旧中,计入管理费用40 000元,计入制造费用160 000元,基于和⑪同样的道理,应做补充调整。调整分录如下:
　　　借:经营活动现金流量——支付的其他与经营活动有关的现金　　40 000
　　　　　　　　　　　　——购买商品、接受劳务支付的现金　　　160 000
　　　　贷:累计折旧　　　　　　　　　　　　　　　　　　　　　200 000
　　⑮ 分析调整工程物资。工程本期增加300 000元,表明用于在建工程方面的投资增加300 000元。调整分录如下:
　　　借:工程物资　　　　　　　　　　　　　　　　　　　　　300 000
　　　　贷:投资活动现金流量——购建固定资产、无形资产和其他
　　　　　　长期资产所支付的现金　　　　　　　　　　　　　　300 000
　　⑯ 分析调整在建工程。根据前例资料可知,A公司本期在建工程的增加包括支付工

资 400 000 元、应付福利费 56 000 元、长期借款利息 30 000 元、工程领用物资 200 000 元,均资本化到在建工程成本中。调整分录如下:

  借:在建工程 686 000
   贷:投资活动现金流量——购建固定资产、无形资产和其他
       长期资产所支付的现金 400 000
    长期借款 30 000
    应付职工薪酬——职工福利 56 000
    工程物资 200 000

⑰ 分析调整无形资产。A 公司本期无形资产摊销 122 000 元已计入管理费用,基于和⑪同样的道理,应做补充调整。调整分录如下:

  借:经营活动现金流量——支付的其他与经营活动有关的现金 122 000
   贷:累计摊销 122 000

⑱ 分析调整短期借款。A 公司本期偿还短期借款 175 000 元,应列入筹资活动的现金流量。调整分录如下:

  借:短期借款 175 000
   贷:筹资活动现金流量——偿还债务所支付的现金 175 000

⑲ 分析调整应付工资。根据前例资料可知,A 公司本期分配工资费用和以现金发放工资均为 600 000 元,工资费用已分别计入制造费用和管理费用,基于和⑪同样的道理,应做补充调整。调整分录如下:

  借:应付职工薪酬——工资 600 000
   贷:经营活动现金流量——支付给职工以及为职工支付的现金 600 000
  借:经营活动现金流量——购买商品、接受劳务支付的现金 570 000
    经营活动现金流量——支付的其他与经营活动有关的现金 30 000
   贷:应付职工薪酬——工资 600 000

⑳ 分析调整应交税费。A 公司本期以现金交纳的增值税为 419 900 元,交纳的所得税为 160 000 元。调整分录如下:

  借:应交税费 579 900
   贷:经营活动现金流量——支付的各项税费 579 900

㉑ 分析调整长期借款。A 公司本期偿还长期借款 2 000 000 元,举借长期借款 800 000 元。调整分录如下:

  借:筹资活动现金流量——取得借款所收到的现金 800 000
   贷:长期借款 800 000
  借:长期借款 2 000 000
   贷:筹资活动现金流量——偿还债务所支付的现金 2 000 000

㉒ 分析调整应付债券和其他权益工具。A 公司按面值发行 5 年期一次还本按年付息的可转换公司债券 10 000 元,分拆后形成的负债成分确认为"应付债券"贷方发生额 8 833 元,分拆后形成的权益成分确认为"其他权益工具"贷方发生额 1 167 元。调整分录如下:

  借:筹资活动现金流量——吸收投资所收到的现金 10 000
   贷:应付债券 8 833

    其他权益工具   1 167

㉓ 分析调整实收资本。A 公司本年度以吸收现金投资的方式增加实收资本 1 000 000 元。调整分录如下：

  借：筹资活动现金流量——吸收投资所收到的现金   1 000 000
    贷：实收资本   1 000 000

㉔ 结转净利润。调整分录如下：

  借：净利润   932 660.75
    贷：未分配利润   932 660.75

㉕ 提取盈余公积。调整分录如下：

  借：未分配利润   93 266.08
    贷：盈余公积   93 266.08

㉖ 调整现金净增加额。调整分录如下：

  借：货币资金   2 683 412
    贷：现金及现金等价物净增加额   2 683 412

㉗ 调整交易性金融资产公允价值变动损失。调整分录如下：

  借：交易性金融资产   82 000
    贷：公允价值变动损益   82 000

㉘ 调整其他债权投资公允价值变动损失。调整分录如下：

  借：其他债权投资——公允价值变动   270 000
    贷：其他综合收益   270 000

㉙ 调整预付账款的影响。调整分录如下：

  借：预付账款   120 000
    贷：经营活动现金流量——购买商品、接受劳务支付的现金 120 000

㉚ 调整预付账款对存货的影响。调整分录如下：

  借：存货   29 200
    贷：预付账款   29 200

㉛ 调整其他债权投资的影响。调整分录如下：

  借：投资活动现金流量——收回投资所收到的现金   700 000
          ——取得投资收益所收到的现金   400 000
    其他综合收益   100 000
    贷：其他债权投资   800 000
      投资收益   400 000

㉜ 调整其他权益工具投资公允价值变动的影响。调整分录如下：

  借：其他权益工具投资——公允价值变动   2 000
    贷：其他综合收益——其他权益工具投资公允价值变动 2 000

㉝ 调整权益法下可转损益的其他综合收益变动的影响。调整分录如下：

  借：其他综合收益——权益法下可转损益的其他综合收益 2 000
    贷：长期股权投资——其他综合收益   2 000

(3) 调整分录过入工作底稿中的相应部分，现金流量表工作底稿如表 14-7 所示。

表 14-7 现金流量表工作底稿 单位:元

项目	年初数	调整分录 借方		调整分录 贷方		期末数
资产负债表项目						
货币资金	673 560	㉖	2 683 412			3 356 972
交易性金融资产	368 000	⑫	300 000			750 000
		㉗	82 000			
应收票据	20 000					20 000
应收账款	191 100	①	539 200			730 300
坏账准备	10 100	①	2 000	⑩	960	9 060
预付账款	29 200	㉙	120 000	㉚	29 200	120 000
其他应收款	146 027					146 027
存货	1 704 815	㉚	29 200	②	929 200	804 815
存货跌价准备	37 985			⑩	1 371	39 356
合同资产		①	12 800			12 800
持有待售资产		⑬	250 000			250 000
长期股权投资	630 000			⑦	130 000	498 000
				㉝	2 000	
长期股权投资减值准备				⑦	10 000	10 000
其他权益工具投资		⑫	10 000			12 000
		㉜	2 000			
债权投资	80 000	⑫	60 000			140 000
其他债权投资	1 600 000	㉘	270 000	㉛	800 000	1 070 000
固定资产原值	5 549 800	⑬	1 782 000	⑧	1 200 000	6 131 800
累计折旧	1 442 901	⑧	660 000	⑭	200 000	982 901
工程物资	390 000	⑮	300 000	⑯	200 000	490 000
在建工程	3 100 000	⑯	686 000	⑬	1 800 000	1 986 000
无形资产	173 000					47 000
累计摊销				⑰	122 000	122 000
无形资产减值准备				⑧	4 000	4 000
长期待摊费用	120 000			⑪	40 000	80 000
递延所得税资产	25 000	⑨	23 500			48 500
短期借款	180 000	⑱	175 000			5 000
应付票据	255 000	②	15 000			240 000
应付账款	140 600			②	1 170 000	1 310 600

(续表)

项目	年初数	调整分录 借方		调整分录 贷方		期末数
合同负债				①	6 400	6 400
预收账款	175 000	①	6 400			168 600
应付职工薪酬	49 680	⑲	600 000	⑯	56 000	105 680
				⑲	600 000	
应交税费	123 800	②	260 100	①	680 000	309 020.25
		⑳	579 900	⑨	345 220.25	
其他应付款	213 000					213 000
长期借款	2 100 000	㉑	2 000 000	⑥	43 000	973 000
				⑯	30 000	
				㉑	800 000	
应付债券				㉒	8 833	8 833
长期应付款	537 000					537 000
预计负债	25 000			④	94 000	119 000
递延所得税负债				⑨	42 500	42 500
实收资本	5 800 000			㉓	1 000 000	6 800 000
其他权益工具				㉒	1 167	1 167
资本公积	1 530 000					1 530 000
其他综合收益		㉛	100 000	㉘	270 000	170 000
				㉜	2 000	
		㉝	2 000			
盈余公积	1 676 500			㉕	93 266.08	1 769 766.08
未分配利润	503 936	㉕	93 266.08	㉔	932 660.75	1 343 330.67
利润表项目						
主营业务收入				①	4 000 000	4 000 000
主营业务成本		②	2 930 000			2 930 000
税金及附加		③	50 388			50 388
销售费用		④	114 000			114 000
管理费用		⑤	222 000			222 000
研发费用		⑤	10 000			10 000
财务费用		⑥	43 000			43 000
资产减值损失		⑤	2 331			16 331
		⑦	10 000			

（续表）

项目	年初数	调整分录 借方		调整分录 贷方		期末数
		⑧	4 000			
公允价值变动损益				㉗	82 000	82 000
资产处置收益				⑧	60 600	60 600
其他收益				⑦	10 000	10 000
投资收益				⑦	130 000	530 000
				㉛	400 000	
所得税费用		⑨	364 220.25			364 220.25
净利润		㉔	932 660.75			932 660.75
现金流量表项目						
一、经营活动产生的现金流量						
销售商品、提供劳务收到的现金		①	4 126 000			4 126 000
收到的税费返还						
收到的其他与经营活动有关的现金		⑦	10 000			10 000
现金流入小计						4 136 000
购买商品、接受劳务支付的现金		⑭	160 000	②	1 105 900	495 900
		⑲	570 000	㉙	120 000	
支付给职工以及为职工支付的现金				⑲	600 000	600 000
支付的各项税费				③	50 388	630 288
				⑳	579 900	
支付的其他与经营活动有关的现金		⑩	2 331	⑤	234 331	20 000
		⑪	40 000	④	20 000	
		⑭	40 000			
		⑰	122 000			
		⑲	30 000			
现金流出小计						1 746 188
经营活动产生的现金流量净额						2 389 812
二、投资活动产生的现金净流量						
收回投资所收到的现金		⑦	130 000			830 000
		㉛	700 000			
取得投资收益所收到的现金		⑦	130 000			530 000
		㉛	400 000			
处置固定资产、无形资产和其他长期资产所收回的现金净额		⑧	600 600			600 600

(续表)

项目	年初数	调整分录 借方	调整分录 贷方	期末数
收到的其他与投资活动有关的现金				
现金流入小计				1 960 600
购建固定资产、无形资产和其他长期资产所支付的现金			⑬ 232 000	932 000
			⑮ 300 000	
			⑯ 400 000	
投资所支付的现金			⑫ 370 000	370 000
支付的其他与投资活动有关的现金				
现金流出小计				1 302 000
投资活动产生的现金流量净额				658 600
三、筹资活动产生的现金流量				
吸收投资所收到的现金		㉓ 1 000 000		1 000 000
		㉒ 10 000		10 000
借款所收到的现金		㉑ 800 000		800 000
收到的其他与筹资活动有关的现金				
现金流入小计				1 810 000
偿还债务所支付的现金			⑱ 175 000	2 175 000
			㉑ 2 000 000	
分配股利、利润或偿付利息所支付的现金				
支付的其他与筹资活动有关的现金				
现金流出小计				2 175 000
筹资活动产生的现金流量净额				-365 000
四、汇率变动对现金的影响				
五、现金及现金等价物净增加额			㉖ 2 683 412	2 683 412
调整分录借贷合计		25 197 309.08	25 197 309.08	

（4）核对调整分录,借方、贷方合计均已经相等,资产负债表项目期初数加减调整分录中的借贷金额以后,也已等于期末数。

（5）根据工作底稿中的现金流量表项目部分编制正式的现金流量表,如表14-6所示。

（二）补充资料的编制

从有关A公司的上述资料可以看出,A公司没有不涉及现金收支的投资与筹资活动。

"将净利润调节为经营活动现金流量"部分的有关项目具体填列方法如下：

（1）"计提的资产减值准备"项目，反映企业计提的各项资产减值准备。本项目根据"资产减值损失"账户的记录分析填列。A公司"资产减值损失——坏账损失"账户列示本年度计提坏账准备数额为960元，"资产减值损失——计提存货跌价损失"账户列示本年度计提存货跌价准备1 371元，"资产减值损失——计提长期股权投资减值准备"账户列示本年度计提长期股权投资减值准备10 000元，"资产减值损失——计提无形资产减值准备"账户列示本年度计提无形资产减值准备4 000元，故本项目应填列的金额为16 331元。

（2）"固定资产折旧"项目。企业计提的折旧或作为当期管理费用计入净利润，或作为制造费用通过销售成本计入净利润，但实际并未发生现金支出，所以应将当期计提的折旧加回到净利润中。对"累计折旧"账户本期贷方发生额的分析可以看出，A公司本期计提的折旧为200 000元。

（3）"无形资产摊销"和"长期待摊费用摊销"项目，反映本期摊销的无形资产和长期待摊费用。本项目根据"累计摊销"和"长期待摊费用"账户的贷方发生额分析填列。A公司"无形资产"账户显示本期无形资产摊销额为122 000元，"长期待摊费用"账户显示本期长期待摊费用摊销额为40 000元。

（4）"预计负债增加"项目，反映企业本期预计负债的增加。本项目根据资产负债表中"预计负债"项目的期初、期末余额的差额填列。A公司资产负债表中"预计负债"项目贷方发生额为94 000元。

（5）"处置固定资产、无形资产和其他长期资产的损失"项目。处置固定资产、无形资产和其他长期资产，属于企业的投资活动，而不是经营活动，但已计入净利润，所以应从净利润中转出。企业可通过对"营业外收入"或"营业外支出"账户发生额的分析确定其金额。从"营业外收入"账户可以看出，A公司本期处置固定资产收益为100 000元，该项收益增加了净利润，但未增加经营活动现金流量，应从净利润中减去，故该项目金额前需加"-"号。

（6）"固定资产报废损失"项目。固定资产盘亏、报废损失作为营业外支出计入了净利润，但实际并未发生现金支出，所以应从净利润中转出。"营业外支出"账户显示A公司本期固定资产报废损失为39 400元。

（7）"财务费用"项目。企业发生的财务费用可以分别归属于经营活动、投资活动和筹资活动。例如，应收票据贴现、销售产品和购买原材料所产生的汇兑损益归属于经营活动；购买固定资产所产生的但未能计入固定资产价值的汇兑损益归属于投资活动；支付的利息归属于筹资活动。但它们均已计入净利润，所以应将属于投资活动和筹资活动部分的财务费用从净利润中转出。企业可在"财务费用"账户中按经营活动、投资活动和筹资活动分设明细账户，以确定应从净利润中转出的部分。A公司本期发生的财务费用43 000元均为筹资活动。

（8）"公允价值变动损益"项目。企业当期的公允价值变动损益已记入净利润，但它不属于经营活动，而属于投资活动，所以应将其从净利润中转出。A公司本期公允价值变动收益82 000元，虽增加了净利润，但未增加经营活动现金流量，故项目金额前需加"-"号。

（9）"投资损失"项目。企业当期的投资损益已计入净利润，但它不属于经营活动，而属于投资活动，所以应将其从净利润中转出。A公司本期投资收益为530 000元，虽增了净利润,但未增加经营活动现金流量,故项目金额前需加"-"号。

(10)"递延税款"项目。由于企业是按纳税所得计算并实际交纳所得税的,递延税款这部分金额并未发生现金流入或流出,但它影响了当期计入净利润的所得税费用。因此,在递延所得税资产增加时,应将其从净利润中转出;在递延所得税负债增加时,应将其加回到净利润中。A 公司本期递延所得税资产借方发生额为 23 500 元,递延所得税负债贷方发生额为 42 500 元,故项目金额为 19 000 元。

(11)"存货的减少"项目。在无赊购的情况下,若当期存货期末比期初增加,则说明当期购入的存货除销售外,还剩余了一部分,即除了为当期销售的存货发生了现金支出,还为期末增加的存货发生了现金支出,而只有当期销售存货的成本计入了净利润,所以,应将期末增加存货的成本从净利润中转出;反之,若当期存货期末比期初减少,则说明当期销售的存货有一部分是期初剩余存货,这部分存货销售成本在本期并未发生现金支出,但全部存货销售成本均已计入净利润,所以,应将期初剩余存货的成本加回到净利润中。从资产负债表中可以看出,A 公司本期存货减少 901 371 元。注意,要剔除存货跌价准备的影响,即本期存货并没有减少 901 371 元,应将本期计提的存货跌价准备 1 371 元加回。因此,A 公司本期存货实际减少 900 000 元。

(12)"经营性应收项目"项目。经营性应收项目主要是指应收账款、应收票据和除二者以外的其他应收款中与经营活动有关的部分。若当期应收账款和应收票据的期末余额大于期初余额,则说明本期部分销售收入没有收到现金,而全部销售收入均已计入净利润,所以,应将此差额从净利润中转出;反之,若当期应收账款和应收票据的期末余额小于期初余额,则说明本期实际收到的现金大于计入净利润的销售收入,所以,应将此差额加回到净利润中。注意,存在坏账准备的,应剔除其对应收项目的影响,即增加应收项目的金额。从资产负债表中可以看出,A 公司本期经营性应收项目增加 554 000 元。

(13)"经营性应付项目"项目。经营性应付项目主要是指应付票据及应付账款、应付福利费、应交所得税以及其他应付款中与经营活动有关的部分。若当期应付账款和应付票据的期末余额大于期初余额,则说明本期购入的存货中有一部分没有支付现金,而全部存货销售成本均已计入净利润,所以,应将此差额加回到净利润中;反之,若当期应付账款和应付票据的期末余额小于期初余额,则说明本期支付给供货单位的现金大于计入净利润的销售成本,所以,应将此差额从净利润中转出。预付账款与应付账款对现金流量的影响相反,即预付账款的增加会导致现金流出,应调减净利润。从资产负债表中可以看出,A 公司本期经营性应付项目增加 1 249 420.25 元(其中,应付账款、应付票据、应交税费等增加 1 340 220.25 元,预付账款增加 90 800 元,注意应调减经营性应付项目)。

在"现金及现金等价物净增加情况"部分中,A 公司无现金等价物,"现金的期末余额"和"现金的期初余额"项目分别根据资产负债表中"货币资金"期末数 3 356 922 元和期初数 673 560 元填列,两者的差额填入"现金及现金等价物净增加额"项目中。

现金流量表最后一行"现金及现金等价物净增加额"中的"外币现金净增加额"是按期末汇率折算的,期末汇率与平时汇率不同而产生的折算差额即为汇率变动对现金的影响数,应在主表中单独列示。

第五节 所有者权益变动表

所有者权益变动表是反映构成所有者权益的各组成部分当期增减变化情况的报表。所有者权益变动表不仅包括所有者权益总量的增减变动,还包括所有者权益增减变动的结构信息,可以让报表使用者准确理解所有者权益增减变动的根源。

在所有者权益变动表中,企业至少应当单独列示反映下列信息的项目:①综合收益总额;②会计政策变更和前期差错更正的累积影响金额;③所有者投入资本和向所有者分配利润等;④按照规定提取的盈余公积;⑤所有者权益各组成部分的期初和期末余额及其调节情况。

该表根据"实收资本(或股本)""资本溢价""其他综合收益""盈余公积""未利润分配"和"库存股"等账户及相关明细账的期初余额、本期借贷方发生额、期末余额分析填列。A 公司 2018 年度所有者权益变动表如表 14-8 所示。

第六节 财务报表附注

一、财务报表附注的作用

财务报表附注是为了便于报表使用者理解财务报表的内容而对财务报表的编制基础、编制原则和方法及主要项目等所做的解释,以及对未能在财务报表中列示的项目进行的说明。它是对财务报表的补充说明,是财务报表的重要组成部分。财务报表附注有以下三个基本作用:

(一) 解释财务报表的编制基础、编制原则和方法

财务报表中的数字受报表编制基础、编制原则和方法的影响。例如,建立在持续经营假设基础之上的报表与建立在清算基础上的报表必然采用不同的计量基础。建立在持续经营假设基础上的报表要从会计信息决策有用性出发,基于报表项目的管理意图并按谨慎性的要求选择计量基础;而建立在清算基础之上的报表则以清算价格为编制基础。再如,对于一种经济业务(如收入确认、固定资产折旧、发出存货的计价等),可能存在不同的会计处理方法,而不同的会计处理方法将导致不同的会计处理结果。为提高表内指标的透明度,便于财务报表使用者对不同企业报表数据进行比较,便于财务分析师进行行业比较以及基于不同分析目的对报表数据进行调整,财务报表附注应解释报表项目的编制原则以及会计处理方法。

(二) 对表内的有关项目做出细致的解释

每一报表项目提供了某一方面的指标,具有综合性。为了使财务报表使用者了解某一报表项目的具体情况,企业必须通过附注的方式对其进行深入的说明。例如,资产负债表中虽然提供了企业的"货币资金"项目,但为了披露更详细的货币资金信息,需要在财务报表附注中详细列明货币资金中库存现金、银行存款、其他货币资金的金额以及外币货币资金折合成记账本位币所采用的汇率等资料,为财务报表使用者提供了解货币资金构成以及面临的汇率风险所需的会计信息;再如,对于资产负债表中的"固定资产"项目,财务

表 14-8　所有者权益变动表

2017 年度

编制单位：A 单位　　　　　　　　　　　　　　　　　　　　　　　　　　　　　　　　　　　　　金额单位：元

项目	本年金额									上年金额								
	实收资本（或股本）	其他权益工具			资本公积	减:库存股	其他综合收益	盈余公积	未分配利润	所有者权益合计	实收资本（或股本）	其他权益工具			资本公积	减:库存股	其他综合收益	盈余公积	未分配利润	所有者权益合计
		优先股	永续债	其他								优先股	永续债	其他						
一、上年年末余额	5 800 000.00							1 676 500.00	503 936.00	9 510 436.00										
加:会计政策变更																				
前期差错更正																				
其他																				
二、本年年初余额	5 800 000.00							1 676 500.00	503 936.00	9 510 436.00										
三、本年增减变动金额（减少以"-"号填列）	1 000 000.00			1 167.00			170 000.00	93 266.00	839 394.67	2 103 827.75										
（一）综合收益总额							170 000.00		932 660.75	1 102 660.75										
（二）所有者投入和减少资本	1 000 000.00			1 167.00						1 000 000.00										
1. 所有者投入的普通股	1 000 000.00									1 000 000.00										
2. 其他权益工具持有者投入资本																				
3. 股份支付计入所有者权益的金额																				
4. 其他																				

(续表)

项目	本年金额										上年金额									
	实收资本（或股本）	其他权益工具			资本公积	减：库存股	其他综合收益	盈余公积	未分配利润	所有者权益合计	实收资本（或股本）	其他权益工具			资本公积	减：库存股	其他综合收益	盈余公积	未分配利润	所有者权益合计
		优先股	永续债	其他								优先股	永续债	其他						
（三）利润分配								93 266.08	-93 266.08											
1. 提取盈余公积								93 266.08	-93 266.08											
2. 对所有者（或股东）的分配																				
3. 其他																				
（四）所有者权益内部结转																				
1. 资本公积转增资本（或股本）																				
2. 盈余公积转增资本（或股本）																				
3. 盈余公积弥补亏损																				
4. 设定受益计划变动额结转留存收益																				
5. 其他综合收益结转留存收益																				
6. 其他																				
四、本年年末余额	6 800 000.00		1 167.00		1 700 000.00			1 769 766.08	1 343 330.67	11 614 263.75										

报表附注应按类别(房屋及建筑物、机器设备、运输工具、办公设备等)详细披露固定资产的原值、累计折旧、减值准备等信息,使财务报表使用者对企业的固定资产分布、价值构成、生产经营能力有更准确的判断。

（三）对未能在表内确认的项目进行说明

表内项目的确认具有严格的标准,但未能在表内披露的事项如果对客观判断目前的财务状况具有重大影响或者对未来的财务状况具有潜在的重大影响,则需要在表外披露。例如,报告期内发生的关联交易、资产负债表日后的非调整事项等。

二、财务报表附注的内容

财务报表附注的编制尽管不是千篇一律的,但至少应当包括下列内容:

(1)企业的基本情况。主要包括企业注册地、组织形式、业务性质及从事的主要经营活动、财务报表的批准报出者和批准报出日等。

(2)财务报表的编制基础。说明财务报表编制是以持续经营和权责发生制为编制基础,还是采用其他编制基础。

(3)遵循企业会计准则的声明。企业应当声明编制的财务报表符合企业会计准则的要求,真实、完整地反映了企业的财务状况、经营成果和现金流量等有关信息。

(4)重要会计政策和会计估计说明。主要包括报表项目依据的会计政策和会计估计、重要会计政策和会计估计变更的说明,以及重大会计差错更正的说明。

(5)表内重要项目的说明。主要包括重要项目的内容构成、明细项目金额以及当期增减变动情况。

(6)表外重要事项的说明。重要的表外事项通常包括或有事项、资产负债表日后事项、关联方关系及企业与关联方发生的交易等。

相关链接

2018年6月,《关于修订印发2018年度一般企业财务报表格式的通知》(财会〔2018〕15号)发布了修订后的"一般企业财务报表格式",包括已执行新金融准则和新收入准则的企业一般企业财务报表格式和尚未执行新金融准则和新收入准则的企业一般企业财务报表格式。下面是已执行新金融准则和新收入准则的企业一般企业财务报表格式的变化。

一般企业财务报表格式的主要变化
（适用于已执行新金融准则和新收入准则的企业）

（一）资产负债表

资产负债表主要是归并原有项目:

1. 新增与新金融准则有关的"交易性金融资产""债权投资""其他债权投资""其他权益工具投资""其他非流动金融资产""交易性金融负债""合同资产"和"合同负债"项目。同时删除"以公允价值计量且其变动计入当期损益的金融资产""可供出售金融资产""持有至到期投资"以及"以公允价值计量且其变动计入当期损益的金融负债"项目。

2."合同取得成本"科目、"合同履约成本"科目、"应收退货成本"科目、"预计负债——应付退货款"科目按照其流动性在"其他流动资产"或"其他非流动资产"项目中列示。

3."应收票据"及"应收账款"项目归并至新增的"应收票据及应收账款"项目。

4."应收利息"及"应收股利"项目归并至"其他应收款"项目。

5."固定资产清理"项目归并至"固定资产"项目。

6."工程物资"项目归并至"在建工程"项目。

7."应付票据"及"应付账款"项目归并至新增的"应付票据及应付账款"项目。

8."应付利息"及"应付股利"项目归并至"其他应付款"项目。

9."专项应付款"项目归并至"长期应付款"项目。

10."持有待售资产"项目及"持有待售负债"项目核算内容发生变化。

(二)利润表

利润表主要是新增项目、分拆项目,并对部分项目的先后顺序进行调整,同时简化部分项目:

1.新增与新金融准则有关的"信用减值损失""净敞口套期收益""其他权益工具投资公允价值变动""企业自身信用风险公允价值变动""其他债权投资公允价值变动""金融资产重分类计入其他综合收益的金额""其他债权投资信用减值准备"以及"现金流量套期储备"项目。

2.在其他综合收益部分删除与原金融准则有关的"可供出售金融资产公允价值变动损益""持有至到期投资重分类为可供出售金融资产损益"以及"现金流量套期损益的有效部分"。

3.新增"研发费用"项目,从"管理费用"项目中分拆"研发费用"项目。

4.新增"利息费用"和"利息收入"项目,在"财务费用"项目下增加"利息费用"和"利息收入"明细项目。

5."其他收益""资产处置收益""营业外收入"项目及"营业外支出"项目核算内容调整。

6."权益法下在被投资单位不能重分类进损益的其他综合收益中享有的份额"简化为"权益法下不能转损益的其他综合收益"。

(三)所有者权益变动表

主要落实《〈企业会计准则第 9 号——职工薪酬〉应用指南》对在权益范围内转移"重新计量设定受益计划净负债或净资产所产生的变动"时增设项目的要求:新增"设定受益计划变动额结转留存收益"项目。

本章提要

财务报表是企业对外提供的反映企业某一特定日期财务状况和某一会计期间经营成果、现金流量的表式报告,由资产负债表、利润表、现金流量表、所有者权益(股东权益)变动表、报表附注构成。资产负债表是总括反映企业某一特定日期(月末、季末、年末)财务状况的报表,向报表使用者提供有关资产、负债和所有者权益情况的指标。利润表是反映企业特定时期收支情况及财务成果的报表。通过阅读利润表,报表使用者能够了解企业收入的取得和费用的开支情况以及利润和综合收益的构成情况。现金流量表是综合反映企业一定会计期间内现金来源和运用及其增减变动情况的报表。现金流量表是在利润表和资产负债表的基础上综合分析各类经济活动对现金流量的影响而编制的,它有助于报表使用者评价企业未来产生现金净流量的能力、偿债能力以及支付投资利润的能力,通过对现金投资与融资、非现金投资与融资的分析,有利于报表使用者全面了解企业的财务状况。所有者权益变动表是反映构成所有者权益的各组成部分当期增减变化情况的报表。所有者权益变动表不仅包括所有者权益总量的增减变动,还包括所有者权益增减变动的结构信息,可以让报表使用者准确理解所有者权益增减变动的根源。

财务报表附注是为了便于财务报表使用者理解财务报表的内容而对财务报表的编制基础、编制原则和方法及主要项目等所做的解释,以及对未能在财务报表中列示的项目进行的说明,是财务报表的重要组成部分。

小组讨论

1. 讨论资产负债表、利润表、现金流量表、所有者权益变动表四张报表指标间存在的勾稽关系,以及这些勾稽关系对系统反映企业财务状况的作用。

2. 比较《关于修订印发 2018 年度一般企业财务报表格式的通知》(财会〔2018〕15 号)发布的一般企业财务报表格式和《企业会计准则第 30 号——财务报表列报》(财政部 2014 年修订)中的一般企业财务报表格式,讨论这种变化对财务会计信息质量特征和财务报告目标的影响。

辅助阅读资料

1.《企业会计准则第 30 号——财务报表列报》(财政部 2014 年修订)。
2. 杨有红,《综合收益:从列报走向应用》,《财务与会计》,2015 年第 12 期。
3. 杨有红,《综合收益报告及其改进》,《财务与会计》,2016 年第 4 期。
4. 李梓、杨有红,《基于其他综合收益信息披露的财务报表逻辑关系重构》,《北京工商大学学报》,2016 年第 3 期。
5. 周嘉南、贾巧玉,《我国会计准则与国际财务报告准则之比较研究——基于利润表差异的实证检验》,《管理评论》,2018 年第 2 期。

主要参考文献

1. 财政部会计司,《企业会计准则第 2 号——长期股权投资》,北京:经济科学出版社,2014 年。
2. 财政部会计司,《企业会计准则第 9 号——职工薪酬》,北京:中国财政经济出版社,2014 年。
3. 财政部会计司编写组,《〈企业会计准则第 14 号——收入〉应用指南 2018》,北京:中国财政经济出版社,2018 年。
4. 财政部会计司编写组,《〈企业会计准则第 16 号——政府补助〉应用指南 2018》,北京:中国财政经济出版社,2018 年。
5. 财政部会计司编写组,《〈企业会计准则第 22 号——金融工具确认与计量〉应用指南 2018》,北京:中国财政经济出版社,2018 年。
6. 财政部会计司编写组,《〈企业会计准则第 23 号——金融资产转移〉应用指南 2018》,北京:中国财政经济出版社,2018 年。
7. 财政部会计司编写组,《〈企业会计准则第 24 号——套期会计〉应用指南 2018》,北京:中国财政经济出版社,2018 年。
8. 财政部会计司,《企业会计准则第 30 号——财务报表列报》,北京:中国财政经济出版社,2014 年。
9. 财政部会计司,《企业会计准则第 33 号——合并财务报表》,北京:经济科学出版社,2018 年。
10. 财政部会计司编写组,《〈企业会计准则第 37 号——金融工具列报〉应用指南 2018》,北京:中国财政经济出版社,2018 年。
11. 财政部会计司,《企业会计准则第 39 号——公允价值计量》,北京:中国财政经济出版社,2014 年。
12. 财政部会计司,《企业会计准则第 40 号——合营安排》,北京:经济科学出版社,2014 年。
13. 财政部会计司,《企业会计准则第 41 号——在其他主体中权益的披露》,北京:中国财政经济出版社,2014 年。
14. 财政部会计司编写组,《〈企业会计准则第 42 号——持有待售的非流动资产、外置组和终止经营〉应用指南 2018》,北京:中国财政经济出版社,2018 年。
15. 财政部,《一般企业财务报表格式(适用于已执行新金融准则或新收入准则的企业)》(财会〔2018〕15 号)。
16. 财政部,《一般企业财务报表格式(适用于尚未执行新金融准则或新收入准则的企业)》(财会〔2018〕15 号)。

教辅申请说明

北京大学出版社本着"教材优先、学术为本"的出版宗旨,竭诚为广大高等院校师生服务。为更有针对性地提供服务,请您按照以下步骤在微信后台提交教辅申请,我们会在1~2个工作日内将配套教辅资料,发送到您的邮箱。

◎ 手机扫描下方二维码,或直接微信搜索公众号"北京大学经管书苑",进行关注;

◎ 点击菜单栏"在线申请"—"教辅申请",出现如右下界面:

◎ 将表格上的信息填写准确、完整后,点击提交;

◎ 信息核对无误后,教辅资源会及时发送给您;如果填写有问题,工作人员会同您联系。

温馨提示:如果您不使用微信,您可以通过下方的联系方式(任选其一),将您的姓名、院校、邮箱及教材使用信息反馈给我们,工作人员会同您进一步联系。

我们的联系方式:

通信地址:北京大学出版社经济与管理图书事业部
　　　　　北京市海淀区成府路 205 号,100871
联 系 人:周莹
电　　话:010-62767312 / 62757146
电子邮件:em@ pup. cn
Q　　Q:5520 63295(推荐使用)
微　　信:北京大学经管书苑(pupembook)
网　　址:www. pup. cn